Journal de Joséphine B., impératrice

Du même auteur

Romans

Le Vent du Sud, Mémoires du comte de Cagliostro, Presse de la Renaissance, 1999.
Jeanne d'Arc, Pocket, 1999.
Portrait de Claire en bleu marine, Fayard, 2003.
Et Embrassez la liberté sur la bouche, Flammarion, 2011.
Stanislas ou un caprice de Joséphine, Flammarion, 2013.

Biographies

Mylène Farmer, Ainsi Soit-elle, Taillandier, 1992.
France Gall, Michel Berger, deux destins pour une légende, Éditions du Rocher, 1994.
Fabiola, la reine blanche, Bayard, 1995.
François Bayrou : et si la Providence veut... Éditions du Rocher, 2007.

Essai

Histoire des modes sous le Premier Empire, Taillandier, 1988.

Philippe Séguy

Journal de Joséphine B., impératrice

roman

Flammarion

ISBN : 978-2-0813-0667-7

Pour Ilan

Le cœur ne vit pas où il bat mais où il aime.

Jean COCTEAU

Prologue

29 mai 1814

Elle a cessé de vivre et je suis seul et triste.

J'ai regardé le ciel au travers de ma main, le soleil aigu perce les frondaisons du parc, l'air a la tiédeur d'un sous-bois et des senteurs d'anis, l'été qui s'annonce gorge les feuilles vertes de suc.

Elle n'est plus, depuis ce midi.

Oh, ne plus voir ce sourire briller dans son regard pailleté d'automne, ne plus l'entendre murmurer mon prénom en appuyant sur la dernière syllabe, écho tendre et qui touchait à cœur ! Ne plus sentir son odeur, au creux de son poignet, à chacun de ses pas, légère, ailleurs, déjà.

J'ai marché, la maison dans mon dos et sa double porte close comme une paupière, je me suis assis sur le banc qu'elle aimait, non loin de la pièce d'eau où voguent les cygnes noirs, souples, indifférents.

Les yeux à mes bottes, posées sur le gravier blanc, je me suis souvenu de notre première rencontre, dans cette prison des Carmes où la folie de la terreur révolutionnaire nous avait jetés, tous les deux. Comme nous avions peur alors de la mort qui guettait à chaque heure. Comme elle fit preuve de courage, soutenant sans cesse le très jeune homme que j'étais.

Nous attendions un miracle, il vint. Nous sommes sortis vivants de cet enfer. Son amitié, son soutien ne m'ont jamais fait défaut. Son étoile a grandi, encore, encore. Elle a brillé au firmament des princes. Rose de Beauharnais devenait Joséphine[1]. L'impératrice et la reine des Français.

Je la voyais moins. Je la voyais toujours. Elle me donnait audience désormais, chaque jeudi, mais aussitôt abrégeait mon salut, me disait : « Bonjour, Monsieur Reverdin, comment allez-vous ce matin ? » D'un geste, elle indiquait le fauteuil, inclinait la tête, poussait la tasse de café pleine et fumante vers moi, ajoutait elle-même le sucre et la crème, bousculait l'une de mes mèches et sa voix chantante comme une source me recouvrait de ses charmes de fée.

Joséphine, ce nom si tendre, répété tant de fois par un empereur, l'homme le plus absolu du siècle, le plus fort et puissant jusqu'à ces derniers mois.

Déjà, voici deux semaines, elle ne cachait plus ses larmes, épuisée heure par heure par les nouvelles mauvaises, angoissée par les défaites de nos armées face à la coalition des alliés, Autriche, Russie, Angleterre, Espagne, tous ces peuples soumis et aujourd'hui ennemis acharnés. La France est vaincue. Napoléon Ier[2] part pour l'exil.

Mon impératrice n'aura pas vu la débâcle et la fin de son monde, c'est la seule joie que je conserve.

Neuf jours avant sa mort, elle me fit venir dans sa chambre. Elle me parla de moi, de ma peinture, de mes succès au Salon, de mon père, de ma vie.

J'allais me retirer, la voyant plus lasse encore que d'habitude. Soudain, elle désigna dans un sourire un bonheur-du-jour, masqué à demi par une tenture de soie. Je me levai, ouvris l'abattant, et remarquai huit carnets reliés d'un cuir banal et rouge, posés en une seule pile. J'en feuilletai un, au hasard, il

1. Marie-Josèphe-Rose Tascher de la Pagerie (23 juin 1763-29 mai 1814).
2. Napoléon Bonaparte (15 août 1769-5 mai 1821). Général, Premier consul, puis empereur des Français.

était plein de son écriture violette. Je relevai le visage, j'avouai ma surprise. Elle sourit encore. Ajouta : « Voilà l'histoire de ma vie, Stanislas, je vous la confie, vous en ferez ce que vous voudrez. » Elle continuait à me regarder, confiante, sûre d'elle et de son choix.

Je marchai vers l'impératrice, tombai à ses genoux, elle m'attira contre elle et je sentis pour la dernière fois sa main, froide et baguée, se poser sur ma nuque. J'emportai les carnets, dont le cuir tiédissait, entre ma peau et l'étoffe blanche de ma chemise.

De retour chez moi, le soir même, je lus et lus encore, jusqu'à l'aube, et alors des visages et des noms, des lieux, des victoires, un peuple en liesse, ce qu'elle avait vécu, aimé, ces mots prononcés, ces ambitions, ces vivants et ces morts, ces peines, ces joies, surgirent, souvenirs d'une femme, première entre les premières. Tout s'éclaircit, prit soudainement la transparence d'une cascade de montagne.

L'existence entière de Joséphine fut vouée au hasard. C'est donc naturellement à ce petit dieu capricieux et volage que je remettrai au soir de ma vie ces carnets plus qu'intimes. Le long des phrases, au fil de ce ruban violet qui court, une femme se dévoile, entièrement, sans pudeur, telle qu'elle fut, entre ses amis, ses enfants, ses amours, les jours de gaieté ou de malchance, les heures longues, les secrets.

Avant que vienne l'instant de tout finir, je placerai les carnets de maroquin rouge dans le tiroir secret de mon bureau et d'ailleurs s'y trouvent-ils déjà. Un jour, peut-être, saura-t-on les découvrir. Mon vœu, alors, sera exaucé. Que celui, que celle qui les lit se souvienne de Joséphine, traverse le miroir, boive à sa bouche, et l'aime, l'aime, encore plus fort que moi.

Stanislas Reverdin[1].

---

1. Voir le roman de Philippe Séguy, *Stanislas ou un caprice de Joséphine*, Flammarion.

Première partie

I.

8 août-30 novembre 1794

« Je te sais bonne citoyenne ! »

8 août 1794, 371, rue de l'Université. Onze heures du soir.

J'ai posé la main sur mon ventre. Je suis vivante. Je le sens aux battements du sang dans mes veines. Des coups secs, rudes qui s'élancent à mon cœur. Je suis en vie, toujours. Avant-hier, j'ai failli mourir. La mort en face. Un nom lancé, le mien. « Ci-devant veuve Beauharnais. » Et puis le noir, le silence, je me souviens que ma tête a heurté le plancher de bois de chêne. Je m'étais évanouie.

Je me suis réveillée sur le grabat de ma cellule, Delphine de Custine[1] me tenait la main. Un garçon blond et beau me couvrait le front d'un linge humide. Je l'ai entendu murmurer le mot « sauvée ». J'ai lu sur ses lèvres que la mort n'avait pas voulu de moi. Dans la prison des Carmes, depuis huit semaines, j'attendais cet instant, l'heure de tout finir, accusée par le Tribunal révolutionnaire de trahison, de complot, que sais-je.

Le même cauchemar qui me serre les tempes, à hurler. Je redoute le sommeil comme un poison, les visages, identiques, déformés par la nuit. Je me souviens. Madame de Saint-Vexel avait un fils, Louis, jeune homme un peu plus âgé que mon propre fils, je crois qu'il marchait sur ses dix-sept ans, et deux

1. Delphine de Sabran (18 mars 1770-13 juillet 1826).

filles. J'aimais d'instinct son calme réfléchi, son air grave et lorsque je lui tendais ma main à baiser, il rougissait si follement, mon Dieu… Tous quatre furent arrêtés le même jour et conduits ici, dans cette prison. Je partageais le quotidien de cette femme qui me disait vouloir partir la première, donner sa vie pour celle de ses enfants. Ce fut Louis que le commissaire vint chercher. À l'appel de son nom, d'abord elle ne comprit pas. Puis, elle vit son fils se ranger parmi la poignée de condamnés à mort. Alors, Madame de Saint-Vexel se mit à hurler, indifférente à ses filles qui tentaient de la soutenir. J'ai entendu son long hululement d'agonie claquer les murs sales, rejaillir sur les fenêtres barrées de bois, cloutées. J'ai vu les mains de Madame de Saint-Vexel se tordre comme des algues sous le coup du vent. Louis disait : « Maman, voyons, Maman. » Il disait : « Maman, je vous en prie. Soyez courageuse, Maman, s'il vous plaît. » Elle hurlait. Elle hurlait, les yeux arrondis par la folie, la peau couleur de terre. Puis, elle se jeta sur le commissaire, les doigts écartés, les ongles aigus, sur le point de déchirer ses joues salies de barbe. Un coup de crosse la fit tomber sur les dalles. Elle s'est traînée, a entouré de ses bras maigres les bottes de l'homme qui tuait son fils unique. Un nouveau coup de crosse, elle s'est effondrée sur le dos. Nous avons vu la peau nue de ses cuisses. Louis est parti, beau, avec un sourire adressé à sa mère, à ses sœurs, à moi, à nous. Je me suis dit que c'était un cauchemar, que cela allait finir mais ça ne finissait pas, que les hommes qui nous regardaient n'avaient pas de mère, pas de cœur, des lâches, lâches, lâches.

Elle disait « non ». Elle répétait « non ». Elle le criait encore. Je me suis précipitée sur elle, pour la recueillir entre mes bras, en fait je crois avoir rampé vers ce corps qui sentait le cadavre, aigu aux coudes comme aux hanches, glacé. Le souffle lui a manqué. J'ai lu « non », je n'ai bientôt plus lu que ce *non* sur ses lèvres. J'ai pourtant mis les mains sur mes oreilles. J'entendais encore ce *non* qui sortait de nulle part. Il me semble encore l'entendre dans le silence de ma chambre. Ce *non* qui n'empêche pas la mort. Depuis, je pense à Louis, à sa chemise cisaillée par l'aide du bourreau, à ce corps si jeune, frais, promis à l'amour et basculant sous le couperet. À mon propre sort d'ici quelques jours à peine. Louis est-il, provisoirement, mort à ma place ? Je m'en persuade et j'écris cela pour ne pas devenir folle comme sa mère. À présent, où est Madame de Saint-Vexel ?

Minuit passé de douze minutes.

Aux Carmes, j'ai compté les minutes et les quarts d'heure qui forment les heures et les jours. J'ai vécu entre les murs de ce qui fut un couvent, avec d'autres prisonniers, politiques ou de droit commun, qui comme moi attendaient. La peur. Les privations. La crasse. Le mépris de nos geôliers, cette haine, absolue, que je sentais à chaque instant du jour et de la nuit, les regards en dessous, les gestes obscènes quand je parvenais à peine à demeurer femme et rester digne. J'ai vu ce qu'un être qui n'est plus tout à fait humain est capable de faire pour en opprimer un autre.

Une après-midi, j'ai entendu une femme. Elle riait, comme on rit pour ne pas pleurer. D'une main, elle tenait les bords de sa jupe tout contre son menton. Un homme, derrière elle, le buste plaqué contre son dos, lui léchait la nuque. Il était d'une laideur banale. Je reconnus l'un de nos gardes qu'on appelait le « Nain jaune » tant son teint virait au citron. Ses secousses étaient effroyables. Je ne sus que faire, avancer, partir, je ne bougeais plus, je regardais. Il la quitta d'une dernière secousse, puis lui remit une petite boîte. Elle contenait de la poudre à la rose dont la femme se recouvrit la gorge et les joues avec de grands gestes mécaniques et en riant davantage. Je compris son besoin de s'accrocher à des frivolités pour ne pas sombrer totalement dans la folie. Je la croisai à la frôler dans le couloir sans que je pusse voir son regard. Elle mourut deux jours plus tard. La saillie ne l'avait pas sauvée. A-t-elle conservé du monde l'ultime parfum d'un peu de poudre de riz ?

Je venais de retrouver dans le jardin de buis, assis à l'écart, sur un banc taché de rouille, Alexandre[1]. Étrange roue que celle de la fortune. Il fut mon époux et le père de mes deux enfants. Le seul amour de ma jeunesse, aussi. Mais, depuis, le vicomte de Beauharnais, l'homme dont j'ai porté le nom, est mort. Il a monté les marches de l'échafaud sans résister. Peut-être a-t-il pris encore une bouffée d'air, regardé une dernière fois un lé de ciel, le morceau de nuage qui léchait l'hôtel de Crillon. Peut-être même a-t-il souri à une jolie fille, au pied de l'échafaud, afin de consoler celle qui ne retenait plus ses larmes. Je l'en crois capable. Je sais qu'il n'a pas faibli. Que rien n'a bronché chez celui qui aimait tant la vie. Plus que moi, assurément. Je sais la date de son exécution. Je l'écris ici, à jamais. 23 juillet 1794. Je suis seule. J'ai l'habitude.

Mon union avec le général de Beauharnais ne fut pas heureuse. Je me souviens. J'avais seize ans. Nous avions une plantation à la Martinique, les Trois-Islets, et mes premiers souvenirs de toute petite fille furent le goût sucré de la canne. J'ai aimé mon père, profondément. Son sens des affaires était en somme égal au mien, quasiment nul. La famille de mon père, Tascher de la Pagerie, connaissait intimement les Beauharnais et Alexandre fut aussi élevé sur notre île. Un mariage fut vite décidé. Il semblait naturel à nos parents. Je quittai la Martinique le cœur gros pour rejoindre mon fiancé à Brest. J'attendais je ne sais quel miracle. Il ne vint pas. Je devinais dans le lit paré de draps neufs et brodés un très jeune homme plus joli que beau, et nu. Quand il me quitta à l'aube, avec un sourire repu, je le trouvai niais. Mes proches et les amis venus chez nous me montrèrent, durant la matinée, cette indifférence courtoise qui, dans le monde, suit la nuit de noces. Notre union commençait mal.

---

1. Alexandre François Marie, vicomte de Beauharnais (28 mai 1760-23 juillet 1794).

Alexandre. Mon mari. Peu après, je me suis attachée à son bonheur. Je ne savais rien. Lui avait prétention de tout connaître. Son précepteur s'appelait Monsieur Patricol. Je lui trouvais un nom de médicament, j'eus le tort de le dire. Alexandre prit aussitôt la mouche.

Il lisait Rousseau et d'Alembert. Il s'amusait de moi, me jugeait gauche, maladroite. Je n'avais connu que la pension des Dames de la Providence, à Fort-Royal, avant mon mariage. Je me souviens de la bonté de ces saintes femmes qui m'enseignèrent ce que je savais, c'est-à-dire à peu près rien. Alexandre se moqua. Il me jugea vite coquette, étourdie, inconsidérée, il me taquinait, me posait des questions sur les auteurs latins, s'amusait encore de mon ignorance. Un jour, à mon tour, je lui demandai à quelle famille appartenait l'hibiscus. Il resta coi et, mâchoires serrées, bouda le reste de la journée.

Si peu armée pour la société, j'ai néanmoins tenu salon pour lui plaire, à Paris, rue Neuve-Saint-Charles, dans le petit hôtel que nous avions loué. J'ai servi le thé à ses maîtresses. Il a exigé que je m'instruise, non pour que je devienne plus sage, mais parce que je crois que mon innocence lui faisait honte. Il disait que ce goût de l'étude procure les jouissances les plus pures et laisse des regrets à ceux qui vous quittent après avoir été reçus. Il avait vingt ans et moi dix-sept, des audaces, du talent pour la danse, des manières de philosophe, du zèle, et une incroyable faculté mise à se lasser. Il portait l'élégance comme une fleur à la boutonnière, s'irritait pour un col trop souple. Alexandre était jeune, riche, perpétuellement mécontent, exalté, violent, passionné, vaniteux et la provinciale que j'étais n'avait à ses yeux pas même le mérite d'être jolie. La naissance de notre fils, Eugène Rose[1], puis son baptême, les relevailles de mes couches, rien n'y fit. Mon mari ne se soucia ni de la femme ni de l'enfant. Il continua

1. Eugène Rose de Beauharnais (3 septembre 1781-21 février 1824). Adopté par Napoléon Ier, il deviendra prince de Venise, vice-roi d'Italie, puis grand-duc de Leuchtenberg.

à jouer, à aimer, à paraître, à adorer Paris et ses fêtes, ses nouveaux amis et leurs conversations douces.

J'ai supporté ses colères, ses scènes terribles, sa jalousie d'enfant aimé qui cassait ses jouets, s'ennuyait, aspirait à la gloire. Mais aussi ses brusques assauts de tendresse, ses projets fous, son rire lorsque la Révolution a débuté, ses espoirs inscrits dans ce monde nouveau. Lui qui fut longtemps l'aide de camp de Monsieur le duc de La Rochefoucauld, qui était l'intime de Messieurs de La Fayette et de Lameth, fut attaché au parti du Tiers jusqu'à en devenir l'un des députés. Cela fit scandale parmi ses anciens amis et nous cessâmes tout à fait de voir ceux qui ne partageaient pas ces idées et commençaient déjà à quitter le sol de leur patrie. Lorsque à son tour le roi tenta de fuir la France, Alexandre présidait l'Assemblée nationale. Mon mari eut ce mot, fort connu depuis : « Messieurs, le roi est parti cette nuit. Passons à l'ordre du jour. » Cela faisait presque dix ans que j'étais séparée de lui lorsqu'il prononça ces paroles étonnantes. Je me souviens de ce naufrage, des mois de haine enfouie. Je lui ai ensuite reproché son indifférence, ses lettres trop courtes, ce qui chez lui tenait lieu de mépris. J'ai moi aussi exigé, ordonné, boudé, pleuré, tant et tant. Oh, comme j'ai pleuré ! J'ai renoncé à compter le nombre exact de ses maîtresses. Ce qui ne l'empêchait pas, lui, de dénoncer mes infidélités. J'ai mis un temps infini à lui pardonner d'avoir douté que sa fille, notre si charmante Hortense[1], fût de lui. Mais je n'ai pas oublié les mots de sa lettre où il m'accusait de cela, le plus terrible des péchés : « Si je vous avais écrit dans le premier moment de ma rage, ma plume eût brûlé le papier. » J'ai mis des jours aussi à tenter de comprendre d'où lui venait ce soupçon affreux, lui qui m'accusait d'être la maîtresse d'officiers et de recevoir mes amants avec la complicité de mes nègres. Il me jugea perfide, coupable, ayant abusé les

1. Hortense Eugénie Cécile de Beauharnais (10 avril 1783-5 octobre 1837). Reine de Hollande, elle sera la mère du futur Napoléon III.

siens et porté l'opprobre et l'ignominie dans une famille dont j'étais à ses yeux indigne. Il compta les mois et les jours, et en jura par le ciel : non, cette enfant était nécessairement d'un sang étranger au sien. Il osa employer le mot sinistre d'adultère. J'en pleurais de rage et d'impuissance.

Pauvre Hortense, si profondément attachée aujourd'hui à la mémoire de son père.

9 août. Deux heures et quart de la matinée.

J'ai quitté la prison, voici presque trois jours. Et je respire enfin ! Le commissaire m'a fait signer un méchant feuillet, puis un autre. Il n'a pas osé me regarder dans les yeux. Sa peau se marbrait de rouge. Il puait le mauvais vin. Mes amies, la duchesse d'Aiguillon[1], Delphine de Custine, Michèle de Beauvoir, Madame de La Ferté m'ont embrassée à m'étouffer, me souhaitant mille choses agréables alors qu'elles restaient détenues. J'ai donné à l'une un foulard. À l'autre mon petit miroir. Je n'osais quitter ces femmes qui pleuraient dans mes bras. Chère Delphine, si douce et qui fut, elle aussi, la maîtresse de mon mari. Nous nous sommes retrouvées ici, ironie de l'histoire, dans la même prison, presque dans le même dortoir, à subir le même martyre, comment aurions-nous pu conserver en nos cœurs le moindre ressentiment l'une envers l'autre ? Nous avons aimé le même homme, chacune à sa manière et l'une après l'autre. Voilà tout.

Je suis à nouveau une femme libre. Liberté, j'écris le mot, je ne me lasse pas de l'écrire. Liberté. Une femme libre et vivante par le plus complet des hasards, ce qu'il faut bien nommer chance. Je n'ai plus de fortune, plus de rang dans le monde, plus de nom. La mémoire de mon mari est flétrie.

1. Jeanne Henriette de Montaud de Navailles, duchesse d'Aiguillon (5 mai 1778-7 juin 1818). Elle sera dame d'honneur de Julie Clary, princesse Joseph Bonaparte et future reine d'Espagne.

Pour la Révolution, il est un traître car la perte de Mayence lui a été attribuée. On l'a accusé de collusion avec l'ennemi, de conspiration. À moi de rappeler ses services et ses titres à la reconnaissance nationale, sa vertu, son civisme, d'effacer l'horreur de son supplice, dès que je vois une grimace apparaître quand mon nom – le sien – est prononcé. Il me l'a demandé dans sa dernière lettre que je conserve, près de moi. J'en recopie un passage. « Je regrette de me séparer d'une patrie que j'aime, pour laquelle j'aurais voulu donner mille fois ma vie, et que non seulement je ne pourrai plus servir, mais qui me verra échapper de son sein en me supposant un mauvais citoyen. Cette idée déchirante ne me permet pas moins de ne te point commander ma mémoire ; travaille à la réhabiliter, en prouvant qu'une vie entière consacrée à servir son pays et à faire triompher la liberté et l'égalité doit aux yeux du peuple repousser d'odieux calomniateurs, pris surtout dans la classe des gens suspects. » Malheureux Alexandre.

10 août. Je ne sais pas l'heure.

Je vis ici à Paris, rue de l'Université, chez Madame de Krény, une amie sûre, fidèle, créole, qui a bien voulu me prêter son petit entresol. L'appartement est modeste mais propre. Mon alcôve me met hors de portée de l'agitation de la rue. Pourtant, le sommeil m'a quittée. Je suis incapable de fixer mon esprit. J'ai repoussé le drap. Aux Carmes, nous n'en avions pas.

Ce matin, j'ai bu une gorgée de lait chaud. Ce luxe me semble inouï. En reposant la tasse, en prenant soin de ne pas faire tinter la soucoupe, j'ai songé aux bruits de la prison, aux mauvais rêves qui prenaient mes compagnes d'infortune. Certaines se tordaient sur leur couche. De leurs lèvres sortaient un râle, des mots hachés, des cris et ainsi, sans doute, ai-je fait de même.

Tout à l'heure, je demanderai un bain. Et je me distrairai à regarder Agathe Rible retirer l'eau à l'aide d'une petite casserole. Cette brave fille, si douce, m'est restée fidèle tout comme Marie Lannoy et ce bon Gonthier. Je n'ai plus l'argent nécessaire à payer leurs gages. C'est à eux que j'emprunte. Marie m'a donné cent francs, les yeux baignés de larmes, avec cette discrétion qu'elle place en toute chose.

Je vais revoir mes enfants. Ils ont affreusement manqué à ma tendresse. Durant ces semaines atroces de détention, ils ont été mis en sûreté chez nos amis le prince et la princesse de Salm, à Saint-Germain. Depuis quelques jours, ma petite Hortense vit à Saint-Germain-des-Prés, chez ma tante, Madame de Renaudin.

Aux Carmes, j'ai connu un homme[1]. C'est à lui que je vais confier Eugène. À déjà quatorze ans, il est ma fierté. L'homme est militaire, général. J'ai besoin de lui. Je vais lui écrire. Je n'ai pas sommeil.

11 août. À midi passé.

Il faut que j'emprunte. Je n'ai pas d'autre issue. Mais à qui ? À ma mère dont le dévouement ne m'a jamais manqué. La lettre que je lui ai adressée aux Trois-Islets vient de partir à la poste dans le panier d'Agathe. Cette fille n'a pas sa pareille pour obtenir crédit chez les commerçants. Elle sort son mouchoir, verse des rivières, prend soin de baisser son corsage ; je n'ai pas le cœur à le lui reprocher. A-t-elle un autre choix ? J'ai écrit aussi à Emmery. Sans ses bons soins, je ne sais pas ce que je deviendrais. Je connais sa tendresse sans avoir le plus petit doute sur l'empressement qu'il mettra à me satisfaire. Je serai redevable à cet homme juste et loyal aussi longtemps que je vivrai. J'ai écrit aussi à Denis, de la banque Rougemont, à Neuchâtel. C'est lui qui m'avait accueillie après la séparation avec Alexandre. Sa famille est riche, et par leurs correspondants de Hambourg, j'aurai – je n'en doute pas – les sommes rapidement. J'ai demandé cin-

1. Il s'agit du général Lazare Hoche (25 juin 1768-19 septembre 1797). Joséphine et Lazare furent très probablement amants.

quante mille francs à ma mère et le reste à sa convenance. J'attends. Il faut que je retrouve mon rang, ma fortune... C'est avec de l'argent que je garderai ma place dans le monde.

16 août. Croissy. Vers les midi.

J'ai quitté Paris. Je suis revenue rue Grand-Rue, à Croissy, près de Paris. Ici, je respire l'air de la campagne. Madame de Krény m'a conseillé ce départ pour, m'a-t-elle dit, me revoir plus tard avec un teint de rose. Je puise dans ce petit hôtel de nouvelles forces. Monsieur Pasquier[1] vient en voisin, le sourire aux lèvres. J'ai des légumes à foison, du gibier braconné par Gonthier, des fruits, du vin passable. Cet ami excellent nous apporte ses assiettes, ses couverts, ses casseroles, ses marmites et des verres. Le nécessaire manque. J'ai le superflu. La philosophie de ma vie actuelle ?

J'aime la nature. Je marche entre les chênes. Je pense tellement à l'avenir que je n'ai pas froid. Je dédaigne le châle que me tend Marie. L'odeur des feuilles à mes talons, celle de la mousse entre les racines me forcent à fermer les yeux, à porter ma main à la nuque. Sans que je veuille prononcer le mot de bonheur, je suis presque heureuse alors et je rentre chez moi, l'esprit en repos. Avoir frôlé la mort pousse à savourer chaque instant comme une félicité.

29 septembre

J'ai écrit au député Jean de Bry[2]. Je sais que l'homme a déjà œuvré pour le malheureux Alexandre au sein de la

---

1. Étienne Pasquier (21 avril 1767-5 juillet 1862). Homme politique français.

2. Jean de Bry (25 novembre 1760-6 janvier 1834). Homme politique français.

Convention dont il est membre. Je souhaitais louer son courage. « Le premier soulagement que nous avons éprouvé dans notre infortune, citoyen, a été d'apprendre qu'au sein de la Convention, tu as rendu justice à un républicain vertueux, qui a péri victime de l'aristocratie. Ton cœur est fait pour apprécier la reconnaissance de sa veuve et de ses enfants. Nous t'en présentons l'hommage et pour éclairer de plus en plus ton opinion sur le compte de celui que nous regrettons, nous t'adressons une copie de sa dernière lettre. Tu verras qu'en approchant du terme de sa vie, entièrement consacrée à la Révolution, et dans un moment où les hommes n'ont plus d'intérêt à cacher leurs vrais sentiments, il s'est plu à développer encore l'ardent amour de la patrie qui n'a jamais cessé de l'animer. »

J'ai écrit aussi à ma belle-sœur, insupportable enfant gâtée qui vient m'empoisonner l'esprit pour des broutilles alors que j'ai connu le pire. Où s'arrête la mesquinerie humaine ? « Je me rappelle parfaitement, ma sœur, d'avoir eu en dépôt chez moi du vin vous appartenant. Je vous répète ce que je vous ai dit lors de ma sortie de prison, que je n'en ai jamais disposé d'une seule bouteille ; j'ai éprouvé comme fou le malheur d'avoir été enfermée et d'avoir eu ma maison au pillage. Il est cependant juste qu'ayant reçu votre vin, je vous en tienne compte. Voici ma proposition : j'ai en petite quantité dans ma cave les trois qualités de vin suivantes : du bourgogne, du langon et du bordeaux. S'il vous est agréable d'en prendre cinquante bouteilles du premier et vingt-cinq des deux autres, dans quelque temps, je pourrai renouveler jusqu'à ce que je sois acquittée envers vous. Si cette offre ne vous convient pas, mandez-moi, ma sœur, ce qui vous conviendra le mieux. Je ferai en sorte de m'y conformer. Quant à votre linge, c'est une affaire qui a regardé votre femme de chambre et la mienne. Cette dernière me dit avoir tout vendu ; elle m'a également dit avoir vendu les habits et donné le montant à votre femme de chambre. Je ne compte pas les gilets, les cravates, les chemises, les culottes et tout ce vous chercherez en vain chez moi, car je n'ai plus rien. Demandez donc à mon beau-père, il vous confirmera ce point. Enfin, ce que vous nommez ma "grande fortune", elle vous a été, je n'en doute pas, exagérée. J'ai seulement un peu de numéraire que Maman m'a fait passer. Voilà qui me met assez à mon aise pour être utile à mes amis. Je serais trop heureuse si, en acceptant ce titre, ma sœur me permettait de lui offrir des services dont mon cœur est garant. Croyez à la sincérité, etc., etc. » J'espère que cette charmante pie calmera son ardeur. Elle semble née pour exiger et n'occuper sa vie à rien d'autre alors que, dans la manière, tout est à recommencer.

5 octobre

Au courrier de ce matin, un billet d'Hortense. La petite excelle dans le dessin, les manières, le chant, la danse. Elle semble parfaite en tout. Comme son père serait fier d'elle ! Lui qui pensait ne pas l'être. Je sais maintenant que c'est Madame de Longpré, jalouse d'être éconduite alors qu'il rompait avec elle pour m'épouser, qui lui avait fourré cette atroce idée dans l'esprit. Il l'a crue. Il m'adressa des courriers épouvantables. Je n'oublie pas que ses parents eux-mêmes furent de mon côté.

Notre fille me parle de son frère. Eugène lui a écrit sa peine. Il attendait de moi une lettre. Je n'en ai pas eu le temps. Je le regrette et je corrigerai ce que mon fils prend pour de la nonchalance. Il ignore mes actions.

Ayant répondu à une invitation reçue de Thérésa[1] et du député Jean Tallien, il va me falloir sortir de ma réserve et affronter à nouveau le monde. Serai-je à la hauteur ? Com-

1. Thérésa Cabarrus (31 juillet 1773-15 janvier 1835). Elle épouse très jeune le marquis de Fontenay. Devient la maîtresse du conventionnel Jean Tallien (23 janvier 1767-16 novembre 1820). C'est pour elle qu'il fomentera le complot du 9 Thermidor destiné à renverser Maximilien de Robespierre.

ment me recevra-t-on ? Les temps ont changé, la Terreur se dissipe, mais mieux vaut prudence garder. En tout cas, que de souvenirs bercent mon âme. C'est à cet homme, Tallien, que je dois la vie. Il m'a sauvée d'une mort atroce, moi, et des milliers d'hommes et de femmes. Il aimait, il aime passionnément Thérésa. Fou de désespoir de la savoir emprisonnée avec moi aux Carmes, nous partagions la même cellule et il a cherché tous les moyens de l'en faire sortir. Le temps passait. La peur nous gagnait, je me souviens. N'en pouvant plus de crainte et d'angoisse, Thérésa lui a fait parvenir un jour ce billet aux mots simples : « Je meurs d'appartenir à un lâche. » Alors, la détermination de Jean Tallien ne connut plus de bornes. Le 9 Thermidor lui doit son issue heureuse. C'est lui qui entraîna les autres députés à se liguer contre Robespierre, c'est lui qui accusa le tyran à la tribune de l'Assemblée. Son courage précipita la chute du monstre. La mort de Maximilien ouvrit les prisons et rendit une mère à mes enfants. Depuis, nous respirons mieux.

Et eux brûlent la vie. Leur maison des Champs-Élysées laisse sans voix. Le luxe y est partout. D'où vient l'argent ? À Bordeaux, Tallien, envoyé de la République, a fait commerce de son pouvoir : une vie sauvée contre de l'or. Lui et sa femme spéculent sur tout, même sur les fournitures aux armées. Voilà la rumeur.

La demeure des Tallien, que j'ai déjà visitée en privé, pousse le raffinement à l'extrême. Je n'ai jamais vu de glaces si profondes et si vastes. On dit qu'elles viennent des appartements de la reine à Versailles. Dans l'une d'elles, j'ai découvert la silhouette d'une femme que les soucis vieillissent. Je n'ai jamais été grande, mais le monde s'accorde à me trouver de la majesté et de l'allure. Je suis encore brune, mon teint est encore blanc, l'attache de ma gorge toujours ferme. Mais celle qui me faisait face, replaçant machinalement une boucle châtaine, ne riait plus, souriait à peine, et dans ses yeux, trop ouverts, se lisait une appréhension que rien ne peut tarir. Je me suis fait peur. Alors, depuis, je souris davantage, je tourne la tête de droite à gauche, je tends le menton et la main presque en même temps, je sais faire. Ne rien laisser paraître de ses doutes ; jamais.

Je reviens de chez Tallien où Thérésa m'a prise par le bras. Tallien s'est levé à mon entrée dans la bibliothèque tapissée de soie amande et d'acajou. Ils m'ont embrassée, m'ont souhaité toutes les prospérités du monde. J'ai choisi du sorbet à la mangue. Tallien m'a tendu une petite cuillère en vermeil, presque aussi minuscule que la tasse. Il m'a écouté, tandis que Thérésa ne lâchait pas mon bras. Je lui ai dit mes craintes : la banqueroute menace ; les assignats se dévaluent chaque jour ; l'Assemblée est divisée. Et les biens d'Alexandre sont toujours confisqués, les miens aussi ! On ne veut rien restituer aux malheureux orphelins dont les parents ont été immolés par le Tyran. Ils sont sans ressources. Cette levée des séquestres que je ne cesse de réclamer est primordiale. Il en va des biens de mon défunt époux comme de ses papiers.

Le résultat ? Je le lui ai confié comme je l'écris dans ce journal : je connais la gêne. Je crois cet état pire que la pauvreté. Je dois dresser d'interminables colonnes de chiffres, je regarde à deux fois à la dépense. Je prévois. J'annule. Je renonce. J'attends. J'accepte alors le regard que certains hommes portent sur moi. Je n'espère d'eux que le nouvel éventail à la mode ou les boucles qui manquent à mes souliers. Ils y ajoutent la dizaine de pièces d'or qui chauffe mon gant à l'instant de les quitter. Je prends. Ai-je un autre choix ?

24 octobre

Le choix, l'ai-je ? Je ne suis plus tout à fait sûre d'être encore fidèle à la mémoire d'Alexandre. Ainsi, Denis de Rougemont ne me considère déjà plus comme une amie. Ce banquier immensément riche dont sages sont les conseils, je suis allée le voir. Il m'a reçue dans son bureau, puis, très vite, m'a priée de l'accompagner dans un petit salon où nous serions mieux, a-t-il dit. Mieux pour quoi ? ai-je pensé. J'ai fermé les yeux lorsqu'il m'a rejointe sur le canapé de damas bleu frappé de grandes fleurs blanches. Tout sauf la misère, tout plutôt qu'être séparée de mes enfants, ne plus pouvoir payer les pensions d'Hortense et d'Eugène, les savoir confiés à ma belle-sœur, que sais-je ? Jamais ce cauchemar. Alors tout, tout, je dis tout, même les caresses et les soupirs, les mots de cet homme dont le bain ne l'a pas débarrassé d'une odeur de fond de tiroir et de dossiers sales, j'accepte tout. Dieu peut me juger. Personne d'autre.

6 novembre

Jean Tallien m'a assuré de son aide. Il pense, comme moi, comme nous tous, que la confiance nationale ne renaîtra de ses cendres qu'à la condition du retour du commerce et de la finance. Plus de marasme, a-t-il martelé. Plus de craintes pour le peuple. Tallien, représentant de la Seine-et-Oise, veut interpeller l'Assemblée. Je l'ai entendu nous lire un extrait de son discours. Je le cite de mémoire. « Je pose le fait que des biens acquis par une iniquité sanglante ne peuvent se vendre qu'en achevant de détruire le peu de morale qui reste en France. Si j'avais eu le malheur d'acquérir un champ de Malesherbes, de l'intéressant Beauharnais, de Lavoisier qui est estimable, je croirais voir les ombres de ces victimes venir au-devant de ma charrue. Il me semblerait que, sur cette terre profanée, je ne peux semer que des remords. » J'ai pleuré. Thérésa aussi. Nous nous sommes souvenues. Va-t-il réussir à me faire récupérer mes biens ?

13 novembre

Je suis femme. J'entends le rester. La condition de mon sexe l'a longtemps conduit à l'abnégation. Aujourd'hui, je n'en ai pas les moyens. Je ne quitte pas Thérésa. Être à ses côtés est l'assurance de vivre en pleine lumière. De fait, les journaux parlent de nos parures, rapportent nos propos. On copie nos toilettes, nos gestes et attitudes. Hier, une inconnue m'a embrassée en bas de chez moi. Comme je m'en étonnais, elle m'a lancé : « Je te sais bonne, citoyenne ! » Cela m'a touchée.

Thérésa va donner un bal immense à l'hôtel Thélusson. J'ai choisi d'y paraître avec sur les cheveux un mouchoir rouge, noué à la créole, et trois crochets aux tempes. Cela sera peut-être jugé hardi par le monde et je m'en moque. J'ai besoin de la lumière. Il faut que l'on me voie. L'oubli est fatal pour ceux qui ont la nécessité de gagner leur vie. Comme moi. Je dois être la favorite de Paris. Je ne condamne ni ne me loue. Ayant trop connu la faim et la peur, je ne veux jamais plus avoir le cœur qui s'affole quand la porte s'ouvre. Ni entendre de cris au creux du sommeil. Le repos est-il donc si cher à payer ?

J'ai écrit à Thérésa pour accorder parfaitement nos toilettes. Elle est plus jeune que moi, mais je tiens à paraître plus belle. Je veux nous y montrer toutes deux avec ce dessous fleur-de-pêcher qu'elle aime tant. Du fruit de l'arbre à ce qui conduit à la pénitence, j'ai franchi le pas. Remords ?

21 novembre

L'hôtel Thélusson fut un rêve. On y accède par une sorte de portique, plutôt un arc de triomphe fort majestueux. Une foultitude de domestiques, jeunes et bien faits, nous servait avec un plaisir qui n'était pas feint. L'allée, illuminée de lanternes posées sur le gazon taillé, conduisait, passé l'entrée frappée de colonnes doriques, au péristyle à la grecque, et déjà des buffets énormes recouverts de viandes et de fruits de nos îles s'offraient à la multitude. Les bouteilles de vin de Champagne, pansues, passaient de main en main. J'ai vu des femmes boire au goulot. Des garçons s'embrasser à bouche pleine. Après l'horreur, la peur, la traque, chacun aspirait à revivre, fût-ce exagérément.

Ce bal fut dit « des victimes ». Il n'acceptait en effet que la famille des exécutés sous la Terreur. Fils, frères ou sœurs, nous devions porter un brassard noir. Il fallait saluer la nuque raide, afin d'imiter la secousse sèche de la guillotine. Je m'y suis rendue les cheveux coupés. J'ai sacrifié mes longues, si longues boucles brunes parce que la nouvelle mode l'exige. Que le succès l'ordonne. Aussi Agathe, ciseaux ouverts en main, a-t-elle bien reculé un peu devant la glace mais elle a obéi.

Ce matin, cette brave fille m'a apporté mon chocolat et les gazettes. On ne parle que de moi. Bientôt, je devrai saluer à la portière de ma voiture. Je crois revivre.

Un nouveau visage, des cheveux courts à la Titus, voilà l'assurance de compter dans le monde qui se dessine. Je laisse aux grincheux, aux jaloux, à ceux qui ne manquent de rien, aux égoïstes, le soin d'en distinguer l'artifice. Je ne revendique que le bonheur de mes enfants et le repos d'une vie assurée.

30 novembre

Denis de Rougemont m'a fait porter cent louis dans une corbeille de fruits et de fleurs. Thérésa veut me présenter à Barras[1], l'homme fort du nouveau régime qui vient d'être élu Directeur. Étrange titre et pour quelle fonction ? Il vit

1. Paul François Jean Nicolas, vicomte de Barras (30 juin 1755-29 janvier 1829). Homme politique français, il incarna le Directoire.

au Luxembourg et sur un pied qui indigne ou qu'on loue. Bien qu'il partage son pouvoir avec quatre autres, ce nouveau roi de carreau est le maître de la nouvelle France. La vie reprend ses droits. Et j'aime la vie. À moi de bien mener ma monture.

II.

5 juin-11 décembre 1795

« Je vous appellerai Joséphine »

5 juin

J'ai vu Barras. Le bonhomme sait son monde. Il m'a reçue avec des manières de l'ancien temps. De fait, il met trop de pommade à ses cheveux ! Il est grand. Assez bien fait. Il a de belles mains, des yeux verts. Il a ses chevaux, ses chiens, ses maîtresses, ses amants. Il m'a priée de revenir. Thérésa est toujours chez lui. Comme Madame de Château-Renaud. Il est fin, il est le renard de la fable ou du roman, ne cédant sur rien qui ne serve pas directement ses intérêts. Il pense à lui comme d'autres au saint-sacrement, il n'aime que lui avec pourtant ce dégoût des gros mangeurs qui rechignent devant l'ultime bouchée. Barras conserve, classe, archive, sait tout sur tout le monde, calcule, se reprend dès qu'il sent avoir trop donné. Il n'est le complice que de lui-même, accorde sa confiance pour la reprendre aussitôt. Il n'a d'autre religion que la beauté, la collectionne. Mon cher Stanislas Reverdin ne le quitte plus, ombre blonde et lumineuse. Barras aime le plaisir. Moi aussi ; surtout depuis la prison.

Il m'a dit : « Bonjour citoyenne, vous portez-vous bien ? » J'ai répondu de mon mieux. Il a ajouté : « Je veux des femmes au Luxembourg, jolies et dociles, me comprenez-vous, citoyenne ? Dans cette grande maison si malcommode, si mal meublée, il faut des femmes pour lui redonner la vie et la dignité de la France. » Je n'ai pas cillé. J'ai abondé en oubliant ce qu'un luxe aussi criant avait à voir avec la République et j'ai repris un peu de jurançon, blond comme une topaze.

Je suis trop épuisée pour penser à autre chose. En tout cas, j'ai savouré l'offre comme la promesse d'un avenir plus serein. Et je suis revenue le voir. Il a l'air d'apprécier.

9 juin

La loi est passée. À l'exception des membres de la famille royale, de la malheureuse Madame du Barry[1], des émigrés, les biens des condamnés d'autrefois sont restitués à leur famille. La plantation de la Martinique, ce qui reste des terres en Orléanais, reviendront donc à mes enfants. Le ciel s'éclaire un peu !

J'ai les malles d'Alexandre. Ses papiers aussi. Je n'ai pas encore eu le courage de les regarder. Il va falloir trier, jeter. J'ai seulement aperçu sur une lettre son écriture ronde, un peu molle, qu'aucun précepteur n'est parvenu à redresser. Ce billet était-il adressé à l'une de ses maîtresses ? Je joue à faire tourner une de ses toupies de fer. Elle est tombée de la sacoche en cuir fauve et râpé qui ne quittait pas mon mari. Durant ces années, il ne s'est jamais séparé de ce jouet ! Alexandre fut un jeune sauvage bavard, au corps frotté de soleil et de sable, que nos négresses appelaient en vain à l'heure du coucher. La roue de la Fortune a fait de lui une victime. Je ne veux ni ne peux oublier ce gâchis.

J'ai retrouvé son encrier aussi. Un gros bonbon translucide, gras comme un chartreux, qui tient à peine sur mon bureau. Sept kilos du plus pur cristal, la taille d'un melon d'eau. Oh,

1. Jeanne Bécu, comtesse du Barry (19 août 1743-8 décembre 1794). Maîtresse de Louis XV qui la couvrit de présents, elle mourut sur l'échafaud.

vanité des hommes ! Faut-il un poids aussi considérable pour le mesurer à l'aune du génie ?

L'encre a séché. Sous le fin couvercle en or, chantourné comme le chaton d'une bague, il en conserve l'odeur âcre. Je m'amuse à piquer le cristal de ma plume. Il rend un son de garçonnet enroué. J'ai encore caressé du pouce le pistolet d'Alexandre. Serré sa crosse entre mes doigts. Je le donnerai à mon Eugène. Ou bien alors je le garderai. Si un jour ma vie était menacée, je saurais m'en servir. Plus jamais la prison, je me le suis juré.

10 juin

Je n'oublierai jamais ce que je viens de voir. Mes larmes se mêlent à l'encre qui goutte sur le papier. J'écris ce qui va suivre pour ne pas perdre la raison. Ce secret que l'on vient de me révéler, capable de changer l'avenir de la France, m'étouffe. Dieu, donnez-moi le courage.

Barras m'a fait venir, au cœur de la nuit, au palais du Luxembourg. Son billet exigeait mon silence. Il voulait me voir. Je n'hésitai pas longtemps à quitter ma maison. Je me pressai et j'arrivai. Tout dormait encore. L'air sentait le buis coupé. Un fiacre nous attendait, en contrebas du palais. Barras ne disait rien. Son visage grave m'interdisait la moindre question. J'avais froid. Je cherchais mon châle qui avait coulé sur mes genoux. Les rideaux de la voiture étaient tirés. Après vingt bonnes minutes qui me semblèrent déjà interminables, les chevaux s'arrêtèrent. Barras descendit. Je l'imitai.

Je ne pus que crisper ma main sur ma bouche pour ne pas crier. Nous étions devant la prison du Temple, le dernier séjour de Louis XVI sur cette terre, avant sa mort sur l'échafaud. Barras me fit signe de le suivre, de ne pas prononcer une parole. Une lanterne perça la nuit. La porte de la prison s'ouvrit, je manquai défaillir. Tout me revint, l'odeur atroce, le silence lugubre, la crasse, l'escalier de pierre étroit qu'il fallut monter, tout ici me rappelait les Carmes. Je crus revivre ce cauchemar, la douleur qui broie les tempes.

Une autre porte, étroite. Je remarquai l'ouverture dans le chêne épais et bardé de fer. Barras entra, vite. Je le suivis et si mes yeux s'habituèrent lentement à la pénombre, je reculai face à l'odeur d'excrément, la puanteur, un défi à la charité humaine. J'aperçus un grabat taché de sang et de vermine. Un petit fantôme gisait sur ce qui fut jadis un lit de bois blanc. J'entendis des gémissements faibles, mon cœur de mère se serra. Je regardai, tout mon être se tendit.

La question qui me brûlait la gorge mourut sur mes lèvres. Barras abaissa puis releva le visage. Je crus voir rouler une larme sur sa joue fardée. Le malheureux enfant qui mourait de faim, de mauvais traitements, sans linge, sans nourriture, sans soins, sans le moindre soutien de quiconque, l'objet de mépris, de haine de la Révolution, de détestation de Robespierre et de Saint-Just, était le roi de France. Voici Louis XVII, rongé de gale et de pestilence.

J'approchai du lit. Je m'agenouillai. L'enfant tourna les yeux, j'y lus la peur. La résignation plus encore que la peur. Le petit roi était à bout de forces et peut-être n'aspirait-il plus qu'au repos éternel. Ma main se posa sur ce front glacé qui brûlait de fièvre. Je demandai de l'eau. Un garde me tendit une cruche, je mouillai les tempes, la gorge. Louis ferma les yeux. Les ouvrit. Il tenta de sourire. Je ne retins plus mes larmes. Barras m'aida à me lever. Je marchai, pareille aux automates de Monsieur Vaucanson. Je quittai la cellule, ce caveau où la mort rôdait en puant.

Je dis pourquoi, pourquoi, je répétai pourquoi. Je pensais au corps meurtri, si maigre sous la chemise sale, trouée, en lambeaux.

Dans la voiture, enfin, Barras parla. « Cet enfant, murmurait-il, est l'otage de la Révolution. Maintenant que Robespierre est mort, c'est à moi de savoir qu'en faire. Vous êtes femme, vous êtes mère, vous m'êtes désormais suffisamment indispensable pour que vos avis me soient précieux. Je n'ignore rien de qui vous fréquentez, voyez, aimez, recevez. Le petit Capet est pour les royalistes une espérance absolue. Je ne peux préjuger de l'avenir. L'enfant doit rester en vie, mais nul ne doit savoir qu'il vit encore. Qu'en pensez-vous, chère amie ? »

Je répondis sans réfléchir : « Au nom de la charité, Monsieur, il faut un médecin à Louis. Il faut qu'il sorte de l'enfer. Je vous supplie de m'entendre. Louis doit vivre. Il est innocent des crimes dont on a accusé ses parents. L'orphelin du Temple doit vivre. Ou son sang rejaillira sur la patrie qui l'a supplicié. » Je n'eus pas la force d'ajouter un mot de plus. Je serrais mon mouchoir, le cardais de mes ongles. Barras me jura qu'il ferait sortir de prison l'enfant dès demain. Pour l'heure, il fallait répandre la nouvelle de sa mort. Devant le peuple. Pas pour les chancelleries. Les capitales d'Europe sauraient que l'orphelin du Temple restait la propriété de la République française.

L'héritier de Saint Louis devenait monnaie d'échange, moyen de pression, chantage auprès de son oncle, le comte de Provence, qui ne manquerait pas de s'arroger le titre de seul prétendant à la couronne de France. « Au cas où, ajouta Barras. Vous me comprenez, n'est-ce pas, chère et adorable amie : qui serait suffisamment sot pour prétendre aujourd'hui savoir dans quelle direction les vents peuvent tourner ? »

Je comprenais. Puis, *mezza voce*, il me demanda de trouver une maison de confiance, reculée, à cinq lieues de Paris. Vite. Une maison discrète, d'allure modeste, mais propre et bien tenue. J'aurais les fonds, pour la location et mon zèle mis à servir. Deux ou trois domestiques, muets, choisis par lui, veilleraient sur le petit Capet. À nouveau, Paul Barras me regarda, lent balancement d'horloge, et alors qu'il enfilait l'un de ses gants, ses yeux prirent le reflet lunaire d'une lame. Je lui jurai le silence absolu. Il m'embrassa à pleine bouche. Je ne sais pourquoi mais, rentrée chez moi, en me couchant, je pensai à un morceau de viande crue.

11 juin

Barras me veut à lui, entière. Peut-être a-t-il peur que je trahisse ses secrets. Ma vie alors ne vaudrait pas grand-chose.

Demain, il va rendre publique la disparition du Dauphin. Cette nuit même, il substitue au malheureux enfant le corps d'un jeune garçon, mort déjà. Chacun connaît dès lors sa partition : médecin légiste, témoins, gardes… Louis-Charles Capet est mort de maladie, fin de l'histoire. Mais moi j'ai déjà trouvé une maison, à Sèvres, discrète, coiffée d'un grenier haut, aux murs recouverts d'un maillage de lierre. Une nourrice occupera les fonctions de femme de chambre, le valet est un gendarme déguisé. Voilà qui sent le théâtre pour le descendant de Saint Louis, dérisoire jouet, affaibli, qui ne prononce plus un mot audible.

Le fils de Louis XVI va quitter la prison du Temple dans un panier de linge, peu après minuit. J'imagine la voiture, le cocher et les gardes payés. Nous ne sommes pas dix dans le secret. Barras m'a ordonné de visiter l'enfant le plus tôt possible, de lui rapporter précisément son état, et, au fil des jours, les progrès possibles de la santé du prince. Je ne dois plus l'appeler que le citoyen Charles. J'obéis et je me tais. Je suis à cet homme que je méprise.

12 juin

J'ai quitté Barras peu avant l'aube. Les huissiers m'ont fait descendre un escalier un peu raide et je me suis retrouvée à frissonner dans le jardin. J'ai pris une voiture du gouvernement et me voilà chez moi. Je ne saurais rester plus longtemps chez la bonne Madame de Krény car j'étouffe dans son entresol. Il me faut maintenant une maison. Ma maison. Pour y recevoir mes amis. Je suis privée de tout sans elle. Je l'ai répété à Barras. Cent fois.

C'est alors qu'il me l'a demandé. Oh, son marché était clair. Il l'a d'ailleurs admirablement articulé, allant à l'essentiel et peut-être pensait-il que je pouvais l'entendre en pleine face, sans perdre la mienne. Voilà donc l'image que cet homme a de moi et des femmes. Il voulait que je danse, pour lui, nue, pas seule, avec une autre femme, nue aussi, et, que si nous pouvions être proches en dansant, proches, vraiment proches, cela le comblerait et il verrait alors combien je lui suis dévouée et reconnaissante. En échange de quoi, la maison… Il m'a dit que Thérésa aussi dansait et a révélé le nom de bien d'autres. J'ai senti au creux de mon ventre comme une piqûre de ronces. J'ai souri, baissé un peu le visage. Je n'avais même plus de salive pour la lui cracher en pleine tête. Je me suis dit : « Vieux filou, ma maison sera plus belle et plus grande encore, je m'en fais le serment. » Nous sommes passés dans un salon, je me souviens qu'il était tendu du sol au plafond de soie mauve, on eût dit une tente arabe. J'ai pensé très vite que je ne pourrais pas, que je ne saurais pas, je n'avais jamais fait cela ni même songé à le faire un jour, et puis j'ai découvert l'autre fille, très jeune, j'ai pensé à Hortense, elle devait avoir quinze ans, pas une semaine de plus. Elle s'est levée à mon approche, s'est blottie contre moi, comme si elle me parlait, comme si elle me rassurait, a fait tomber d'un coup de reins la gaze qui la couvrait, m'a aidée à retirer mes vêtements. J'ai entendu, tout proche, un pianoforte et deux violons jouer quelque chose de doux. J'ai étiré mes bras et mes jambes tandis que la fille m'attirait déjà à elle. J'ai alors senti ma peau contre sa peau. J'ai voulu ne penser à rien d'autre, cherché en vain le nom du morceau de musique. Pour éviter la gêne, la honte, j'ai pensé à la maison que j'aurais, à la joie de la montrer à ceux que j'aime. La musique s'est tue. La fille a ri, j'ai compris qu'elle devait être ivre, je l'ai aidée à glisser sur la banquette du salon. J'ai saisi ma robe, mes souliers.

Lorsque j'ai agrafé mon corsage, j'ai vu Barras arborer son sourire de chat. J'ai dû sourire à mon tour et revenir vers lui. L'un après l'autre, je lui ai ôté ses bas. L'orgueil de cet homme n'a pas de limites. Sa puissance et sa fortune non plus.

Ainsi va la vie.

Je viens de me coucher. J'écris les yeux fixés au plafond. Je tache d'encre le papier. Les Dames de la Providence, à Fort-Royal, nous parlaient sans cesse du péché, elles en dressaient d'interminables listes, allant du plus léger au moins pardonnable. Ce que je viens de faire, quelle place lui donner ?

21 juillet

Je l'ai vu. J'ai pu embrasser le petit prince. Mon Dieu, quelle émotion ! Mon cœur de mère a saigné devant ce petit corps de martyr, aux côtes creusées comme un sarment de vigne. Ses yeux morts roulaient dans leurs orbites. J'avais apporté un petit cheval monté sur roulettes mais à peine avais-je posé ce jouet sur le rebord du lit que de grosses larmes ont coulé. Quel souvenir rappelais-je ainsi à l'enfant supplicié ?

Je lui ai prodigué toutes les caresses, offert de bonne grâce tous les baisers. Il finissait péniblement de boire une tasse de chocolat que la nourrice tenait par l'anse. À chaque nouvelle gorgée, j'essuyais ses lèvres à l'aide de la serviette nouée autour de son cou. Trois longues années de malheur ont rendu l'enfant-roi à cet état d'hébétude qui ne le quitte plus. J'ai cherché vainement sur ce visage couleur de craie le signe d'une présence. Ses journées se passent à ne rien dire, à ne rien faire, à ne pas bouger trop, à demeurer là sur ce lit bateau, la tête tournée vers le mur où somnole autant que lui un crucifix bien inutile. La nourrice, bonne femme rieuse, s'appelle Berthe. Le gendarme-valet, Laurent. Du moins, ce sont les noms qu'ils m'ont donnés bien volontiers.

J'ai demandé à Barras que les visites du médecin soient désormais plus fréquentes. Il a haussé les épaules. Assurément, cet homme se lasse de tout avec la seule constance dont il soit capable.

17 août

J'ai trouvé ! Je suis folle de bonheur. Julie Talma[1] me loue son hôtel. Il se trouve rue Chantereine, numéro 6. Je brûle d'y faire les aménagements nécessaires. Je veux une entrée sienne et lilas et des urnes noires. La maison n'est pas très grande, mais elle possède le plus délicieux des jardins. Barras m'assure qu'il m'aidera à trouver les fonds, dix mille francs en assignats de loyer annuel. Il a déjà réglé les arriérés des loyers de la maison de Croissy. De son côté, ma tante me prête cinquante mille livres. L'excellente femme !

18 août

J'ai embrassé Madame de Krény. Elle m'a souhaité mille prospérités. Je lui ai offert une brosse et un miroir en vermeil. Un cadeau de Barras. J'ai pris une voiture de louage. Cela aussi, je n'en peux plus : je veux mon équipage. Première nuit passée à Chantereine. Seule. J'ai voulu voir l'avancée des travaux. À l'étage, dans le salon en demi-lune, le boudoir et la garde-robe, j'ai fait placer des miroirs et sur les murs de petites gravures encadrées de bois doré. Ma chambre comprend un lit de bois bronzé, des meubles en bois jaune de la Guadeloupe, un secrétaire aux pieds griffus, une table à écrire, un vide-poches en acajou. Dans le coin droit, la harpe. Sur la cheminée, un petit buste de marbre blanc figurant

1. Julie Careau, avant d'épouser Talma, était danseuse.

Socrate. Il m'a été offert par le marquis de Caulaincourt[1] afin, m'a-t-il dit, de m'apprendre la sagesse.

L'antichambre comprend un bas de buffet en chêne, une armoire en sapin pour y ranger la vaisselle et une fontaine à laver. Le petit salon fait aussi office de salle à manger. Les convives s'y tiendront plus à l'étroit, ce qui est propice aux conversations et à ce qui s'ensuit, cela pour rendre jaloux mon vieux marquis de Caulaincourt, survivant de la cour de nos rois, qui s'est mis dans la tête de m'épouser séance tenante. La pièce ne contient que quatre chaises en acajou blond. Je les ai fait recouvrir de crin noir. La table est ronde avec ses pans rabattus.

J'ai aussi quelques servantes à rafraîchissoir et deux autres tables dont le dessus, couleur cerise, est du plus beau marbre. J'attends que l'on pose demain les armoires vitrées que je ferai nicher dans les murs. Elles sont destinées à recueillir le service à thé étrusque.

Je suis remontée me coucher satisfaite. Je n'ai pas fermé l'œil de la nuit, toute à l'idée de cette nouvelle étape de ma vie.

21 août

Nouvelle visite à l'enfant. La maison de Sèvres est pourtant bien jolie avec ses volets bleus. Un petit progrès. Le prince Louis, dès mon arrivée, manifeste un peu de joie. Il esquisse un sourire sur ses lèvres blanches. Il ne parle presque pas. Je lui ai demandé ce qu'il voulait. Il a répondu : « Rejoindre Papa et Maman. » J'ai caché mes larmes. J'ai apporté une boîte à musique. J'ai fait en sorte que l'air joué par ce gosier de métal n'évoque rien à l'enfant. J'ai choisi une rengaine

1. Gabriel Louis, quatrième marquis de Caulaincourt (15 novembre 1749-27 octobre 1808). Militaire et homme politique français.

de Garat[1], petite bluette légère comme un pétale. Nous l'avons fredonnée ensemble.

Son oncle, le comte de Provence, se fait partout désigner sous le nom de Louis XVIII. Il connaît pourtant la survivance de son neveu. Voilà qui n'empêche rien. Le gros Louis sait que l'on sait ce qu'il sait. Ce jeu d'adulte est le pire de tous car il est celui des dupes. J'apprends, sans plaisir, le jeu des politiques.

22 août

J'ai reçu deux chevaux en indemnisation de ceux d'Alexandre, confisqués sur ordre du Tribunal révolutionnaire. Ils tapent déjà du fer à l'écurie. Barras m'a offert une voiture. Enfin ! Je suis libre autant qu'on peut l'être. J'ai engagé un cocher et un cuisinier.

Paris me connaît de mieux en mieux. Je vais aux promenades. À Tivoli. Aux Champs-Élysées. Je me montre au théâtre de l'Odéon. Je vais au bal, celui de l'hôtel de Longueville notamment. J'ai accepté de souper au Luxembourg. C'est là le nouveau siège du pouvoir, là que se tissent les gloires politiques de demain. Il faut que je connaisse mieux encore ces hommes. Au Luxembourg, j'apprends et je retiens. J'y vois les ministres, les députés, les ambitions, tout ce qui compte dans la France du moment. J'assiste à la montée des fortunes, aux masses énormes d'argent gagnées en quelques heures et je ne m'étonne plus lorsque j'apprends qu'un aigrefin a acheté le château après avoir vendu la rampe de l'escalier qui n'était pas à lui. Tout me sert d'exemple, je connais la saveur du pouvoir, l'ivresse sans égale qu'il procure.

Alexandre et ses amis voulaient faire de leur patrie une nation juste, fondée sur le principe de l'égalité. Le mot figure

1. Pierre Jean Garat (26 avril 1762-1er mars 1823). Compositeur et baryton français.

encore sur les mairies et les écoles, les billets de banque, mais jamais la France n'a paru à ce point défigurée par les intérêts du plus petit nombre. Le peuple hait ceux qu'il appelle les « ventres pourris ». Il n'a pas tort car le pain manque. Car les ouvriers sans emploi meurent de faim. Moi-même, lorsque je suis en voiture, je vois des femmes me tendre leurs enfants inertes et d'anciens rentiers succomber en pleine rue aux pieds de mes chevaux. Alors, je donne autant que je peux et je vois ces pauvres gens me bénir du bout de leurs doigts translucides.

Les gazettes prétendent que je suis la maîtresse de Paul Barras. J'aurai donc ravi ce titre envié à mon amie Thérésa ! Fadaises et exagérations. Le maître de la France préfère les garçons et moi je tiens surtout la maison. Nous y sommes libres et gais. J'ai le droit d'y recevoir des amis, d'anciennes connaissances, comme Monsieur Jullian, Madame Reubell, les Le Coulteux, Madame de Chastenay, la duchesse d'Aiguillon. Nous jouons au trictrac, aux charades. À la fin de l'après-midi d'hier, je me suis mise au pianoforte et Garat a chanté ses chansons. En somme, je tiens parole : Barras donne, je prends, je sers mes intérêts et les siens. Il est le chat, je ne veux pas être seulement la souris.

23 août

Mes enfants me manquent. Ils grandissent bien. Ma tante m'assure que mon Eugène met en toute chose une gravité et une noblesse qui annoncent celui qu'il sera demain. À près de quinze ans, il est fier, sans prétention. Il rêve de l'état de soldat. Bon sang ne saurait mentir. Il veut protéger sa sœur et sa mère. Il prend la pose et bombe le torse. Force sa voix pour la rendre plus grave.

J'ai décidé de le faire mener au collège irlandais de Monsieur l'abbé Mac Dermott, à Saint-Germain. Cet excellent homme saura conduire Eugène vers un avenir que j'espère meilleur. Ma tante m'écrit que mon fils est ravi de sa condition et a déjà préparé sa cantine. Il garde sur son cœur ma dernière lettre. Cet enfant me comble.

Je vais placer Hortense chez Madame Campan[1]. Celle qui a si bien servi l'infortunée reine vient d'ouvrir un pensionnat à Saint-Germain. Chacun tente de réparer sa vie et sa fortune comme il le peut. Je ne fais rien d'autre moi-même. Hortense devient belle et sage. Elle est douce, tranquille, rêveuse, dessine comme un peintre, chante à ravir, joue de l'épinette et fait le bonheur de tous ceux qui l'approchent. Elle aura là d'autres compagnes, toutes idéalement nées. Je n'ignore pas que Madame Campan choisit avec le plus grand soin ses élèves.

30 septembre

Souper chez les Tallien. On ne parle que de politique. Je veux croire que la Constitution en train de s'élaborer donne au pays une véritable stabilité[2]. La peur de la dictature, les errements sanglants de la tyrannie en sont bannis, semble-t-il, à jamais. Barras partage le pouvoir, certes. Le Conseil des Cinq-Cents siège au Palais-Bourbon. Le Conseil des Anciens siège aux Tuileries. Bien.

Cela posé, qu'en est-il de la vie des Parisiens et du reste de la France ? La misère est partout. Je vois des gamins de quinze ans mourir de faim sous mes yeux. Des mères assassinent leurs enfants, faute de pouvoir les nourrir de pain. La rente ne vaut plus rien.

Le chevalier de V. m'assure que le comte de Provence s'agite. Que ses partisans complotent. Ils veulent le retour

1. Jeanne Louise Henriette Campan (2 octobre 1752-16 mars 1822). Première femme de chambre de la reine Marie-Antoinette. Éducatrice française.

2. En somme, les nantis, les possédants gardent le pouvoir. C'est la bourgeoisie qui triomphe et non le peuple. L'esprit de la Révolution a cessé de souffler. Du moins est-ce le vœu de ces hommes.

du roi. Leurs intrigues me font peur. Elles ne respirent que la haine et ce goût forcené de la revanche n'inspire que le sang. Je connais V. Il ne ment pas. Il m'assure que Saint-Hurugue est à Paris. Ce marquis crapuleux, joueur, tricheur, proxénète, qui vendrait père et mère pour cinq francs, rallie sous sa bannière les jeunes gandins à la mode. Nombreux. Teigneux. Je sais qu'ils pourchassent ceux qui portent encore la carmagnole, les sabots de bois et le bonnet rouge. Au nom du roi, ils tuent. Ces vipères n'écoutent que ce Fréron, député vendu au plus offrant, donc à l'Angleterre, monarchiste enragé, d'une ambition que rien ne peut satisfaire ; l'homme s'agite et agite, je hais ses péroraisons. C'est avec ces mots-là que le sang coule. Et je ne veux plus le voir couler.

J'en ai parlé à Barras. Il me dit connaître la situation. Il me répète de ne pas m'inquiéter, de ne pas quitter Paris. Qu'il a circonscrit ces dossiers. Il se fait fort de parer à toute éventualité. Il m'assure aussi que la politique n'est pas affaire de femmes. Que je perds mon temps à tenter de comprendre. Ce sont des femmes qui, pourtant, ont fait les journées de Septembre, à Versailles. La ville me fait peur. Une étincelle et la poudrière explose. Qui allumera la mèche ?

1er octobre

À Paris, la mode est de n'en plus pouvoir. Il faut paraître exténué, au bord du trépas. Il faut parler gras et des jeunes gandins, leurs maîtresses et leurs sœurs, commettent des phrases sans prononcer aucun *r*, croyant en cela imiter les indigènes de nos îles. C'est du plus absolu ridicule. Je m'amuse à les entendre et, dans les salons, je vois ces enfants parader, vêtus d'une redingote trop ample, portant bésicles, cornet acoustique, gourdin noueux, qu'ils appellent leur pouvoir exécutif. Barras les fait désormais surveiller discrètement et, quand leur mère est de mes amies, je leur dis moi-même de calmer leurs ardeurs. Je trouve ces garnements bien remontés et jouant à des jeux plus dangereux qu'ils ne l'imaginent. De fait, certains assassinent ceux qui ne partagent pas leurs idées.

J'ai vu à l'Opéra Mademoiselle Lange exhiber une tunique si transparente qu'elle ne cachait rien que la vertu condamne. La gaze s'arrêtait même à mi-cuisse. Elle est belle à damner un saint et elle coûte des fortunes à Ouvrard. Mais, en banquier, il paye et paye encore.

Les députés de l'ancienne Convention viennent de se séparer. Ils se sont entendus pour que deux tiers d'entre eux demeurent dans la nouvelle Assemblée. Furieuses, les sections parisiennes, dévolues au roi, se sont emportées. Elles ont hurlé à la trahison. La rue s'agite de plus en plus. La peur me gagne tandis que le chaos s'étend. En finira-t-on jamais avec toutes ces haines ?

3 octobre

Journées affreuses. Dîner chez Barras, au Luxembourg. La section Lepeletier[1] a lancé un appel aux armes contre la Convention nationale. Après l'éviction du général Menou[2], jugé hésitant, Barras a pris le commandement en chef de l'armée de l'intérieur. Sa mission était de disperser les factieux et leurs rassemblements armés. Je dois reconnaître qu'il avait belle allure dans son uniforme. Il a ordonné, jugé vite de la situation. Nommé un nouveau général en disponibilité à la tête des troupes qui a fait mitrailler les insurgés jusque devant les marches de l'église Saint-Roch. Ce jeune Mars a frappé comme la foudre. Le sang a coulé. Des enfants de vingt ans

1. La section Lepeletier était à l'époque de la Révolution une section révolutionnaire parisienne. De tendance modérée, elle deviendra résolument monarchiste.

2. Jacques de Menou de Boussay (3 septembre 1750-13 août 1810). Militaire français.

se sont fait hacher. Encore des morts. Je suis rentrée chez moi, écœurée. Mais force est de constater que la ville est calme à nouveau. Je n'entendais que le pas modéré de mes chevaux. L'air sent néanmoins le silex frotté.

8 octobre

Paris ne parle plus que de lui. Son nom est sur toutes les lèvres. Barras insiste pour me le présenter. Des amis de longue date l'appellent le général Vendémiaire. De l'homme de la Providence qui a sauvé la République en tirant sur la foule. Ce petit monsieur ressemblant à un chat écorché – on me l'a décrit ainsi – vient d'être nommé général en second de l'armée de l'intérieur. Barras songe même déjà à le désigner à sa place comme général en chef. Ce fleuve de louanges coule sur lui sans discontinuer. Paris n'a que lui à la bouche. Alexandre aurait tant aimé ces honneurs.

11 octobre

C'est fait. Je l'ai vu. Barras donnait l'un de ces thés dont il raffole. Quelques amis. Quelques jolies femmes. Les intimes. J'ai vu, plutôt j'ai d'abord entendu un pas. Des bottes qui piétinaient le parquet festonné du salon. Je me suis retournée. Il était là. Le « héros ». Petit. Maigre. Le teint jaune. Les cheveux plats qui lui tombent aux épaules. Il a claqué les talons. M'a saluée. Raide comme la justice. Étrange vision. Pas à son avantage. Il a une vilaine peau. Un accent épouvantable. Mais des yeux d'un bleu immense. Il parle vite et beaucoup. Il n'a pas arrêté de me parler de sa mère, de ses frères, de ses sœurs, de son île, de Paris, de la France. Il serrait sous son coude un petit chapeau au panache si mal attaché que je croyais à chaque minute voir ses méchantes plumes peintes en rouge et en bleu choir sur le tapis. Il a accepté la tasse de thé que je lui ai tendue. L'a bue trop vite. Il s'est brûlé. A fait la grimace. Il a refusé un morceau de baba au rhum. Et puis, il s'est tu. Ce fut à mon tour d'articuler des sons, de le féliciter pour son courage, pour sa connaissance de l'art de la guerre. Il a paru apprécier le peu que j'en disais. Il a redemandé mon nom. L'a répété deux ou trois fois. Je crois l'avoir vu rougir. Barras s'était éloigné pour Stanislas Reverdin, ce jeune homme blond à la beauté renversante qu'il ne quitte plus depuis quelques semaines et que je connais depuis la prison des Carmes. Et moi je trouvais ce militaire par trop étrange et maladroit.

L'un des deux aides de camp s'est soudainement penché sur les épaulettes dorées. J'ai aperçu comme un tressaillement. Celui qui me mangeait crue du regard s'est incliné, la main sur la poignée de son sabre. Il est sorti du salon après avoir salué abondamment Barras, en le voussoyant, ce qui confirme la règle connue et observée par tous les friands du pouvoir. Je connais désormais le nom du général Vendémiaire. Bonaparte.

Onze heures de la nuit.

Barras n'a que lui à la bouche. Il craint pour la sûreté de l'État. Il évoque les deux périls auxquels la France doit faire face : les royalistes et les jacobins, la droite et la gauche. Sans cesse prêts à se relever. Que faire ?

J'ai pris le café avec le marquis de Caulaincourt. Mon soupirant le plus âgé me fait une cour adorable. Il veut, me dit-il, conduire à l'autel la plus incomparable des roses, la plus accomplie, la plus, la plus, la plus… J'ignore quelles autres sottises sortent d'une bouche à qui tant de dents manquent. Le voir me saluer m'effraie, car je ne sais jamais si ce bon marquis va pouvoir se relever de ses bonjours. Ma tante me presse d'accepter cette union. À l'en croire, ce vieillard fardé de blanc ferait mon bonheur en assurant une tranquillité certaine à mes enfants. Ce raisonnement sent le vieux temps. Le monde a trop changé pour se laisser circonscrire par d'aussi antiques formules.

Les dernières élections ont fait la part belle aux royalistes. Voilà qui n'a pas muselé les jacobins. Ils dénoncent avec une fureur croissante une corruption généralisée et la trahison des principes sacrés de la Révolution. Ont-ils vraiment tort ? C'est en tout cas à celui qui hurlera le plus.

Les arbres de Paris sont recouverts d'affichettes. Barras déclare à qui veut l'entendre que la France compte plus d'ennemis sur son sol qu'à ses frontières. La nuit, son sommeil est si agité que je ne trouve plus le mien. Il est d'une humeur exécrable, refuse de me parler et j'ai essuyé une scène pénible, hier matin, alors que je le quittais – oui, je peux l'admettre dans ce journal, je suis bien devenue sa maîtresse. Il m'a lancé comme une injure le nom de Hoche, m'accusant de le poursuivre de mes assiduités, quoique je le sache marié. Ajoutant des mots pires encore, que je ne valais pas même W., le cocher du général, son garçon d'écurie, que je me vautrais avec lui, avec d'autres, avec des Noirs. Que j'étais une femme aux sens déréglés, une goule de tous les débordements. J'ai pleuré. Mes pauvres nerfs malades ne m'ont pas laissée en repos de la journée.

Ce soir, grand changement. Je reçois un billet de la main de Barras enrobé dans un rang de perles. Il me jure une amitié éternelle, me demande de le rejoindre au Luxembourg. Prudente, je pars sur-le-champ. Le Raminagrobis veut sa consolatrice. Dans la voiture du gouvernement qui m'emmenait vers lui, tandis que clignotaient aux réverbères les lumières vacillantes de Paris, je songeais à ma mère. Ce fut ma vie qu'il me sembla voir filer à la cadence des chevaux, sèche et froide. Je me savais belle, par tant de soins mis à ma toilette. Derrière le fard, la volonté mise à plaire, je me découvrais néanmoins sans tendresse.

15 octobre. À mon coucher.

J'ai trouvé Barras marchant dans le salon, y faisant les cent pas, les mains crispées dans son dos. M'apercevant, il vient à moi, me prie de m'asseoir, me fait servir du vin de Champagne et des pêches de sa maison de Suresnes. Je crois avoir compris ce qu'il pense et ce qu'il veut : l'argent gagné grâce à la Révolution, les spéculations, les agiotages, la vente des biens nationaux, ces fortunes doivent rester dans leurs poches actuelles. Il y va de l'équilibre financier de la France. La peur de perdre ces acquis est chez lui palpable. Ce régime demande un sabre. Une protection sûre. L'épée d'un soldat serait notre salut. Bonaparte lui a parlé de moi, avec des termes plus qu'élogieux. Le petit militaire se hisserait, à la seule évocation de mon nom, vers des transports d'allégresse inouïs. Barras s'en est persuadé : le général m'aime avec passion. Il faut donc l'amener à servir nos ambitions. Je suis femme. Cela doit suffire. « À vous de jouer », me dit-il, comme une mission !

Et d'ajouter : « Chère amie, vos charmes peuvent faire de ce Corse le meilleur de nos alliés. Nos vies en dépendent. Vos intérêts sont les nôtres. L'amitié que je n'ai cessé de vous témoigner m'oblige à vous rappeler votre situation. Elle est des plus précaires, songez à vous, à vos enfants, au temps qui laisse ses traces, à vos dettes. Pourquoi ne pas vous établir, ma Rose, et ce parti, sans être considérable, peut augurer du meilleur, je vous en fais le serment. Il n'est point de machine que je ne puisse remuer pour vous plaire. Je me charge de l'avenir de Bonaparte. »

J'ai souri. Je n'ai rien ajouté. Je me suis levée, assurant au Directeur que j'allais penser à tout cela. Sans déplaire au plus fidèle de mes amis. En somme, je suis vendue comme une fille. L'étonnement qui a passé vite a fait place à une colère que j'ai regrettée tout aussitôt. Quittant le Luxembourg, saluée par les huissiers, alors que je marchais dans le vestibule, triturant la pointe de mon gant, je me suis vue le lui lancer en plein visage, cravacher la tête peinte de Barras, le voir grimacer sous les fards. Absurde et inutile. Suis-je meilleure que cet homme ? Le temps n'est plus au caprice, je dois en effet penser à l'avenir. Le nom de Bonaparte seul suscite tant de passion et d'étonnement, de curiosité, de verve, d'intérêt que moi – je l'avoue – je me laisse aussi prendre. L'époque est aux héros. Bonaparte ou la « bonne part »… Je me suis dit en souriant que c'était de bon augure, même si son tempérament comme son physique étrange ne m'inspirent guère.

18 octobre

Manque d'argent. J'ai écrit à ma tante, Madame de Renaudin. Elle vient de consentir, une fois encore, à ma demande de prêt. Je lui ai emprunté cinquante mille livres en assignats dont la valeur, en ces temps impossibles, a chuté à deux mille cinq cents. Je n'ai pu jusqu'à ce moment effectuer mon projet d'aller passer quelques jours chez elle à Fontainebleau afin de revoir mon Bon-Papa[1]. La mort de son fils bien-aimé, le tant regretté Alexandre, nous a rapprochés et j'aime infiniment la noblesse de ce vieillard.

J'ai tant de choses à leur dire à l'une comme à l'autre qu'il me tarde d'être débarrassée des occupations qui me retiennent ici. J'espère cependant sous peu réaliser ce que je veux aussi ardemment. Je n'ai eu le temps que de terminer ma lettre et de tracer une dernière ligne où je les embrassais de tout mon cœur.

Devant le miroir de ma coiffeuse, j'ai réfléchi. Le nœud de la question porte un nom de théâtre qui roule les *r* comme un torrent. Bonaparte. Est-ce que j'aime cet homme ? Je n'aime pas cet homme. Et puis, à certains moments, oui, je me vois l'apprécier. Résultat, je ne sais quel parti prendre ! Il met en toute chose une brusquerie, une gaucherie, de la frénésie à la fois séduisantes et ridicules. Tout chez lui est à

1. Joséphine appelle ainsi son beau-père.

reprendre. Je pense à son uniforme mal taillé, trop grand, dans lequel il flotte et ne peux m'empêcher de rire. Regarde-t-il une femme et l'on craint qu'il veuille prendre une place forte. Ses mots sentent la poudre. Il parle aussi fort que le canon. Aussi vite qu'une averse de grêle. Son linge n'est pas propre. Il s'asperge d'une eau de toilette à donner la migraine. Je l'ai baptisé le Chat botté. Le mot est de Laure Permon[1]. L'esprit et la vivacité de cette jeune femme sont ceux d'une guêpe. La formule a bien fait rire Thérésa, cette bonne amie qui me presse d'accepter au moins de voir souvent mon soupirant armé. C'est par elle qu'il a commencé à faire sa cour. C'est sur elle qu'il a jeté ses premiers feux. À croire que le mariage n'est à ses yeux bon que pour servir ses intérêts. Mais Thérésa a regardé le petit Corse avec un froid dédain.

Moi je ne suis pas Thérésa. Bonaparte, dès l'instant où il pénètre dans un salon, m'y cherche du regard. Sans faiblir, il se pose devant moi et sa respiration s'accélère. Il est touchant, presque tendre. Si la seconde d'avant j'avais envie de lui dire non, là, alors, je flanche. Je suis perdue à défaut d'être éperdue.

D'autant que moi aussi, en somme, j'ai mes ordres. Barras tient beaucoup à ce que je voie Bonaparte au Luxembourg, dans ses maisons de Suresnes ou de Chaillot, là où cet étrange asticot rencontre si expressément le maître de la France. Alors je m'y trouve, comme je m'y trouvais déjà auparavant, les apparences seront sauves. Il paraît que je saurai faire le reste. À savoir quoi : l'appât ?

20 octobre

Ce matin, j'ai paressé au lit comme une fille. Je l'avoue, mon esprit est plein de lui. Je sais qu'il pense à moi. Il vit

1. Laure Adélaïde Constance Permon (6 novembre 1784-7 juin 1838). Elle épouse Jean Junot. Elle sera titrée sous l'Empire duchesse d'Abrantès. Ses *Mémoires* rédigés par Balzac sont passionnants.

avec moi une passion que je n'ai jamais encore connue. J'ai aimé Alexandre. Mon mari ne m'a pas rendu cet amour, il s'est amusé de moi comme on le fait d'un carlin. Bonaparte me regarde, lui, et son visage s'illumine. Il m'écrit, m'envoie des fleurs, des billets passionnés, des pralines, se ruine pour moi. Quelle femme résisterait à tant de feu ? Mon cher Bonaparte, mon petit Bonaparte, mon cher ami, je commence à m'attendrir quand je murmure ton nom.

22 octobre. Vers les neuf heures du matin.

J'ai écrit à ma tante Renaudin. Je lui ai indiqué mon sort actuel, la décision à prendre, pour moi, pour mes enfants. J'ai tenté de poser le pour, d'envisager avec sincérité le contre. Bonaparte est plus jeune que moi. Je connais déjà les servitudes du mariage et les désagréments d'une union parfois douloureuse. Les malentendus. Les pleurs versés. Je sais trop les débuts joyeux et la lassitude après les premiers émois passés. Je connais la solitude des femmes.

Nos caractères vont-ils se complaire ? Il est général. Je suis veuve de général. Je connais le monde des officiers. Leur bravoure. Leur égoïsme. Leur rusticité entretenue. Leur camaraderie où les femmes n'entrent guère.

J'ai tout dit à ma tante. Par retour de courrier – je crois que la poste ne fut jamais aussi rapide –, j'ai reçu sa missive où, de son écriture serrée et mauve, elle m'enjoignait de céder une fois de plus et sans barguigner au mariage. « Cet hymen sera doux, je vous en fais le serment. Songez à votre situation, à vos enfants, etc., etc. » Il n'est donc personne qui voie en cette union une raison de désordre ou de malheur. Mes amis me connaissent bien, je ne leur ai rien caché de mon caractère. Ils me penseront comblée. Voilà qui est rassurant et qui aide à faire pencher la balance de mon indécision.

29 octobre

J'ai avoué à Barras que Bonaparte me croit fort riche. Si l'affaire doit aller à son terme, il ne faut à aucun prix détourner le Chat botté de cette idée. Cela pourrait tout faire manquer. Il s'est persuadé que j'ai de grandes espérances du côté de la Martinique. Mais si la plantation peut donner cinquante mille livres de rente, mon banquier Emmery a ordre de ne tirer chaque année que vingt mille livres à ma demande. J'ai ajouté : « Le général sait aussi ma relation étroite avec vous, la tendresse que je vous porte, le respect, la gratitude, il ne semble pas s'en émouvoir, ni montrer le signe d'une jalousie bien masculine. » « Ah ça, a répondu Barras, j'en fais mon affaire. Lui aussi veut sa part de la brioche. Il n'irait pas même mettre la pointe de sa botte dans ce que je considère comme notre privé. Je connais l'animal. Il m'est dévoué comme votre Fortuné. Un mot de moi et il entre sous la terre. Non, assurément, des épaulettes de plus et pour vous deux la messe est dite. »

4 novembre. À la lumière de ma chandelle.

Denis de Rougemont m'assure que Bonaparte cherche à connaître plus précisément ma situation financière. Il n'a pas hésité, lui si occupé par la vie militaire, à partir à bride abattue pour Dunkerque y consulter Emmery, afin de s'informer de l'importance de mes biens. Savoir cela m'a déplu.

Mon ami lui a déclaré que je n'étais pas une grande fortune, ajoutant que Madame de la Pagerie, ma mère, dont je restais la fille unique, avait une plantation qui pouvait donner cinquante mille livres de rente. Emmery lui a aussi déclaré que je connaissais bien, pour les avoir comme amis proches, Messieurs Denis de Rougemont, Jean Hottinguer, son associé, ou Alphonse Perrégaux. Que j'avais mes entrées dans les secrets de la finance. Protégée par Barras, je savais le monde. Je connaissais les politiques influents, je les croisais sans cesse au Luxembourg. Je tenais parfois aussi la maison de Barras à Chaillot. Au nom du Directeur, j'y recevais ses amis. Je ne sais si Bonaparte a été rassuré mais, lorsque je l'ai revu trois jours après son retour à Paris, rien n'avait bougé dans sa physionomie.

Dès qu'il me voit, son visage s'éclaire d'un sourire radieux, il parle encore plus vite, il lance ses mains dans l'air. J'ai envie de les lui prendre, de les poser sur ma gorge ou ma taille et de lui dire simplement : « Nous avons le temps, je suis là, parle-moi, je suis ton amie. » Aussi, je l'écoute, je lui montre comment tenir son verre par le pied, je rectifie l'épaulette sur son épaule gauche. Il tressaille sous ma caresse. Je commence à aimer cet homme.

J'ai croisé Fortunée Hamelin[1]. Elle piaulait dans le salon son dédain froid des hommes dont elle sait faire de gentilles marionnettes. « Rien, menaçait-elle, ne changera donc jamais sous les rayons de la Lune ! Une femme reste en enfance jusqu'à son dernier souffle. Elle est marchandée aussi sûrement que lorsque sa seigneurie beylicale échange contre une poignée de perles une nouvelle esclave pour ses harems. Que valons-nous à l'aune du caprice des hommes ? Il faut tout leur prendre et davantage encore, monter les enchères… » J'ai bien ri, en songeant le contraire. Une inclination naturelle, beaucoup d'amour à donner et à recevoir me semblent jolis et tendres. Un homme n'est fort que dans le regard d'une femme.

12 novembre

L'enfant-roi est très malade. Contrairement à mon avis, Berthe, sa nourrice, « prétextant un petit rayon de soleil »,

1. Fortunée Hamelin, dite Madame Hamelin, née Jeanne Geneviève Fortunée Lomier-Lagrave (vers 1776-29 avril 1851). Surnommée la « Jolie laide », son esprit était réputé.

l'a conduit au jardin et la fièvre s'est déclarée un peu avant le soir. Le médecin a aussitôt ordonné une saignée, puis une autre. Avertie par un billet de Laurent, le valet-gendarme, je me suis précipitée à Sèvres. Louis brûlait et délirait, il appelait sa mère, ce spectacle était déchirant. Je me suis violemment opposée à une nouvelle saignée. J'ai exigé de Barras le remplacement du médecin. Il refuse, prétextant que trop de gens sont dans le secret. Absurde. Si Louis meurt, ses efforts à tisser une toile nouvelle, ses soins pour trouver une autre voie à la France, songer à une éventuelle restauration monarchique, seront réduits à néant. Les royalistes conspirent de plus belle. Leur prince est en vie. Si l'enfant succombe, Paul Barras ne pourra compter sur rien d'autre de ce côté. Le gros Provence le méprise autant qu'il le hait. Plus de négociation possible, pas d'atout, le mot est de lui, dans son jeu. Je lui ai dit cela. Il a haussé ses épaules, préférant lorgner sur Monsieur Reverdin dont il apprécie les boucles blondes. En ma présence, il continue de saliver sur ce jeune homme à un point tel que j'en suis réduite à détourner le regard. Il trouve un mot banal pour me congédier comme une domestique, je l'entends glousser derrière la double porte d'acajou qu'il referme derrière moi sans autre forme de procès. Et l'on me regarde comme la femme la plus enviée de France !

4 décembre

Je voulais me promener au bois. Mais il fait une tempête affreuse et je n'ai dû renoncer à marcher que contrainte par Agathe. Je souhaitais quitter Paris, rejoindre ma maison de Croissy à quoi je tiens beaucoup. L'air y embaume la feuille tombée de l'arbre. Le calme règne. Mais je ne peux pas. Le Chat botté me veut pour lui seul. Fortuné ne l'aime pas. Je ne me suis plus séparée de mon petit chien depuis les formidables services qu'il nous a rendus à tous, à la prison des Carmes. C'est dans son collier que nous glissions les messages destinés à nos amis, à ma famille, à mes enfants. Grâce à eux chacun pouvait connaître ce que nous vivions. Ce petit carlin à museau de belette me suit pas à pas avec une adoration d'esclave et dispute au général écorché la première place qu'il occupe dans mon cœur. Fortuné grogne dès qu'il voit arriver rue Chantereine le sabre précédé de la paire de bottes. La scène qui se renouvelle chaque jour me fait mourir de rire.

Voilà qui me distrait un peu des nouvelles maussades. Le pain manque toujours et le temps du pot-au-feu tous les quatre jours chez les Parisiens semble révolu. Hélas, le gouvernement paraît ne pas s'en apercevoir. Barras me disait hier matin, à son lever, que la ville ne bougerait plus. Que ce sont les malveillants qui font croire à une émeute prochaine. Je crains qu'il ait tort. La banqueroute guette. Le nouveau papier-monnaie ne vaut guère mieux que le précédent. Personnellement, je ne conserve que l'or. Le désordre est tel qu'une demi-pièce de mousseline des Indes vaut vingt-cinq mille assignats. On fabrique de la fausse monnaie chaque jour. Madame de Matignon m'a appris à la distinguer : son papier est doux alors que les véritables billets crient sous le doigt lorsqu'on les froisse, leurs ornements sont aussi mal gravés et les filigranes fondus dans la masse du papier, quand, pour les faux, ils sont appliqués après coup. Cette femme en parlait avec l'aplomb d'une banquière. Dieu a abandonné la France dans un marécage où d'informes grenouilles s'ébattent comme dans la fable de La Fontaine.

Une lettre d'Eugène atteste bien de la crise traversée : « Maman, je commence à écrire en haut du papier pour avoir le bonheur de poursuivre plus longtemps cette conversation avec vous. Mais il est si rare ce plaisir-là. » Cet enfant est à ce point touchant qu'il tirerait des larmes aux plus endurcis. Je vais le présenter, ainsi qu'Hortense, au général.

8 décembre

Souper chez la duchesse d'Aiguillon. Les victuailles qui recouvraient les consoles de marbre manqueraient de faire étouffer l'appétit de Grandgousier[1]. Les femmes, surtout et bien plus que les hommes, se jettent sur ces nourritures qui ne sont guère spirituelles. Il y avait du turbot en gelée, de l'anguille fumée, des filets de sole à la Pompadour, des filets de saint-pierre aux câpres, un tronçon d'esturgeon à la broche, de la carpe au court-bouillon, du marcassin au vin rouge, du gigot à la Brissac, du lapin à la ravigote, du vol-au-vent à la béchamel, du punch chaud, des vins de Hongrie, de Bohème, de Bourgogne et de l'Orléanais, des brouillys et du sancerre, du vin de Champagne à foison, des massepains, des crèmes aux amandes, du blanc-manger et, clou des desserts, un gâteau en pièce montée qui figurait l'Acropole. J'ai croqué dans une colonne ionique à la nougatine et me suis essuyé les doigts dans la chevelure d'un Nègre demi-nu, tombé à mes pieds et soi-disant préposé à cet étrange office.

Et pendant ce temps les Parisiens meurent de faim dans leurs rues, le pays souffre plus que jamais ! Comment ne pas s'attendrir devant une misère que rien ne semble pouvoir soulager ! Comment ne pas verser des larmes lorsque tant d'opulence n'est réservée qu'à une caste égoïste ! Si la noblesse fut accusée de tous les maux, si certains de ses débordements ont affermi la marche de la Révolution, jamais, sous le règne du roi Louis, on n'aurait vu un État si près de la faillite et de la guerre civile se goberger aussi éhontément.

De l'entrée de la maison au cœur du dernier salon, on ne parle que de « Rose et du Chat botté ». Les conversations s'animent ou se taisent à mon entrée comme à mon départ, c'est selon. D'un coup d'éventail, des femmes que je ne connais pas me désignent. Elles me sourient. Elles me jugent.

---

1. Grandgousier. Personnage de Rabelais. Il est le mari de Gargamelle, fille du roi des Papillons et le père de Gargantua.

Je passe outre. Bonaparte m'a envoyé une boîte de chocolats qui avaient tous la forme d'un cœur. L'attention est encore celle d'un collégien. J'ai voulu les offrir à l'heure du thé et je me suis ravisée. J'ai tout conservé. Je les déguste, en égoïste, un à un, prenant le temps, et à chaque bouchée, lorsque je sens fondre le pralin sur ma langue, je partage avec celui qui veille sur ses cartes d'état-major jusqu'à l'aube le bonheur d'exister pour lui seul et d'être choyée. Gourmand, son amour me gagne.

11 décembre

Me voilà débaptisée ! Par la volonté d'un homme seul. Devant qui j'ai cédé – mais comment peut-on faire autrement, comment résister face à cette tornade d'amour ? Bonaparte me prive de mon prénom, Rose, qui est le mien depuis l'enfance. « Je ne l'aime pas », m'a-t-il déclaré sur le ton du dogue allemand, alors qu'il me serrait à m'étouffer tout de bon dans l'embrasure d'une porte.

« Mais, ma mère elle-même m'appelle Rose, ainsi que tous mes amis », ai-je osé lui répondre. « Je ne suis pas tous vos amis. Quels sont vos autres noms ? » Je me suis entendue déclarer docilement mon état civil. Ses yeux sont devenus mauves. Il a dit : « Je vous appellerai Joséphine ! » Je nous jugeais au théâtre, tant la scène était incroyable. Je ne savais que répondre, je sentais le vertige piqueter le bout de mes doigts, je cédais avec ce sentiment de plénitude que l'on ressent après le plaisir. Cet étrange homme a des caprices d'enfant. Joséphine lui semble plus, plus, plus… « Ce nom est doux et noble, sans être pédant et je ne vois en lui aucune prétention vaine. » Bonaparte a tant insisté que je ne peux m'empêcher de regarder l'avenir avec ces trois syllabes. La force inouïe de cet homme est celle d'en accorder aux autres. Il est un modèle achevé d'ambition qu'aucune tâche ne rebute. Il avance. Il avance, et il tient à voir son étoile allumer le monde. Il fascine, il me fascine. Mais qui resterait de marbre ?

Curieusement, chacun se fait à « Joséphine » avec une rapidité étrange. J'ai même appris à signer avec. Je me suis divertie, prenant une plume et du papier, dessinant la boucle du J, ajoutant les lettres les unes après les autres sans oublier le point sur le *i*… et j'étais la plus sage des écolières. Stanislas Reverdin, à qui je posais la question, m'a même appris l'étymologie du nom : « Dieu ajoutera », en hébreu. Me voilà instruite. Joséphine, je suis. Joséphine, je vais rester. Adieu Rose. Je ne sais si je dois rire ou pleurer.

III.

5 janvier-11 décembre 1796

« Je pleure en pensant à mon amie »

5 janvier

Je n'ai pas encore parlé du petit prince Louis à Bonaparte. Je ne sais que faire. Je devine son ambition, elle est sans limites. Serait-il heureux d'apprendre que le fils de Louis XVI est encore en vie ? J'en doute. Il n'a que du mépris pour celui qu'il a quasi publiquement traité de couillon. Aussi, ne lui dis-je rien de mes expéditions à Sèvres. Je ne dis d'ailleurs rien à personne, pas même à mes enfants. Et lorsque je me suis confiée à Barras, il m'a prêché une fois encore le silence. Non, Bonaparte doit tout ignorer de l'affaire.

Paul Barras tient à faire quitter Sèvres, qu'il juge bien trop proche de Paris à Louis, peut-être exigera-t-il un jour qu'il s'en aille de France, mais pour aller où ? Qui continuera de veiller sur cet innocent enfant ? Je crains que sa vie ne soit compromise. Je sais, toujours par Barras, que le comte de Provence n'a pas levé un cil pour sauver son neveu. Le gros filou ne serait pas mécontent de voir le petit prince rejoindre au ciel son frère et sa belle-sœur. Voilà qui, une fois pour toutes, clarifierait ses ambitions. Le monde me dégoûte, mais j'ai un indispensable besoin du monde. Cela fait longtemps que j'ai su me composer un masque. Le petit parle mieux. Peut-on se réjouir que la conversation et la parole lui reviennent, n'est-ce pas un danger, un malheur de plus qu'il comprenne par lui-même combien sa situation est désespérée ?

21 janvier

Barras a invité toute la terre à un beau dîner au Luxembourg. Je m'y suis rendue très parée. Leroy[1] m'a fait une tunique couleur d'algue et je portais le châle de Bonaparte. Sur mes cheveux retenus par une cordelette d'or, j'avais glissé de beaux camées taillés dans du corail. J'ai fait, sans me vanter, grande impression.

Je suis parvenue à convaincre Hortense de m'accompagner. Elle vient d'avoir quatorze ans. Il est temps pour cette petite fille de réussir son entrée dans le monde. À mon étonnement, ma fille a mis beaucoup de résistance. Elle ne voulait pas, disait-elle, voir « ces gens-là ». Elle a même versé des larmes, serré ses mains l'une dans l'autre, ongles contre paumes. Baissé les yeux pour mieux les détourner de ceux de sa mère. Je ne m'emporte que rarement, mais devant trois mots si mal assortis, j'ai laissé éclater ma colère. « Ces gens-là, Mademoiselle, nous permettent de tenir encore notre rang. Ces gens-là nous assurent les quelques subsides sans lesquels nous mourrions de faim. Ces gens-là vous permettent de vous instruire dans une pension de renom qui n'est pas gratuite. Ces gens-là, Mademoiselle, sont de mes amis. » Hortense a pleuré plus fort et s'est jetée dans mes bras.

23 janvier

Heureusement, elle s'est parfaitement comportée au Luxembourg et bien des jeunes gens ont rendu à sa beauté

1. Louis Hippolyte Leroy. Marchand de modes français. Personnage haut en couleur, on peut le considérer comme le premier devancier des grands couturiers actuels.

l'hommage qu'elle méritait. Hélas, Bonaparte était à ma table et n'a cessé, durant tout le souper, de contrarier ma fille. Voulant s'en faire une amie mais si peu adroit en matière d'éducation et de personnes sensibles, il l'a tourmentée du premier au dernier service de desserts.

En y mettant un véritable acharnement, il a attaqué les femmes, les jugeant égoïstes, infidèles, froides, calculatrices, peu honnêtes, et plus cette malheureuse enfant mettait du soin et de la chaleur à les défendre, plus le général se déchaînait derechef. Ensuite, il l'a entreprise sur le terrain de la religion. « Ainsi, Mademoiselle, vous allez faire votre communion ? » Ma fille a répondu avec le sérieux qu'on lui connaît. Le général a ri aux éclats, la traitant de dévote. Hortense ne s'en est pas laissé conter et lui a lancé qu'il l'avait faite aussi. Il est parti d'un tel éclat de rire que la pauvre petite ne savait plus à quel saint du calendrier catholique se vouer !

Dans la voiture qui nous ramenait rue Chantereine, ma fille et moi, j'ai tenté d'apprendre à Hortense à distinguer l'humour des hommes du nôtre. Elle m'a écoutée avec la gravité qu'elle place en chaque chose. Elle a ajouté que le général avait une beauté martiale, une pâleur excessive, mais qu'il lui faisait peur avec sa manière de gesticuler dans tous les sens et son accent affreux. Elle a conçu de lui, je le vois bien, une mauvaise opinion.

J'ai pris ma petite Hortense tout contre moi, lui ai caressé les cheveux et le front. Le monde semble la rebuter. Elle n'aime ni le bruit de la foule, ni son agitation. Force est de constater que l'idée de sa mère remariée lui déplaît. Surtout avec cet homme qui l'effraie. Elle aimait passionnément son père et demeure fidèle à son souvenir. Comment lui apprendre que seul le mariage peut me mettre à l'abri, qu'il y va de ma survie même, que je dois absolument lier mon sort à un être capable de veiller sur moi ? Et puis, je ne peux nier le sentiment vrai qui m'attache chaque jour davantage à Bonaparte. Hélas, je pense que ma fille prend cet amour pour une trahison supplémentaire. Comment lui faire partager ces vœux, comment la mener doucement vers plus de compréhension, vers un homme à qui je vais sceller mon destin et confier ma vie ? Pourquoi rien n'est-il jamais simple ?

11 février

J'ai rendu visite au petit prince Louis, toujours à Sèvres. Sa nourrice m'assure qu'il fait des progrès bien réels. Il se sert de ses couverts pour manger mieux et moins vite. Il a pris du poids, sa peau paraît moins blanchâtre. Il n'y a que son regard qui demeure vide et grave.

Dieu que sa ressemblance avec la défunte reine est frappante ! Le bas de son visage, un peu lourd, est résolument Habsbourg. Il a les mêmes yeux bleu myosotis, et ses charmes pourraient êtres immenses si ce petit était moins triste. Il me salue en inclinant le front, veut toujours rester debout en ma présence.

Berthe m'a confié qu'il posait les premières questions, sur sa mère, sur sa tante, sur sa sœur aussi qui lui manque beaucoup. La consigne de Barras est stricte et définitive. Ne rien dire, rester vague, inventer au besoin. Laurent le gendarme-valet de pied, se contente de répéter qu'il lui faut bien manger sa viande et ses légumes et être bien sage s'il veut revoir sa maman et sa sœur.

12 février

Il me faut éduquer, façonner, influencer. Alors j'ai décidé de vivre quelques semaines avec Hortense. Je veux qu'elle s'habitue au Chat botté. J'ai donc écrit à Madame Campan afin de permettre un congé extraordinaire à ma fille. Elle se frottera à d'autres caractères et ainsi j'espère pouvoir tailler mieux encore ce diamant brut confit dans l'étude et la prière. Que diable, ce monde exige de la vie et de l'audace, pas du moralisme étriqué !

Chaque jour, je reçois des amis rue Chantereine. Hier encore j'avais Marie-Anne de Lameth, Jeanne-Victoire d'Aiguillon, Thérésa, évidemment, et Madame de la Gallissonnière, excellente épouse d'un ancien député de la noblesse d'Anjou aux états généraux. Nous étions sur le point d'évoquer l'ancien temps, mais Bonaparte ne l'a pas autorisé plus avant. « Que regrettez-vous de l'époque des tyrans ! tonna-t-il dans un de ses accès de furie qui à la fois m'amusent et m'effraient. N'est-ce pas extraordinaire de penser qu'aujourd'hui tout semble permis à l'homme d'honneur et de courage qui met sa volonté pour parvenir ? Toute l'Europe frémit à nos succès, reconnaît nos idées ! Mesdames, cessez là ces enfantillages. Ne badinez plus. Connaissez-vous l'histoire du fantôme du *bandito* Claudio ? Dans un village reculé de ma Corse bien-aimée vivait une manière de monstre épouvantable. Ce pirate affreux avait une taille de géant et les cheveux aussi roux que ceux du diable. Il était plus méchant que la gale, dévorait comme un ogre, jurait le saint nom de Dieu du soir au matin… »

Les histoires de Bonaparte nous conduisent sans effort jusqu'au cœur de la nuit. Il tient son auditoire en haleine plus sûrement qu'un comédien du Théâtre-Français. Il excelle dans les récits de revenants et ma fille ne trouve plus le sommeil lorsqu'elle regagne sa chambre. J'ai beau répéter au Chat botté qu'il lui faut emprunter d'autres jeux, et plus doux, afin de conquérir le cœur d'une petite fille, rien n'y fait. Dès qu'elle l'entend, Hortense verse des torrents de larmes ; elle veut garder sa petite maman pour elle seule. Elle ne voit rien dans l'idée du mariage avec ce sauvage qui puisse lui plaire. Cette enfant campe sur sa position avec fermeté. Voilà bien la fille d'un soldat ! Je ne sais plus que dire. Et cela me tourmente fort.

De son côté, Eugène, mon fils, voue au général une admiration et un respect sans bornes, en somme les premiers sentiments qui le conduiront à une affection bientôt filiale. La Révolution lui avait dérobé le sabre de son père. Il a lui aussi versé des larmes, en cachette. Il m'a demandé à plusieurs reprises comment reprendre ce qui désormais lui revenait de droit. De guerre lasse, j'ai écrit à Bonaparte qui aussitôt a répondu favorablement à cette noble requête. Et c'est de ses mains ouvertes que mon fils a pu enfin caresser et serrer sur un cœur que je sais grand, l'objet de ses vœux, l'épée de celui qui ne l'avait jamais déshonorée. Mon Eugène n'oubliera jamais cette marque de bonté. Je compte sur lui afin d'éclairer sa sœur. Elle l'idolâtre et lui témoigne une confiance d'aveugle. Il saura, je l'espère, corriger ses préjugés et l'amener à plus de douceur et de nuances dans ses jugements. Comme il est complexe de repenser sa vie avec des enfants aussi différents et dans une France aussi dure.

15 février

Cela fait environ quatre mois que je connais le Chat botté. Cet écorché tout vif a pris dans ma vie une place certaine. Je pense la lui céder entière… Car, pour l'heure, contrairement aux rumeurs et aux médisances, je ne lui ai pas encore cédé.

Je n'ai pu m'empêcher de sonder une fois encore ses sentiments. Pourquoi ? Par peur, tout simplement. Oui, j'ai souffert. J'ai enduré, lors de mon premier mariage, des vexations, des scènes, des menaces et je n'en peux plus. Je ne veux plus pleurer et deviner les secrets bien mal cachés, le mépris, les moqueries des rivales. Alors, oui, je l'avoue, j'ai usé d'un vilain subterfuge, j'ai feint l'abandon, la femme oubliée par celui dont elle croit être idolâtrée. Ainsi lui ai-je écrit un billet où je lui reprochais « de ne plus venir voir une amie qui vous aime ». J'ajoutais : « Vous l'avez tout à fait délaissée, vous avez bien tort car elle vous est tendrement attachée. » Je l'ai prié de venir déjeuner avec moi, l'assurant que nous causerions de lui et de ses intérêts. La réponse du général ne s'est pas fait attendre. Il m'a assuré par une lettre, pleine de son amour immarcescible, qu'il ne comprenait pas mes reproches, les jugeant inappropriés et même injustes, qu'il allait s'empresser de dissiper un malentendu qui mettait son âme au supplice… Il m'offrait mille bontés, mille baisers.

Je n'étais pas inquiète mais me voilà rassurée, comblée même et le jour viendra où je n'aurais qu'à dire oui.

17 février

J'ennuie de plus en plus Barras. Je le sens. Il faudrait être folle pour ne pas prendre en pleine face ce qui saute aux yeux. Je vais avoir trente-trois ans, or Paul est l'homme de tout ce qui est à peau fraîche et douce. Il poursuit la jeunesse, la collectionne avec un soin dévot de naturaliste, sans souci de sexe, de naissance, de fortune, de morale. Il en est idolâtre et les encens qu'il fait fumer sur ces autels ne pâliraient pas devant ceux que les Grecs dressaient à Ganymède et à Hébé. Il va me falloir faire avancer rapidement la solution Bonaparte si je ne veux pas être mise hors de pouvoir plus vite que prévu.

De fait, je me suis assise, comme chaque matin, après le bain, devant le miroir de ma toilette. J'ai regardé ce fil, comme incisé par un rasoir, qui court sous mes yeux, ces griffes sur mes tempes. Le sablier s'écoule. J'ai posé là où il le fallait du rouge et du blanc, les onguents, les crèmes, des parfums aux poignets, sur la gorge et mon ventre. Hier, au Luxembourg, j'ai revu le garçon blond aux boucles de filles dont les yeux pervenche jouaient à travers la lumière du soleil. Barras le couvait des siens, s'en amusait comme d'un chaton griffu. Stanislas a pour lui la jeunesse et je ne peux lutter contre tant de nonchalance appuyée, de fausse désinvolture.

Celui qui a ses entrées, devant qui les huissiers baissent le regard, passe devant moi désormais. Je sais aussi qu'une fille, jolie par sa fraîcheur, entrera bientôt dans la chambre de Barras que je connais si bien et dont les profondes bergères de bois doré proviennent des châteaux de nos rois. Je n'ai pas trop de peine à imaginer la suite que le citoyen Directeur donnera. Or je l'ennuie par mes incessantes demandes d'argent et de places pour mes amis. Je ne retire devant lui ma tunique qu'en prenant le soin de souffler les bougies, n'en gardant qu'une. Il n'en est pas la dupe, connaissant trop l'usage du monde, ses roueries. Il s'est établi entre nous une relation qui s'effiloche comme la soie aux accoudoirs des fauteuils. Où est le temps où je dansais nue pour lui, lorsque Thérésa menait la cadence du pied et de la main, me menant à son lit, les doigts emmêlés à mes boucles ?

Qu'y puis-je ? Il est tout. Je ne suis rien. Il donne des fêtes pour garçons. J'en suis exclue, non que la vue des corps collés à d'autres tous semblables me gênent, mais cette jeunesse à qui je n'appartiens plus me donne, dans le plus effroyable éclat de rire, avec cette impudeur qu'elle prend pour de la force, une première et définitive leçon de maturité. À coup sûr il me faut épouser Bonaparte.

25 février

Le Dauphin m'a parlé. Il a dit : « J'ai beaucoup de grâces à vous rendre, Madame, vos bons soins m'ont sauvé. » Il a ajouté qu'il espérait mes visites, qu'elles étaient sa seule distraction réelle. Il ne parle pas de Versailles, pas encore, cela viendra peut-être. Il m'a demandé si j'étais mariée, si j'avais des enfants. J'ai répondu. Il a gardé le silence. Lorsque, enfin, j'ai donné les prénoms et les âges, son habituelle gravité est réapparue d'un coup et je l'ai entendu murmurer : « Comme ils ont de la chance, Madame, d'avoir une mère pareille à vous. »

26 février

Bonaparte et moi vivons tels deux amis qui se témoignent de la tendresse. Le sentiment est bourgeois, peut-être, mais il ne m'effraie pas, ne me chagrine pas non plus. Je commence à connaître ses goûts, je calme ses impatiences, je souris à ses caprices ; certes, ce n'est pas encore la passion de mon côté, je demeure prudente, trop peut-être, mais je sais la dose exacte de sucre râpé qu'il met dans son café, je respire au creux de son cou l'eau de Cologne dont il s'asperge, je quitte la bergère où je repose, sans raison, simplement pour le plaisir de me jeter tout contre lui, de le sentir respirer plus fort et d'être sa femme. À coup sûr, sa fougue fait vaciller mes anciennes réticences et je fléchis vers lui.

28 février

Je ne dors plus seule déjà depuis plusieurs jours. La première fois fut un après-souper. Je rentrais de chez Barras. Le général assistait à la soirée. Il insista pour me raccompagner. Barras approuva avec un empressement singulier, arguant que les rues n'étaient plus sûres. Je ne dis rien. Je me contentai de sourire. Je vis Bonaparte. Son visage était radieux. Lui d'habitude si expansif, si volubile, ne dit presque rien dans la voiture. Lorsque les chevaux s'arrêtèrent, que le bruit des roues cessa de se faire entendre, le général m'aida à descendre, remit sa capote à mon bon Germain, accepta le verre de crème de café, s'assit au coin de la cheminée et soupira d'aise. Je vis dans l'œil de celui qui allait sur l'heure devenir mon amant la tranquille assurance de l'homme qui sait que, cette fois, on ne lui dira pas non.

Soudain, avec la rapidité dont il est coutumier, Bonaparte s'élance jusqu'à moi, me presse tout contre le mur, me dévore la gorge. Pour la première fois, malgré des mois d'approche prudente ou fallacieusement indifférente, il ose monter à l'assaut. La manœuvre, que j'attendais bien plus tôt, me fait sourire. Il m'entraîne dans l'escalier, fait un bruit à réveiller les morts, me couvre de baisers et nous tombons ensemble sur mon lit sans respect pour son ordonnance du matin, dérangeons les coussins et la courtepointe, manquons arracher un rideau. Je murmure, « général, général, général, général », rien n'y fait. Le héros est décidé – enfin. Ma tunique craque à l'épaule, l'étoffe va bientôt laisser ma peau à nu. Je n'y tiens plus. Je place ma main sur sa bouche et je dis : « Attends. »

J'écris cela pendant qu'il sommeille encore. Je le regarde, il m'aurait forcée comme une fille. Je n'en suis pas une. Il l'a compris. Alors son œil bleu s'est ouvert immensément. Une femme osait le repousser ; lui suggérer ce qu'il fallait faire mieux encore, dire les mots, mesurer les gestes, lentement, lentement, repousser de l'ongle le téton bistre sur le torse plat, caresser ses flancs, l'enserrer de mes cuisses et du majeur remonter sur sa tempe, y sentir la goutte salée qui perle et la porter à ma bouche, me laisser le respirer, le regarder, les yeux ouverts, le menton tendu, prête à le mordre, à rafraîchir sa fièvre de ma salive.

Ce conquérant d'avenir ne sait rien de l'amour. Il voulait le faire vite, comme s'il battait la charge. Je vais lui apprendre. Alexandre, mon mari si volage, du moins sur ce point, fut le plus idéal des maîtres et j'aurais été, sans prétention, une disciple appliquée.

Bonaparte dort et le drap le barre de blanc jusqu'à la moitié du dos. Parfois, il gémit et ses poings se serrent. Dans son sommeil, chaque homme redevient un enfant.

6 mars

Bonaparte pousse bien vite ses pions, maintenant. Il m'a offert une bague de fiançailles. Il a déposé devant moi un petit écrin de maroquin framboise et détourné rapidement le visage. Je ne sais s'il a rougi mais son trouble était sensible. J'ai ouvert la boîte. Elle contenait un bijou ravissant. Ce que l'on nomme « toi et moi », une bague sertie d'un diamant et d'un saphir, en forme de poire. En fait, un double cœur en pierre précieuse et ce blanc et ce bleu, purs, tendres, discrets, retenus, brillent tous les deux à mon doigt en ce moment. J'ai été émue, je l'avoue.

Bonaparte n'ayant pas d'argent, je ne sais comment il a réuni les fonds pour convaincre le bijoutier de lui céder la parure. Il faut dire que son crédit est tel qu'il vainc toutes les résistances. Barras a songé à lui pour l'armée d'Italie. Cadeau qui sent le fiel. Le général me dit ne pas s'y tromper. Déjà trop populaire, il fait peur au gouvernement. Il faut éloigner de Paris le nouveau Bayard dont le sabre menacerait les institutions de la République flageolante. Plus de tyran pour ceux qui se prétendent les héritiers de Brutus. C'est l'avis de Thérésa, c'est aussi le mien. Je crains qu'on l'éloigne.

Les caisses de l'État sont vides. La banqueroute menace. L'armée commandée par Bonaparte est aussi celle du pillage. Je plains ces Italiens bientôt dépouillés sous le fallacieux prétexte de les délivrer du joug de l'Empire. Car Bonaparte est général. Je ne dois jamais oublier que son métier est de faire la guerre. Il n'a parfois même que ce mot sur ses lèvres minces. Il s'y prépare avec le soin jaloux, l'obsession compulsive qu'il met en chaque chose. Il ne mange rien, boit des litres d'un café affreusement fort et se penche sur des cartes de l'aube au crépuscule. Ses yeux sentent la fièvre. Il pense à moi. Il pense aussi à sa gloire. Pense-t-il plus à elle qu'à moi ?

8 mars

Barras m'ordonne de moins visiter le petit prince. Il m'accuse de trop m'attacher à l'enfant-roi, de le trahir même dans mon affection. Il était dans une grande colère, m'assurant qu'il serait capable de le déporter en Guyane, s'il le fallait, de le réduire à néant. « Combien d'enfants meurent, chaque jour, à Paris, sans que nul s'en soucie, martelait-il en tapant son bureau du stylet qui lui sert de coupe-papier. Le petit Capet est mon otage, pas le tien. Je suis sûr que ce brigand de Fouché est déjà dans la confidence, et par ta faute. Oui, par ta faute, crois-tu donc que tes séjours à Sèvres passent inaperçus ? » Ce bougre-là sait tout, voit tout, et ses *mouches* l'auront déjà renseigné. Il lui faut sa part du gâteau à fleurs de lys. Lui aussi saura bien faire fructifier ce secret terrible.

« Te rends-tu compte, si l'affaire s'ébrutait ? Je suis un imbécile de t'avoir mêlée à cela. Ma pauvre chère, tu es juste bonne à choisir des rubans, voilà le véritable sort des femmes, complaire aux hommes et s'en tenir à cela. » J'ai serré les dents. J'ai l'habitude. S'il le faut, j'irai à Sèvres dans un fiacre de louage, je prendrai la diligence commune, mais je continuerai à veiller sur cet enfant.

9 mars

Ça y est : aux yeux de tous, je suis Madame Bonaparte. Cela fait dix-neuf mois que je suis sortie des Carmes et mon mariage fut à l'image de mon mari, rapide. Les bans ont été publiés le 19 et le 20 février 1796. Je n'ai pu me procurer mon acte de baptême car presque tous les papiers ayant trait à mon nom, à ma naissance et à ma famille sont demeurés dans notre île. Alors Bonaparte s'est impatienté, craignant du retard. J'ai vu mon notaire, Maître Raguideau, rue Saint-Honoré, et l'ai prié de rédiger à mon intention un acte de notoriété. Je soupçonne ce brave homme qui met tant de soin à me plaire d'avoir un peu plus que de l'inclination pour moi car il défend mes intérêts comme la lionne ses petits. Il est loyal et désintéressé, plein de compétence et de rectitude.

Le 18 ventôse an IV, nous nous sommes donc retrouvés, Bonaparte et moi-même, dans le bureau ceinturé d'étagères d'acajou et de cartonniers râpés, à écouter mon notaire procéder au contrat. Raguideau n'a pas hésité à dire à voix claire que le général n'ayant que sa cape et son épée pour toute fortune, il suggérait vivement la séparation de biens et le maintien de la tutelle de mes enfants. J'ai su gré à Bonaparte de s'être levé, de regarder à travers la fenêtre, les mains croisées derrière le dos et de feindre un intérêt majeur pour trois pigeons qui se disputaient un quignon de pain. Il aime à ce point le sérieux et les compétences avérées dans chaque domaine que loin de se formaliser il m'a dit, dans le chemin de retour, souhaiter que Raguideau puisse encore longtemps se préoccuper de mes affaires tant il l'avait disposé à lui accorder sa confiance. Raguideau séduisant Bonaparte, voilà qui ne manque pas de sel. Dans ce contrat, j'apporte ma rente annuelle de vingt-cinq mille francs, la moitié du revenu des Trois-Islets, mes meubles, mon linge, mon argenterie de la rue Chantereine, ma voiture et mes chevaux. Voici ma dot. Celle de Bonaparte semble bien mince. Je l'ai entendu vaguement évoquer un douaire virtuel de mille cinq cents francs en cas de veuvage.

Le lendemain était le jour de la nouvelle lune. Chez nous, c'est un présage favorable. C'était aussi la fête de sainte Françoise, une Romaine pleine de charité et de grâces, femme admirable qui vécut quarante ans auprès de son mari avant de se vouer à Dieu, une fois veuve. C'était aussi le 19 ventôse an IV, fête du cerfeuil que mon Agathe utilise en décoction pour mes yeux gonflés lorsque j'ai trop dansé ! Mais si Bonaparte m'a raconté la vie de Françoise, je ne lui ai pas dit le petit secret de ma bonne.

Une fois le mariage administratif scellé chez le notaire, je me suis retrouvée à l'étage noble d'une maison que j'avais connue avant la Révolution, l'hôtel de Mondragon, rue d'Antin, confisqué à son propriétaire, le marquis, pour en faire la mairie du IIe arrondissement de Paris. Barras avait accepté d'être notre témoin avec le même empressement qu'il met à quitter un objet qui l'indispose ou l'ennuie. Jean Tallien avait accepté le même rôle pour complaire à Thérésa, ainsi que Calmelet, l'homme des affaires de mon pauvre papa Beauharnais. Nous avons cependant attendu le principal intéressé ! Car Bonaparte fut en retard ! Il travaillait, le cher homme, rue Neuve-des-Capucines, à deux pas, siège de l'état-major. Là où se prépare un nouveau destin, là où se dessine une nouvelle campagne qui va conduire des soldats français au-delà des Alpes, dans le Piémont qui n'est plus tout à fait italien mais autrichien. Celui qui préparait une guerre prochaine en oubliait sa femme ! Un comble. Que cela augure-t-il ?

Nous avons donc attendu. Longtemps. J'ai trompé les quarts d'heure à soigner les plis de ma robe en mousseline, à corriger ceux de la guirlande de fleurs aux trois couleurs de la République et de ma ceinture également bleue, blanche et rouge. J'ai admiré les boiseries et les fresques allégoriques, vu la Vénus qui enivrait Vulcain sans que ces messieurs lèvent leur nez vers les plafonds. Je crois aussi – malgré ma colère – que je me suis assoupie. Jusqu'à ce que, enfin, un bruit de bottes, pressé, m'ait fait tendre l'oreille. Voici Bonaparte qui arrive, escorté de son aide de camp, Jean Le Marois[1], le quatrième témoin. Il regarde l'assistance, me sourit à dents pleines, bouscule, tape de l'éperon et ordonne : « Mariez-nous vite. » Le Clerq, que je sais membre de la section du comité Lepeletier ronflait. Bonaparte le secoue, le réveille. L'homme, abasourdi, se lève, titube jusqu'à son bureau et d'une voix que la fièvre du moment dispute à la léthargie passée, remplit ses bons offices d'officier d'état civil et lit les actes sur un ton de collégien. L'échange de nos consentements ne dure pas dix minutes. Bonaparte passe à mon doigt un petit

1. Jean Le Marois (17 mars 1776-14 octobre 1836). Général de division et député de la Manche. Aide de camp de Napoléon Bonaparte jusqu'en 1814.

anneau. Il a fait graver dans l'or : « Au Destin ! » Il est dix heures du soir. Il m'embrasse.

Je suis Madame Bonaparte et bien heureuse de l'être. Je n'ai qu'à tendre les bras pour sentir que j'embrasse non pas l'air frais de cette fin d'hiver mais l'avenir en qui je veux croire. Chacun ses espoirs.

Un peu avant midi.

Notre presque première nuit de noces m'a fait bien rire. Lorsque Bonaparte a rejoint ma chambre, s'y est déshabillé et s'est glissé sous mes draps, il a crié de douleur. Fortuné venait de le mordre au gras du mollet. J'ai mis ma main devant ma bouche pour ne pas montrer au héros ce que la scène digne du Vaudeville m'inspirait. Mais je n'ai pu chasser mon petit chien qui grognait face à l'intrus ; nous avons dormi à trois. J'ai moi-même désinfecté la plaie avec de l'esprit-de-vin. Le général est marqué à vie. Bonaparte portera désormais la cicatrice causée par un jaloux. Une petite revanche contre la muflerie d'apparaître en retard à ses propres noces !

10 mars

Je l'ignorais. Et la nouvelle me cause de la peine. Pire, de l'effroi. Bonaparte n'a rien dit à sa famille sur notre mariage. Je m'étonnais bien qu'il fût seul. Mais il n'a pas songé ou voulu demander l'autorisation de son frère Joseph, qui est pourtant l'aîné de la fratrie. Il n'a pas souhaité non plus recevoir la bénédiction de sa mère. Or je crains la femme plus encore que l'homme. Mon nouveau mari ignore donc le pouvoir des mères ? Je sais que, dans ces régions du Sud, il est terrible. Je crains dès lors l'acrimonie de cette dame, son ressentiment pour celle qui lui a pris son fils bien-aimé. Que va-t-elle penser de moi ? Ma réputation est faite. Je suis une dépensière, une écervelée, une sotte qui ne vit que pour les colifichets, le caprice et son plaisir léger. On lui a sûrement montré les journaux, je suis sans illusions. Bonaparte a trois sœurs. La guerre va se déclarer. D'avance, je suis morte.

Dans la soirée.

Je m'en suis ouverte à lui. Il a ri. A déclaré que sa mère allait m'idolâtrer, tout comme lui, et que je n'aurais en Caroline[1], Élisa[2] et Paulette[3] que des amies douces et des sœurs fidèles. Il a déjà dépêché Lucien à l'armée du Nord et Louis à celle de l'Italie. Je sais que le petit Jérôme a rejoint mon Eugène chez Monsieur Mac Dermott. En bref, il fait ce qu'il veut des siens. Cela n'exclut ni le souvenir ni le ressentiment. Et je devine déjà qui en fera les frais.

10 mars encore.

Bonaparte jette ses papiers dans sa cantine. Mon général est sur le départ. Il est d'une humeur extraordinaire. Il se partage entre l'idée de me perdre, celle de me retrouver, celle de me faire venir sur cette terre étrangère. Il part demain rejoindre ses troupes à Nice. Avec lui, l'amour dure peu puisqu'il s'enfuit vite. Je m'ennuie déjà alors qu'à peine mariée.

1. Caroline, Maria-Annunziata (25 mars 1782-18 mai 1839). Épouse de Joachim Murat. Elle sera successivement princesse française, grande-duchesse de Berg et reine de Naples.

2. Maria-Anna, Élisa Bonaparte (3 janvier 1777-6 août 1720). Princesse française, princesse de Piombino, grande-duchesse de Toscane. Elle épouse Félix Bacciochi.

3. Pauletta Bonaparte (20 octobre 1780-9 juin 1825). D'abord mariée au général Leclerc, elle épouse en secondes noces le prince Camille Borghèse. Sa beauté demeure légendaire.

10 mars toujours.

Je suis furieuse. Et rien ne peut mettre un terme à ma rage. Je n'ai pas souhaité être née de l'autre sexe, mais la condition de femme suppose parfois de douloureuses contraintes. Fouché sait la présence de l'enfant-roi à Sèvres. Il est venu vers moi et, de son sourire mielleux, m'a demandé si le citoyen Charles se portait bien. J'avoue m'être troublée, avoir rougi. J'ai senti son odeur de fourmi.

J'ai dû balbutier quelque chose d'inepte avant de me reprendre. À mon tour, j'ai souri. J'ai gardé le silence, buvant une puis deux gorgées de vin de Champagne, ajustant mon châle, caressant le gland d'or qui termine l'un de ses angles frangés.

Comment feindre devant le premier policier de France ? Il sait tout. Je crois qu'il a toujours su que le malheureux garçon débile, mort à la prison du Temple, n'était pas le jeune prince. Il savait le nombre de mes visites, mes soins mis à améliorer l'ordinaire de ce malheureux innocent. J'ai très vite compris qu'il se moquait de la vie de l'enfant-roi, il ne s'intéresse pas à celui qu'il nomme avec mépris « le louveteau ». « Ma chère amie, a-t-il murmuré avec ce ton de fouine qui glace, exercez vos talents de mère, offrez des bonbons ou du chocolat, les jouets pour le distraire, voilà les enfantillages nécessaires. Mais vous comprendrez, citoyenne Bonaparte, que dans votre position, au lendemain de votre mariage, il serait bien pénible qu'un tel secret soit révélé. Qu'en penseraient votre époux, le gouvernement, l'opinion publique, la France comme l'ennemi à l'étranger ?

» C'est à vous de protéger celui à qui vous avez uni votre destinée. Je sais combien la charge est lourde, écrasante pour une jeune femme telle que vous. Laissez-moi vous aider, citoyenne. Laissez un homme prendre soin de vos intérêts. Le monde change à une vitesse telle que nul ne peut prédire de quoi demain sera fait, aujourd'hui tout, demain rien. Enfin, vous comprendrez aisément, avec cette noble acuité que vous mettez dans les choix de votre existence, que je ne peux aider le général pour le protéger des traîtres, des méchants, des ingrats et des profiteurs seulement si je sais ce qu'il fait, dit et pense. Aidez-moi, citoyenne, et je saurai aisément garder votre secret pour le bien de l'État et la grandeur de la France. »

J'ai répondu du mieux que je pouvais. J'ai dit combien un tel avis m'obligeait, que je savais reconnaître les vrais amis. « Jadis, citoyen ministre, c'est à des hommes de valeur, courageux, que les honnêtes gens ont dû leur salut. Moi-même, j'ai pu ainsi éviter le plus abominable des sorts. Je n'oublie rien. Je saurai partager avec vous, citoyen ministre, ce qui fait le bonheur et les joies de la vie conjugale. Ainsi serons-nous deux à veiller sur l'avenir de la France. Vous voyez, j'ose me comparer à vous, me hisser au niveau inspiré de vos lumières. » J'ai vu Fouché sourire de ses lèvres minces. Il m'a quitté rassuré. Je l'étais moins que lui. Il veut que je fasse son miel de tout ce que Bonaparte lâchera en confidence. La survie de l'enfant-roi fait de moi la première espionne de France. Je suis bien malheureuse, la vie du jeune Louis tient à un fil. Je crains que Fouché ne s'en serve en guise de cordelette.

Avant tout, ne rien confier à Bonaparte. Jamais. Il m'a vu parler ces minutes à Fouché. Il n'a pas manqué de me questionner à ce sujet. Je lui ai demandé d'aller me chercher une coupe de vin de Champagne, puis de s'asseoir auprès de moi. J'ai ajouté que j'étais lasse et qu'il nous fallait rentrer.

— Mais que t'a-t-il dit, enfin ?

— Rien, je t'assure. Je lui ai demandé des nouvelles de la santé de sa femme. Un couple aussi uni n'est pas si commun, ne trouves-tu pas ?

— Il te regardait d'un drôle d'air.

— Bonaparte ! Tu vois des conspirations partout. Ce fut une conversation bien banale et bien plate, de ces paroles de salon qui te font bâiller d'ennui. Du babillage. Rien d'autre.

— Je connais Fouché. Il ne dit rien de futile. Je le vois mal te parler chiffons.

— Bonaparte, tu m'ennuies ! Rends donc son salut à Monsieur Hamelin et cesse de te torturer l'esprit dès qu'un homme m'approche.

— C'est que tu es ma petite femme et je deviendrais fou s'il t'arrivait du mal.

J'ai souri bien tendrement à mon mari. Je me suis levée et suis allée respirer près de la fenêtre. Il faut des nerfs à toute épreuve et je doute parfois d'être de taille au milieu des hyènes.

11 mars

Bonaparte est parti. Je suis seule et fort partagée aussi. Est-ce pour les mêmes raisons ? Je n'ose répondre. Je sens en fait plus son absence que le manque qu'elle suppose. Je le confesse. Paris quitte l'hiver et le printemps s'annonce déjà délicieux.

Avant de partir aux combats, Bonaparte s'est précipité sur moi, m'a couverte de ses baisers, m'a étouffée de ses caresses. Je le devinais triste, abattu, puis relevé, et puis jaloux tour à tour. Il a annoncé notre mariage au gouvernement du Directoire, en a reçu les chaleureuses salutations et les vœux de bonheur et de prospérité. Le général m'a juré qu'il m'écrirait chaque soir et que les jours passeraient plus vite en pensant toutes les heures à sa Joséphine. J'ai versé des larmes, plus que je ne l'imaginais, et si bien agité mon mouchoir que je me suis pensée novice en amour. C'est bien moi. Je ne songeais pas à lui voici dix mois et voilà que je l'aime et que je le regrette déjà. Mais cela durera-t-il ?

Bonaparte avait belle allure sur son cheval, entouré de ses officiers, et la foule, soudainement massée dans la rue, l'a acclamé – et moi aussi d'ailleurs. J'ose écrire que les Parisiens ont bon goût.

16 mars

Souper chez moi, à Chantereine. J'ai reçu Madame de Flahaut, qui est exquise, Aimée de Coigny pour qui un poète fit des vers avant de périr, Madame de Château-Renaud, Madame de Lorges et Fortunée Hamelin, toujours prête à rire. Je devine sous le masque frivole ce courage de femme qui ne cède pas, l'insouciance requise pour ne pas effrayer les hommes, la bonne grâce et la joie, les connaissances et la pensée aiguë. Nous avons ri et chanté, versé des larmes aux souvenirs amers, parlé beaucoup. Nous nous sommes tues parfois. J'apprécie vivement les réunions de dames et je n'y ai jamais mis cette jalousie un peu ridicule, fort convenue pour les hommes, qui serait selon les sots l'apanage des femmes. J'ai déjà trouvé chez elles la certitude d'être aimée pour moi-même, une belle et bonne camaraderie et de la loyauté. Devenue l'épouse du héros dont on parle, je commence à recevoir des billets, des lettres où certaines femmes, connues de moi jadis, me demandent conseils et secours. Je jure que mon aide ne leur fera jamais défaut.

25 mars

Bonaparte est à Chanceaux. Il m'écrit, dans sa calèche. « Tu es l'objet perpétuel de ma pensée ; mon imagination s'épuise à chercher ce que tu fais : si je te vois triste, mon cœur se déchire et ma douleur s'accroît. Si tu es gaie et folâtre avec tes amis, je te reproche d'avoir bientôt oublié la douleur et la séparation de trois jours… Que mon génie, qui m'a toujours garanti au milieu des plus grands dangers, t'environne, te couvre et je me livre découvert. Ah ! Ne sois pas gaie, mais un peu mélancolique et surtout que ton âme soit exempte de chagrin, comme ton beau corps de maladies. »

Dieu qu'il est agréable pour une femme de recevoir de tels mots ! Je lis et je relis, je chantonne en lisant. Je suis donc amoureuse ?

26 mars

Bonaparte est à Nice. Il y a rejoint son armée, quarante mille hommes ! Le chiffre me donne le vertige ou la migraine, c'est selon. Il a tenu parole, il m'a écrit. « Au milieu des affaires, à la tête des troupes, en parcourant le camp, mon adorable Joséphine est seule dans mon cœur, occupe mon esprit, absorbe ma pensée. Si je m'éloigne de toi avec la vitesse du torrent du Rhône, c'est pour te revoir plus vite. Si, au milieu de la nuit, je me lève pour travailler encore, c'est que cela peut avancer de quelques jours l'arrivée de ma douce amie. Adieu, femme, tourment, bonheur, espérance et âme de ma vie, que j'aime, que je crains, qui m'inspire des sentiments tendres qui m'appellent à la nature, à des mouvements tempétueux, aussi volcaniques que le tonnerre. Je ne te demande ni amour éternel ni fidélité, mais seulement… vérité, franchise sans bornes. Le jour que tu me diras "je t'aime moins" sera ou le dernier jour de mon amour ou le dernier de ma vie. Si mon cœur était assez vil pour aimer sans retour, je le hacherais avec les dents. Joséphine ! Joséphine ! Souviens-toi de ce que je t'ai dit quelquefois : la nature m'a fait l'âme forte et décidée ; elle t'a bâtie de dentelle et de gaze.

» Incomparable Joséphine, par quel art as-tu capturé mes sens, captivé toutes mes facultés, concentré en toi mon existence morale ? C'est une magie que l'homme de raison que je suis ne s'explique pas. Je t'adresse, ô ma douce et si tendre femme, un millier de baisers. Mais je t'en supplie, ne me les rends pas. Ils brûleraient mon âme jusqu'aux tréfonds, me jetteraient dans des abîmes plus terribles que les enfers. Je ne connais pas sur cette terre un homme plus heureux et plus malheureux que moi. Je suis l'époux de l'incomparable Joséphine. Et j'en suis séparé. Dieu que ce mot est affreux quand on y songe ! »

À peine avais-je fini la première lettre qu'en voici une seconde. De la même eau. « Je n'ai pas passé un jour sans t'aimer. Je n'ai pas passé une nuit sans te serrer entre mes bras. Je n'ai pas pris une tasse de thé sans maudire la gloire et l'ambition qui me tiennent éloigné de l'âme de ma vie. Les désirs que m'inspire ton corps me feraient perdre la raison. Il m'arrive de tituber, de me réveiller dans les transes du cauchemar, une sueur froide glisse sur mon échine. J'ai cru serrer tout contre mon cœur un corps blanc et gracile, respirer son odeur de miel et de rose et, là je me réveille, seul, couché sur mon modeste lit de camp et mon drap porte l'empreinte de mon vain sacrifice à ta beauté. Que fais-tu en ce moment ma douce, à qui songes-tu ? Ah, misérable homme que je suis ! Je ne peux lutter contre tes charmes de Circé. »

Eh bien, Circé est sortie ce soir dans le monde. Barras donnait un bal au Luxembourg et m'a présenté un jeune officier, Hippolyte Charles[1]. Il est d'un drôle absolu et d'une beauté martiale. Il m'a fait la cour avec esprit. Circé est donc – déjà ! – capable de regarder ailleurs ?

J'ai rangé les lettres de mon mari, soigneusement, dans un coffret d'ambre que j'ai expressément acheté pour elles. Je les tiens serrées ici, devant moi. Ce n'est pas un rappel à l'ordre. C'est la promesse que je lui ai faite de demeurer sa femme. Pour le reste, j'ai tant souffert qu'il n'est pas si extravagant que je veuille profiter de la vie, en boire à satiété tous les sucs, avant que ma jeunesse passe. Car dans ce tourbillon, léger, amusant, versatile comme les teintes de la soie, je me sens belle et libre. Voici le mot, une fois encore : libre. Est-ce

1. Hippolyte Charles (5 juillet 1772-1837). Soldat français, il fut lieutenant de hussards. Enrichi, il achète le domaine de Cassan, dans le Languedoc, puis de Génissieux, dans la Drôme, sa contrée d'origine.

lâcheté de ne pas vouloir d'entraves et de sourire quand un homme vous sourit le premier ?

30 mars

Lettre de Bonaparte. « Que je serais heureux si je pouvais assister à l'aimable petite toilette, petite épaule, un petit sein bien blanc, élastique, bien ferme. Par-dessus cela, une petite mine avec le mouchoir à la créole, à croquer. Tu sais bien que je n'oublie pas les petites visites ; tu sais bien la petite forêt noire. Je lui donne mille baisers et j'attends avec impatience le moment d'y être. Plus naïve, plus jeune, je t'eusse aimée moins. »

2 avril

Encore une lettre. Elle m'attendait, posée sur le guéridon tripode du salon. Bonaparte me reproche de ne pas lui écrire souvent. De ne pas penser à lui autant qu'il pense à moi. Étrange vie que la mienne. J'ai cru me lire, voici près de quinze ans, lorsque je faisais à Alexandre les mêmes réprimandes sur son peu de chaleur à mon égard. Le goût de l'amour ne m'a pas passé, j'ose l'affirmer. Mais je crains ses débordements et son peu de saveur à me convaincre. Je fuis les scènes et les poètes. La vie peut se passer de ces guirlandes. Elles sentent le théâtre.

J'aime mon mari plus encore qu'une femme éprise peut le faire. Il n'y a aucun doute là-dessus. J'ai d'ailleurs écrit à Bonaparte. Je lui ai vanté ses propres mérites, raconté ce que l'on dit de lui, de son génie. Les nouvelles sont plus que bonnes, elles sont excellentes. À chacune de mes promenades à Paris, à chaque apparition que je fais dans le monde, c'est en effet le même déluge d'applaudissements, de cris, de hourras. On veut me voir. On veut célébrer la femme du héros.

Alors je tiens ce rôle, même si je ne sais rien du futur. Les Parisiens m'aiment et je veux avant tout mériter leur tendresse.

Pour autant, cette passion devrait-elle m'empêcher d'entendre les compliments des hommes qui m'accostent pour espérer atteindre Bonaparte ?

5 avril

Le temps file. Je vais dans le monde tous les soirs. Je suis exténuée. J'avais quitté mon journal. Je le retrouve.

7 avril

Bonaparte m'écrit. « Je ne crains pas la mort. Tout soldat se prépare à recevoir la balle qui fauchera sa courte vie. Je la connais. Elle est ma compagne fidèle. J'ai vu tant d'hommes déjà tomber à mes pieds, foulés par d'autres qui s'écroulaient à leur tour. Non, je ne la crains pas. Mais je crains de ne plus te revoir, ô mon aimée. Oh, quel supplice ce serait de ne plus pouvoir poser mes lèvres sur ton front blanc, ne plus respirer ton cœur qui bat sous ma main. Ah, cet instant béni où je retire mes gants ! Je pense à la petite Moyna, si douce, qui palpite. Je songe au petit Oscar, à la gentille petite Quiquette, ah que de bons et si brefs souvenirs, ils me rendent à la vie. » Moyna, Oscar, Quiquette, voilà qui désigne mon ventre ! Bonaparte est un homme et un bien mauvais poète.

Ce diable de Bonaparte me ferait presque rougir. Il parle de mon corps comme une offrande à l'amour. Je ne mérite pas ses compliments car je me sais négligente. La paresse de m'asseoir à ma table, de saisir la plume ou de dévisser le bouchon du flacon d'encre augmente à mesure qu'arrive l'heure. Qui passe. Je n'ai pas écrit. Il est survenu une visite. J'ai reçu des fleurs qui méritent le plus beau vase. On me montre un article dans la gazette. On me demande mon avis sur la place d'un nouveau rosier. Bonaparte prend mes silences pour une indifférence cruelle, mais qu'y puis-je ? Je suis déjà plus sollicitée qu'un ministre tant sa gloire rejaillit sur la malheureuse femme que je suis. Il ne reçoit de mes lettres que tous les quatre jours. « Au lieu de cela, me dit-il, si tu m'aimais véritablement c'est deux courriers que je recevrais dans la journée. Pourquoi m'avoir fait espérer un sentiment que tu n'éprouvais pas ? »

J'ai eu le tort, je le confesse, de lui dire que je partais pour la campagne. Le calme de Croissy me manque. J'avais décidé une petite partie, fort simple, emmenant Hippolyte et Fortunée, Thérésa et Aimée à surprendre les premiers fruits aux arbres. J'avais mis dans ma courte lettre un ou deux reproches quant à la liberté trop grande des camps, la facilité des militaires. Dieu clément ! Le Chat botté a sorti ses griffes. Ses miaulements ont fait place à des cris. « Tu te donnes le ton d'être jalouse de moi, qui suis accablé d'affaires et de fatigue ! Mais je sais bien, femme, que les visiteurs du matin, à dix heures, n'auraient pas le plaisir de te voir et qu'il faut jaser avec ces jolis messieurs parfumés et puis écouter les sornettes et les sottises de cent freluquets jusqu'à une heure après midi. Si tu aimais ton mari comme il t'aime, tu volerais vers lui, tu prendrais la première voiture et, brûlant les étapes, n'écoutant que ton désir de revoir celui qui se consume, tu serais dans ses bras sous la huitaine. » J'ai montré les lettres à des amis, j'ai lu quelques passages. Mon rire fut communicatif. Stanislas Reverdin m'a prêché la prudence. Le général se couvre de gloire. Sa générosité, totale, pourrait se tarir si de mauvaises nouvelles me concernant lui parvenaient sur le sol italien.

13 avril

J'ai revu Hippolyte. Et j'avoue que je ne peux plus me passer de ce philtre inépuisable. Il amuse même le vieux duc de Nivernais, membre de l'Académie française depuis cinquante ans, arrière-petit-neveu de Mazarin, dont les souvenirs sur la cour de Louis XV sont intacts. Hippolyte dit m'aimer à la folie. Il le dit en riant. Et nous rions ensemble plus fort. Balivernes, légères comme du liège.

Mais ce diable-là sait l'amour mieux que personne. Il est lieutenant de hussards, adjoint de Leclerc, le beau-frère de Bonaparte. Nous sommes presque en famille. J'écris ces mots sans rougir puisque j'ai choisi de tout dire à ce journal. Hippolyte n'est pas très grand. Son accent fleure la lavande et le romarin. Ses moustaches et ses yeux sont du même noir corbeau. Son teint est cuivré. Et force est de l'admettre : déjà je l'aime. J'aime cet homme, moi, une femme récemment mariée à un général, j'aime un lieutenant. Pourquoi ? Parce qu'il m'amuse, me distrait, me rappelle que je suis vivante. Écrivons la vérité : je me suis donnée à lui, le lendemain de notre rencontre. J'ai follement aimé les plaisirs poivrés dont cet homme ne fut pas avare, les dispensant du cœur de la nuit au matin et si j'aime l'amour et le faire, si chaque femme se sent plus belle après, je le distingue sans peine de mes autres affections ou tendresses. Oui, j'aime celui qui a pris du temps, ne m'a pas attaquée comme un fortin mais a su exaspérer mes sens, a tendu mon corps à se rompre. Alors les caresses de celui-là, ce moment d'abandon et de bonheur tant décrié par les prudes, rien ni personne, aucun Dieu, ne m'en priverait. À peine mariée, déjà volage… Le bonheur de savourer la vie jamais ne sera empêché par les conventions ! C'est dit.

20 avril

Je quitte Hippolyte l'âme sereine, et j'espère le revoir vite. Je regarde ma montre et je pense à lui. Voilà qui fait rire Thérésa. « Ma rose est prise, chantonne-t-elle sur l'air de La Fougère, prise sans ses épines, Joséphine est amoureuse, la belle affaire lanlaire, la belle affaire. » Je la gronde pour le principe. Fortunée se joint à elle et nous chantons ensemble, accompagnées de ma harpe.

Oui, mais j'aime aussi et tout autant Bonaparte. J'aime mon mari pour sa force et ses talents uniques. Et mon amant pour sa légèreté et son art d'aimer. Quoi de plus dissemblable que ces deux hommes que le génie sépare ? Rien de petit, rien de mesquin, chez Bonaparte. Hippolyte est en revanche une fripouille, un petit gars des faubourgs, le sourire en coin, pas très clair, prêt à japper trop fort si la fricassée qu'on lui propose ne lui convient plus. Je ne veux pas être la dupe de mon caprice. Bonaparte fait l'histoire. Et l'idée de le perdre, fauché par une balle autrichienne, la face contre le ciel et les nuages, les bras en croix, la main serrée sur la poignée du sabre, cette horrible image, m'est insoutenable. Mais l'amour est infini, multiple, et le petit dieu aux yeux bandés lance ses flèches sans réfléchir. C'est la folie qui le conduit. C'est la folie qui me fait céder.

24 avril

Bonaparte a livré six batailles, fait douze mille prisonniers, tué six mille pauvres Piémontais et pris quarante canons. Le journal qui le raconte me tombe des mains. J'ai épousé le génie de la guerre. Il frappe comme la foudre, ne dort jamais. Quel homme, grand Dieu, quel homme ! Or il me veut auprès de lui. Cela tourne à l'obsession. Il désire m'envoyer son frère Joseph, accompagné de Junot qu'il a chargé d'offrir au Directoire les drapeaux pris à l'ennemi. Il me vante le caractère de son frère qui est doux, égal et intégralement bon. Aussi ai-je reçu chez moi deux hommes. Le premier, fort emprunté, parlait peu, regardait la pointe de ses souliers et m'a répété avec son accent affreux et sur le ton de la valse : « Il faut venir, Madame, il faut venir, Madame, il faut venir, Madame. Le général vous attend. » Le second, sanglé dans son uniforme, beau géant à l'œil vif, parlait comme cent, bougeait sans cesse, triturait son gant, et les mots se bousculaient, sortaient en fontaine de sa bouche trop rouge. Bonaparte est son dieu, il n'en prie pas d'autres, il me supplie de le rejoindre, s'occupe de tout, je n'ai rien d'autre à faire que de dire oui, de passer un châle et de monter en voiture. Il me tend un billet de mon mari, je l'ouvre : « Tu vas être ici à côté de moi, sur mon cœur, dans mes bras, sur ma bouche. Prends des ailes, viens, viens, viens ! » Joseph Bonaparte m'a remis deux cents louis. J'ai le droit de disposer de cette somme à ma guise. Mais l'ordre de partir, aussi !

28 avril

J'ai reçu la procuration de Bonaparte. « Si tu as besoin d'argent, tu ne m'as jamais parlé de tes affaires, tu n'as qu'à demander. Murat est là aussi pour cela. Je l'en ai déjà informé. Il veillera sur toi comme un grand frère. » Depuis son départ, il ne se passe pas de semaines sans que je reçoive des présents. J'en donne plus que la moitié. J'ai eu des oranges, de l'eau de Chypre, de l'eau de jasmin, de l'eau de jonquille, de la fleur d'oranger. Bonaparte m'a offert une magnifique pièce de taffetas d'Italie afin de faire confectionner une jupe, « pour les dimanches et les jours où tu te fais belle ». Il est drôle, Bonaparte.

Il me dit avoir fait préparer un logement à mon intention à Mondovi et à Tortone. Je peux, selon lui, partir avec ma femme de chambre, ma cuisinière et mon cocher. Il a mis à mon service des chevaux de carrosse et un cocher, et m'assure que je ne manquerai de rien, pas même de l'argenterie, et de la porcelaine nécessaire à mon service. Mon Dieu, que répondre ? Je ne veux pas partir. L'idée est effrayante. Je ne veux pas quitter Paris, c'est impossible, j'y suis aimée, fêtée par toutes et tous, dès que je mets un sourire à ma portière, que les chevaux ralentissent, c'est une nouvelle ovation du bon peuple de la ville. J'aime les bals, les soirées où l'on se montre, les parures que la mode ordonne. Oui, je l'avoue ici, je suis légère, mais je veux savourer chaque minute de ma gloire nouvelle, pouvoir penser que moi aussi je suis connue et que mon rôle, que je n'ai pourtant guère désiré, fait des heureux ou des jaloux. Est-ce trop demander ?

Et puis, je ne veux pas me retrouver dans un pays en guerre où la mort glisse à chaque pas. Je sais trop ce qu'est la peur. Je ne veux pas des fatigues, des mauvaises auberges, de la chaleur, des moustiques, que sais-je. Je ne veux pas partir. Pas encore. C'est trop tôt. Et pas sans lui, pas sans Hippolyte ! Je ne peux pas vivre sans le voir et le sentir chaque jour à mes côtés. Je veux encore nouer mes doigts à ses boucles, sentir son odeur après l'amour, le voir boire le vin de Champagne et lécher la peau rôtie des canards aux pêches, enfiler son bas blanc quand il est assis, nu, sur le bord de mon lit et chercher l'autre. Je veux le voir encore bâiller, les yeux grands ouverts, la tête renversée au plafond, saisir le traversin et le creuser en arrimant son coude dessus. L'Italie entière de Bonaparte ne vaut pas la peau d'Hippolyte. Entre les deux, mon cœur va à l'un, à l'autre mes sens.

3 mai

Je ne veux plus avoir peur. Plus de craintes. Plus de doutes. Je ne veux plus perdre le sommeil comme avant. Je vois ces femmes qui ont tout. En quoi me sont-elles à ce point supérieures ? Bonaparte m'aime. Il me le dit. Il le répète à qui veut l'entendre. Sur ce que j'éprouve pour lui, je peux désormais poser le beau, le tendre, le grave mot d'amour, celui des poètes et des peintres, des contes de mon enfance.

Je sais que son frère a épousé Julie Clary[1]. Je ne sais si leur union est heureuse. Me verrais-je en marquise de Cau-

1. Marie-Julie Clary (26 décembre 1771-7 avril 1845). Épouse de Joseph Bonaparte. Elle sera reine d'Espagne de 1808 à 1813.

laincourt pour satisfaire mon autre – cacochyme – soupirant ? Je pouffe de rire en écrivant ce nom.

Ce matin, j'ai pris mon chocolat en restant au lit le plus longtemps possible. Mes créanciers patientaient au salon. Tenus en laisse par Agathe et Marie, certains lisaient le journal, d'autres sifflotaient en annotant leurs colonnes de chiffres. Avec circonspection, Madame Campan me demande un arriéré de pension pour Hortense. Comment arriver à tous les payer ? L'argent me file entre les doigts sans que je sache pourquoi. Que devient-il lorsqu'il sort de ma poche ? C'est un mystère. Je sais seulement qu'il m'est impossible de demeurer de glace devant une robe nouvelle ou une parure. Un joli meuble, un tableau bien peint, un bijou et je fonds comme neige au printemps. Tout ici-bas n'est-il pas tentation ? Insondable Paris aussi fascinant que l'eau pure d'une émeraude. Et puis j'aime tant faire plaisir à mes amis. Certes, je me gourmande, je m'efforce à la sagesse. Mais las, tout glisse sur mon caprice.

9 mai

Fête donnée par Barras au Luxembourg. Nous célébrons les victoires de Bonaparte. De lui, les nouvelles sont meilleures que bonnes ! Mon mari s'est déjà couvert de gloire et sa science de la guerre étonne les vétérans. À Montenotte, il a séparé les deux armées ennemies, poursuivi les Sardes jusqu'au Piémont, les a battus à Cherasco. Il a repoussé les Autrichiens en Lombardie et les a écrasés à Lodi. Les journaux ne parlent que de lui. Il est le Bayard de la République. Son étoile grandit. Il y a eu discours, hymnes ; les bustes de Lycurgue, de Socrate, de Rousseau ont été couronnés par des jeunes filles en blanc qui figuraient les saintes vestales de Rome. Un orchestre a joué *La Marseillaise* et le *Chant du départ*. Lays et Lainé ont bramé des paroles bien patriotes sur une composition de Méhul. Deux cent cinquante femmes, belles de fraîcheur et de nudité, en tunique et pantalons de soie, agitaient leurs mains blanches et applaudissaient à tout rompre les cinq rois de la France. Chacun avait revêtu son manteau à la François Ier et sa toque à la Henri IV, dessinés par le citoyen David[1]. Ces rois du jeu de cartes bombaient le torse, tendaient la cuisse, dans un spectacle à mes yeux bien ridicule. Surtout pour honorer les victoires d'un mien général… absent ! La tête de La Révellière-Lépeaux[2] ressemblait à un bouchon fixé sur deux épingles. Monsieur de Talleyrand, en pantalons de soie lie-de-vin, présentait gravement l'ambassadeur du grand-duc de Toscane à Barras. Monsieur de C. se proposait de convoquer bientôt le peuple à des fêtes de la Patrie, de la Vertu, de la Jeunesse. Étant l'épouse du glorieux, on m'a beaucoup saluée. Des hommes et des femmes que je ne connaissais pas la veille ont tourné pour moi les plus jolis compliments du monde, me souhaitant prospérité et longue vie agréable… avant de me demander de transmettre plusieurs demandes d'aide et de services à Bonaparte. De leur manège, je m'enivre mais ne suis pas dupe. L'assistance, fort nombreuse, a dévoré dindes et perdrix froides, truffes et pâtés d'anchois. J'ai porté une tunique à l'Omphale dont les plis de taffetas crème-de-lait moulaient mon corps. On eût dit que marchait une statue mouillée. Sur quel terrain glissant ?

16 mai

Bonaparte veut – il insiste – que je le rejoigne en Italie. Il me l'écrit, le demande sans cesse avec un empressement qui

1. Jacques-Louis David (30 août 1748-19 décembre 1825). Artiste peintre français. C'est lui qui, plus tard, peindra notamment *Bonaparte franchissant le Grand-Saint-Bernard* et *Le Sacre de Napoléon*.

2. Louis-Marie de La Révellière-Lépeaux (24 août 1753-27 mars 1824). Homme politique français. Il fut l'un des cinq Directeurs du premier gouvernement du Directoire.

ne cesse de croître. La décision à prendre est au-dessus de mes forces. Que faire pour rester à Paris et ne pas décevoir un homme qui place en moi sa confiance et son honneur, et son amour qu'il prétend sans limites et qui l'est en vérité ? Que dire à ce nouveau Mars ? Dois-je avouer préférer le calme précaire de la capitale au fracas – certain – et aux tourments d'un voyage fatigant en Italie ? Comment concilier mon admiration pour lui et mon attirance pour le gandin si envoûtant ? En ai parlé à Juliette et à Thérésa. Elles sont de mon avis : plus le mensonge est de taille, plus il a de chance de convaincre. Je dois donc en trouver un. Vite.

Bonaparte est très bon pour Eugène. Il a écrit d'Italie au ministère de la Guerre afin d'exaucer la prière de cet excellent enfant. Mon fils va embrasser la carrière de son père et de son beau-père, il sera soldat. L'affection que Bonaparte place en chaque chose, les soins infinis qu'il me rend pour me plaire sont bien émouvants. Je suis touchée, je l'avoue. Suis-je éprise ? Oui. Je le suis. À n'en pas douter. Mais j'ai aussi des émois ailleurs ! Que le choix entre l'appel du cœur et celui des sens est cruel !

1er juin

Le Directoire vient de donner son autorisation. Je pars. Je dois partir !

Hippolyte est venu me voir. Son petit costume de hussard lui seyait à merveille, culotte et bottes à la hongroise, dolman réchauffé par sa pelisse de renard agrafée sur l'épaule gauche ; voilà qui lui donne une silhouette de danseur et fait sa jambe à croquer. Il vibre sous l'étoffe, tend le muscle à le rompre, me regarde comme un matou qui sent le lait et, la bouche humide, murmure de toutes ses dents blanches : « Comment une jeune femme aussi ravissante peut-elle aller voir son mari qui a mille ans, qui à Milan ? » Nous rions et les coussins du lit tombent dans la ruelle.

21 juin

Carnot a lui aussi donné son accord pour gagner l'Italie. Il espère que je couronnerai le général de myrtes. La belle affaire. Bonaparte m'écrit sans cesse. Il ne croit pas du tout à mon départ imminent. « Je me demande comment une aussi jolie femme peut abandonner ses amis, ses habitudes, son Luxembourg et son Chaillot, sa Madame Tallien et son Fortuné ? Et un dîner chez Barras, et une représentation d'une pièce nouvelle ? Ah, pauvre de moi, oui, cruelle, pauvre de moi ! Voilà à quel état je suis réduit. Bah ! Voilà-t-il pas que je t'aime davantage. Enfin, mon incomparable petite mère, je vais te dire mon secret : moque-toi de moi, reste à Paris, aie des amants, que tout le monde le sache, n'écris jamais, eh bien ! je t'en aimerai dix fois davantage ! »

Il est d'un drôle, Bonaparte. Si près de la vérité aussi…

Mais il a tort. Cette fois, je pars. Je viens même de recevoir mon passeport. Il y a un Dieu dans le ciel : Hippolyte est du voyage, il ne quittera pas sa Phèdre que j'espère plus heureuse car son chef, le brave Leclerc, vient, après l'armée de l'intérieur, de se faire nommer à celle de l'Italie. Hippolyte Charles est de sa suite et moi la femme la plus heureuse du monde avec mes deux hommes si proches ! Je pars pour Milan escortée de Joseph Bonaparte, Antoine Hamelin, Louise et trois domestiques. On dirait le convoi d'une reine mérovingienne.

26 juin

Bon-Papa a quatre-vingt-deux ans. Il vient d'épouser ma tante, Madame de Renaudin. Ils ont vendu leur hôtel de Fontainebleau pour en prendre un autre à Saint-Germain afin de se rapprocher des enfants. Ils ont pour Eugène et Hortense la plus adorable et constante des tendresses. Ils se montrent même à leur égard parfois trop généreux. Mais Bon-Papa regarde mon fils et croit voir grandir son Alexandre. Il l'aime excessivement et le punir serait pour lui une peine extrême. Je ne veux cependant pas qu'Eugène et Hortense soient trop gâtés. Je sais trop les ravages des folies d'argent. Il n'y a pas dans leur chambre de vaines munificences, aucun joujou de prix, ni vêtement cher. J'ai demandé que l'on pratique l'économie dans la parure. Mon fils veut être soldat, comme son père, comme son beau-père. Je lui ai donc rappelé que la frugalité accompagnait le devoir des armes.

Bon-Papa et ma tante m'ont écrit leur bonheur de me savoir mariée. Ils semblent fort apprécier le général Bonaparte. Ils suivent ses progrès en Italie, savent sa gloire qui ricoche de journaux en journaux. Je serai donc, à les en croire, la plus heureuse des femmes. S'ils savaient…

2 juillet

J'ai trouvé l'idée. À Bonaparte, j'écris que je suis souffrante, malade, extrêmement. Je l'en informe, je donne les détails, pas trop, le juste dosage, que je suis grosse. Et je m'efforce de faire croire cette fable aux autres aussi. Ainsi, Madame de Fonfrède a prié à dîner. J'y étais. En traversant un salon dont les fleurs étaient en si grand nombre que leurs pétales se croisaient, j'ai reçu en plein cœur la bouffée des jacinthes, des héliotropes et des jonquilles. Un malaise m'a prise. Qui a duré juste le temps d'inquiéter mes amis. Mais j'ai vu le visage de Thérésa s'illuminer sur son joli sourire. Je l'ai entendue, alors que l'on humectait mes tempes de vinaigre, dire à Sophie Gay[1] que j'allais bientôt

1. Marie Françoise Sophie Gay (1er juillet 1776-5 mars 1862). Femme de lettres française. Son salon littéraire et artistique fut justement célèbre. Elle est la mère de Delphine de Girardin.

donner la vie. Bonaparte, évidemment, l'a su. Il s'en est déclaré fou de bonheur et dans cet état d'extase que les natures les plus emportées rendent plus puissant encore. Hélas, je crois que c'est l'inverse. Mon ventre se refuse à tout espoir, je le sens, je le sais bien. Je n'ai pas eu la force de dévoiler la vérité au général, d'autant que ce mensonge par omission m'accorde un salutaire sursis. Mon état l'alarme, il me croit bien malade et m'écrit sans relâche. Je vais pouvoir rester à Paris.

« Tu souffres et je suis loin de toi. Hélas ! Peut-être n'es-tu plus ! La vie est méprisable, je ne puis m'accoutumer à l'idée de ne plus te revoir. Le jour où je saurai que Joséphine n'est plus, j'aurai cessé de vivre. Si courte que soit la vie, trois mois se passeront… Trois mois encore sans nous voir ! Je tremble, mon amie, je n'ose pas lever la pensée sur l'avenir. Tu es pâle et tes yeux sont languissants. Mais quand tu seras guérie, si l'un de nous deux devait être malade, ne devrait-ce être moi ? Plus robuste et plus courageux, j'eusse supporté la maladie plus facilement. La destinée est cruelle, elle me frappe dans toi. Sans toi, je ne puis plus être utile ici. Aime qui veut la gloire, serve qui veut la patrie, mon âme est suffoquée dans cet exil et lorsque ma douce amie souffre, est malade, je ne puis froidement calculer la victoire. »

Thérésa et Fortunée ont raison : Bonaparte m'aime à la folie. Et moi, je profite du mensonge tandis qu'il s'alarme. Devrais-je en nourrir des remords ?

Je n'ai pas honte. J'ai honte.

Je ne sais qu'écrire. Je vois ma vie se jouer à pile ou face et le pas que franchit la femme honnête pour ne plus l'être est si étroit qu'il serait vain d'en tirer une gloire, absurde de ne pas en ressentir du plaisir. Je sais que lorsque j'écrirai à Bonaparte afin de lui révéler – à ma manière – la vérité, ma main ne tremblera pas. Je demande juste du temps. Je veux garder mon Hippolyte. Je ne me sens ni cruelle ni volage.

Seulement une femme savourant le bonheur d'aimer alors qu'il n'y a pas si longtemps elle manquait de monter à l'échafaud. Que l'on me pare de la livrée du mensonge, mais mon front n'a pas à rougir. Quand je quitte celui que les prudes nommeraient mon amant, je n'ai que l'impatience de le revoir. Il a dérangé la chambre, éventré la boîte de pralines qui patientait sur le chevet, bu quatre ou cinq verres de champagne, mâchonné les pétales de l'une des roses qu'un autre m'a offertes, parlé et ri beaucoup. En somme il m'a amusée, moi qui ne réclame plus rien d'autre. Il s'est vanté de ses affaires, de celles où il gagne, et grâce à moi, beaucoup d'argent. Il veut que je lui présente vite tel ou tel qui lui porterait davantage de crédit. Il assure en me laissant à ma toilette que je lui manque déjà. En riant à mon tour, l'entendant dévaler les marches de l'escalier, je le crois sans nulle peine. Nous sommes légers. Émerveillés de l'être. Et j'adore cet état si doux.

Mais j'éprouve aussi les remords d'une femme qui aime tout autant son mari. Un mari dont les nouvelles sont bonnes, plus que bonnes. On m'envie chaque jour davantage, mais je confesse que je ne trouve mon équilibre qu'entre ces deux écueils où ma raison lutte pour ne pas sombrer. J'ai le cœur trop grand ou trop créole.

Je ne vais toutefois plus pouvoir faire patienter longtemps Bonaparte et ce sujet lancinant. Je vais devoir céder. Il y a bien Carnot[1] qui renâcle encore un peu : comme il n'aime pas le général, il s'imagine que c'est lui nuire que de ne pas lui remettre sa femme en mains propres ! De mon côté, j'ai laissé entendre que, dans mon état de fatigue, j'ennuierais le grand homme et qu'un chef de guerre aussi étonnant ne saurait s'embarrasser de celle qui le distrairait de sa mission sacrée. Le gouvernement est donc convenu que je rejoindrais

1. Lazare Nicolas Marguerite Carnot (13 mai 1753-2 août 1823). Physicien, général et homme politique français.

Bonaparte lorsque Milan serait tombé. Impossible, je le crains, de parvenir à me dérober.

3 juillet

J'ai convié aussi Robbé de Lagrange. L'homme, très habile, fournisseur aux armées, fut l'un des amis d'Alexandre. Nous le recevions chez nous. Ma tante l'aime beaucoup. J'ai besoin d'argent. Barras m'assure que l'on peut faire une belle fortune en Italie. Le voile d'Angleterre que j'ai pris chez Madame Noël vaut trente louis. J'en ai emprunté deux cents à ce pauvre Hamelin.

Robbé de Lagrange se fait fort de me voir lui décrocher un ou deux marchés de fournitures et, en échange, d'avoir à mon égard quelques largesses. J'ai l'oreille de Bonaparte ; il me faut impérativement de l'argent ; c'est le siècle qui le veut. J'ai vu trop de femmes pratiquer ce commerce jusque dans les antichambres du Luxembourg – chacune spéculait avec un acharnement d'hommes – ! que je ne vois pas pourquoi j'agirais autrement. Je fais donc de même sans sentir le rouge me monter au front. Je vais, à mon tour, imiter Barras, accorder mes protections. Qu'y a-t-il de vraiment mal à se hisser à ces sommets ? Barras m'a dit qu'il fallait que la chaîne complète de l'attribution des marchés fût contrôlée des commis des bureaux de Paris jusqu'aux aides de camp de Bonaparte ; j'écarterai les fripouilles et choisirai des gens de bien et voilà tout. Certains pillent les vivres et remplacent les fourrages par du roseau pilé et volent avec une effronterie repoussante. Je me prétends meilleure qu'eux. Plus juste. Plus humaine. Je serai généreuse. J'en fais le serment. À qui ?

J'ai écrit à Hortense et à Eugène la douleur de la séparation. Mais le temps de l'Histoire semble tourner à nouveau. Mes enfants doivent le comprendre : ils ont un beau-père qui n'appartient plus au commun des mortels. Ils doivent attacher leur sort à sa fortune.

8 juillet

Je suis arrivée à Lyon. Je rentre d'une soirée d'Opéra donnée en mon honneur au Grand Théâtre. Nous y avons vu *Iphigénie en Aulide*[1]. L'air de « Jupiter lance la foudre » a été très applaudi. Le public a manifesté sa joie, ostensiblement tourné vers la loge que j'occupais, sans ménager ses efforts pour me plaire. Le parterre était debout. Je suis bien contente. L'ambassadeur de Tunis était auprès de moi. Son genou n'a pas lâché le mien. Décidément…

11 juillet

Je suis à Turin, cette fois. J'ai été reçue par Charles-Emmanuel Quatrième[2], le beau-frère du défunt roi Louis XVI. Sa Majesté s'est montrée fort bonne et la cour de Sardaigne fort simple. Ce monarque s'avère d'une piété exemplaire, qui tourne parfois à l'obsession. Il ne m'a jamais regardée de face. Peut-être lui rappelais-je je ne sais quelle apparition. Hippolyte s'est lancé à son sujet dans l'une de ces imitations dont il a le secret et que chacun, moi la première, trouve incomparables de drôlerie. Le roi et la reine n'ont pas d'enfant. Mais il se dit à la cour que le seul vœu de Charles-Emmanuel est de rejoindre la Compagnie de Jésus, de s'y faire admettre et qu'il n'a plus touché à son épouse depuis leur mariage. Pauvre femme. Comme elle doit se sentir seule sous l'hermine.

1. Opéra de Christoph Willibald Gluck, créé à Paris le 19 avril 1774.
2. Victor-Emmanuel, prince de Piémont et roi de Sardaigne (24 juillet 1759-10 janvier 1824).

J'ai fait la connaissance de Marmont qui doit m'escorter jusqu'à Milan. C'est à ses hommes de valeur que Bonaparte me confie et je suis fort touchée par la sollicitude qu'il met sans cesse à gâter sa Joséphine et à plaire à sa générale.

Je trouve l'Italie très belle. À Florence, je suis logée dans les plus beaux palais. Et, dans la chambre que j'occupe à chaque fois, je vois à peine le mur du fond. Tout est magnifique, pétri de stucs, de plafonds peints, de murs décorés à la fresque où se lisent les signatures des plus grands génies de la Renaissance. Dieu clément, quel peuple !

Mes domestiques me traitent comme une reine. Rien ne manque à mon agrément. Chaque soir, il y a bal paré. Les femmes les plus jolies me regardent comme une châsse. On copie mes robes et ma tournure, on imite ma voix et mes mouvements. Et tout m'ennuie, pourtant. Rien à mes yeux ne saurait remplacer les marronniers parfumés, verdis de feuilles, des avenues de Chaillot, dont les pétales blancs annoncent les fruits prochains. Le lait frais bu à Auteuil, l'air qui monte de la Seine, les cris des portefaix, les femmes de Paris qui marchent à talons claquants dans les rues, les gamins au nez en trompette grêlé de son, le mot vif en bandoulière, vendeurs d'oranges ou de coco, le génie des rues qui le dispute à l'esprit des salons, l'art de se faire belle pour plaire à un seul, tout me manque ici.

14 juillet

Il dort à mon côté. La veille, je suis arrivée à Milan et cette fois mon accueil a surpassé en magnificence tous les précédents. J'occupe avec lui le palais Serbelloni, le plus magnifique de la ville. Dès qu'il m'a vue, Bonaparte s'est jeté sur moi, m'a couverte de ses caresses. Il m'offre un amour si définitif, à ce point nu, je veux dire sans fioriture ni pose, qu'il m'a touchée autant qu'embarrassée.

Notre première nuit passée ensemble en Italie fut belle, j'ai cru voir couler une larme dans ses yeux alors qu'à l'aube, il me quittait à tâtons. Il fut moins rapide, plus doux, appliqué, l'élève avait retenu sa leçon ; enfin, ce n'est toutefois pas Hippolyte.

Les nuits sont claires et son corps maigre se dessinait comme une aile ; c'est ce corps d'enfant, trop vite monté en graine, au ventre creux, aux hanches douloureuses aux miennes, qui met à genoux les armées de l'Empire !

Dès le lendemain, Bonaparte ne se privait pas de me montrer son furieux attachement en toute occasion et j'ai vu mon ami Hamelin forcé de détourner le visage et prendre soudainement grand soin d'admirer la vue sur Milan que l'on a à l'étage. Le général m'embrasse, me surprend, me fait crier, me pince, me gourmande et ses allures de collégien vont vite me lasser, je le crains. Bonaparte a mis à mon service cent cuisiniers et trente domestiques. Comme je suis bonne républicaine, j'ai pris sur moi de faire renvoyer tout le monde et de me restreindre à mon petit ménage de la rue Chantereine. À Thérésa, j'ai écrit que je regrettais mortellement mes amis de Chaillot. Je lui ai fait jurer de m'écrire souvent, de me parler de Tallien. « Vous connaissez mon attachement pour lui ; l'éloignement ni le temps n'y porteront atteinte. Parlez-moi de vos enfants, surtout de ma filleule, de notre ami Barras. Ah, je l'aime bien, j'ai reçu de lui une lettre, j'y répondrai par le premier courrier, j'ai été touchée de cette preuve de son amitié. » Je ne sais ce que pense Barras d'un homme qui fut son obligé et que la gloire, désormais, ne quitte plus comme une amante jalouse. Je connais les hommes, leur amitié ne résiste pas au déséquilibre de la fortune. Quand l'un monte, l'autre s'éloigne, faute de dissimuler plus avant son chagrin et son humiliation. La jalousie n'est pas seulement affaire de femmes.

J'ai aussi écrit à Hortense, lui rappelant que je n'avais que le temps de l'embrasser. Je l'ai assurée de la tendresse la plus vive d'une mère, et d'une mère qui affectionne le plus possible sa chère fille. Bonaparte s'est joint à moi pour la couvrir de tendres baisers. Il lui a offert des chaînes d'or dignes d'une impératrice et j'ai glissé, de mon côté, dans le courrier qui partait pour Paris, un collier et des boucles d'oreilles antiques.

Car l'Italie est un musée ouvert où les hommes se servent. Où le pillage relève de l'institution. Autant de drapeaux pris à l'ennemi que d'antiques sont expédiés au Luxembourg. Je vois des caisses ouvertes, tapissées de paille, que l'on referme prestement une fois remplies, bientôt scellées sur leur secret.

16 juillet

Je suis femme de soldat. Veuve de soldat. La meilleure des défenses, je le sais, reste l'attaque. J'ai donc reproché à Bonaparte, par un billet ni trop long ni trop court, son infidélité avec les femmes de Brescia ! Le pauvre homme. Par retour de courrier, il m'assurait sa foi ! « Je ne sais pas pourquoi tu me parles des femmes de Brescia qui m'intéressent, je t'assure, fort peu. Tu t'imagines donc que je perds mon temps, qui est rare et précieux. Si j'en connaissais, comment serait-il donc possible que je t'écrive que je n'en connais pas ! Mon cœur, dois-je le crier, appartient à la douce Joséphine, par droit de conquête et cette conquête sera solide et éternelle. Sache donc, malheureuse étourdie, que l'amour parfois quand il est désordre lance des flèches bien amères. Tu me dis connaître Murat[1]. Il était l'amant d'une Madame R. qui vient de lui offrir une fameuse galanterie. Je lui ai donné le conseil de s'en tenir à sa Julie. Il en sera plus raisonnable et plus sain. »

1. Joachim Murat (25 mars 1767-13 octobre 1815). Maréchal d'Empire, duc de Clèves et de Berg, roi de Naples de 1808 à sa mort.

Pauvre Murat qui prend une volée par ricochet ! Je sais ses débordements. Le beau hussard tombe sur toutes et tous avec la même égalité d'humeur. J'écris cela sur une table de marqueterie dont la qualité des essences trahit l'appartenance royale. Le luxe, ici, est partout. Malheureux Bonaparte : faut-il redouter le jour où il saura, à son tour, que sa femme a aimé – aime encore – un autre que lui ? Dois-je craindre son courroux ? Il est pur et noble. Il ne voit que la gloire, sa compagne fidèle. Il est parti pour Brescia s'assurer de la bonne marche de l'armée. Suis-je digne d'un homme qui fait de la guerre un art et qui force l'admiration même chez ses ennemis stupéfiés par son génie ?

Que de doutes et de remords !

23 juillet

Catastrophe. Catastrophes plurielles plutôt. Dans le courrier du 19 juillet, Bonaparte a trouvé deux lettres, les deux m'étaient adressées, la première était de Barras, l'autre de Thérésa Tallien. Par un méchant coup du sort, le général a décacheté celle où mon ami le Directeur me parle d'Hippolyte ! Bonaparte, à son tour, m'a écrit en rugissant : « Aller te parler de ce monsieur ! Ah, ce n'est pas généreux ! Bon Dieu ! Si tu ne conservais pas pour moi ton sentiment ! Je n'ose pas achever. Mon malheur serait sans égal. » Hippolyte a dû rejoindre le quartier général de Leclerc qui est à Vérone. Me savoir bientôt à Brescia me rassure. Je pourrai parler à Bonaparte et me rapprocher d'Hippolyte. Au second, je ne dirai pas grand-chose. Au premier, je dirai que… enfin, je trouverai…

24 juillet

Je suis à Cassano.

26 juillet

Je suis à Brescia. J'y ai retrouvé Bonaparte. J'ai beaucoup souri, un peu pleuré. Bonaparte s'est montré amoureux. Je l'ai trouvé fatigué. Il a maigri, on lui voit les côtes. Il est inquiet. L'ennemi est partout.

J'ai voulu rejoindre Vérone. Une fusillade nourrie des Autrichiens m'a fait aussitôt rebrousser chemin. À Ponte-Marco, même symphonie au canon. L'ennemi nous barrait la route. J'ai entendu les cris, vu les chevaux luisants de crasse et de sueur. La chaleur était immense. La poussière collait aux visages. La guerre pue, c'est atroce. J'ai tenu la main à un garçon qui devait avoir l'âge de mon Eugène. Je pensais à sa mère. Il était blessé au front, il me disait ne pas vouloir arrêter de se battre. Je l'ai fait partir à l'arrière.

La canonnade s'est rapprochée. Dans la calèche, j'ai sorti de mon sac une petite croix en vermeil qui me vient de ma mère. Je l'ai laissée chauffer ma paume. Et puis, je l'ai remise dans le sac. Je ne pense pas avoir eu peur. Je suis désormais réfugiée dans la forteresse de Peschiera chez le brave général Guillaume[1], commandant de la place. Ai dit à ce bon militaire qu'il n'était pas question que je parte sans l'ordre formel de mon mari.

Je suis épuisée. Je me suis jetée tout habillée sur un mauvais lit de camp. Me suis réveillée une heure avant l'aube. Le canon se rapproche. De la fenêtre, j'aperçois les feux des bivouacs autrichiens. Les remparts nous protègent. Jusqu'à quand ?

1er août

Je suis à Castelnovo. J'ai vécu l'enfer. Hier matin, à Brescia, Junot arrive avec ses dragons. Pas d'Hippolyte, mais

1. Henri Jacques Guillaume Clarke (17 octobre 1765-28 octobre 1818). Officier français, général, il deviendra ministre de la Guerre sous l'Empire. Puis, duc de Feltre.

des hommes prêts à tout pour me sauver. Junot m'apporte une lettre de Bonaparte : je dois le suivre aussitôt, il me faut partir sur l'heure ; j'acquiesce. Nous devrons longer les bords du lac de Garde. À peine sommes-nous sortis de Brescia que la canonnière autrichienne se fait entendre. Sous mes yeux, un boulet fauche un dragon de mon escorte. Junot donne l'ordre de mettre pied à terre. Je quitte la berline. Ainsi font mes femmes de chambre. Elles pleurent. Je les calme par mon exemple. Je ne pleure pas. Je ne gémis pas. Je marche dans le fossé. Je suis fatiguée. Malade de chagrin. J'ai été poursuivie par les uhlans, on m'a fait passer par les ruines de Mantoue, les boulets pleuvaient sur ma tête. À cinq pas de moi, un dragon a eu son cheval tué sous lui, un autre a été blessé. J'ai couru tous les dangers. J'ai eu mon baptême du feu et jamais expression de la langue française que je crois la plus belle du monde ne m'a paru plus sotte.

Je suis arrivée tout à l'heure morte de fatigue. Et je n'ai pas repoussé les caresses nombreuses de Bonaparte qui, par sa promptitude à décider, son courage, nous a sauvé la vie. Il veut que je parte sans attendre pour la Toscane où la paix règne. Il veut donc que je quitte l'endroit des combats. Étrange destin que le mien. Il me place sous la protection du 5e régiment de dragons. Son commandant est le colonel Milhaud[1], ex-représentant révolutionnaire de l'armée du Rhin. Encore une fois, combien est bizarre ma destinée car voilà l'homme, jacobin enragé, régicide qui a dénoncé, poursuivi et fait guillotiner ce malheureux Alexandre, mon premier mari. Je vais devoir accepter son salut et le lui rendre, alors que je rêverais de le tuer de mes mains.

1. Édouard Jean-Baptiste Milhaud (10 juillet 1766-8 janvier 1833). Officier français. Il deviendra général sous l'Empire.

3 août

Bonaparte m'écrit que l'Italie est pacifiée. Je suis à nouveau à Milan, logée en princesse chez un hôte délicieux, le duc Serbelloni, dans son beau palais. Comme cet excellent homme doit mener à Paris une mission diplomatique auprès du gouvernement, je l'ai chargé de bien vouloir transmettre plusieurs lettres à Hortense, à Eugène, chez Madame Campan et Monsieur Mac Dermott à Saint-Germain. Sans oublier ma tante et cette chère Thérésa. Bonaparte a offert à ma fille une montre à répétition émaillée et entourée de perles fines. J'ai ajouté une robe du plus joli rose, des petits ciseaux d'argent et un portefeuille. À Eugène, Bonaparte envoie une jolie montre. Je lui envoie, moi, du drap de casimir pour se faire un habit, un portefeuille. Voilà bien ses sentiments vrais et sa générosité. Je transmets aussi à Jérôme une montre, Thérésa recevra une pièce de crêpe, des chapeaux de paille de Florence, du fromage et des saucissons, Barras une belle caisse de liqueurs de Turin, et tous auront des bonbons de Bergame.

Le duc Serbelloni m'a promis qu'il irait voir ma tante afin de lui conter toutes les soirées, les bals, les soupers auxquels je suis sans cesse conviée. Eh bien, ma tante, sachez que je préfère être simple particulière en France. Je n'aime point les honneurs de ce pays-ci. Car je m'y ennuie beaucoup. Il est vrai que ma santé contribue beaucoup à me rendre triste. Je suis souvent incommodée, maux de ventre et de tête, vapeurs, vertiges, tout ce qui est femme chez moi se brouille. Bonaparte est, je crois, le meilleur des maris. Je n'ai pas le temps de rien désirer que mes volontés sont déjà les siennes. Il est toute la journée en adoration devant moi comme si j'étais une divinité. Quel plaisir extraordinaire de voir combien je suis aimée.

6 août

Triomphale entrée à Florence. Escorté de mes trente dragons, mon équipage avait le bel air de celui d'une reine. J'ai dû saluer le peuple massé de chaque côté des rues et aux fenêtres, aux balcons, suspendu aux réverbères. J'ai salué, salué, salué encore. Un billet fort joliment tourné m'avait avertie que j'allais bientôt souper avec le grand-duc Ferdinand[1], prince autrichien, neveu de la défunte reine Marie-Antoinette. Son Altesse s'est montrée fort prévenante, mais j'ai dû développer des trésors de diplomatie afin de ne pas aborder le sujet de la guerre, les routes dangereuses, la mitraille et les morts. Le ton, les manières déployées, le parfum de Paris, rien ne me manquait, je crois. Nous avons parlé des beaux-arts et de la splendeur des églises peintes à fresque, tout semble m'avoir assez bien réussi. Le grand-duc a eu l'air d'apprécier ma compagnie. Il est le frère de l'empereur, je ne pouvais le mécontenter. Grâce au ciel, il n'y eut aucun incident.

À Florence, j'ai aimé les bains parfumés. L'Arno sombre et vert, la beauté des *ragazzi* qui marchent à pas vifs dans les rues, la hanche souple, la chemise ouverte sur le bronze de leur peau nue, une chanson sur leurs lèvres charnues. Je suis allée prier à Maria Maddalena dei Pazzi. Les chefs-d'œuvre des anciens détourneraient de Dieu. Je songe à Fra Angelico[2], la douceur de l'ange m'a fait pleurer. Bonaparte est parti pour le Nord. Je me suis sentie sale, mauvaise, indigne de ne pas l'aimer à sa mesure.

---

1. Ferdinand, roi des Deux-Siciles (12 janvier 1751-4 janvier 1825). Roi de Sicile sous le nom de Ferdinand III de 1759 à sa mort.

2. Guido di Pietro, dit Fra Angelico (vers 1400-18 février 1455). Artiste peintre italien et religieux dominicain, surnommé « le peintre des anges ».

Nous marchons tout le jour et je ne vois plus rien de l'Italie. À peine si je goûte à son vin, à ses jambons crus, à ses fruits. J'aperçois peu et mal ses habitants. Nous marchons tout le jour, et je ne vois que les soldats, leurs yeux où brillent la haine et le désir, la peur, l'audace, le malheur. Nous avons, à marche forcée, traversé Bologne, Ferrare et Parme. Je suis à Lucques. Je n'ai pas de nouvelles de Bonaparte. Je ne sais rien non plus d'Hippolyte. Je meurs d'angoisse pour les deux. Je ne sais si j'ai eu raison de quitter le général. Avec lui, je serais en sécurité, or c'est tout le contraire ici.

Le Sénat est venu de Paris me présenter ses respects. Ses émissaires ont vanté mes mérites et salué mon courage. J'ai remercié. J'ai salué. J'ai répété cent fois que le gouvernement pouvait compter sur mon mari dont le civisme était sans limites. Je sais que Paris ne tient que par la générosité de Bonaparte et les convois incessants de vivres, de fournitures, de tableaux, bronzes, dessins destinés à la revente, qui partent à la capitale. Ces hommes m'ont quittée enchantés.

Enfin ! Une lettre de Joseph Fesch[1] me parvient. Ce bon oncle m'assure que le général va bien, qu'il n'est pas blessé et que l'armée progresse encore. Je lui écris de bien vouloir rassurer Hortense. Je connais trop la chère enfant pour ne pas la savoir morte d'inquiétude au sujet de sa mère. L'oncle Joseph est chargé d'une étrange mission : alors qu'il est déjà responsable des fournitures des armées de la République, sa fonction nouvelle est de réquisitionner les tableaux des églises. Je dois le retrouver à Parme.

Hippolyte me manque à en devenir folle. Je ne cesse de refaire mes malles et à peine suis-je arrivée quelque part qu'il me faut en repartir. Je suis donc à Brescia tandis que Bonaparte m'attend à Crémone. Ces rendez-vous manqués sont dignes du théâtre et porteraient à rire si la guerre ne nous obligeait pas à changer constamment nos plans.

1. Joseph Fesch. 3 janvier 1763-13 mai 1839. Homme d'église français et oncle de Napoléon Bonaparte.

J'ai appris qu'Hippolyte serait aussi à Brescia. N'y tenant plus, j'ai exigé de ce brave Hamelin de dresser le couvert auprès de mon lit. Il a bien remarqué les trois assiettes et je n'ai pas déguisé la vérité : il y aurait un autre convive que lui. Après le souper, j'ai demandé à l'un de rester tandis que l'autre remontait se coucher dans la petite chambre d'officier d'ordonnance qu'il occupe. J'avais fait placer un grenadier de faction devant ma porte. Bien m'en a pris. Hamelin oublie son chapeau, redescend l'escalier, veut entrer, en est empêché. Ma réputation de galanterie est néanmoins à nouveau faite par mon étourderie et mes emportements. Jeune, je ne me souviens pas avoir été capricieuse et, depuis cet incident, le regard de cet excellent ami me met dans une gêne affreuse dont il prend sa part sans être coupable de rien.

Me voilà bien avancée de blesser un être charmant, d'être jugée en femme facile, lascive qui ne pense à rien d'autre qu'à son plaisir immédiat. Comment faire comprendre à lui et aux autres que je ne cherche rien de plus qu'un peu de bonheur et de tranquillité, que la parenthèse qui se crée ainsi me permet de repousser les problèmes non résolus encore sans poser d'autres questions… Serais-je heureuse suffisamment sans le danger de tout perdre, sans cette griserie qui me fait tressaillir au moindre signe ? Mentir et ne pas se couper, faire disparaître l'odeur d'un cigare, l'empreinte d'une botte, l'assiette à demi vide et le fruit épluché… Dieu que le prix demandé pour la liberté est élevé !

30 août

J'ai réfléchi. Le Dauphin ne peut plus rester à Sèvres. J'ai pensé à une province reculée. Je me suis confiée à Barras. Depuis le 18 Brumaire, il n'est plus rien dans le gouvernement. Talleyrand a obtenu sans peine sa démission. L'homme s'est retiré à Chaillot, il va quelquefois sur sa terre de Grosbois. Je l'ai vu dans sa maison qu'il a aménagée avec une élégance et un luxe inouïs. J'aime les belles choses, je ne me suis pas lassée d'admirer les meubles d'acajou, les bronzes délicats, les miroirs vénitiens, les toiles de Lancret, de Vien et de Boucher, les dessins de Fragonard, de Watteau, les estampes de Rembrandt ou de Dürer et même un dessin du grand Caravage. Barras vit là comme un satrape servi par une poignée de jeunes garçons d'une beauté phénoménale. Il leur parle, les gourmande parfois, les plaisante, les caresse sans nulle gêne. Il a fait servir un chocolat mousseux comme une écume de mer, des madeleines à l'eau de fleur d'oranger, de la glace à la pêche venant de son château de Suresnes. Il s'est calé dans son fauteuil, un des garçons s'est agenouillé pour replacer l'un de ses chaussons, un autre a approché le *foostool*, il a croisé ses mains belles encore et j'ai parlé. J'ai dit combien je voulais faire partir Louis de France. J'ai ajouté que je voulais qu'il s'embarque pour les îles, je pouvais prévenir ma mère, l'enfant se laisserait oublier des hommes à la Martinique, chez moi, aux Trois-Islets, je ne demandais rien d'autre, ni argent, ni soutien, je prenais l'entière responsabilité de cet acte qui était d'humanité.

Paul Barras m'a laissée parler sans m'interrompre. Il m'a demandé si je voulais prendre une autre tasse de chocolat. Sans attendre ma réponse, il a fait signe à l'un des garçons qui s'est empressé à me servir. J'ai soufflé sur le liquide et j'ai bu une gorgée. « Ma tendre amie, vous êtes une sentimentale. Je n'aurais pas dû le laisser vivre, voilà qu'il nous embarrasse plus qu'il ne nous sert. Même l'oncle ne veut pas du neveu, reste la sœur qui se tord les mains de désespoir et qui se doute bien de quelque chose.

» Pensez-vous lui donner une chance, pensez-vous l'aider à ce point ? Fadaises. Il a connu Versailles, il sait son rang, la fortune de sa naissance, comment oublier cela ? Le voyez-vous couper la canne au milieu de vos nègres ? Le fils de Saint Louis en culotte de toile, le torse nu et les pieds en savates ? Votre repos mérite-t-il tant d'efforts, tant de sacrifices à votre bonne conscience ? Il est de l'âge de votre Eugène, est-ce la raison qui vous pousse à l'aimer autant ? Pensez-vous être à ce point meilleure que moi ? Enfin, chère Rose, vous me permettrez encore de vous nommer ainsi, souciez-vous davantage de votre ménage, occupez-vous de l'air du temps, de vos roses et laissez aux hommes le soin jaloux de l'être. »

J'ai répondu que Louis-Charles serait vivant, que la vie coulerait encore en lui. Son sort pouvait être doux et s'il n'aspirait plus au bonheur, peut-être pouvait-il encore seulement sentir le vent sur sa peau. Était-ce trop demander ?

Barras caressait les cheveux du garçon agenouillé près de lui comme si c'était la fourrure feu de mon carlin. Il a fermé, je me souviens, un instant ses yeux. Il a bâillé une ou deux secondes, s'est étiré. M'a regardée une fois encore. Et puis, à son tour, il a parlé, lentement, presque en chuchotant, comme pour moi seule. « Il sera dit, ma belle amie, que je ne vous refuserai jamais rien. Le mioche aura son passeport, nous lui trouverons un nom bien banal pour une vie bien médiocre. Mais qu'il tombe dans l'oubli, l'Histoire ne veut pas de ce hoquet. Il sera donc indigène. Qu'il ne sorte pas de la plantation, qu'il ne cherche pas à se faire connaître ou c'est la mort immédiate. Fouché a des agents partout et j'en sais quelque chose. Ce bougre-là s'est dévoué à votre mari pour le moment, il trahirait son ombre s'il y voyait quelque intérêt. Si Fouché consent, et vous le saurez suffisamment vite, le gamin sera au Havre et sur un bateau. Laurent l'accompagnera. Personne d'autre. Je le ferai prévenir, ainsi que vous, du jour. Munissez Louis d'un peu d'argent et d'effets neufs, sobres, discrets. Et oubliez-le. Comme je vais l'oublier moi aussi. Suis-je clair, Madame la générale ? »

J'ai répondu oui en baissant les yeux. Paul Barras s'est levé, le cou très droit, l'entretien était clos. Celui qui fut mon amant voici peu tint à me raccompagner jusqu'à la porte et nous traversâmes le vestibule sombre comme une église. J'admirai, posé sur la console, un buste en marbre blanc, le torse et le visage d'un homme jeune encore, aux lèvres charnues, aux cheveux drus coiffés en coquilles et dont Barras effleura en passant les joues froides. Je constatai, à peine étonnée, que cet égoïste n'était pas avare de mansuétude.

Je songeais dans le fiacre qui me ramenait chez moi à celui dont la dernière action serait de sauver la vie du fils de Louis XVI ; étrange destin politique, après avoir voté la mort du père, de vouloir épargner l'enfant.

Bonaparte n'est plus en France. Je n'ai pas à trouver des excuses pour mes absences de la maison. C'est maintenant qu'il faut agir.

12 septembre

« Vous allez faire un beau voyage, Louis. Un long et si beau voyage. »

Ce sont les premiers mots que j'ai dits à l'enfant-roi. Nous étions assis, l'un en face de l'autre, il avait posé ses mains sur les bras du fauteuil, il me regardait, fixement, de ses yeux très bleus, je l'entendais respirer. Il était vêtu d'un pantalon de flanelle grise et d'une chemise recouverte d'un gilet boutonné, également gris. Ses cheveux coulaient jusqu'au début de ses épaules, plats et blonds. Je l'ai trouvé plus beau qu'à l'ordinaire, mieux portant, guère plus joyeux, mais plus vivant peut-être. Je me suis entendue parler de beau voyage, j'y mettais l'intonation heureuse et j'ai détesté ce moment. Louis-Charles a posé une première question, gravement, avec cette économie de mots qui ne le quitte pas.

— Avec vous, Madame ?

— Non, sans moi. Mais avec ce bon Laurent que vous aimez bien, je crois. Vous irez à la Martinique, chez ma mère, Madame Tascher de la Pagerie. Elle est bonne et douce. Elle vous aimera plus encore que je ne vous aime depuis ces mois. Ainsi serez-vous heureux. Sans plus craindre le moindre danger. Sans risque d'une nouvelle prison.

J'ai insisté sur le mot de prison, je lui ai avoué, un jour, que j'avais connu moi aussi la prison et la peur de la mort et que je préférais vivre. Il a posé une dernière question.

— Reverrai-je ma sœur ?

— Eh bien, pas pour le moment. Il faut que les tensions s'apaisent, que le gouvernement fasse sa bonne politique, que les méchants soient punis. Vous me comprenez ?

Je me souviens que l'enfant détourna le visage. Je ne sais s'il pleurait. Il m'a raccompagnée à la porte de la maison. Il s'est incliné, a baisé le bout de mes doigts, j'ai senti son regard dans mon dos jusqu'à la voiture. Je suis rentrée chez moi en pensant au roi qu'il serait devenu.

24 septembre

Bonaparte m'adresse un beau cachemire. Avec des glands d'or. Je ne sais où il trouve l'argent pour me plaire. Dans les plis du châle, il y a un billet, écrit de son quartier général, à Paris. « Ma très aimée, mon idolâtrée, je pense à vous plus encore à mon coucher et moins à mon réveil parce que, insensé que je suis, j'ai alors l'illusion que vous êtes à mes côtés. Et quand le triste matin vous arrache à mes songes, je pleure en pensant à mon amie. Que ferez-vous aujourd'hui, belle entre les belles, *carissima mia*, irez-vous au bois, ma Joséphine, à Mouceaux[1], prendrez-vous encore votre mine de petit chat gourmand devant la tasse de lait frais ? Je compte les heures qui me séparent de vous. Vous, qui m'avez inspiré un amour sans bornes. Adieu, adieu, que ce mot est donc cruel, adieu à la plus tendre des amies. » Et tout est de la même eau. Ai relu sa dernière lettre. J'avoue être touchée. Oh oui, je le suis !

26 septembre

Je ne reverrai jamais le prince Louis, dauphin de France. Je suis venu porter moi-même les passeports de l'enfant et de

1. L'actuel parc Monceau, à Paris.

Laurent, le gendarme-valet de pied. Ce garçon excellent, au cœur si noble, ne veut pas abandonner le jeune prince. Voilà qui facilite nos affaires, je n'ai pas à trouver un autre garde du corps qu'il faudrait, au risque de tous les périls, mettre dans nos confidences.

Laurent part avec de l'argent et une lettre de change. En Martinique, aucune autorité officielle n'est dans le secret, Fort-de-France ne saura jamais rien. J'ai écrit à ma mère. Je lui ai dit que je lui adressais un jeune enfant, précisant seulement qu'il s'agissait d'une victime de la Terreur. Une seconde lettre, soigneusement dissimulée, frappée des sceaux de la République, ce qui interdit toute violation en mer ou à la douane, l'avertira de la véritable identité de l'enfant. Dès qu'elle en aura pris connaissance, elle devra brûler la missive, et présenter Charles comme un cousin lointain, fort éloigné, orphelin de père et de mère, ce qui est vrai, un peu simple car anéanti par le chagrin, ce qui est vrai aussi. J'ai fait jurer à ma mère le secret éternel. Je la connais trop bien pour savoir qu'elle ne brisera jamais son serment. Un silence définitif va bientôt ensevelir ce terrible secret.

Le citoyen Charles quitte la France. Comme tous les enfants de son âge, il m'a paru fort enthousiaste à l'idée de ce grand voyage. Je ne peux pourtant pas lui en dire plus. Barras refuse que l'on donne à l'enfant la moindre instruction. Je sais par lui que Fouché est de cet avis. À peine si Louis sait écrire, lire et compter. Il passe ses journées à monter et démonter ses jouets, à examiner vis et ressorts et il a gagné à ces jeux une surprenante adresse. Il entre aussi dans des abattements soudains, ne dit plus rien durant des heures. J'espère que la douceur de ma mère et de ses négresses saura l'apaiser. J'ai obtenu de Barras, après bien des difficultés, qu'elle me donne des nouvelles, quelques lignes, à peu près chaque mois, le strict minimum, en appelant l'enfant Charles, sans rien dire de plus qui le compromettrait, et moi avec. Bonaparte ne sait rien. Talleyrand que je vois plus souvent, non plus. J'imagine ce que ce diable d'homme ferait d'un pareil secret et je tremble.

De cette dernière visite avec le jeune prince, j'attendais de la tristesse, du chagrin de sa part. Il n'en fut rien. Le malheur avait forgé son âme et il regardait sa vie avec une froide indifférence. Je voulus le serrer contre moi. Il eut alors un mouvement, non de recul, mais d'étonnement et je lus, dans ses yeux, ce qui le liait encore à la fierté d'un sang. J'avais oublié, sans doute, qui cet enfant était vraiment. Le souvenir des révérences et des fronts toujours baissés ne l'avait pas quitté. J'osai approcher ma main de ses cheveux, j'ôtai une mèche qui masquait ses yeux, je le sentis frémir et je n'insistai plus. J'avais désiré, vraiment voulu, jouer un rôle qui n'était pas le mien, être sa mère, au moins durant ces mois. La vie se chargeait de me remettre à ma place.

Je remis les passeports à Laurent, je lui confiai le maroquin qui contenait l'argent. J'ajoutai une bourse d'or et mon sourire. Il me dit : « Vous êtes bonne, citoyenne. N'ayez pas de crainte, je veillerai sur lui. » Je l'assurai que ma mère saurait lui trouver une bonne place dans la plantation et qu'un homme de son courage et de sa jeunesse saurait se rendre utile. Laurent semblait heureux, lui aussi, de quitter la France. Berthe, dûment récompensée pour ses services, regagnerait sa Normandie natale. Tout semblait dans l'ordre. Le rideau tombait sur l'enfant du Temple. Une fois pour toutes. Je dormis mal cette nuit-là.

18 novembre

Cet homme-là fait l'Histoire. L'Autriche est battue à Arcole. Bonaparte a failli périr au creux de ces marais puants. Je sais que Lannes a été blessé et un aide camp tué pour s'être jetés tous deux entre les balles et mon mari. Le rempart qu'ils ont fait de leur corps l'a sauvé. Que serais-je devenue si la nouvelle de sa mort m'était parvenue ? Je n'ose y penser. Je rends grâce à Dieu des bonnes dispositions de la Providence.

Mantoue va tomber et je suis sur une carte toutes les batailles gagnées, Roveredo, Bassano, Saint-Georges… Tout ici ne parle que de gloire, d'honneur, de canons pris, de villes forcées, de drapeaux arrachés à l'ennemi. Et moi, ma santé décline. Je suis incommodée tout le jour. J'aspire au calme, ces fêtes et ces tourments – ne va-t-il pas être blessé ? Que devient Hippolyte ? – m'épuisent. L'ardent amour de mon mari me brûle comme un cautère. Je voudrais pouvoir me réveiller dans mon lit, rue Chantereine et musarder sur les quais de Seine ou encore être dans ma maison de Croissy, cueillir les fleurs de mon jardin et goûter aux fruits de mes arbres, profiter de leur fraîcheur. Mais non, on m'a ordonné d'approcher de la mitraille pour soutenir mon époux et représenter la France… J'ai obéi.

J'ai décidé de partir pour Gênes. On me vante la beauté de son port, l'ordonnance de ses bâtiments. Pourquoi ne vois-je plus Hippolyte ? Pourquoi est-il sans cesse retenu à l'état-major de Leclerc ? A-t-il rencontré une autre femme ? L'y retient-on pour satisfaire mon général conquérant ? L'absence comme l'ignorance me sont insupportables.

22 novembre

Il est de ma nature de donner. Aussi le fais-je sans cesse. J'expédie à Paris des vivres, des étoffes, tout ce qui peut rendre heureux. On me demande sans discontinuer d'aider, de recommander, de faire connaître mieux tel ou telle. Chacun est de la partie, même ma bonne tante. Chacun a sa chacune à faire valoir. Bonaparte n'est pas toujours de mon avis, mais il s'y range souvent – je connais l'homme mieux que personne. Il est en Lombardie et remporte tous les lauriers. J'ai demandé à Berthier[1]

1. Louis-Alexandre Berthier (20 novembre 1753-1er juin 1815). Général, il sera fait par Napoléon Bonaparte prince de Neufchâtel et Valangin, prince de Wagram.

de le veiller comme un frère. J'ai peur pour lui, de la balle, du coup de sabre autant que de ces femmes qui l'entourent de leurs grâces et de leurs caprices. Berthier a bien ri de mes jalousies – eh oui, moi aussi je connais ce travers –, mais il a promis de m'obéir en tout. Il m'écrit, de ces billets de militaire, sans fioriture aucune et qui disent tout avec le minimum de mots.

Un nouveau nom court sur toutes les lèvres : Arcole. Berthier m'a raconté la bataille. Le brave Augereau[1] était repoussé avec ses hommes par un feu nourri devant un pont. De son côté, Masséna et les siens s'enlisaient dans les marais. Bonaparte se saisit d'un drapeau et, seul, s'élance, franchit la moitié du pont, et l'y plante. La mitraille crépite. Bonaparte risque cent fois sa vie. Il donne le temps au général Belliard de rallier ses hommes et de sauver l'armée. Bonaparte s'est couvert de gloire.

Berthier m'appelle « son aimable citoyenne », me dit de me tranquilliser pour mon mari, qu'il n'expose plus sa vie afin de m'être agréable. Dois-je, *in fine*, m'en réjouir ? Il m'a cité Bonaparte et en le lisant, je l'entendais sans le voir ! « Avoue donc que j'ai une charmante femme, oui, je l'aime bien, et j'avoue qu'il n'y en a pas une pareille dans le monde. Allons, Berthier, il faut donc quelque jour aller à Milan ; que j'aurai du plaisir à y embrasser ma petite femme. » « Vous savez, mon aimable citoyenne, je crois que comme vous, en disant embrasser, il pensait encore à plus. » La lettre de ce brave Berthier m'a amusée. Dans son billet, il avait joint une lettre de mon époux.

27 novembre

Je sais que Bonaparte, à marche forcée, est venu tout exprès à Milan pour me voir. Il s'est précipité au palais Serbelloni et a trouvé mes appartements vides. Quelles scènes, quels reproches. Et quelle lettre ! « Tu cours des villes avec des fêtes ; tu t'éloignes

1. Charles Pierre François Augereau (21 octobre 1757-12 juin 1816). Soldat, officier, maréchal de France, titré duc de Castiglione.

de moi lorsque j'arrive ; tu ne te soucies pas de ton cher Napoléon. Un caprice te l'a fait aimer, l'inconstance te le rend indifférent. Je demeurerai dans Milan jusqu'au 29 novembre. Mais sache que tu n'as plus besoin de te déranger pour moi. Le bonheur est fait pour toi. Le monde entier est trop heureux s'il peut te plaire et ton mari seul est bien, bien malheureux. »

Bonaparte est tombé malade. Je le sais par Berthier. Sans me le dire à ce point précisément, il me croit responsable de l'abattement mortel dans lequel s'est enferré mon mari. Sans écouter son chef qui lui refusait expressément de le faire, cet excellent homme m'écrit et je ne sais qui de lui ou de Bonaparte me touche le plus dans l'affaire : « Je crois à l'amitié de vous prévenir que votre cher mari n'est venu ici que pour vous voir et vous attend depuis le premier courrier qu'il vous a dépêché. Hier, en sortant du bain, il s'est trouvé mal assez longtemps. Cette nuit, il lui est survenu une fluxion dans la tête et tout annonce un érysipèle. Malgré nos soins, les vôtres nous paraissent nécessaires. »

J'ai ordonné que l'on fasse à nouveau mes malles. Je vais regagner Milan sans cacher les larmes qui coulent sur mes joues. Faire souffrir Bonaparte est au-dessus de mes forces. Je suis bien coupable. Je me débats seule, par ma faute, entre deux rives qui ne sont certes pas d'égale importance. La tentation est pour une femme un fléau. Mais je ne soumets pas encore mon orgueil.

30 novembre. Passeriano, près d'Udine.

Je me fais du souci pour l'hôtel de Chantereine. J'ai écrit à l'architecte que je souhaitais lui recommander ma maison. J'espère qu'elle est encore mieux meublée et ce dans la dernière élégance. J'ai fait appel à un jeune homme dont on m'a répété le plus grand bien : il se nomme Corneille Vautier, il fut dessinateur des Bâtiments du roi. Ce garçon fort courtois s'est adressé de ma part aux frères Jacob qui vont bientôt livrer pour la saison d'hiver des meubles au goût nouveau, en acajou et filets de citronnier et je veux que les sièges du salon soient recouverts de casimir bleu et les rideaux et les draperies de taffetas vert.

Le cabinet de toilette sera revu, orné de glaces encadrées par de petites colonnettes afin de produire l'effet d'une glace circulaire à facettes drapées de taffetas lilas. J'attends que soit posée dans le vestibule la frise au sujet mythologique.

Je crains toutefois que le total des factures ne s'élève à près de trois cent mille francs. Mais Bonaparte est là. Il saura, pour la première fois de sa jeune vie, le plaisir de vivre dans le luxe avec de vrais meubles qui ne sont pas ceux du corps de garde !

11 décembre

J'ai donné la veille un très grand bal au palais Serbelloni. Bonaparte en fut le roi. Il est à Milan, si heureux de m'avoir vue le rejoindre. Nous dormons ensemble comme deux bourgeois et dormir dans ce lit est un mot étrange pour ce que nous y faisons. Je lui ai prodigué toutes les caresses qu'une femme peut donner à un homme, j'ai tout fait pour lui plaire et plus encore à un point tel que j'ai lu plusieurs fois la surprise renverser son visage. Il respirait fort et sa peau brillait au milieu du lit. Je l'entraîne même au cœur de la journée, il renvoie ses officiers, nous rions tandis que le soleil cru barre les draps défaits et mes ongles sans pitié cardent son uniforme. Il appelle mon nom, il le répète, le dit encore, l'écho de sa voix balancée par son plaisir transperce la chambre et je gagne à ces jeux sa reconnaissance éternelle. Aux jeux de l'amour, que nous sommes douées, les femmes, pour gagner les plus rudes batailles ! Sous mes assauts, mon général redevient un soldat débutant prêt à rendre les armes. Ces atouts-là, les conserverai-je longtemps ?

IV.

15 janvier-23 décembre 1797

« Mon Dieu, Maman, mais c'est un homme ! »

15 janvier

Le 14, il y a eu Rivoli. Bonaparte m'avoue avoir été au-delà de ses forces. La fatigue ne le quitte plus. Il s'est rué sur Bologne, apprenant que les Autrichiens menaçaient de reprendre Vérone. Il veut que je l'y rejoigne et sa missive s'est faite pressante. Il me désire auprès de lui, je suis la seule à pouvoir chasser sa fatigue alors que ce diable veut envahir les États du Saint-Père qu'il soupçonne de faire le jeu des impériaux. Bonaparte clame sa fidélité et, dans ses lettres, son amour éclate. Est-il à ce point l'homme qu'il prétend être ? Je connais les soldats. Je sais leur inclination naturelle qui les porte vers les femmes et je sais bien des femmes qui, sur ce sujet, ne ménagent point leurs efforts pour leur plaire. Bonaparte est-il chaste ? N'est-il pas entraîné dans leurs bras par de mauvais conseillers qui se moquent de la pauvre Joséphine ? Clabaudent-ils sur mon compte pour l'entraîner à froisser d'autres draps que les nôtres ? Je ne suis pas dupe. J'ai en tout cas écrit à Berthier, ce bon ami, lui ai confié mes doutes, mes craintes.

L'étoile de Bonaparte est montée encore, elle parviendra à briller toujours, Paris ne parle que de lui, les gazettes, les journaux sont pleins de son nom et moi, quel sera mon sort ? La réponse du général à sa digne et charmante citoyenne ne s'est pas fait attendre. Il me dit que ma lettre lui a causé une joie énorme et beaucoup de plaisir dans tout ce qui concerne ma situation matérielle mais aussi beaucoup de peine parce que, selon lui, mon âme est inquiète et agitée. « Oui, chère amie, m'écrivait-il, estimez-moi assez pour me croire. Oui, je vous le jure, vous n'avez pas d'ami plus vrai et sincère ; cette amitié est dépourvue de tout intérêt particulier. Je vous suis si attaché, que, je vous le jure, je vous dirais si Bonaparte avait le moindre tort à votre égard. Non, il n'en a aucun, il vous aime, il vous adore, il est malheureusement de ces chimères, de ces prestiges qui vous font croire ce qui n'existe pas. Je n'ai pas quitté le général Bonaparte depuis la campagne. Eh bien, soyez donc heureuse. Sur tout ce qu'il y a de plus sacré, il n'a été occupé que de vous. Non, il n'est pas de femme plus aimée, plus estimée que vous. Combien de fois, il m'a dit : "Avoue mon cher Berthier que je suis bien malheureux ! Je suis fou de ma femme, je ne pense qu'à elle et juge combien elle est injuste à mon égard !" Et moi, je ne peux dire que comme lui. Pourquoi, ne pas se jeter dans ses bras, pourquoi, au lieu de la plus aimable jouissance, y trouver des sujets de larmes ? Non, vous n'êtes pas raisonnable. Pardonnez, mais vous n'avez pas de meilleur ami que moi. Bonaparte vous aime franchement : ne cherchez pas à vous tourmenter. Ne rebutez pas cette tendresse qui le fait tant souffrir. Que vous êtes injuste à son égard ! »

Je suis injuste prétend Berthier. Le suis-je, en effet ? Peut-être sans doute réclamé-je Bonaparte à mes genoux, n'étant pas insensible aux hommages du dieu Mars, mais je ne veux plus connaître ce qu'Alexandre, mon mari, m'a fait supporter de mesquineries, de tromperies faciles, de maîtresses soudoyées, de ces amours clandestines entre deux portes d'alcôves. Je le revendique : plus de souffrances. « Oui, je l'aime, m'écrit Berthier. Je le dois pour la connaissance que j'ai de ses qualités, de son cœur et je vous aime aussi pour les mêmes rapports. Soyez donc heureuse, fiez-vous à moi. Je vous le promets, mon amitié ne vous cachera rien. »

11 mars

Voilà les hommes. Comment réconforter une femme, comment se faire croire d'elle alors que l'on jure en le répétant que l'on est à ce point sous l'emprise de celui que l'on sert ? Berthier aime Bonaparte. Mais qui, parmi ses soldats, n'en est point entiché autant qu'un amant de sa maîtresse ? On me demande de sourire, de me montrer au côté de mon mari, mais je suis le plus souvent seule. Je m'ennuie. Bonaparte pourrait me rendre le sourire. Hippolyte n'est plus là. Je hais la guerre et tous ceux qui m'empêchent de les voir.

2 avril

J'ai grondé mon bijoutier. Je voulais six colliers à coquille. Je les voulais tout pareils à ceux de Madame Visconti dont la voix de sirène charme jusqu'à mon mari. Je voulais les fonds roses, lilas et gris mais pas de fonds bleus. Le bonhomme s'est chargé de commissions pour moi et les a négligées. Je n'ai toujours pas reçu un seul beau collier. Alors oui, je l'ai grondé. C'est un caprice de plus et il a payé pour tous les autres. Je me découvre mauvaise.

5 mai

Je suis à Bologne. Bien malade, j'ai écrit à Hortense que l'Italie est un pays malsain. Mes enfants me manquent. Énormément. Et puis, j'ai eu la fièvre. Peut-être l'ai-je encore, je ne sais pas. Ma fille fait des progrès considérables en dessin, je l'ai priée de m'envoyer ses esquisses. À mon tour, je l'ai assurée de lui faire parvenir les croquis des plus grands maîtres italiens. Cette manne semble intarissable : ce que les Français ne reçoivent pas en cadeau, ils le volent.

Bonaparte m'a rejointe ici. Enfin, je ne connais plus la solitude et je l'admire. Il travaille sur ses cartes, agit, décide, fait preuve de sa mémoire prodigieuse qui stupéfie tout le monde ; il connaît le nombre exact de soldats de chaque régiment, et s'il demande des renforts, il indique lui-même le chiffre des officiers disponibles, ne permettant jamais que l'on n'agisse sans son ordre. Aucun de ses généraux ne se permettrait de s'asseoir devant lui.

14 juin

Ma fille a quatorze ans. Je la veux auprès de moi. J'ai insisté. Las, cette enfant est parfois désespérante. Bonaparte m'a montré en riant la lettre qu'elle venait de lui adresser. Il m'a dit : « Tu vois, ta fille est innocence. Elle ne sait rien de tes intrigues, de tes soucis d'argent, des aigrefins que tu continues de recevoir. Prends exemple sur cette colombe ! »

Sottises. Je voulais simplement qu'elle aille passer quelques jours à Paris avec Thérésa. Il lui suffisait, avec mon accord, de quitter Madame Campan et Saint-Germain. Mais ma fille ne le veut pas. Cette petite écrivait dans sa lettre que j'avais consenti à cette sortie sans son accord ce qui lui ôtait le droit de me le refuser. Je voulais qu'elle soit conduite pas ma bonne Thérésa. Ne voilà-t-il pas que mon Hortense ne veut pas être vue avec elle, qui, quoique fort aimable, n'est pas fréquentable et fait, je la cite de mémoire, « trop exprimer d'elle dans le monde ». Car on parle d'elle, en effet, dans tous les journaux, de ses déboires conjugaux, de ses tenues trop voyantes, de ses bons mots, de ses goûts en politique, de ses visites au théâtre, de ses amants vrais ou supposés et que sais-je encore ! Et ma fille d'ajouter à sa lettre, adressée à mon mari : « Voyez-vous, mon général, ce que l'on dirait alors de moi, voilà Hortense Beauharnais, une jeune personne en éducation avec Madame Tallien. Je serais bien plus à mon aise, mon général, bien contente si vous aviez la bonté d'écrire une petite lettre à Madame Campan la priant de ne pas me laisser sortir avec cette Madame Tallien tout simplement parce que durant la longue absence de maman, je grandis et j'atteins l'âge où l'on ne doit plus se montrer. J'écrirais bien à maman, mais je serais trop longtemps à avoir la réponse. »

Cette petite me rendra folle. Que pense-t-elle de moi, que lui dit-on au sujet de sa mère ? Quelle réputation dois-je encore supporter ? Mais qui, en ce monde, est irréprochable, qui ? Je ne vois autour de moi que corruptions, mensonges, roueries, faiblesses et complots et c'est à qui s'enrichira plus vite que son rival.

Hortense en voulait à Barras de ne pas être de notre milieu. Et voilà qu'elle s'en prend à la plus chère, à la plus fidèle des amies. Cette petite étourdie a oublié que ma Thérésa a sauvé d'une mort certaine des milliers d'innocents et que c'est à elle, à ses bons conseils, à sa patience mise à me convaincre, que je dois d'être mariée à Bonaparte et d'assurer à mes enfants le rang qui est le leur. L'ingratitude n'est plus de mise lorsqu'il s'agit de dire merci et de reconnaître les aides de la Providence d'où qu'elles viennent.

Il me faut absolument rentrer à Paris, reprendre le cours normal de ma vie et de mes affaires. Revoir les amis sûrs. Je l'ai écrit à Barras, plusieurs fois, lui répétant qu'il était le seul à me dédommager de l'ennui que ce pays étranger me procurait trop souvent et qu'aucune fête, aucun souper ne valait nos conversations dans sa douce maison de Chaillot.

Il nous faut donc la paix avec l'Empereur. C'est la paix qui me ramènera dans ses fourgons à Paris. Il faut faire taire Bellone[1]. J'en parlais avant-hier avec le comte Louis

1. Bellone : la déesse de la Guerre chez les Gaulois.

Cobenzl[1], trop souvent rudoyé par mon époux. J'ai répété à Bonaparte que l'on ne traitait pas un diplomate de la sorte et que les relations entre la France et l'Autriche devaient être vite apaisées. Le malheureux homme s'est plaint à moi et m'a remerciée lorsqu'il a vu que je mettais tout mon zèle à le satisfaire.

23 juillet

Le traité de paix a été signé à Campoformio[2]. Enfin, l'air me semble plus léger à respirer. Et je vais pouvoir regagner Paris. Le gouvernement a prié fermement Bonaparte de partir pour Rastadt, ville dont je ne savais rien et qui, m'a-t-on dit, se trouve dans le Bade-Wurtemberg. La paix doit s'y négocier avec les princes allemands et l'Autriche. Bonaparte avait belle allure sur son cheval et moi le cœur gros de le voir me quitter. Je partirai à mon tour sous huitaine, mais j'ai l'intention d'abord de voir Rome. Il serait absurde d'avoir passé de longs mois en Italie sans admirer la Ville éternelle.

21 novembre

Je n'ai encore rien décidé quant à mon départ. J'ai écrit à Joseph. Je lui ai demandé de s'adresser à Eugène qui doit passer par Rome bientôt. Bonaparte l'a chargé d'une mission et j'ai prié ce bon Joseph de m'envoyer deux boîtes tout en mosaïque, le dessus, le dessous et les contours, la collection de soufre, et, à son choix, quelque chose de beau, ces objets m'ayant été demandés par Bonaparte pour en faire cadeau

1. Jean-Louis Cobenzl (21 novembre 1753-22 février 1809), diplomate autrichien. C'est lui qui négocia le traité de Campoformio avec la France.

2. Signé le 18 octobre 1797, ce traité mettait un premier terme à la guerre franco-autrichienne.

aux membres du Directoire à Paris. J'ai pensé à mes propres petites commissions, cinq ou six colliers, bracelets, boucles d'oreilles, tout en coquille, ainsi qu'un collier en camées que j'avais commandé. Je l'ai assuré de mes bons sentiments, l'ai fort embrassé, ainsi que sa femme et ses sœurs. Je leur adresse d'ailleurs plusieurs caisses de modes.

Je ne doute pas un seul instant que mes belles-sœurs me haïssent. Je me rappelle les avoir reçues à Mombello. La demeure, splendide, ses jardins essaimés d'antiques, la collation que j'avais fait préparer, mes efforts en somme, nombreux et sincères, ma conversation, l'amour manifeste que je porte à mon mari, visible, connu, rien, rien n'y a fait. Madame Letizia[1], ainsi que le clan l'appelle, véritable matrone romaine, sombre comme un pruneau, une mouche dans du lait, n'a pas articulé trois mots à mon attention. J'avais pourtant lu d'elle plusieurs lettres courtoises. J'ignorais, naïve que je suis, qu'elles avaient été dictées par Bonaparte, à Marseille, mot après mot, des phrases entières, peu avant son embarquement pour l'Italie. Sa fille aînée, Élisa, mariée à un fantoche si pâle, si emprunté, m'a paru remarquable d'intelligence, mais froide, obstinée et ambitieuse. Sa seconde fille, Pauline, est un rêve de beauté et de grâce, je ne savais plus quoi faire pour lui plaire. Elle idolâtre Bonaparte, ne voit que lui. Elle charme tout, séduit tout. Les plus petits de ses enfants, Caroline, belle et blonde, Louis, charmant et toujours souffrant, Jérôme, qui partage avec mon Eugène les bons conseils de Monsieur Mac Dermott, sont encore trop jeunes pour savoir l'avenir. À l'heure des adieux, n'ayant touché presque à rien, à peine une ou deux gorgées de thé, lorsque chacun est monté en voiture, Madame Letizia m'a regardée avec une fixité de sphinge, sa courtoisie à mon égard s'est encore rafraîchie, elle m'a tendu une main qui emprunte aux serres des oiseaux leur inimitié sèche. Bonaparte ne veut rien en dire. Je suis

1. Maria-Letizia Ramolino (24 août 1750-2 février 1836). Mère de Napoléon.

bien malheureuse. Ennemies depuis le début, nous le sommes plus encore jour après jour. Que leur ai-je fait ?

Bonaparte a quitté l'Italie pour Rastadt. Scène pénible comme l'est toujours l'instant des adieux. J'ai juré à mon mari de le rejoindre bientôt, lui ai répété tout mon amour et ma fierté de femme de lui appartenir. Il m'a promis de penser à moi à chaque seconde, de l'écrire sans cesse et je le crois volontiers. Je ne me guéris pas de ma jalousie, elle m'empêche d'être heureuse et me gâche ces heures déjà passées sans lui. Je connais le monde. Je vois bien le parti que des femmes habiles, point laides, peuvent tirer d'un homme occupé à servir sa patrie et aveuglé par cette seule tâche. Je ne cesse de m'interroger sur le paradoxe que j'incarne. Je suis jalouse. J'ai été infidèle. Je songe toujours à Hippolyte. J'ose dire qu'il me manque. Je veux donc tous les hommes à mes pieds, les glorieux et les humbles, les faibles et les puissants ? Peut-être. Je sais que je ne veux pas, que je ne *peux* pas être seule. La solitude me fait horreur. Je la crois capable de détruire mon âme. De me tuer.

Je ne partirai pas à Rome. La Ville éternelle n'est plus pour moi. C'est Venise qui m'attend. Avec Hippolyte réapparu, qui vient d'obtenir la plus douce, la plus opportune des permissions, je me déclare la femme la plus heureuse au monde.

24 novembre

Venise. Avec lui. Du soir au matin, il est là. Dans une gondole aussi noire qu'un corbillard de province. Je me moque de la couleur triste, de l'hiver maussade et humide qui nous oblige à remonter au menton les couvertures de petit-gris, à boire force vin chaud qui me fait tourner la tête, à saluer une aristocratie vieille et laide, à ne pas répondre trop aux lettres de Bonaparte qui m'attend et piétine à Paris – il y est remonté depuis Rastadt –, à ne pas serrer sur mon cœur mes enfants. Il est là. Cela suffit à ma joie, car en ce moment, il me comble à ce point tel que le reste est sans existence. Je ne me lasse pas de le regarder manger, dormir, rire, se laver, je le suis jusque dans son bain. Je lui tends la serviette, l'assiette de riz à la crème parfumée au safran, le verre de valpolicella qu'il boit sans respirer, d'une traite. Je suis contente. Je ne pense à rien d'autre.

5 décembre

Bonaparte est furieux. Il me réclame à Paris. Il exige, il tempête ! Je le comprends mais enivrée de jeunesse, d'attention et de douceur, loin de ses manières parfois rustres, je laisse faire et dire. L'ex-Sérénissime déploie pour moi un faste somptueux que son absence n'efface pas. C'est une succession de bals, de soupers, de fêtes, de réceptions. Je vois tout ce qui compte en Europe, princes, ambassadeurs, artistes qui se disputent l'honneur de faire mon portrait. L'empereur d'Autriche parle de moi avec tendresse et affection, il me sait gré d'avoir œuvré pour la paix. On me croit donc bien puissante dans mon ménage alors que Bonaparte n'écoute nul autre que lui. J'accepte les hommages, ils m'amusent et me comblent. En suis-je la dupe ? Je demande qui pourrait raisonnablement résister à tant de francs succès. L'aventure se poursuit et elle est belle. Je goûte tous les sucs de ses fruits. Je savoure les ors de la liberté totale.

Avons quitté Venise. Marchons vers Turin. Nous rentrons en France. Hippolyte ne me quitte plus. Ai vu Bessières. J'ai deux cents bouteilles de liqueur destinées aux amis de Paris. Ai demandé au brave général de les emmener et de me les rapporter. Je n'ai plus de place dans ma voiture.

15 décembre

Nous sommes à Turin. Descendus à l'auberge de la Bonne-Femme. J'ai croisé non sans surprise ce bon Berthier. Je le croyais à Paris au côté du Chat botté. Nenni ! Le Directoire l'expédie à nouveau en mission à Milan, je crois. Je lui ai souhaité bonne chance et tous les bonheurs du monde. Il m'a raconté, avec son soin du détail quand il s'agit de son maître, une histoire bien surprenante. Bonaparte était débarqué à Toulon. Discours, embrassades, serments éternels et foules à chaque carrefour. Soudain, une jeune fille s'élance vers lui, le touche à hauteur de poitrine, se retourne vers sa mère proche et s'écrie : « Mon Dieu, Maman, mais c'est un homme ! » La pauvrette s'était sans doute persuadée qu'il était fait du bronze des canons ou du marbre des statues antiques. Je crains les débordements des foules, changeantes, versatiles et l'historiette narrée sur un ton religieux ne m'a pas émue. Adorer aujourd'hui, porter au pinacle et puis, demain, haïr et condamner, assassiner au besoin. En France, les rois sont près de la roche Tarpéienne. Et cette perspective, bien que je sois avec mon amant, me fait frissonner pour Napoléon.

19 décembre

Nous sommes à Lyon, arrivés dans l'après-midi. Froid immense mais joli soleil. Bals somptueux et fêtes magnifiques. En mon honneur, la ville s'illumine dès que la nuit tombe. Au Grand Théâtre, discours. On me remet une couronne de roses et l'on m'offre, à l'intention de Bonaparte, une belle branche de laurier. Les artistes locaux veulent lancer une souscription afin de couler dans le bronze une médaille à notre double effigie. J'ai remercié, infiniment.

23 décembre

Je suis enfin de retour chez moi, rue Chantereine. Rue de la Victoire, devrais-je écrire. La rue vient d'être débaptisée en l'honneur de Bonaparte et de ses succès italiens. Il va me falloir savourer ce retour et affronter mon mari. Car cette fois, c'est sûr, il sait.

Plus tard.

Scène terrible. Bonaparte m'accable de reproches, veut savoir pourquoi tant de travaux, qu'il qualifie de somptuaires, ont été faits dans cette maison dont je ne suis que la locataire, affirme que Paris m'attendait plus tôt et, enfin, fait une allusion à Hippolyte.

Lui. — Je saurais bien d'où vient cet argent immense que tu dilapides en mon absence. Oui, traîtresse, je le sais, tu me mens, tu me trompes et avec qui si ce n'est ce petit monsieur qu'entre le pouce et l'index je peux briser comme du verre. Je vais donner toutes les instructions pour en finir avec ce mariage qui me ridiculise aux yeux du monde.

Moi, *d'un coup effrayée de l'entendre parler si clairement de divorce.* — Bonaparte regarde-moi, je t'en prie. On t'aura menti, on veut me nuire et me perdre.

Lui. — Je sais ce que je sais. Tu ne me prendras pas longtemps pour un jean-foutre. Je sais d'où vient cet argent, Joséphine. Tu te roules dans cette fange et ta soif de l'or nous perdra.

Il est sorti précipitamment de la salle à manger ; la porte a claqué sur mes larmes et ma peur.

Les ministres se sont hautement interrogés sur mes retards. Où était-elle, avec qui, pourquoi… *Le Journal des hommes libres* annonçait mon arrivée pour le jour de Noël. Bonaparte m'a brandi la feuille sous le nez. Ses soupçons me crèvent le cœur. Il va sans dire que ma belle-famille a œuvré dans le même et unique sens. La haine de ces gens va me poursuivre longtemps. Je me sens épiée. Bonaparte veut des explications. Il exige. Il ordonne, il menacerait si je n'avais pas beaucoup pleuré. J'ai rejoint ma chambre. J'ai posé mon sac sur le lit. Je me suis assise. Je suis tombée sur la courtepointe, bras en croix, les yeux sous le ciel. Je devrais être folle de bonheur d'être à Paris. Enfin, Paris ! Pourtant, ma joie n'a duré qu'un instant. Il me faut assurément plus de sagesse. Mais à quoi bon honorer la sagesse quand, voilà pas si longtemps, on a frôlé la mort ? Il me faut du calme. Avant de sortir à Paris, il me faut le temps de rassembler mes esprits. Pourtant, tous mes sens sont en émoi. Je ne quitte plus cet état d'excitation qui me conduira, si je n'y mets pas un terme, aux pires folies. Je regarde l'argent comme ma liberté nécessaire. La peur d'en manquer me rend folle. Je sais aussi que la capitale m'attend. Me donner à lui, n'est-ce pas le pur bonheur pour une femme ? Mon Dieu, mais quel parti choisir ?

V.

4 janvier-7 décembre 1798

« Vous ne venez plus voir une amie qui vous aime »

4 janvier

Hier, pour saluer la nouvelle année, Talleyrand a donné la plus magnifique fête qu'il soit permis d'imaginer depuis la Révolution. Il avait transformé son hôtel de Galliffet en palais des contes et, sur le carton qui figurait l'invitation, prié chacune et chacun de porter des tissus français et non anglais afin de relancer ce commerce sur le sol de la patrie. La décoration était délicieuse, partout des arbres en fleur, des guirlandes, des athéniennes d'où montaient de suaves odeurs et puis des tables qui croulaient sous les victuailles et les bouteilles de vin de Champagne. L'homme sent l'Ancien Régime comme l'eau de Cologne dont il abuse trop à mon goût.

Je suis arrivée au bras de Bonaparte à onze heures. La foule ne voyait que lui. L'orchestre a joué plusieurs hymnes guerriers. Puis, le silence s'est fait. Nous avons emprunté une belle galerie tapissée de myrtes, de lauriers et de branches d'oliviers. Les femmes se sont assises après moi. Les hommes, restés debout, regardaient ma parure. Je portais des camées retenus par une fine chaîne d'or tressée à mes cheveux relevés. Je sais que quelques crétins ont prétendu que ma coiffe de drap d'or provenait de la garde-robe du doge de Venise, mais je m'en moque et je me suis divertie à les bouder une heure ou deux. Despréaux[1] avait écrit pour la circonstance une agréable chansonnette à mon intention et Bonaparte la fredonnait encore dans la voiture qui nous ramenait chez nous et c'est fou comme il chante faux. « Vous qui possédez tout son cœur, seule avec la patrie, d'un grand peuple à son défenseur, payez la dette immense, en vous chargeant de son bonheur, vous acquittez la France. » Bonaparte roucoulait cela dans la voiture, je me suis glissée sous mon mouchoir pour cacher mon rire.

La fête s'est terminée à l'aube, tandis que je dormais déjà. Bonaparte s'en est déclaré enchanté. Il n'a pas cessé de recevoir des compliments, des félicitations des sénateurs, des ministres, des députés, des banquiers, des artistes, des femmes du monde. Je l'observais, jugeais combien il a changé, follement changé. Son caractère s'est affermi. Il ordonne, il juge, il tranche, il sait. Il veut que je donne chez nous plusieurs soupers afin d'accueillir les banquiers, les affairistes. J'ai proposé de lui présenter Perrégaux, Ouvrard, Collot[2]. Il veut aussi honorer des soldats, nous recevrons Julot, Leclerc, Murat.

Depuis, Talleyrand ne nous quitte plus. Il n'aime guère Barras. Il ne parle plus que du héros. Il vient rue de la Victoire, s'enferme avec mon mari, parle, parle encore. Je sais que ces deux-là méprisent le gouvernement. « Il n'y a rien à faire avec ces gens-là, ils ne comprennent rien de ce qui est grand. Il faut en revenir à nos projets sur l'Orient, c'est là qu'il y a de grands résultats à obtenir. » Voilà le mot ! Orient. Bonaparte le porte à sa bouche comme une fleur à la boutonnière. Mais il ne rit pas. Il veut partir, monter une nouvelle expédition, voici le rêve d'Alexandre et de Marc Antoine, le songe de Pompée. Et moi, dans tout cela ? Vais-je

1. Jean-Étienne Despréaux (31 août 1748-26 mars 1820). Danseur remarquable, il fut aussi chansonnier de talent et auteur dramatique. Victorien Sardou l'immortalise dans sa célèbre pièce *Madame Sans-Gêne*.

2. La haute finance de l'époque. Ouvrard fut l'amant de Madame Tallien.

partir ou rester ? Supporter la chaleur et les sables ou demeurer ici en succombant aux tentations de mon amant et en affrontant les rumeurs distillées forcément par mes ennemis ? N'est-il pas un peu irresponsable à me laisser sans lui ?

11 janvier

Bonaparte a été clair. Il veut mon aide pour l'Égypte. Je dois solliciter Barras, obtenir son soutien. Aussi lui écris-je pour le rencontrer au plus vite. « Vous ne venez plus voir une amie qui vous aime ! J'attends de votre amitié que vous me sacrifiiez un petit quart d'heure et veniez chez moi ou me disiez quand je pourrais expressément vous voir seul. Ou mieux encore, venez dîner à la maison, il n'y aura que des amis. » Bonaparte, de son côté, consulte les savants, ausculte les cartes comme un médecin attentif. La rue de la Victoire a pris un air de complot. J'avoue ici facilement que c'est grisant.

12 janvier

J'ai soupé avec le ministre de la Marine. Toujours dans le même but.

14 janvier

J'ai déjeuné avec Reubell[1]. J'ai rappelé au grand Directeur qu'il avait connu et apprécié mon défunt Alexandre au siège

1. Jean-François Reubell (6 octobre 1747-24 novembre 1807). Homme politique français. Farouchement républicain, il se retire de la vie politique après le coup d'État du 18 Brumaire.

de Mayence, en 93. Malgré ses préventions notables, je suis confiante. Il va appuyer l'expédition.

Car le rêve de Bonaparte devient progressivement le mien. Je l'entends parler de l'Égypte et je vois ressurgir des sables des déserts le sourire du sphinx et les sommets des pyramides. Je ne sais rien de ces fastes, je les devine grandioses et tout ce qui est grand et plus encore expose mon mari à une fascination sans limites. Bonaparte me donne à lire les récits des explorateurs. Ils m'enchantent et je me vois déjà à la cour du grand vizir – car, cette fois, je rêve de l'accompagner. Nous ne savons rien encore de ces habitants, de leurs coutumes, de leurs dieux à tête de faucon ou de lionne, de leur science de l'architecture qui fascinait tant le monde grec et romain. Ce voyage est celui du temps, des siècles enfuis. Des mystères à percer pour la plus grande gloire de la France.

J'ai revu Hippolyte, avec prudence, chez Thérésa. Il m'appelle sa Cléopâtre, ce qui m'amuse vu les circonstances. Nous avons été sages. Comme on épie tout ce que je fais, mieux vaut demeurer prudents.

Napoléon veut combattre l'Angleterre. Utiliser l'Égypte conquise afin de lui barrer la route des Indes orientales et nuire à son commerce. Albion à genoux ! Voilà ce que martèle mon mari du matin au soir. Merlin et Neufchâteau sont de notre côté. Bonaparte fait sa cour à La Revellière-Lépeaux. Cet homme aux allures de crapaud est le pape de cette nouvelle religion que l'on nomme « théophilanthropie ». Bonaparte hasarde le mot de croisade, de lumière sainte venue d'Orient, de mission divine et de conversion prochaine des peuples d'Asie et d'Orient sous la bannière de la secte. Le crapaud bave de plaisir, je détourne la tête, je souris et je fais servir à nouveau le vin. Mon époux est prêt à tout pour arriver à ses fins.

L'argent – à tout le moins son manque – se fait pressant. Il m'en faut plus. J'ai présenté Hippolyte à Lagrange. C'est grâce à moi s'il a pu bénéficier en premier lieu d'un marché sur les fournitures et les fourrages de l'armée des Pyrénées. Trois amis de mon cher Hippolyte, natifs comme lui de Romans, les frères Bodin, viennent de créer leur entreprise de fournisseurs aux armées. J'ai sollicité, écrit, expédié force billets, j'ai recommandé, requis, et je suis contente de voir que toutes nos affaires ont bien progressé grâce à l'amitié de Barras, certes toujours aussi peu désintéressée mais diablement efficace.

28 février

J'ai écrit à Barras. Je ne lâche plus ce si bon ami. « Je viens d'apprendre que vous étiez incommodé. J'allais moi-même prendre de vos nouvelles lorsque j'ai su que vous ne receviez pas. Faites-moi l'amitié, mon cher ami, de me dire le jour et le moment où je pourrai vous voir. Il a fait si froid tous ces jours-ci que je ne suis pas sortie de chez moi. » J'ai terminé mon mot en lui assurant une amitié pour la vie.

Reubell ne peut être que des nôtres, aussi. Il sait les affaires des Bodin. Celles de Barras et les miennes. Il surveille pour le Directoire les affaires militaires. C'est lui qui a décidé de recourir aux services des amis d'Hippolyte. Botot et Schérer leur font obtenir tous les marchés de la terre. Aimée de Coigny m'a d'ailleurs, à ces sujets, bien fait rire. J'ignorais que Reubell avait un beau-frère du nom de farce de Rapinat. Il est proconsul en Suisse. Voilà ce que l'on chante sous les cimes : « Le pauvre Suisse que l'on ruine, /Voudrait que l'on décidât/Si Rapinat vient de rapine/ Ou rapine, de Rapinat ! »

Je sais que Bonaparte n'est pas étranger à tout ceci. Il sait. Il protège, se tait. Il touche ses commissions. Il a besoin, pour tarir la soif de son ambition, de millions de banquiers. Il a versé six cent mille francs, toute sa fortune, dans les caisses de l'armée, désespérément vides. Cet argent lui venait de Collot, fournisseur de viandes avec qui il est en affaires étroites.

Que nul ne me juge.

5 mars

Reubell voudrait que son fils épouse ma fille. L'homme est riche à millions. Sa fortune lui vient de la fourniture de chevaux à l'armée. Il en a proposé près de quinze mille. À cinq louis de commission par tête, je laisse le calcul des bénéfices à plus fort que moi en arithmétique. Hortense ne veut pas entendre parler de ce projet insensé, pas plus que moi d'ailleurs.

15 mars

Je pars quelques jours à Croissy. J'ai écrit à Hippolyte, lui ai dit ma tendresse infinie que je ne mesure plus depuis longtemps. Il vit chez les Bodin, faubourg Saint-Honoré. Mon existence, sans lui, demeure un supplice continuel. Dis-moi que tu m'aimes, tendre ami, et que tu n'aimes que moi et ainsi serai-je la plus heureuse des femmes.

Nous montons, lui et moi une nouvelle aventure, financière, dont le profit devrait nous donner à chacun une belle indépendance. Nous y sommes chacun de moitié pour cinquante mille livres en billets de banque afin de conclure une affaire de prêts entre deux compagnies qui traitent de fournitures aux armées. Hippolyte sera bientôt très riche et moi un peu plus heureuse. Il va quitter la carrière de soldat, donner sa démission. Que Dieu le protège. Et moi avec.

17 mars

Le drame devait éclater. Je le redoutais. Je vis la plus effroyables des tempêtes : j'ai dû renvoyer Louise Compoint.

Elle s'affichait de plus en plus avec Junot, devenait insolente. Il n'est pas bon qu'une domestique prenne soudainement les allures de la maîtresse. Mais que n'avais-je pas fait là ! Louise s'est vengée en racontant tout à Bonaparte sur Hippolyte et moi. Joseph, que je croyais de mes amis, a chargé fort méchamment sa belle-sœur et me voilà, pauvre Joséphine, accablée de partout.

Bonaparte m'a d'ailleurs fait une scène épouvantable, je ne trouve pas les mots pour la qualifier, traitant Hippolyte Charles de « petite figure à putains ». Il m'a accusée d'être pour une bonne part dans l'adjudication forcée des marchés de l'armée, m'a pressée de questions, a hurlé que je devais bien connaître les citoyens Bodin puisque mon amant logeait chez eux, que j'allais lui rendre visite chaque jour, qu'il en avait la preuve, qu'il lui passerait son sabre à travers le corps. J'ai beaucoup pleuré. Et puis j'ai nié, tout, absolument tout. J'ai nié en bloc.

J'ai dit ouvertement à Bonaparte qu'il n'osait pas prononcer le mot atroce de divorce. Je l'ai prié, si tel était son bon plaisir, de me le dire en face. J'ai hurlé que Joseph n'est pas un parangon de vertu, lui qui se pose en censeur de la mienne.

Cette famille m'est odieuse. Si elle a juré ma perte, qu'elle ne compte pas sur moi pour être immolée sans broncher.

19 mars

J'ai écrit à Hippolyte. Il est ma joie, mon seul réconfort. Je suis la plus infortunée des femmes et la plus malheureuse. Oui, mon Hippolyte, ils ont toute ma haine, toi seul as ma tendresse, mon amour. Ils doivent voir combien je les abhorre par l'état affreux dans lequel je suis depuis plusieurs jours. Ils voient les regrets, le désespoir que j'éprouve de la privation de te voir aussi souvent que je le désire. Hippolyte, je me donnerai la mort : oui je veux finir une vie qui me sera désormais à charge si elle ne peut t'être consacrée. Hélas, qu'ai-je donc fait à ces monstres ? Mais ils auront beau faire, je ne serai jamais la victime de leurs atrocités.

J'ai demandé expressément à Hippolyte de ne pas dire que je connaissais les Bodin, que ce n'était pas par moi non plus qu'il avait eu le marché de l'Italie. J'ai ajouté dans ma lettre qu'il fallait signifier au portier du numéro 100 du faubourg Saint-Honoré de dire qu'il ne connaissait pas de Bodin à cette adresse et qu'à aucun prix, il ne devait parler ou se servir des lettres que je lui avais adressées. Il faut savoir à qui précisément Joseph est lié. Il en sait trop déjà pour ne pas en croquer ; ah, ils ont beau me tourmenter, ils ne me détacheront jamais de mon Hippolyte ! Mon dernier soupir sera pour lui.

J'essaierai de le voir dans la journée. Je projette un rendez-vous au jardin de Mouceaux. J'ai adressé à ce si bon garçon un millier de baisers, songeant que ce n'était pas encore suffisant, qu'il méritait un amour plus brûlant encore. J'ai laissé couler mes larmes sur le papier. J'offre volontiers ces gages de ma tendresse.

L'affaire du citoyen Botot se fait, le ministre de la Guerre a dit à Barras l'intérêt que je prenais et que ce dernier avait profité de cette occasion pour l'engager à la terminer. Je serai bientôt plus riche que tous les Bonaparte et ils ne pourront plus rien contre moi.

27 mars

Bonaparte grimace moins. Il est parti puis revenu d'un voyage d'inspection sur les côtes du Nord. Plus calme, il me regarde avec sa bienveillance coutumière qui, je le sais, reprendra les couleurs de l'amour et bientôt le cours naturel de notre vie. J'ai beaucoup pleuré, beaucoup protesté de mon innocence. Pour preuve de ses bonnes dispositions à mon égard, il achète Chantereine à Julie afin, dit-il, de « me mettre à l'abri des vicissitudes de la vie. Que deviendrait ma douce Joséphine si l'Égypte prenait ma vie ? ». Bonaparte a mieux jugé sa famille. Elle va passer de la pauvreté à l'opulence et qui n'a pas l'habitude de l'argent perd sa raison.

19 mai

La rade de Toulon. Napoléon et moi avons quitté Paris dans la nuit du 3 au 4 mai. Dans le secret et sans presque échanger un mot. Eugène et Bourrienne[1] nous accompagnaient. La rade est un enchantement et le temps magnifique. Mon Eugène est dans un état d'excitation qui fait plaisir à voir. Il adore son beau-père et cette tendresse est bien partagée. Il sera son plus jeune aide de camp. Bonaparte m'a juré de veiller sur lui.

La flotte française est belle et placée sous la direction de l'amiral Brueys. Je me suis amusée à noter sur mon calepin le nombre de bateaux et je le recopie : treize vaisseaux de ligne, six corvettes avisos, cent six flûtes, et le tout transporte vingt mille cinq cents hommes. Me voilà bien savante dans les arts de la guerre maritime. De toutes ces jeunes poitrines est parti un seul cri lorsqu'elles ont vu mon mari agiter son chapeau. Il a embarqué à bord de l'*Orient*, m'a pressée contre son cœur et avec sa rapidité coutumière m'a dit adieu. Eugène a embrassé sa pauvre mère qui n'a pu retenir ses

1. Louis-Antoine Fauvelet de Bourrienne (19 juillet 1769-7 février 1834). Diplomate et homme politique français. Condisciple de Bonaparte à l'école militaire de Brienne, il deviendra son secrétaire intime.

larmes. Ils partent vers l'Égypte et me laissent seule. Une nouvelle fois !

Je ne resterai pas à Paris. Bonaparte désire absolument que je prenne les eaux de Plombières, j'ai consenti. Le climat des belles Vosges si vertes devrait faire beaucoup de bien à mes pauvres nerfs qui ont été mis à rude épreuve ces jours-ci. Mais je dois d'abord demeurer à Toulon quelques jours afin de savoir si la flotte a passé la Sicile, après quoi, j'irai aux eaux. Je loge chez un Monsieur Najac qui est bien agréable.

Je veux visiter Marseille dont on me dit que la ville est une magnificence et je remonterai tranquillement la vallée du Rhône. J'ai toujours eu un goût infini pour les voyages qui me donnent matière à rêver et le plaisir certain de nouer de nouvelles connaissances. Aussi, je vois la France et ses coutumes, ses habitants, Bonaparte n'a pas manqué de me faire la remarque : rester proche des peuples.

10 juin

Je suis à Lyon. Le froid est aussi vif que le soleil. J'ai vu les Bodin, fort mal en point. Ils se sont rués à mon hôtel, la mort dans l'âme m'ont déclaré tout net que le général Brune[1], le remplaçant de Bonaparte à la tête des armées d'Italie, voulait mettre un terme absolu à nos marchés de fourniture, en les laissant à quelque autre qui est de sa main ! J'ai aussitôt rassuré les Bodin et écrit à Barras. Mon excellent ami, fort lié à nos affaires, saura faire cesser ces manœuvres abominables. Nous leur devons, lui et moi, tout notre intérêt et je suis sûre qu'il saura s'opposer à ce que l'on fasse une infamie à la compagnie Bodin. Je l'ai prié enfin d'écrire à Brune et, par retour de courrier, j'ai reçu la réponse où cet excellent Barras me déclarait avoir convaincu le général de

1. Guillaume Anne Brune (13 mars 1763-2 août 1815). Officier français. Maréchal d'Empire.

calmer ses ardeurs. Définitivement. Le marché est sauvé pour de bon. Les Bodin et moi-même, bien contents. J'ai fêté cela avec Fortuné, lui offrant du biscuit trempé dans du madère.

15 juin

Je suis à Plombières depuis une journée pleine. J'ai écrit à Hortense qui ne donne guère de nouvelles fraîches à sa mère. Que fait cette mignonne pour ne pas envoyer de belles et bonnes lettres à celle qui l'aime tant ? Je lui ai promis de venir la visiter dès mon retour à Paris et, afin de la faire patienter, j'ai joint à mon courrier quatre robes de taffetas et des tabliers, lui enjoignant de partager ces lots avec la blonde Caroline.

La ville est assez belle mais d'un ennui que rien ne saurait rompre ! La vie en société se réduit à des ouvrages de dame et des charades. Peu de concerts, pas de théâtre, de jolies promenades. Madame de Cambis partage mes solitudes et je ne vois pour ainsi dire que le médecin des eaux. Grande affaire que celles-ci. J'alterne les bains, les douches, chaudes ou froides, et je bois gobelet sur gobelet ; je suis sans nouvelles de Bonaparte et j'ai prié Barras de m'en donner. Je suis si chagrine d'être séparée de lui que j'ai une tristesse que je ne puis vaincre.

Je loge dans une maison honnête et fort propre dont les propriétaires m'évoquent Philémon et Baucis. Ils ne se quittent pas du jour, se montrent toutes les tendresses que l'âge a seulement affermies encore. Un amour aussi profond et pur est-il possible de nos jours ?

16 juin

Je crains que la haine de Joseph ne soit pas tarie. Il me déteste à un point tel qu'il s'est vanté en société de ne pas avoir l'esprit en repos tant qu'il ne m'aura pas brouillée définitivement avec son frère. Mais qu'ai-je fait à cet homme qui me vaille son ressentiment perpétuel ? J'ai peur aussi que les lettres que j'adresse à Bonaparte ne lui parviennent pas. Joseph est capable de tout, sa puissance s'accroît avec son orgueil, il connaît le monde qui peut me nuire. Il n'a jamais supporté, lui l'aîné de la famille, que Bonaparte ne lui demande pas l'autorisation respectueuse de m'épouser. Tant d'archaïsme et de mesquinerie me stupéfient.

Mes craintes sont fondées. Si Bonaparte ne reçoit pas de moi des nouvelles de mon quotidien, que va-t-il encore penser de ma conduite ? Son imagination est prompte à s'échauffer et je peux alors redouter le pire. Je n'ai trouvé qu'une solution, confier mes lettres à Barras et lui enjoindre fortement de veiller à ce qu'elles parviennent toutes à son destinataire. Il faut qu'il soit exact. La dernière lettre de Bonaparte était sensible et bien tendre, il me disait de venir le rejoindre bientôt et qu'il ne peut pas vivre loin de moi. Il souhaite ardemment que je me dépêche de finir ici mes petits remèdes et que je sois enfin toute à lui. C'est gentil et je l'aime bien mon Bonaparte malgré ses petits défauts.

18 juin

Je l'aime, certes, et je peux le jurer. Mais – j'ai réfléchi depuis son départ – il est hors de question pour moi de quitter la France pour l'Égypte. Je crois que je fondrais comme neige sous le soleil du désert. La mort à chaque pas, dissimulée sous l'insecte rampant ou le poignard du janissaire, l'eau usée, les vivres mauvais, les fièvres, les pestes, mon Dieu, je meurs rien que d'y penser…

Car à Joséphine, il faut la douceur de vivre, des amis sûrs et bien choisis, le goût des belles choses, un luxe mesuré, je ne sais quelle nonchalance heureuse peut alors gagner sur mon chagrin, je n'aime pas les scènes, les cris, ce qui blesse et meurtrit, l'indignation forcée, l'envie et la fausse sollicitude.

17 juillet

J'ai failli mourir. Pour la plus sotte des raisons. Nous ne sommes rien devant notre Créateur. Ma main tremble encore en écrivant cela.

Entourée de quelques amis, je cousais tranquillement des madras, dans le salon de la maison que j'occupais à Plombières. Cette journée du 20 juin paraissait belle et calme, pleine de soleil. Soudain, la bonne Madame de Cambis voit passer sous les fenêtres un joli chien adorable. Elle appelle, veut me le montrer. Nous quittons nos fauteuils, gagnons le balcon. Le plancher cède. Tout s'écroule, nous sommes précipités dans le vide. Je vis le plus épouvantable cauchemar. Le général Colle et Monsieur Latour sont indemnes. Madame de Cambis a la jambe brisée. Et moi ! moi ! Les médecins accourent. On me transporte dans ma chambre. Je pousse des cris aigus. La souffrance est atroce. Je vois mon trépas. On chuchote autour de mon lit, je saisis un mot, le plus affreux de tous, paralysie. On craint que ma colonne vertébrale ne soit touchée. Je m'évanouis. On me ranime. On donne force purgations, saignées, sangsues sur les parties blessées, cataplasmes, opium, on me badigeonne même de pommes de terre cuites écrasées en purée. Chaque jour, le bon docteur Martinet envoie à Barras un compte rendu le plus détaillé sur ma santé.

28 juillet

J'ai eu de la peine à me remettre et je n'ai pu marcher durant trois semaines. J'ai éprouvé aux reins et au bas-ventre des douleurs horribles. On m'a fait prendre chaque jour des bains et puis des douches dont les médecins disaient que ce remède était le plus sûr. J'ai souffert cruellement. Mes amis sont venus me voir tous les jours. Tout ce que compte la région de notables ou de personnes bien nées s'est rendu à mon chevet. Alitée, ne pouvant rien faire d'autre, j'ai écouté des doléances, reçu des confidences. J'ai vu ainsi ce brave général Lahorie, sans solde, sans guère d'avancement depuis deux ans, proche de mon défunt Alexandre, amitié qui selon lui a jeté une ombre sur sa carrière. J'ai vu le général Beurnonville, qui vit d'emprunts et dont les ressources sont à peu près nulles. J'ai vu le petit Laurent de Rémusat qui veut une place de sous-chef dans les bureaux de la Guerre. Monsieur Bacciochi veut la gouvernance du fort de Marseille. Un danseur fort beau et fort jeune, chassé d'Italie pour son patriotisme, souhaite une place à l'Opéra. Le cousin d'un autre veut être radié de la liste des émigrés, le neveu d'une abbesse quémande un emploi, une Madame Girod est en butte à l'administration et jusqu'à Bon-Papa, et ses plus de quatre-vingts ans, qui est en guerre contre le ministère de la Marine et pour qui je vais dicter une lettre au citoyen ministre. À tous, je promets et je tiens parole. Tant de misères, d'espoirs, de peines me délivrent de la mienne.

Si je voulais partir pour l'Égypte, m'embarquer à Naples comme Bonaparte m'y invitait, je ne le pourrais point. Je suis arrivée à Épinal. Cela est moins exotique, mais plus proche. Le voyage m'a arraché des cris de douleur. Avant mon départ, j'avais tenu à recevoir la municipalité et des notables qui, au nom des administrations, voulaient donner une fête en mon honneur. J'ai assuré ces messieurs du soin que j'avais à témoigner aux habitants d'Épinal de l'estime et de l'attachement que je leur ai voués. J'ai ajouté que je parlerais aux ministres de cette belle et généreuse région qui se sent si injustement délaissée par Paris. Ces messieurs m'ont quittée enchantés de me connaître.

30 juillet

Je me porte mieux et les douleurs sont peut-être moins vives. La journée entière fut dédiée à Bonaparte. J'ai écrit à Monsieur de Neufchâteau[1] que j'avais reçu en son nom tous les témoignages inimaginables d'affection et d'estime. Tout ce que la recherche française peut offrir d'agréments et d'attentions délicates s'est rassemblé pour embellir cette fête. Et ce que l'affection du cœur peut avoir de plus aimable dans son abandon n'a pas cessé de me charmer. En somme, je n'ai éprouvé, dans ce jour d'enchantement, qu'un seul regret, c'est que ma santé, encore convalescente, ne m'ait pas permis de me livrer à tous ces plaisirs autant que mon cœur y prenait part.

Je croyais Bonaparte calmé. J'avais tort. Une lettre d'Eugène me jette dans le désarroi. Mon fils me déclare avoir tant de choses à me dire que le bon garçon ne sait plus par où commencer. Selon lui, Bonaparte paraît depuis cinq jours bien triste et cela est venu après un entretien avec Junot et Berthier. En lisant cela, mon sang se glace. Eh quoi, il faudrait donc regarder des traîtres et des méchants partout ? Junot a déclaré à mon mari qu'Hippolyte était venu dans ma voiture jusqu'à trois postes de Paris, que j'avais été aux Italiens avec lui, qu'il m'avait donné un petit chien et qu'il était en ce moment même avec moi. Mon fils ne croit pas un mot de ces tissus de mensonges qui déshonorent celui qui les assure. Mais le général est entré dans une nouvelle colère que la séparation et le terrible climat égyptien, la fatigue aussi, rendent plus violente. Eugène ajoute que Bonaparte déborde d'affection pour lui et d'amitié sincère, et mon fils s'en inquiète car son cœur est bon : il semble, m'écrit-il, par ses actions, vouloir dire que les enfants ne sont pas garants des fautes de leur mère.

1. Nicolas François de Neufchâteau (17 avril 1750-10 janvier 1828). Écrivain, agronome et homme politique français.

J'ai revu Hippolyte, je le confesse. Mais déjà sa présence ne me cause plus autant de joie. Jadis, dès que je percevais le son de son pas, l'écho de sa voix, mon cœur, malgré moi, battait la chamade. Je le rencontre moins. Je m'amuse, pourtant. Je le vois comme un bel animal de foire, celui dont on ne conserve rien que le souvenir vague d'un quart d'heure passé à rire. Ai-je tant besoin de lui ? Suis-je prête à renoncer à tout pour cet homme ?

Ce bavardage fabriqué par mes ennemis me blesse gravement. Le spectre du divorce s'approche encore. Il est dit que mes ennemis ne désarmeront jamais. Déjà, Joseph et surtout Lucien sont enragés à me voir quitter Bonaparte. Divorce, divorce, divorce, divorce, ils n'ont que ce conseil à la bouche.

12 septembre

J'écris en calèche, je quitte Plombières. Je n'ai pas de nouvelles de Bonaparte. Je suis inquiète. Mes craintes sont légitimes : l'Angleterre a mis sa tête à prix. J'ai peur du complot, de la main perfide qui tiendrait le poignard.

15 septembre

Je suis à Paris. Après quatre mois d'absence. La maison n'a pas bougé d'un cil. J'ai remercié les domestiques. Barras est à son château de Grosbois. Une rumeur terrible dit Bonaparte assassiné, tué au combat, que sais-je ? Ce doute est affreux. Sans lui, je ne suis plus rien.

Rien. L'imaginer glacé par la mort, veillé par six officiers, est au-dessus de mes forces. Malheureux Bonaparte, généreux sang qui aura coulé. Infortunée Joséphine, réduite à néant, seule au monde. Que deviendront mes enfants sans ce père infiniment bon ? Faut-il la peur de sa mort annoncée pour que tout, de nouveau, s'éclaire en moi ? J'espère que le ciel entendra mes prières.

8 octobre

Fausse rumeur. Bonaparte est vivant. Barras me l'affirme. Mon soulagement est sans pareil. Bonaparte vivant, c'est l'assurance de ma protection renouvelée.

Tous mes cauchemars s'évanouissent. Disparue la peur des lendemains incertains et glacés. Je suis à nouveau riche d'espérance. La mort n'a pas voulu de Bonaparte, c'est un signe de triomphe. Mon amour pour lui me presse à lui confier mes peines. Il sera bien content d'apprendre que sa chère femme a pleuré des nuits entières, espérant chaque matin des nouvelles favorables. Oui, Bonaparte, la vie ne nous séparera pas encore.

Mais la flotte française n'est plus qu'un souvenir. L'*Orient* a été coulé avec Monsieur de Brueys à son bord. On dit que l'amiral était assis sur son banc de quart, blessé déjà deux fois, lorsqu'un boulet l'a fauché vers le soir. Le fléau de Dieu porte un nom, Nelson[1], qui a fait triompher la Royal Navy. Il faut redouter ce nom terrible, Aboukir, et nous souvenir que l'Angleterre ne nous laissera jamais en paix. C'est Albion, l'ennemi héréditaire.

Je suis déçue par Louis[2]. Je pensais ce jeune homme attaché à mes intérêts, du moins sensible à mes malheurs. Il n'en est rien. Il fait front contre moi avec toute sa famille de sauvages et la haine grandit chaque jour. J'ai revu Hippolyte. Il m'attendait rue du Faubourg-Saint-Honoré. Nous avons déjà

1. Horatio Nelson (29 septembre 1768-21 octobre 1805). Marin britannique, vice-amiral de la flotte, héros de la bataille navale de Trafalgar où il perd la vie.

2. Louis Bonaparte (2 septembre 1778-25 juillet 1846). Frère de Bonaparte. Prince français et Altesse Impériale. Époux d'Hortense de Beauharnais, il devient roi de Hollande le 5 juin 1806.

eu plusieurs matinées exquises. Pourquoi est-il le seul à me comprendre ?

J'ai demandé au consul de France de m'expédier les caisses qui contiennent les objets précieux que j'ai achetés en Italie. Il y a là plusieurs pièces de belle porcelaine et j'ai recommandé qu'elles fussent soigneusement emballées. À cela s'ajoutent des camées, plusieurs statues de marbre et de bronze, quelques tableaux de saints et de paysages et de belles natures des environs de Venise, de Rome, de Lucques.

Mais l'argent manque toujours, je le crains. Je ne perçois pas forcément ce que me doivent certains de mes amis, où qui se prétendent tels, et que ma gentillesse a servis dans leurs affaires. Barras est fatigué, ou c'est moi qui le fatigue ce qui, pour mes intérêts, revient au même. Lassé du monde, il se retire sur sa terre de Grosbois plus souvent que d'habitude et ne répond plus à mes lettres. Je n'ai pas les qualités requises qui lui font de plus en plus préférer la compagnie des garçons. Stanislas Reverdin, toujours aussi empressé à me satisfaire en tout, me dit de ne pas m'inquiéter ; il assure que c'est sur le compte de l'usure du pouvoir qu'il faut mettre cette progressive amertume qui éloigne de moi mon ami. Je veux bien le croire, mais cela ne m'arrange guère.

Je n'ai pas de nouvelles de Bonaparte. Il est vivant. Cela ne suffit pas à apaiser ma peur.

7 décembre

L'année s'achève, sans mon mari. Elle fut épuisante, lourde d'affaires et de rebondissements. Je me reproche d'avoir été trop dans le monde, mais j'ai servi loyalement les intérêts de Bonaparte. On peut me reprocher certaines faiblesses qui ne font pas une faute. Je demande que l'on me laisse vivre.

VI.

4 février-8 novembre 1799

« Foutez-moi tout ce monde dehors ! »

4 février

J'attendais des rentrées d'argent. Elles ne viennent pas. C'est extrêmement dommage. Je suis décidée à acheter une campagne, non loin de Paris, afin d'y cultiver les roses et l'indifférence que je souhaite désormais vouer aux hommes. Je suis lasse des complots et des intrigues. J'ai visité avec Bonaparte, peu de jours avant son départ pour l'Égypte, une belle maison, longue et avenante, située sur une belle terre près de Rueil. Elle appartient à mes amis Le Coulteux du Moley. Ils voulaient me la vendre deux cent quatre-vingt-dix mille francs plus trente mille pour son entretien. Bonaparte a fort crié. J'ai cédé.

Notre bon maire de Croissy, ce brave Chanorier, veut jouer les intermédiaires. Il faut faire baisser ce prix qui est trop extrême. La maison exige de solides réparations. On voit qu'elle n'a pas été habitée souvent. Je patiente, mais Dieu m'est témoin que je ne le suis guère.

18 mars

Étrangement, il n'y a que Madame Bonaparte mère qui me montre un peu d'estime et de douceur et me fasse des amitiés en répondant à mes billets. Sa froide intelligence lui tient lieu de cœur pour tout ce qui n'est pas né exclusivement Bonaparte. Elle sait son fils heureux avec moi. Elle le voit comblé comme un homme peut l'être. Je reçois d'elle l'hommage de la provinciale à la Parisienne. Elle jalouse secrètement mes toilettes. Et puis, elle connaît ses filles qui sont pires, égoïstes, hautaines, prétentieuses et d'un snob absolu. Elle ne m'aime pas. Je dirais qu'elle me tolère car elle n'a guère d'autre choix. Barras ne me reçoit pas.

10 avril

Je sais enfin les raisons de l'éloignement de Barras. À ma stupéfaction, je suis la victime, bien innocente, d'une affreuse cabale. Une femme, dont j'ignore le nom, a décidé ma perte. Ce qu'elle a répété au Directeur est affreux. Ce tissu de mensonges a été cru. Barras s'est persuadé que je moque mes amis dans leur dos. Que j'agis par caprice, par pur intérêt. J'ai conjuré Barras de me confronter à cet être malfaisant. Ajoutant que je n'avais jamais cessé de l'aimer et de l'estimer et que je mourrais de douleur si j'avais pu un instant le compromettre. Je veux simplement causer avec lui. Je l'ai supplié de me recevoir au Luxembourg vers les cinq heures et demie, six heures. Je ne puis exister avec l'idée que mon attachement pour lui soit suspecté.

J'ai ajouté : « Je n'irai chez vous que pour vous et lorsque vous pourrez me voir seule. » Ce que cette femme prétend sur moi est inimaginable. Elle assure, avec un aplomb formidable, que je fais de ma maison de la rue Chantereine le plus affreux des tripots. Tout passerait donc entre mes mains : argent, filles publiques et leurs souteneurs, aigrefins vendus à « l'étranger » ! Jusqu'à mon Hortense adorée que je n'aurais pas eu de mal à prostituer à mes intérêts.

Sur mon île, je me suis déjà livrée aux pires débauches, recevant non seulement dans ma couche les officiers du roi mais aussi leurs nègres et les miens.

J'écris cela en tremblant de colère. Je constate que la médisance est plus puissante à mesure que son propos est outré.

Barras a écouté ce fatras d'abominations. Je connais l'homme. Ce qui est cru l'émoustille, ce qui est leste échauffe ses sens. Mais il est capable, sur un coup de tête, d'ôter tout crédit à celle ou à celui qu'il croit coupable.

21 avril

Je suis propriétaire pour la seconde fois ! J'ai poursuivi de nouvelles négociations et me suis découvert ici, à ma surprise, un talent que je ne soupçonnais pas. Mes amis Le Coulteux ont baissé leur prix. J'achète la Malmaison pour deux cent vingt-cinq mille francs. J'ajoute trente-sept mille cinq cent seize francs pour le mobilier, et neuf mille pour les droits de mutation. Je ne sais rien de l'avenir. Bonaparte ne m'écrit plus. Je ne sais pas si je le reverrai. Je mets donc à l'abri mes enfants. Et moi-même !

21 juin

Catastrophe, nouvelle, et pire que les précédentes.

La compagnie Bodin est menacée de scandale, donc de ruine future. J'ai écrit aussitôt au ministre de la Marine. Son soin mis à me satisfaire est pire. Sa sollicitude peut me conduire à l'abîme. En continuant à donner à Bodin sa préférence, Bruix peut faire soupçonner que je l'ai sollicité à nouveau. Il faut que les Bodin obtiennent assurément et le plus tôt possible la résiliation immédiate de leur dernier contrat avec l'armée. La presse va parler de l'affaire. Je suis perdue si mon nom est mentionné. J'imagine déjà la vengeance des Bonaparte si acharnés à me détruire dans l'estime de mon mari.

Je viens d'apprendre aussi que les Bodin réquisitionnaient des bœufs chez les paysans sans les payer !

J'ai fait ma paix avec Barras. Il a souri devant mes larmes, écouté mollement mes arguments. Il me parle à nouveau. J'ai sa confiance et son écoute. Je l'ai prévenu : « Il doit être fait aujourd'hui un nouveau rapport au Directoire relatif à la compagnie Bodin. Je vous demande de vous intéresser en sa faveur. C'est avec peine que je vous distrais un instant de vos grandes occupations, mais la situation de cette compagnie est si difficile qu'il est impossible qu'elle puisse se soutenir si on ne prend pas un parti à son égard. Ce n'est pas un nouveau marché qu'elle sollicite mais la résiliation de celui qui existe. Je compte sur vos bons offices. La compagnie Bodin n'en eut jamais un aussi pressant besoin. »

Il faudrait un miracle.

30 juin

J'ai reçu les Gohier à souper chez moi. Je voulais toucher Rousselin de Saint-Aubin qui est secrétaire au ministère de la Guerre. Ce bêta de Gohier[1] ne s'en est pas souvenu. Il ne quitte pas Bernadotte[2], fort hostile à Bonaparte, très enragé de gauche, qui ne m'aime guère, qui hait les Bodin, fort lié à Joseph. J'ai peur que Bernadotte livre mes secrets à Joseph qui s'empresserait alors de les transmettre à mon mari.

14 juillet. Dans la soirée.

La nouvelle de la démission forcée de Bernadotte vient de me parvenir. C'est l'abbé Sieyès qui a eu sa tête tant il le soupçonnait, la chose est peu banale : un coup d'État poivré

1. Louis-Jérôme Gohier (27 février 1746-29 mai 1830). Député, puis l'un des Directeurs du gouvernement du Directoire.

2. Jean-Baptiste Bernadotte (26 janvier 1763-8 mars 1844). Soldat français, maréchal d'Empire, il devient roi de Suède et roi de Norvège, succédant à Charles XIII et à Charles II.

de jacobinisme. Je fais confiance à l'abbé pour n'avoir pas ménagé ses efforts afin de le perdre. Il est le nouveau Directeur, le remplaçant de Reubell. Reubell, qui veut toujours marier son fils à ma fille. J'ai pris un petit verre de crème de pêche afin de saluer cette bonne nouvelle. Bernadotte ne peut plus rien contre moi. J'ai fait parvenir à ce bon Rousselin un beau maroquin en cuir du Piémont. Je sais que les petits cadeaux renforcent l'amitié.

9 octobre

Je rentre de chez les Gohier qui m'avaient priée à dîner. Au moment de passer à table, Monsieur Gohier s'exclame ! Il vient de recevoir une dépêche télégraphique. Bonaparte a débarqué à Fréjus dans le plus grand secret. Mon bonheur est absolu ! Ma joie délectable. Je vais le revoir. Ainsi que mon Eugène qui a tant manqué à mon amour de mère.

J'ai rassuré Gohier qui est bien jacobin. Je lui ai glissé à son oreille, échauffée par la nouvelle, que Bonaparte ne revenait pas en France avec des idées fatales à la liberté. Il faudra veiller pour empêcher que des misérables ne s'en emparent.

Je vais au-devant de Bonaparte. Immédiatement, je pars. Il est essentiel pour moi que je ne sois pas devancée par ses frères. J'ai quitté les Gohier, assurant à Madame que mon mari serait flatté de voir que ma société aura été la leur et reconnaissant de l'accueil que j'avais reçu dans leur maison durant son absence.

10 octobre. En Bourgogne. Je ne sais pas trop où.

C'est fait. Nous sommes parties, Hortense et moi-même, dans une berline que j'ai fait apprêter le plus vite du monde. Nous volons vers Fréjus. Dans les villages, les habitants ont déjà dressé des arcs de triomphe. Dix-sept mois de séparation n'auront pas, je l'espère plus que ma vie, détourné sa tendresse et son amour de sa Joséphine. Hortense console sa mère et l'assure du contraire. « Il vous aime, maman, vous le savez bien, il vous aime tant », me répétait cette chère enfant. Je suis morte de peur. J'ai si peur que je ne peux plus le cacher.

Je viens d'apprendre que Bonaparte prenait une autre route. Il emprunte celle du Bourbonnais. J'ai dit au cocher de rebrousser chemin. C'est du vaudeville de voyage !

16 octobre. Rue de la Victoire.

Quatre heures passées du matin, Bonaparte dort enfin, et je vois son souffle heurter le drap. Je voudrais Lucien ou Joseph, ici, dans cette chambre. L'état d'abandon, de tranquille désordre, la courtepointe tombée sur le parquet, le calme qui a succédé à la passion leur prouveraient que nul ne peut rien contre une femme aimée de son mari et que Bonaparte m'aime comme au premier jour.

J'ai pourtant vécu l'enfer. Bonaparte voulait réagir en mari trompé. Il a dit à ses frères : « Elle partira, que m'importe ce qu'on en dira. On en bavardera un jour ou deux, on n'en parlera plus le troisième. J'ai trente ans, l'oubli viendra. Mon parti est pris, elle ne mettra plus les pieds dans ma maison. »

Il était résolu. Il a fait déposer chez le concierge mes effets, mes bijoux, tout ce qui m'appartenait. Il attendait, seul, à l'étage, dans notre chambre, ayant donné rendez-vous à Lucien et à Joseph pour régler les dernières formalités de notre séparation et parler de mes dettes, épouvantables, de ce que je dois, à tous, à ces créanciers qui forment le plus sinistre des cortèges et attendent mes douze cent mille francs. Mais je suis Joséphine ! Le concierge m'a ouvert cette porte qui m'était fermée. Je suis montée à l'étage. J'ai frappé, tambouriné, des heures durant, toute une partie de la nuit. Oh, l'affreuse scène…

« Bonaparte ouvre cette porte, je t'en supplie ouvre-moi. C'est moi. Ouvre-moi. C'est moi, Joséphine, ta femme. Tu ne veux pas me laisser seule derrière cette porte, ouvre-moi je t'en supplie. Si tu prenais seulement la peine de me regarder, rien qu'un instant, tu verrais que je ne suis plus la même femme. J'ai beaucoup à me faire pardonner, je traîne derrière moi des gens qui ne valent pas un regard, je sais, mais c'est fini. Bonaparte il faut que tu me croies. Je suis ta Joséphine, regarde-moi, je suis à genoux, je te le dis, me voici, je me rends, je t'aime. »

Agathe est montée à son tour, avec les enfants, ils ont joint leurs larmes aux miennes. Alors, la porte s'est ouverte, il a vu mon visage ravagé par le chagrin et, sans un mot, il a tendu ses bras ouverts où je me suis jetée.

Entre nos caresses, nous avons parlé. Il me l'a dit : c'est sa faute à lui, il n'a pas su me préserver de la folie des hommes, il se soumettait à ma loi. Il est de la fatalité des femmes, lorsqu'elles sont jolies, de plaire. Il est de l'essence des hommes de tenter de les séduire. Il dédaigne les complices de la suspicion, méprise les faux amis que je me suis donnés.

L'état de la France le désespère. Le gouvernement se décompose. L'égoïsme des particuliers est pire que la corruption qui les anime. Chaque étape, chaque arc de triomphe posé sur la route empruntée de Fréjus à Paris est un signe clair. La France veut Bonaparte. Et Bonaparte veut la France. Et moi, maintenant, je ne veux que Bonaparte.

23 octobre

Nous voyons tous les jours à la Victoire Talleyrand, qui n'est plus ministre, qui a démissionné de son poste aux Relations extérieures, et Sieyès. Ces messieurs complotent. Ce mot est franchement ridicule, mais je n'en connais pas d'autre pour décrire par le menu l'état d'excitation, de secrets, de chuchotements, de paroles fortes qui triomphe ici. C'est le temps de l'intrigue.

François de Neufchâteau ne me quitte plus. Le citoyen Directeur raffole de ma compagnie ; je n'ai aucun mal à lui tracer les mérites de Bonaparte. Pas plus qu'à Reubell, dont je flatte la stupéfiante vanité. Gohier m'aime, autant que j'aime sa femme. Fouché vient chez nous presque tous les soirs. Il boit ma camomille, me flatte de son sourire de rat, calme les esprits, rassure l'opinion, parle à tous, et l'on jurerait que ce diable d'homme fait boire le Léthé à nos ennemis.

Gohier chez moi dit qu'il ne faut pas s'inquiéter. Je peux dormir tranquille. Selon lui, la conspiration est une chimère, les intrigues sont vaines. Et prononcer ces mots-là devant les dames c'est prouver qu'il n'y a pas lieu de les taire. J'ai acquiescé avec cet air soumis qui plaît tant à certains hommes mais souri intérieurement. Quel aveugle il est !

5 novembre

Bref. Le coup d'État, car il faut bien employer ce mot, est arrêté pour le 8 novembre. Bonaparte veut que je donne un grand bal demain, qui réunisse nos amis pour les affermir et nos ennemis afin de les endormir. Il y aura des ministres, des généraux, des législateurs, des prêtres, des avocats, des médecins, des soldats, des généraux, des abbés, un ou deux Directeurs. Bonaparte veut chez nous la France en réduction. Tout ceci est formidable d'excitation, je m'emploierai de toutes mes forces à aider le seul homme qui peut sauver la France de ses désordres insupportables.

J'ai vu Thérésa Tallien qui ne quitte plus Ouvrard, son nouvel amant. Paris prétend que Barras s'en est débarrassé ainsi en l'offrant au banquier le plus riche du pays. Elle a juré de se venger. Je lui ai fait comprendre que Bonaparte trouve du génie à Ouvrard, que son intuition politique n'a pas de limites, qu'il le verrait bien et pourquoi pas ministre des Finances. Ma belle amie, qui regrette tant la vie au Luxembourg, avait ses beaux yeux brillants de plaisir. Barras songeait au pouvoir suprême, être l'unique Directeur de la France, par l'une de ces entourloupes du pouvoir dont le vieux fripouillard a le secret. Mais sans l'argent de Julien Ouvrard, cela lui est impossible. Si ce qui dort encore dans les coffres de sa banque va rejoindre les poches de Bonaparte, c'est lui et lui seul qui deviendra le chef suprême. Ce pays a trop souffert pour ne pas trouver une solution raisonnable. Je n'en ai pas dit davantage, cela serait imprudent et Thérésa va s'employer à convaincre son amant. Ce que femme veut…

7 novembre. Après une heure du matin.

La soirée chez moi s'est parfaitement déroulée. Je crois que chacun ici savait la place qui serait la sienne dans la France de demain. Nous pouvons compter sur nos élites. J'ai longuement parlé à Sieyès[1], lui ai répété que Bonaparte s'était persuadé qu'il ne l'aimait pas et que rien n'était plus faux. Je n'ai pas confiance en lui mais sa suprême intelligence, ses talents de juriste ne doivent pas nous faire défaut. Sieyès sait que Bonaparte a le peuple avec lui. Dès que ces deux-là se seront parlé, ils seront d'accord.

Je suis à la croisée des chemins. Si cela échoue, Bonaparte sera fusillé. Et moi emprisonnée, au mieux bannie. J'ose écrire que je n'ai pas peur. Bonaparte m'apporte sa force. Il est énergie, courage, détermination. Je vis, j'aime, je suis aimée d'un héros.

8 novembre

Cela a commencé. Je viens d'écrire, sous la dictée de Bonaparte, un billet à Eugène. Je demande à mon fils de prévenir

1. Emmanuel Joseph Sieyès (3 mai 1748-20 juin 1836). Homme d'Église, essayiste et homme politique français.

les Gohier. Qu'ils viennent chez moi demain matin, déjeuner vers les huit heures.

Neuf heures passées du quart.

Scène étrange. Madame Gohier est venue seule. Bonaparte mécontent. « Quoi, Madame, votre mari n'est donc pas avec vous ! — Mon général, il ne lui est pas possible… — Il faut qu'il vienne, Madame, vous allez aussitôt lui écrire un billet et je vais le lui faire porter. » Je soupçonne fort cette brave personne d'avoir écrit à son mari de ne pas venir, j'ai lu le mot « piège » sur son épaule !

Je lui ai parlé. Tout ce qu'elle voyait ici devait lui faire pressentir ce qui allait infailliblement arriver. Je lui ai répété combien j'étais sincèrement désolée que Gohier ne se soit pas rendu à mon invitation concertée avec Bonaparte qui désire que le président du Directoire soit un membre du gouvernement qu'il se propose d'établir. En lui envoyant ma lettre par mon fils, c'était assez lui marquer l'importance que j'y attachais. Madame Gohier me répond que sa présence était de trop ici ! J'ai ajouté que Gohier réfléchisse bien sur le vœu que j'avais eu l'autorisation de manifester.

L'influence que Sieyès et les siens vont avoir sur les événements qui se préparent dépend du parti que prendra le président. En ce moment, Talleyrand est chez Barras pour lui demander sa démission… Il est autorisé à lui déclarer que Bonaparte est déterminé à employer tous les moyens, la force même, s'il ose faire la moindre résistance. Madame Gohier s'est retirée sans ajouter un mot. Si la vie est un choix perpétuel, il est stupéfiant de voir combien d'hommes ratent leur rendez-vous avec l'Histoire.

Les séances du corps législatif sont transférées à Saint-Cloud.

Une heure du matin.

C'est fini. Je jette ces mots sur les feuillets de mon journal. La fatigue me gagne, mes nerfs ne lâchent pas. Je sais que les Cinq-Cents se sont agités violemment et les plus excités brandissaient des poignards. Bonaparte n'a pas su parler à ces députés bien jacobins. Ils ont hurlé, tempêté, crié que ce traître, ce général vendu à sa gloire violait le sanctuaire des lois. Le mot de démission volait de toutes parts.

Nous devons le salut à Lucien qui a maîtrisé l'Assemblée, avant de prendre une mesure : « Il nous est nécessaire d'écouter Bonaparte. » Huées. Cris. Nouvelles vociférations. « Il n'y a plus de liberté ici, reprend Lucien. Vous verrez votre président en signe de deuil public déposer ici les insignes de la magistrature populaire. » Dans un grand geste que n'aurait pas renié Talma, Lucien retire son manteau rouge, sa toque bleue et quitte l'Assemblée, rejoint aussitôt par son frère et les troupes massées dans le parc.

Bonaparte, d'abord indécis, troublé, se reprend et s'adresse à ses hommes. « Soldats, je vous ai menés à la victoire. Nous avions lieu de croire que le Conseil des Cinq-Cents sauverait la patrie. Au contraire, il se livre à des déchirements et des agitateurs cherchent à le soulever contre moi. Soldats, depuis assez longtemps la patrie est tourmentée, saccagée, pillée, depuis assez longtemps, ses défenseurs sont avilis, immolés, soldats, puis-je compter sur vous ? Soldats, j'ai besoin de vous. » Acclamations !

Aussitôt ordre est donné à Murat. Je note son mot, tant il est drôle et combien efficace : « Foutez-moi tout ce monde dehors ! » La marche de l'Histoire eût-elle été différente si le défunt Louis XVI avait eu cette audace ? Les soldats, précédés par les tambours battant la charge, ont forcé les députés, qui, toge remontée au ventre, se sont précipités par les fenêtres du château, ont couru ventre à terre sur la prairie verte.

Sieyès, de son côté, Talleyrand, de l'autre, attendaient l'issue du jour aux deux extrémités du parc.

Un nouveau régime vient de naître. Il me rappelle mes leçons latines qui m'ennuyaient tant aux Trois-Islets. Il s'appelle le Consulat.

Deuxième partie

VII.

20 janvier-24 décembre 1800

« Ne promets rien, ne t'engage pas »

20 janvier

Caroline vient d'épouser Murat. La petite est au comble de la joie. Elle a enfin obtenu ce qu'elle voulait : fléchir son frère qui ne voulait à aucun prix de cette union. Murat, comme à son habitude, triomphe. Il se rapproche par les lois de la famille de mon mari. Nous voici frère et sœurs. Je le vois dans les salons porter sa tête comme le saint-sacrement.

19 février. Le matin, très tôt.

Je suis folle de joie. J'avoue, sans vantardise, avoir su jouer mon rôle dans cette journée de brumaire. Comme ma vie d'avant me semble petite, étriquée ! Comme Bonaparte incarne les lendemains, l'espoir où se reflètent les ambitions de tout un peuple, comme il comprend tout, saisit tout, embrasse tout ! Je ne m'étais jamais mêlée de politique. Je ne suis pas, pourtant, prête à oublier ce premier baptême du feu. Bonaparte m'a témoigné de cette confiance que l'on ne trouve que chez un mari suffisamment amoureux de sa femme. Je crois en avoir été digne.

Voilà qui devrait calmer, du moins pour un temps, les ardeurs de mes ennemies nichées au cœur de sa propre famille. Ce n'est pas, en effet, sa mère ou ses sœurs qui étaient à ses côtés au cœur de la bataille où lui et moi nous risquions nos vies. Ce ne sont pas à ces poules faisanes à qui il livrait ses secrets. Mais à moi ! J'écris cela, je l'avoue, avec fierté. Oui, et je savoure le mot, je suis sa femme légitime et chérie. Je suis celle que la France va désormais regarder comme la première de ses filles. Moi, Joséphine.

Demain – Bonaparte n'attend pas – nous couchons au château du Luxembourg, palais de reine, palais de la Nation. J'y aurai sa chambre, ma chambre, notre chambre.

À l'après déjeuner, le même jour.

Je suis sa femme. Je suis l'épouse du Premier consul. Voilà qui métamorphose mon existence. Celui qui ne croirait pas au destin pourrait, en France, être jugé comme fou. J'ai des devoirs. Une fonction ? Je ne sais, pour le moment, mais Bonaparte veut que mon rôle comporte plus de servitudes que d'avantages. Je dois réfléchir vite, car le temps est compté. « Tu es maîtresse de maison. Cela est de ton emploi, me plaisante Bonaparte, fais de même, il n'y a désormais que l'échelle qui change. Tu dois être parfaite. Un modèle de vertu, de dignité, d'élégance, de calme, de bienséance, comprends-tu ? » J'ai répondu que je m'emploierais à cette tâche en y mettant tout mon courage.

Hippolyte Charles appartient au passé. Le petit lieutenant va devoir butiner d'autres fleurs. Je ne suis plus sa rose. On me jugera frivole dans le monde, je sais qu'il parlera, par dépit, et beaucoup. Je m'en moque. Je veux réapprendre la vertu.

L'essentiel reste à faire. Je vais recevoir des ambassadeurs, des dignitaires, des ministres, des cardinaux, des évêques. J'accomplirai des voyages dans ce qu'ils ont de plus officiel, des souverains me seront présentés. Que Dieu me donne la force.

1er mars

Bonaparte a payé mes dettes. Deux millions. Il a pris son beau regard farouche – l'instant où ses yeux bleus virent au mauve –, son silence glacé fut pire que des remontrances. J'ai seulement entendu le sifflement de son souffle entre ses mâchoires serrées, et il a signé le billet à ordre. La femme de César doit être hors de tout soupçon.

La faillite des Bodin me ruine et mon besoin d'argent se fait plus que pressant malgré l'extrême acte de générosité de mon mari. J'ai eu une idée. Je connais Monsieur Rouget[1], que j'avais rencontré chez Thérésa. Or, Bonaparte veut plaire à Charles d'Espagne. J'ai conseillé à mon mari de lui envoyer, ainsi qu'à la reine, des robes, des parures et tout ce que la mode fait de Paris l'impératrice du monde. Bonaparte a jugé mon projet point sot. J'en ai parlé à Minette qui, comme moi, a déjà vu l'affaire à notre profit. Nous ferons payer très cher à ces dames d'Espagne de quoi être presque aussi belles que nous.

20 mars

J'ai approché la compagnie Goisson, car les rubans et les colifichets ne me rapportaient pas suffisamment. J'ai eu grand tort. Cette nouvelle affaire d'achat de biens immobiliers, où j'ai mis une bonne part de mon crédit, ne va pas du tout. Rouget était mon mandataire et ce malheureux en est bien marri. Il vient d'être interrogé par la justice. Dieu comme je tremble que mon nom ne soit sali de nouveau ! Rouget me jure qu'il aurait pu me nommer dix fois et me compromettre directement ou indirectement. Il m'assure aussi qu'il

1. Claude Joseph Rouget de l'Isle (10 mai 1760-26 juin 1836). Officier français du génie, poète et auteur dramatique. Il est l'auteur de *La Marseillaise*.

tombe sous les coups du juge par la faute de Bonaparte qui l'aurait ordonné ! Ce mensonge est si grand qu'il me fait craindre le pire.

22 mars

J'avais raison. J'apprends que la compagnie Goisson a fait faillite. Les agents ont découvert un trou de sept cent mille francs dans la trésorerie. Mon Dieu, mais que faire ?

24 mars

Rouget a vu Bonaparte. Il a demandé audience. Elle lui a été accordée. Je respire. Le Premier consul s'est violemment emporté contre lui, mais il me pardonne. Il m'aime. Je suis folle. Et sauvée. Je vais me séparer de l'un des associés, Robbé de Lagrange. Je ne veux plus apparaître dans la Compagnie des subsistances et des habillements militaires. Je veux retenir la leçon apprise, plus d'intrigues, plus d'affaires. Jamais.

27 mars

Combien de temps ai-je tenu parole ? Pas même un jour. Foncier vient de m'apporter des perles et je ne crois pas en avoir vu de plus belles. Elles ont un temps chauffé ma paume, petites gouttes de nacre, couleur crème-de-lait, aussi pures qu'une âme ne l'est jamais, rondes comme une promesse et que la chaleur de la peau doit nourrir tout contre la gorge. Il y a eu cet instant de silence, d'abandon de la parole, qui précède le miracle. J'ai refermé la main, décidée à ne plus l'ouvrir. Je veux ce collier mais je n'ai pas le quart de la fortune que Foncier me demande en souriant. Il a bien voulu me laisser les perles. Je les ai cachées dans mon secrétaire et nul n'est encore dans la confidence. Depuis, je cherche les moyens de les garder. Ce soir, juste avant mon coucher, alors que je sortais du bain, j'ai voulu les porter, nue, face à la haute psyché de ma chambre et j'ai connu l'extase et je me suis crue, quelques secondes, à la lueur des chandelles, Vénus préférée de Jupiter, sortant de l'onde.

Il me faut ces perles, à tout prix, et je reconnais que mes bonnes résolutions disparaissent comme neige au printemps. Eh bien oui, s'il convient de l'avouer à ma honte, je suis caprice et inconstance, frivole et futile, je me gourmande, je tente de me corriger, mais je conserve mon bon plaisir. Advienne que pourra. J'ai appris par Berthier – il doit sa fonction de nouveau ministre de la Guerre expressément à mon mari – qu'une compagnie, chargée de veiller sur les hôpitaux de Paris, le harcèle afin de recevoir des subsides paraît-il mérités. Dès qu'il aura reçu son gain, je compte sur la généreuse reconnaissance de son directeur, chiffrée par mes soins à un million, de moitié pour moi ; je n'oublie pas Berthier, il faut ce qu'il faut.

29 mars

J'ai mes perles. J'en ai parlé à Stanislas Reverdin, toujours de bon conseil. Ce ravissant jeune homme a eu une idée que je trouve aussi drôle que séduisante. Je vais me présenter devant Bonaparte, lors d'une grande occasion. Quand je serai bien parée, je porterai les perles, sans ciller, montrant que j'en ai l'habitude. Le tout, c'est de conserver de la dignité et de l'aplomb.

2 avril

Belle soirée à l'Opéra. Bonaparte adore les perles. Il a remarqué les miennes.

— Tu es magnifique, qu'est-ce donc que ces belles perles ?

— Tu les connais, tu les as vues cent fois.

— Comment ?

— Sans doute, ce sont les perles que la république Cisalpine m'a données.

— Pas possible !

— C'est la vérité. Tiens, demande à Madame de Rémusat[1] et Monsieur Reverdin !

Tous les deux ont confirmé l'histoire sans broncher et j'ai eu même du second un sourire complice qui fit mon bonheur. Les hommes…

4 avril

Au Luxembourg, je suis installée dans les anciens appartements de la défunte reine. Je ne peux m'empêcher d'y voir de la tristesse. Je n'aime pas ce lieu et je sais qu'il me portera malheur. Je songe à Marie-Antoinette à chaque heure et je crois me heurter à son fantôme à chaque corridor, à chaque chambre. Les tentures sont décolorées, les tapisseries fanées, les chaises bancales, les cheminées fument, ma salle de bains a pris la place d'un ancien oratoire et le parc est une friche où poussent les raves et les pommes de terre ! Cette maison est celle de la Belle au bois dormant. Le prince qui devrait en rompre les sortilèges s'enferme dans son bureau avec ses conseillers et n'en sort que pour un souper de gala, une scène de théâtre bien officielle et des manifestations du pouvoir où je ne suis jamais conviée. Ma chambre est un camaïeu de blanc et de bleu et ce palais celui des solitudes. Comme j'en faisais la remarque à Bonaparte, lui répétant que tout ceci était triste, il m'a répondu : « Oui, comme la grandeur. »

1. Claire Élisabeth de Vergennes, comtesse de Rémusat (5 janvier 1780-16 décembre 1821). Femme de lettres française. Elle sera nommée dame du Palais sous l'Empire, au service de l'impératrice Joséphine. Elle a laissé de très intéressants *Mémoires*.

Avec Hortense que j'ai fait revenir de Saint-Germain, je tue le temps comme je le peux. Nous jouons au whist, au piquet, aux petits chevaux, nous inventons des charades. Je brode. Je m'exerce à la harpe. Et je songe parfois à Hippolyte, dont je suis sans nouvelles et que je sais toujours plus riche. Grâce à moi. Je suis seule.

12 avril

Bonaparte a changé. Sur mes conseils, il a coupé ses oreilles de chien. Il porte un habit amarante, en velours de soie, avec des parements brodés, ainsi que le collet ; et le pantalon, collant, en daim blanc, flatte ses jambes qui sont moins maigres. La cravate est noire et les bottines sont de maroquin.

Je le gourmande sans cesse pour qu'il porte cet ensemble plus souvent que son uniforme d'artilleur. Il ne mange que très peu, dîne ou déjeune toujours seul, boit à peine, dort moins encore, prend ses bains brûlants, s'ennuie à table, parle et sourit à qui il veut. Mais son sourire, ah ! le sourire de mon mari, il est vrai, est un charme incomparable que les femmes veulent pour elles seules et, devant le ciel, j'avoue être plus que jamais jalouse.

4 mai

Bonaparte m'a prévenue : je dois donner le ton, la note juste, qui sera copiée par toutes. Plus de folie. Plus d'extravagances, plus des sottises du Directoire.

Il a su que Thérésa Tallien et Fortunée Hamelin avaient osé paraître en Diane chasseresse au grand bal de l'Opéra. La gaze de leur tunique, translucide, ne dissimulait rien et s'arrêtait à leurs genoux. J'ai écrit à Thérésa que le temps de la fable s'arrêtait et que celui de l'Histoire commençait. La lettre était de moi, les mots de Bonaparte. Elle l'a mal pris, me l'a fait savoir. Je vais perdre une amie à qui je dois la vie. Cela me jette dans le désespoir, mais Bonaparte demeure inflexible.

Les modes doivent changer. Elles sont moins futiles qu'il n'y paraît puisqu'elles racontent aussi les mœurs. Je vais continuer à porter du linon et de la mousseline, je veux des tailles hautes et des bras dénudés seulement au coude. Je vais montrer par mon exemple que le châle est la vraie parure de la femme, plus sûr encore que ses bijoux. Il couvre ce que la pudeur condamne en laissant espérer les formes à découvrir. Messieurs, de la patience !

Je constate que ma fille a dix-sept ans. Cette enfant ne m'a jamais déçue. Elle est faite au moule et je retrouve dans sa chevelure blond cendré les mèches de ce malheureux Alexandre. Elle a le teint blanc de lait, les yeux pervenche, de la douceur, de la fermeté aussi, ce qui fait dire à son frère qu'elle est une douce entêtée. Elle ne quitte pas Madame Campan, car elle veut toujours s'instruire davantage et les dons de mon Hortense éclatent dans tous les arts.

Je suis aussi fière de mon Eugène. Il est d'une beauté renversante, il est noble, d'un cœur généreux, il a la passion du devoir, il sert son beau-père avec une constance et une fidélité totales. Il a été promu lieutenant en Égypte et s'est distingué au siège de Saint-Jean-d'Acre. Il est aujourd'hui capitaine des chasseurs à cheval de la garde consulaire et ses hommes ont pour lui une manière de vénération. On le voit souvent chez Madame Récamier[1] et cette bonne amie m'assure qu'il est le trophée de son salon. Il est tout ce qu'une mère peut désirer. L'amour qui unit le frère et la sœur me plonge dans le ravis-

1. Juliette Récamier. Née Jeanne Françoise Julie Adélaïde (3 décembre 1777-11 mai 1849). Femme de beaucoup d'esprit et d'une fabuleuse beauté, elle fut idolâtrée par Chateaubriand. Dans son salon, elle recevait écrivains, poètes, hommes politiques, artistes et femmes du monde.

sement. J'ai entendu Hortense me dire qu'elle ne vivait que de la vie d'Eugène.

19 mai

Bonaparte veut que je reçoive davantage celles et ceux de l'ancien monde afin d'apaiser des cicatrices encore à vif. Mon mari a rencontré Madame de Montesson. La marquise, qui fut tant liée à feu Monseigneur le duc d'Orléans, s'est entendue dire sur le ton militaire : « J'aurai besoin de quelques traditions, vous voudrez bien les donner à ma femme ! » Je m'attendais à de la froideur, c'est tout le contraire. Cette aimable grande dame met un soin infini à m'obliger et me raconte la cour de Versailles comme si j'en étais la Dauphine. Elle est de tous nos déjeuners, nous ne nous quittons plus.

22 mai

Les émigrés doivent rentrer en France, leur valeur manque trop à la patrie. Je suis chargée d'approcher les familles, de faire savoir dans le monde que je peux soutenir ceux qui sont encore en Angleterre, en Allemagne, en Espagne, aux Amériques ou qui rongent leur frein sur les bords du Danube. Je connais ces familles et parfois même, cousinons-nous ensemble. Ceux qui ont perdu rang, fortune, position pourront s'ils le souhaitent rentrer en France. Je peux les aider à se faire radier de la si injuste liste des émigrés. Bonaparte le veut. Cela se fera.

23 mai

Je reçois des lettres par dizaines. Voici les Montmorency, les Choiseul-Gouffier, les Gontaut, les Mun, voici Mesdames de Sourdis, de Matignon, voici les Breteuil, les La Rochefoucauld, Madame de Flahaut, voici la duchesse de Saulx-Tavanne, Madame de Boufflers. Ces femmes ont des maris, des fils, des neveux, des cousins, des parentèles. Des familles entières seront bientôt réunies en France pour la joie de tous. L'aristocratie n'est plus ce délit passible de la peine de mort ou de l'exil le plus cruel. La France panse ses plaies. Le calme revient. Que Dieu nous protège.

26 mai

Bonaparte m'embête. Il se plaît à me déranger à ma toilette, ce qu'aucune femme ne supporte. Il change l'ordonnance de ma coiffure, déplace les fleurs posées par le coiffeur, les juge mieux ainsi, demande l'avis d'Hortense et ne ménage pas ses critiques sur la robe que je porte. Il entre sans frapper dans la pièce où je me trouve, jette un « pas encore prête », ne parle à personne, s'assoit dans le fauteuil le plus profond, celui posé devant la cheminée, fixe les flammes, médite, semble s'absorber dans une pensée, se lève et disparaît. Hier, il a quitté la table sans même avoir touché à l'entremets. Je lui en ai fait la remarque et il s'est rassis, une poignée de secondes.

28 mai

Bonaparte va repartir en Italie. Je ne l'accompagnerai pas une fois de plus. Il fera la guerre aux Autrichiens. Le calme règne à Paris. Les Français témoignent leur confiance à Bonaparte et j'ai reçu bien des lettres montrant une affection touchante et sincère. Eugène part lui aussi, j'ai du mal à calmer ses ardeurs. Cet enfant ne vit que pour l'armée.

2 juin

Je suis à la Malmaison. J'y puise toutes mes forces. Cette campagne est ma vie. Je l'aime à mesure que je la découvre. Mon paradis. J'y reçois qui je veux. Ma fille vient tous les décadis[1]. J'y vois Madame Campan et Madame Augier. Je respire mes roses. Je marche. Je lis. Je dors bien. La Malmaison est un enchantement.

Monsieur de Talleyrand est venu ici rencontrer Bonaparte et j'ai bien ri. Le consul avait porté son bureau sur les pelouses et s'était assis sur l'herbe. Le prince de Bénévent arrive, culotte et bas de soie – voit-on cet homme assis sur un gazon, avec ses rhumatismes, cher Bonaparte qui se croit toujours dans un camp…

6 juin

Je suis aux Tuileries. Un huissier a retiré la pancarte qui depuis huit ans se lisait à l'entrée de la cour : « Le 10 août 1792, la royauté en France est abolie et ne se relèvera jamais. » Je ne vis plus. On ne cesse de parler d'attentats. La vie de Bonaparte est menacée. Par les jacobins ou les royalistes, que sais-je.

Je veux repartir à la Malmaison, je voudrais que mon mari m'y accompagne. Les travaux ont débuté. Messieurs Percier[2] et Fontaine me proposent des merveilles qui m'enchantent. Il y a dans le vestibule une sorte de tente, dont le toit est fait de faisceaux en forme de lances. Au fronton, des trophées. Au-dessous, des rideaux en toile peinte en bleu et en blanc. Le vestibule est soutenu par quatre colonnes, il est grand et

1. Dixième jour de la semaine, selon le calendrier révolutionnaire.

2. Charles Percier (22 août 1764-5 septembre 1838) et Pierre-François Léonard Fontaine (10 septembre 1762-13 octobre 1853). Architectes français, tous les deux dignes représentants, voire inventeurs du « style Empire ».

fort beau, traverse la maison de part en part, ouvre sur les deux faces du parc. Il donne à la demeure sa respiration, permet d'accéder à la salle à manger, aux salons, au cabinet de travail, à la bibliothèque, à la salle de billard. Monsieur Jacob a décoré en dix jours le salon de lambris en acajou avec des encadrements en velours et des draperies en étoffe sur les portes. Messieurs Gérard[1], Girodet[2], Bidault[3] et Taunay[4] se chargeront de l'égayer avec leurs tableaux. Monsieur Gérard est en train de mettre la dernière touche à *Ossian évoquant les fantômes au son de la harpe sur les bords du Lora* et Monsieur Girodet, en écho, lui répond par *Ossian et les guerriers recevant dans le Walhalla les guerriers français morts pour la Patrie.* Je ne sais où ces glorieux artistes trouvent les titres à leurs œuvres mais je pense ce choix bien courtisan, Bonaparte connaît *Ossian* par cœur, il le lisait déjà en sortant de l'enfance.

Sur deux tables achetées à Florence, en mosaïque de pierres dures, j'ai fait poser deux vases en porcelaine de Berlin et sur les fauteuils et mes bergères, il y a le J, brodé à mon intention. La salle à manger est réussie : Monsieur Lafitte a peint des danseuses pompéiennes sur les panneaux et les a encadrées d'une double bande noire et rouge, ce rouge qui dit-on vient de la ville martyre. La salle du Conseil fait plaisir à Bonaparte puisqu'elle évoque les tentes des camps avec une belle profusion de casques, de lances et d'armures, en carton-pâte, qui évoquent les gloires médiévales de la France. Une balustrade protège la table du Conseil.

Les ministres aussi se rendent à la Malmaison et leurs réunions durent jusqu'à tard le soir. Du moins, Bonaparte est-il

1. François Gérard (4 mai 1770-11 janvier 1837). Surnommé le peintre des rois et le roi des peintres. Son salon fut fort célèbre.

2. Anne-Louis Girodet (5 janvier 1767-9 décembre 1824). Artiste peintre français. Il préfigure le romantisme.

3. Jean-Joseph Xavier Bidault (10 avril 1758-20 octobre 1846). Peintre paysagiste français d'esprit néoclassique.

4. Nicolas-Antoine Taunay (11 février 1755-20 mars 1830). Artiste peintre français.

ici à l'abri. Je fais planter des roses. Je veux faire construire une serre. Le parc est déjà beau, il sera bientôt magnifique. L'air, chaque jour, embaume. Je suis née pour être paysanne.

18 juin

Le 9 juin, Bonaparte était à Milan. Le 14, il a remporté une grande victoire. Cela s'appelle Marengo. Paris est en joie. Il rentre bientôt. Cet homme, quel homme ! Il n'a eu, durant ces années écoulées, qu'un seul souhait : me rendre heureuse, ne rien faire qui puisse me contrarier. Voilà le seul destin, le seul but de sa vie. Il n'a joui que de mes plaisirs, que de mon bonheur. Il m'a sacrifié ses pensées, des instants entiers de son existence, il s'est reproché de manquer d'attraits pour me captiver, de ne pas me montrer suffisamment d'égards, d'estime. Quelle femme est plus comblée que moi ?

Oui, je me déclare la femme la plus heureuse au monde. Malgré les soucis énormes, des réformes incessantes, des sollicitations, malgré l'épuisement des camps, les fatigues mortelles de la guerre, Bonaparte ne cesse de m'aimer et de m'aimer encore et toutes ses pensées s'adressent à moi. Je ne doute plus que l'histoire des hommes retienne l'amour qui unissait Bonaparte à Joséphine et Joséphine à Bonaparte.

Tout à l'heure je vais le voir, lui parler, le toucher, sentir son sang battre contre sa peau. Oui, je suis heureuse, j'ose l'écrire ici.

20 juin

Bonaparte est aux Tuileries. La nouvelle de sa gloire a consterné tous les intrigants. Lucien en est persuadé : si la victoire avait manqué au Premier consul, nous serions tous proscrits. Le mot est effrayant, mais il recouvre bien la sinistre réalité. Je sais que Fouché s'était persuadé de la mort inévitable de Bonaparte au combat. Il n'a pas cessé de comploter, ralliant à lui des faibles, des législateurs, des hommes de police. Son but était clair : prendre le pouvoir, remplacer Bonaparte par Bernadotte, ou Talleyrand, promettre quoi et à qui ?

Bonaparte a convoqué Fouché. Les cris ont succédé aux hurlements. On n'entendait que la voix du Premier consul qui exigeait la liste des conspirateurs. J'ai pensé à du fer râpant du fer.

— Je sais qui vous êtes, Fouché. Je sais vos manières et vos habitudes. Je sais vos amis et vos méthodes. Dans quel caniveau, dans quel bouge trouvez-vous les raclures que vous me servez ? Vous voulez le pouvoir ? Des hommes comme vous le ramassent au fond des égouts.

— Citoyen Premier consul, au nom de mon honneur, je vous jure…

— Honneur ! Comment osez-vous employer un mot dont vous avez perdu jusqu'au premier sens ? Honneur, dites-vous, allons, vous me prenez pour un jean-foutre. Je veux la liste des conspirateurs, je l'exige. Elle pue déjà vos amis jacobins. Ils se sont trempés comme vous dans le sang. Vous puez l'intrigue, Fouché.

21 juin

Bonaparte me parle sans cesse des émigrés. Il veut les laisser revenir dans leur patrie. Il me dit n'avoir rien tenté contre eux lorsqu'il était sur le sol italien. Je reçois de nouvelles demandes. Je n'ai pas d'autre choix que d'en parler à Fouché, indéboulonnable, irremplaçable démon, à mon mari et je promets en pouvant tenir, ce qui est mieux ! Ainsi ai-je fait envers Pasquier[1],

---

1. Étienne Denis, baron Pasquier (21 avril 1767-5 juillet 1862). Homme politique français, plusieurs fois ministre, sa carrière, fort longue, ira jusqu'à la monarchie de Juillet.

il représentait plusieurs membres de sa famille, et pour Madame Devidof. Je n'ignore pas qu'à travers Madame Campan, qui reçoit elle aussi bon nombre de demandes, on veut toucher Hortense. Ainsi elle a reçu un mot pour une Madame de Lostanges qui plaide en faveur de son oncle, le dernier des Nicolaï à n'être pas passé sur l'échafaud par la faute de Robespierre.

J'ai voulu être la première à prévenir mon beau-frère, François de Beauharnais, de sa radiation de la liste. Je vais lui faire parvenir la somme de douze mille francs pour ses frais de route. Et puis, il y a ma cousine, Adélaïde-Françoise de La Rochefoucauld[1], lasse d'attendre, pour elle et ses enfants ; aussi ai-je envoyé à Abrial[2], en son ministère de la Justice, une lettre lui demandant expressément de hâter la procédure. Je ne doute pas que j'aurai gain de cause.

23 juin

J'ai rencontré en secret le vicomte de Saint-Pierre. Il sait les efforts que je fais pour que l'aristocratie pénètre en toute légalité et à nouveau sur le sol français. Arrivant à Paris, par la malle-poste, venant du perpétuel hiver letton, il voulait me voir au nom de son maître, Louis XVIII[3]. J'ai parlé avec un homme charmant, dont les manières sentaient Versailles, décidé à me plaire et évoquant Bonaparte avec les mots les plus choisis, lui rendant tous les honneurs. Le vicomte m'a appris que le prétendant n'ignorait pas que j'étais fort liée à mon bon François

1. Adelaïde Éléonore de Pyvart de Chastullé, comtesse de La Rochefoucauld (1769-1814). Lassé par son caractère épouvantable, son goût des intrigues, Napoléon, excédé, la chassera de la cour.

2. André Joseph Abrial (19 mars 1750-13 novembre 1828). Homme politique français et remarquable légiste.

3. Louis Stanislas Xavier, comte de Provence (16 septembre 1824-17 novembre 1755). Frère de Louis XVI, prétendant au trône de France, durant la Révolution, le Consulat et l'Empire. Il sera le roi Louis XVIII.

Hue[1], commissaire général de Mitau. Loin d'en prendre ombrage, le prince l'a encouragé à me voir davantage, à m'écrire aussi. J'ai écouté en souriant. J'ai salué. Le vicomte m'a saluée, je lui ai rendu son salut, l'ai accompagné à l'antichambre du premier huissier. Puis, je suis rentrée chez moi. Et j'ai réfléchi.

Je suis femme et j'ai prétention à connaître les hommes. Louis veut le trône. Problème délicat. Mon mari va-t-il le lui donner ? Je sais trop le caractère de Bonaparte pour espérer que les lys fleurissent la France. Je devine que le bon Hue s'en est persuadé et toutes ses lettres le prouvent. Il me dit avoir une totale confiance en mon mari. Il a foi en ce nouveau Bayard, nouveau Monck, bientôt comblé d'honneurs. Je pense qu'il se fourvoie grandement.

La noblesse va rentrer en France mais pas nécessairement son maître.

Bonaparte me parle peu ces temps-ci. Il est troublé, aveuglé par sa propre gloire qui l'éclabousse. Tout ce qu'il me dit, lorsqu'il en a le temps, c'est vouloir un enfant de moi. Il souhaite une descendance. Car le consul veut le pouvoir suprême. Aussi jouet-il au roi ! Serai-je sa reine si je ne lui donne pas le fils tant désiré ? Serai-je simplement encore son épouse ? Ces questions me troublent à un point tel que j'en perds peu à peu le sommeil.

Je ne saigne plus. Suis-je encore femme ?

24 juin

Je constate que la France prend de plus en plus l'allure d'une monarchie. Le tutoiement n'est plus de rigueur. Il serait

1. François Hue (1757-1819). Huissier de la Chambre de Louis XVI, il suivit la famille royale dans la prison du Temple. Tout dévoué à la cause des Bourbons, il sera créé baron par Louis XVIII en 1814.

ridicule de s'appeler citoyen et à peine entend-on encore le « Salut et fraternité citoyen ministre ! » Les mœurs sont de l'ancien temps et même les fortunes nouvelles mettent un soin infini à parfaire leur éducation. J'en parlais avec Madame de Chastenay ; jamais les maîtres à danser, les maîtres de maintien, les maîtres d'écriture n'ont connu une telle faveur. La France entière semble revenir à l'école. Des femmes donnent des thés, des déjeuners, prient à souper, et leurs manières sont exquises. La Madame Angot des boulevards ne sera bientôt plus qu'un mauvais souvenir dont on s'est amusé.

J'ai surpris une conversation entre Bonaparte et Fouché. Les royalistes seraient divisés et nul ne s'accorde franchement sur le prétendant. Les coteries vont bon train, leurs haines se rallument. On se croirait au pavillon de Marsan, à l'Œil-de-Bœuf, aux moments les plus sombres de l'ancienne monarchie française ; intrigues, rumeurs se succèdent et s'annulent ! Certains sont pour le gros Louis, d'autres pour son frère, le comte d'Artois[1], d'autres encore pour leur cousin, le fils du duc de Chartres[2] dont on m'a dit qu'il connaissait la misère à Londres. Je vais recevoir à nouveau leurs agents, à tous je vais dire… je vais dire quoi ?

25 juin

Bonaparte m'a surprise à ma toilette. D'un geste, il a fait sortir toutes mes femmes. Il a marché, ses mains croisées derrière le dos, plusieurs minutes. Puis il s'est arrêté net, m'a regardée et m'a lancé d'une traite : « Tu reçois qui bon te semble, même

---

1. Charles Philippe, prince de France, comte d'Artois (9 octobre 1757-6 novembre 1836). Héritier présomptif du trône de France du 6 avril 1814 au 16 septembre 1824. Roi de France jusqu'en 1830.

2. Il s'agit de Louis-Philippe d'Orléans (6 octobre 1773-26 août 1850). Futur roi des Français sous le nom de Louis-Philippe Ier. Pour survivre durant son exil à Londres, il donna des leçons de dessin.

ceux qui viennent des nations en guerre avec la nôtre. Écoute comme tu sais si bien le faire, souris beaucoup, sois aimable et attentive, flatte, offre même des présents en souvenir de la visite, mais ne promets rien, ne t'engage pas. Jamais. Tu comprends, jamais ! » Il m'a embrassée bien tendrement et à plusieurs reprises, dans le cou et sur les tétons et il est parti.

Je n'ai pas eu le temps de lui avouer que c'est ce que je pratiquais déjà mais que ces messieurs allaient commencer à se lasser de mes paroles toujours plus vagues.

26 juin

J'en ai d'ailleurs fait aujourd'hui la remarque à Bonaparte. En m'écoutant, ses yeux bleus sont devenus acier froid. Voilà, à peu près, ce qu'il m'a dit : « On me croit assez léger et assez inconséquent à l'étranger, pour me soupçonner d'arrière-pensées en faveur d'un prince de la maison de Bourbon. On ignore donc que même si un prince pouvait entrer en engagement avec moi sur cette matière, j'aurais aussi peu de foi en ses promesses qu'en ses engagements. Je suis persuadé que je ne tarderais pas à être traité comme un réprouvé si je ne l'étais pas comme rebelle. Il n'y aura pas de restauration monarchique ! Que l'on cesse, et toi la première, de me conforter dans ce sens. »

J'ai répondu que la maison de Bourbon ne renoncerait pas si aisément à ce qu'elle pensait être une chance envoyée par la divine Providence. Que Louis veut son trône. Qu'il le lorgnait déjà du vivant de son défunt frère. Je me souviens de ce qui se murmurait alors et des intrigues nombreuses à l'aube de la Révolution. Le duc d'Orléans[1] faisait tout pour salir sa

1. Louis Philippe Joseph, duc d'Orléans (13 avril 1747-6 novembre 1793). Un temps partisan de la Révolution, surnommé Philippe Égalité, il vote la mort de son cousin Louis XVI. Avant de mourir à son tour sur l'échafaud.

sœur et Dieu est témoin de ce que notre malheureuse reine a souffert. Le prince Louis-Philippe est son fils !

Bonaparte a haussé les épaules et je n'écrirai pas le mot qu'il leur destine.

28 juin

Le Premier consul a reçu une lettre de Louis XVIII. Il se répète aux Tuileries que les conseillers du prétendant en exil et lui-même ont mis six longs mois pour la reprendre sans cesse et la rédiger enfin. La voici, dans presque son entier. « Depuis longtemps général, vous devez savoir que mon estime vous est acquise. Si vous doutez que je fusse susceptible de reconnaissance, marquez votre place, fixez le sort de vos amis. Quant à mes principes, je suis français, clément par caractère, je le serai encore par raison. Non, le vainqueur de Lodi, de Castiglione, le conquérant de l'Italie et de l'Égypte, ne peut pas préférer à la gloire une vaine célébrité. Cependant vous perdez un temps précieux. Nous pouvons assurer la gloire de la France. Je dis nous, parce que j'ai besoin de Bonaparte pour cela, et qu'il ne le pourrait pas sans moi. Général, l'Europe vous observe, la gloire vous attend et je suis impatient de rendre la paix à mon peuple. »

J'ai vu sourire mon mari. Il a replié la lettre, l'a glissée dans un maroquin, a fermé le tiroir de son bureau. Le claquement du bois d'acajou m'a rappelé celui d'un cercueil.

Peu après, j'ai compris le fond de sa pensée : Bonaparte veut le consulat à vie. Je ne sais, si pour moi, tout cela sera bon. En tout cas, je n'aime pas les Tuileries. Je dors dans la chambre de la malheureuse reine. Il me semble que son ombre vient me demander ce que je fais dans sa couche. Il y a dans ce palais une odeur de roi qu'on ne peut respirer impunément et j'en suis encore tout agitée.

Ce début de juillet, le 6.

En ce début d'été, la Malmaison est mon sujet d'importance. Elle me rend heureuse. Aussi, je veux la rendre plus belle encore. Je rencontre maintenant, et tous les jours, Monsieur Fontaine et Monsieur Percier, les architectes. Nous avons choisi de garder l'ordonnancement des lieux, les belles perspectives, les belles enfilades. J'ai vu sous mes yeux s'achever la bibliothèque, entièrement tapissée du plus bel acajou et reliée dans ses trois parties par des colonnes de la même essence. J'ai craint le pire car la maison menaçait de s'écrouler avec tous ces travaux. Il a fallu diviser la pièce en trois parties, la ponctuer de ces colonnes doriques qui supportent des arcs formant pignons. J'ai vu cela sur les plans de Messieurs Percier et Fontaine. La forme est circulaire et le plafond, à fresques, figure Apollon, ses muses et Minerve. Les grands poètes français sont peints en médaillons. Tout cela fort grand, fort beau, digne du maître de la France qui vient ici lire et méditer sur ses destinées. Et pourtant, Bonaparte n'a pas oublié de me faire de la peine, barguignant sans cesse et répétant sur le ton de la chanson que cela ressemblait à une sacristie. J'ai protesté, arguant que ces messieurs les architectes avaient donné là la marque évidente de leur génie. Bonaparte a haussé les épaules. Un couloir secret, dissimulé dans l'une des parois, lui permet de regagner notre chambre sans être vu de personne.

Monsieur Fontaine m'a déclaré qu'il fallait à tout prix étayer la maison et installer des pieds-droits élevés sur des trumeaux. Ils porteront des statues et des vases, ce qui égaiera encore l'ensemble. Il ne faut pas que j'oublie le salon de musique, au rez-de-chaussée, où j'ai posé ma harpe et le pianoforte. J'ai meublé et décoré les murs avec ce que nous avons rapporté d'Italie. Monsieur Jacob[1] est venu avec des

1. Georges Jacob (6 juillet 1739-5 juillet 1814). Célébrissime ébéniste de grand talent. Il fournit les cours de Versailles et des Tuileries.

chaises, des fauteuils, un médaillier pour ranger mes camées antiques, des consoles.

La maison, dans ces beaux jours, ne désemplit pas. J'ai de plus en de mal à trouver le temps de remplir ce journal. Il y a les plus jolies femmes de Paris et mon Eugène, bien heureux de se trouver au cœur de l'essaim. Je croise les ministres, les conseillers, les aides de camp, les ambassadeurs. On joue aux barres, Bonaparte veut toujours gagner, ce qui provoque autant de fous rires que d'indignations. On joue à l'escarpolette[1]. Hier soir, le consul a demandé à ma fille de lire *Atala*[2]. Elle a écorché les noms trop exotiques à son goût et la pauvrette est devenue cerise à mesure que nous riions tous. Voilà qui me délasse des Tuileries.

12 septembre

Les rapports entre Bonaparte et sa famille empirent chaque jour davantage. Je suis impuissante à constater combien les rancœurs entre mon mari et ses frères s'aggravent. L'acrimonie de Lucien à mon encontre a fait place à de la haine. Il met toute son intelligence à me détester, à ne rien trouver en moi qui lui semble seulement défendable. Il m'abhorre, j'incarne à ses yeux tout ce qui est méprisable chez une femme. Je suis légère, capricieuse, vénale, égoïste, indigne du nom glorieux de Bonaparte dont il semble, à l'en croire, être le seul défenseur. Il m'adresse rarement la parole, mais dès qu'il le fait, il triture ses mots comme s'il voulait en extraire les sucs malfaisants. Cela ne peut plus durer. Hier encore, une scène terrible.

— Vous me semblez fatiguée, ma sœur.

1. Jeu de barres : jeu similaire à la balle au prisonnier ; escarpolette : actuelle balançoire.

2. *Atala*. Roman de Chateaubriand, publié en 1801. Cette histoire des amours de deux sauvages dans le désert connut un foudroyant succès.

— Je le suis, en effet. Le Premier consul ne laisse guère de temps de repos à ceux qui concourent au bonheur de la France.

— Il faut reconnaître, ma sœur, que la jeunesse est un précieux allié. Elle permet de poursuivre tous les efforts, d'envisager toutes les peines.

— Elle donne aussi à ceux qu'elle aveugle l'occasion de se couvrir de honte, de parler trop.

— Je vois, ma sœur, que l'âge étant venu, vous aspirez au repos. Il serait bien nécessaire à celle qui a si bien connu la vie.

Et cela peut durer, et durer encore, des quarts d'heure entiers. Je me demande comment un garçon jeune encore, beau, séduisant, spirituel, à l'intelligence si déployée peut perdre autant de temps à détester. Il m'a surnommée la Vieille. Et toute sa famille ne m'appelle plus qu'ainsi.

2 novembre

Scène terrible au Luxembourg entre Fouché, Bonaparte et son frère Lucien. Les voix portaient si haut que nul n'avait besoin de tendre l'oreille pour les entendre. Fouché a reproché vivement à Lucien ses mœurs, qu'il juge scandaleuses, et de citer ses maîtresses, ses orgies, son goût immodéré du pouvoir et des actrices. À son tour, Lucien a critiqué Fouché, lui a jeté au visage les flots de sang coulé. Il a fait paraître le ministre sous les traits de l'égorgeur, du jacobin. Fouché, pour riposte, a brandi la brochure intitulée *Parallèles entre Bonaparte, César, Cromwell et Monck*. Je sais que la maladresse de ce texte, le plus mauvais panégyrique que l'on puisse faire, a fortement indisposé les partisans de la République. Fouché et Lucien en sont venus aux injures. Bonaparte, en retrait, semblait compter les points. Je le connais. Il se demandait lequel, entre son frère et son ministre, il allait sacrifier sur l'autel de la patrie – ou à ses intérêts. Ce qui, pour lui, revient au même.

5 novembre

C'est fait. Lucien est disgracié et je respire mieux. Bonaparte l'envoie prendre le soleil d'Espagne dont il sera l'ambassadeur pour la France. La peur s'estompe, lentement, reflue comme les bords du rivage léché d'eau. Le répit. Je n'en suis pas la dupe. Combien de temps encore devrai-je craindre les pas sur le parquet, la porte qui s'ouvre, la lettre posée sur l'abattant de mon secrétaire, les regards des hommes et de certaines femmes, le mépris d'une famille, ce que je devinerai un jour dans le sourire triste d'Eugène : le désamour ? Et l'on envie mon sort, et je vois chaque jour de nouveaux regards sur les parures qui ornent mes poignets ou la robe que je porte. Où est Hippolyte dont le nom même, un jour, sera un souvenir oublié ?

Il me faut prendre les eaux qui, dit-on, rendent les femmes fertiles. Je veux aller à Plombières, à Luxeuil, à Forges. Je veux recevoir Corvisart[1], qui est de bon conseil.

Bonaparte a des mots si durs parfois. Ainsi il a décidé une chasse à Malmaison. Devant Madame de Montesson, j'affirme que nos bêtes sont pleines et qu'il ne faut pas songer avoir une pareille idée. Et lui rétorque : « Allons, il faut y renoncer : tout ici est prolifique, excepté Madame. » Comme j'ai pleuré !

Je suis femme. Moi j'ai eu des enfants. Pas lui. C'est de Bonaparte que tout cela vient ou ne vient pas, plutôt. Son sperme, c'est de l'eau !

---

1. Jean-Nicolas Corvisart (15 février 1755-18 septembre 1821). Médecin français. Il fut le médecin personnel de Napoléon Ier.

20 novembre

Nous avons porté hier nos pénates au Luxembourg. Escortés des troupes d'élite, Bonaparte, Cambacérès[1] et Lebrun ont été acclamés par la foule des Parisiens. Grand faste ! Il y avait les voitures des conseillers d'État, des ministres, celle des consuls, tirée par six chevaux blancs, et celle de Bonaparte, offerte par l'empereur d'Allemagne, en gage d'amitié, après le traité de paix signé à Campoformio. La musique militaire a joué *La Marche consulaire* et pas *La Marseillaise*. Les officiers à cheval, superbes de beauté, ont été fort applaudis sur la place du Carrousel.

Moi, avec Hortense et Caroline, j'ai regardé ces messieurs parader des balcons du pavillon de Flore. Bonaparte avait une allure de demi-dieu et c'est bien lui le héros du jour. Sa gloire éclabousse tout, même les fiacres de louage dont on a pris le soin de recouvrir le numéro avec du papier de même couleur que le fond de la caisse…

Je sais que le public a loué très cher les fenêtres sur la place du Carrousel et que la foule des Parisiens a beaucoup crié « vive le Premier consul ! »

J'habitais l'ancien logement des Gohier, il faudra que je m'habitue aux étranges coups du sort et rejoigne les appartements d'honneur.

24 décembre

Je n'oublierai jamais ce que je viens de voir. Et ma vue se brouille alors que j'écris ces mots tachés de mes larmes. Nous avons failli mourir. Assassinés par la vindicte et le ressentiment.

On donnait un oratorio du grand Haendel à l'Opéra de Paris. Je souhaitais m'y rendre. Bonaparte renâclait. Il arrive

1. Jean-Jacques Régis de Cambacérès (18 octobre 1753-8 mars 1824). Homme politique français. Il sera créé sous l'Empire duc de Parme et archichancelier.

chez moi, assure de ne pas vouloir partir. Je veux demeurer avec lui. Hortense nous prie de gagner l'Opéra. Le temps passe. Je m'habille. Il critique ma toilette, durement. Je tente de persister dans mon choix, je me justifie. Il insiste de plus belle. Comme à mon habitude, je cède et consens à me changer. Les minutes s'écoulent. Bonaparte part le premier. Nous le suivons, Hortense, Caroline et moi-même dans une seconde voiture, accompagnées de Rapp[1].

Nous n'avons pas le temps d'entrer dans la rue Saint-Nicaise qu'une effroyable explosion crève le silence du ciel. Les vitres de la calèche se brisent, les chevaux s'emballent, une maison s'effondre, Hortense est blessée à la main, je m'évanouis, on me ranime, je prononce un mot : « Bonaparte », tant je suis sûr qu'il a péri dans ce qui est un attentat.

Rapp sort de la voiture, revient, le visage anéanti par ce qu'il a vu. Des mourants, des corps déchiquetés, une pauvre petite marchande des quatre-saisons dont il ne reste sur le corps mutilé que le sourire de ses traits d'enfant. Des femmes, des hommes, des morts, la poussière, la suie. Un baril de poudre, dissimulé dans une charrette, vient d'exploser.

Nous arrivons à l'Opéra. Bonaparte s'y trouve, je l'embrasse avec effusion. Il me rend mes caresses, me calme, nous pleurons. Je vante Caroline dont le sang-froid fut admirable. Nous entrons dans notre loge. La foule du public à notre vue applaudit à tout rompre. Le concert commence.

Il est à peine concevable que ma vie et celle de ma fille, la vie même de mon mari, celle de sa sœur, ne tiennent qu'au fil d'une de mes robes. La mode et ce que nous sacrifions à la parure nous ont sauvés d'une mort atroce.

---

1. Jean Rapp (27 avril 1773-8 novembre 1821). Militaire et homme politique français. Aide de camp de Napoléon Bonaparte, d'un absolu courage, il lui sauva la vie à plusieurs reprises.

VIII.

8 janvier-29 décembre 1801

« Faites-nous donc un petit Césarion »

8 janvier

La police vient d'arrêter l'un des suspects de l'attentat. Il est royaliste, agissait au nom du comte d'Artois. Fouché est bien le meilleur des ministres, puisqu'il a avancé sur ce sujet, et Lucien avait tort. Mais les Tuileries sont devenues une prison tant la peur y rôde. On a distribué aux huissiers et aux domestiques des jetons de cuivre où leur nom est inscrit et seuls peuvent entrer chez moi ceux qui ont un laissez-passer signé de la main de Bourrienne.

16 mars

Je viens de recevoir Madame de Champcenetz. Cette femme est charmante mais trop obsédée par la cause monarchique. Je l'ai entendue me répéter avec passion tous les arguments en faveur de Louis XVIII. Je lui ai répété que je ne pouvais pas en dire un mot à mon mari car il était bien décidé à faire le bonheur des Français. On m'a aussi vanté les mérites de Madame de Guiche, venue en France afin d'y soutenir la même cause. Bonaparte n'a pas daigné se déplacer. À peine ai-je eu l'occasion de faire marcher la malheureuse dans le parc sous les fenêtres du consul.

Étrange audience en vérité, qui ne débouchera sur rien de concret.

23 mars

Deux nouvelles. L'une bonne, l'autre pas. Je viens d'apprendre le rattachement du duché de Parme à notre pays. Assurément, Bonaparte veille à la grandeur de la France.

Je pose à peine la plume que je viens de découvrir un mot de Monsieur Reverdin. Albion, toujours active sur le théâtre du monde, a défait nos troupes devant Canope, en Égypte. Même une division de dromadaires n'a rien su faire devant la détermination britannique. Touché gravement, refusant de sa faire amputer d'une jambe, le brave général Lanusse est mort de ses blessures. Le général Menou s'est enfermé dans Alexandrie. C'en est fini, je pense, de la campagne d'Égypte. Bonaparte a bien fait de rentrer en France.

Je sais aussi une affaire abominable. Fouché m'assure que le tzar Paul de Russie a été assassiné. La chose est horrible. Mais il m'apprend que le malheureux a été tué par son propre fils, Alexandre. La tête de l'empereur aura heurté le marbre d'une cheminée avant que ses meurtriers le piétinent et qu'il meure sous leurs coups, asphyxié. Fouché voit dans cet attentat la main de l'Angleterre et son or abondant. Comment imaginer un fils voulant faire disparaître son propre père, c'est à désespérer de la condition humaine. Parfois, le monde me fait horreur.

5 juin

Je suis épuisée, mais heureuse. Nous avons reçu hier les souverains d'Étrurie à Malmaison. Bonaparte a tenu à ce que la fête soit somptueuse. Elle le fut. Louis, le fils de Ferdinand Ier, duc de Parme, doit sa couronne à mon mari qui a bien modelé la carte de l'Italie ! Son épouse, la princesse Marie-Louise, fille du roi Charles IV d'Espagne, a l'air de beaucoup l'aimer. Afin de préserver leur incognito, ils ont voyagé d'Italie en France sous le nom de comte et comtesse de Livourne. Peut-on envisager couple plus mal assorti ? La reine n'est pas une beauté mais elle met un tel souci de plaire, que passé la morgue de sa mère, la reine d'Espagne, elle devient charmante. On jugerait que le roi est d'abord une pensée, tant il semble emprunté de son corps, ne sachant que faire de ses bras et de ses jambes. Ce neveu de la défunte reine Marie-Antoinette n'a pas subjugué mes dames qui toutes l'ont trouvé bien niais, riant de ses maladresses et de ses gaucheries. J'ai gourmandé Laure qui riait plus fort que les autres. Le roi et la reine, je le sais, ont étonné les Parisiens avec leurs équipages à clochettes qui tintinnabulaient sur les rênes des chevaux. Ils ont été à Frascati, emprunté les boulevards, salué à la portière des carrosses.

Nous avons reçu le roi et la reine d'Étrurie aussi à souper. Il y eut un accident fort regrettable. Je traversais le vestibule à colonnes pour à mon tour me rendre au grand salon, lorsqu'on est venu me dire que Louis s'était trouvé mal en sortant de voiture. Malgré les efforts de sa femme, nul ne pouvait cacher qu'il était atteint du haut mal[1]. Je me suis précipitée à ses côtés. Sa pâleur était mortelle. Il a voulu me rassurer avec un courage touchant, « ce n'est rien, balbutiait-il, ce n'est rien ! Mal à l'estomac ! J'ai faim ! J'ai vraiment faim, je dînerais bien... » Bonaparte a cru à la fable du mal de ventre. Mais j'ai bien vu qu'informé de la vérité, son front est devenu sombre. Qu'adviendra-t-il de ce malheureux jeune homme dont la santé paraît si fragile ?

1. Crise d'épilepsie.

17 juin

Monsieur de Talleyrand vient de donner à son tour une fête pour les jeunes souverains d'Étrurie. Elle s'est tenue à Neuilly, chez lui. Elle fut magnifique. Monsieur de Talleyrand a reconstitué avec tout le talent qu'on lui connaît Florence en France ! L'illusion a été si parfaite que, moi qui connais l'Italie, je fus subjuguée. Lorsque le roi et la reine sont descendus de leurs voitures, ils ont été accueillis par de jolies filles costumées en paysannes toscanes qui leur offraient de fleurs en chantant de jolis couplets. La reine en a parue très émue. Mais le roi est resté de marbre. Rien ne lui faisait la moindre impression. Étrange personnage.

12 juillet

Depuis l'attentat de la rue Saint-Nicaise, le Premier consul a jeté à la face de Fouché qu'il savait d'où le coup provenait. Et de désigner par là les jacobins alors que le ministre accusait les royalistes.

J'en ai parlé à Roederer[1], car tout le monde abandonne Fouché. Il a osé me dire que cet homme damné était « mon » ministre et que nul ne connaîtra la tranquillité et la sûreté tant que cette situation perdurera. J'ai répondu qu'il était avant tout le ministre du gouvernement. « Madame, a-t-il ajouté, s'il reste en place, avant deux mois, nous aurons tous le cou coupé. Je lui reproche d'avoir enhardi des scélérats plus encore que d'avoir lui-même trempé dans ce complot. Depuis une année, il ne les punit pas, il se montre chaque jour familier, amical avec eux. Il n'y a pas eu seulement une machine de poudre, mais une machine politique. Après la mort de votre époux et la vôtre

1. Pierre-Louis Roederer (15 février 1754-15 décembre 1835). Homme politique français.

aussi, Madame, ces traîtres projetaient de prendre le pouvoir. Tout cela n'a pu être préparé sans des allées et venues, sans des conciliabules répétés et qui ont pris du temps. Et l'on nous ferait croire que le ministre de la Police n'était au courant de rien ? »

J'ai répondu vertement que le consul ne devait pas se méfier de son ministre mais bien des flagorneurs qui lui conseillent de s'attribuer un pouvoir extraordinaire et de divorcer.

Je sais d'où viennent les menaces. Je sais d'où viendront les coups. Cela ne m'étonne pas. J'ai suscité la haine et la jalousie dès que la famille de Bonaparte m'a vue. Lucien me hait. J'ignore pourquoi mais sa haine est implacable. Je suis son obstacle. Il veut le réduire à néant. Si le consul accède à la dignité suprême, je ne sais pas la forme choisie, mais je serai morte. Car il voudra ce fils que je ne peux lui donner, Eugène n'étant pas la solution. Lucien la rejette avec force pour son propre profit, il veut, il ose exiger la dissolution de mon mariage. Joseph clame qu'il est l'aîné !

23 juillet

Bonaparte m'épuise. Suivre cet homme est une gageure. J'ai déjeuné avec lui, aux Tuileries, Déjeuner, voilà le mot à ne pas écrire. Peut-on appeler déjeuner ce festin extravagant où tout se fait à l'envers ? Mon mari dévore à la vitesse de l'éclair les pommes de terre frites avant le potage aux lentilles ; la timbale de macaronis après les morceaux de fromage de Parmesan. Il noie son chambertin sous de l'eau et avale à la louche des litres de crème glacée à la vanille de Bourbon. Puis il mord dans une côtelette de mouton dont il ne laisse que l'os poli à coups de dents. Je ne peux que dire, je déguste ma première bouché de polenta de châtaignes et je ne vois déjà plus que son dos qui disparaît derrière la double porte du salon.

7 juillet

Ma main tremble car j'écris ces mots en voiture. Nous partons pour Plombières. Hortense, sa cousine Émilie, Madame de La Valette, Monsieur Rapp sont de la partie. Lucien n'a pu s'empêcher de me montrer son aigreur, à l'instant où je me dirigeais vers la voiture. « Allons, ma sœur, m'a-t-il lancé, faites-nous donc un petit Césarion. » J'ai répondu par un sourire. Il n'a pas vu que mes ongles s'enfonçaient dans le cœur de ma main.

Auberge à Toul. Quelle horreur ! Nous avons pris des épinards accommodés à l'huile de lampe et des asperges rouges fricassées au lait caillé. Je laisse à Bonaparte le soin des festivités du 14 Juillet à Paris. Il m'écrit que le temps est affreux, qu'il quitte la Malmaison pour les Tuileries car, « elle est trop triste sans toi ». Voilà qui met du baume au cœur.

12 juillet

Hortense est de plus en plus charmante. Non, mieux que cela : elle est belle, elle a cette beauté discrète. Elle est une violette que l'on remarque par son maintien et son caractère doux. Ma fille ne songe pas à se marier. Elle n'en parle que peu à son frère qui la taquine gentiment sur ce sujet délicat. Mais elle ne veut pas déplaire à sa mère. Encore moins à son beau-père qu'elle idolâtre. Je sais qu'elle a eu du penchant pour Duroc, mais il y a d'autres prétendants possibles. De retour à Paris, je choisirai le parti à prendre. J'espère que la bouche qui se posera sur la sienne sera digne d'elle.

15 juillet

Hortense ne veut pas de Charles de Gontaut. Pas plus d'Hadrien de Mun, Just de Noailles. Bonaparte et moi avons alors eu une idée après en avoir longuement parlé dans notre chambre, quand tout respire autour de nous et que le bruit des sentinelles et des changements de la garde se fait entendre. Pourquoi ne pas marier Hortense à Louis, son frère ? C'est un jeune homme de mérite, aujourd'hui colonel de son régiment de dragons sur qui mon mari a veillé comme le plus doux des pères. Jusque-là, ce bon garçon de vingt-trois ans ne lui a donné que des satisfactions. C'est un excellent cœur et un esprit sensible et distingué.

Certes, Louis sombre parfois dans des accès de mélancolie, mais la brusque ascension de son frère peut expliquer ses doutes et ses peurs d'être jugé inférieur.

26 juillet

J'ai demandé à Bourrienne de parler à ma fille de ce projet. Le secrétaire du consul m'a répété mot pour mot ce qu'Hortense lui avait dit. Je ne vois rien dans ses propos qui lui feraient renoncer à cette union. Mais je n'entends pas non plus d'inclination ou de sentiment vif en faveur du frère de Bonaparte. Hortense est égale à elle-même. Elle a une belle mais froide conception du devoir. À ses yeux, le mariage est un sacrifice et elle s'y soumet. Je la souhaiterais parfois moins sensible et plus heureuse. La lippe ou le grand nez de Louis ne l'effraient pas, non plus que son caractère. Louis, de son côté, semble fort épris. Je sais qu'il a aimé, par le passé, la petite Émilie de Beauharnais.

6 août

Je sais que Horatio Nelson a tenté de s'emparer du port de Boulogne. Son attaque a été repoussée. Dans sa lettre, Bonaparte a laissé éclater sa joie. J'ai associé mon bonheur au sien. Les Parisiens ont chanté et bu, sur les boulevards, à la victoire. Je ne m'y trompe pas. Passé le quart d'heure d'allégresse, mon mari devait avoir le front soucieux. L'Angleterre a décidé sa perte. Tout bonnement. Je n'y vois pas la volonté de lutter contre la Révolution, d'abolir la République et replacer un roi sur son trône. Non. Albion veut le sang des Français.

28 août

Celui qui se fait appeler Louis XVIII ne désarme pas. Il me sait, il me croit bonne royaliste. L'attentat qui a failli nous coûter la vie est selon toute vraisemblance inspiré par Monseigneur le comte d'Artois. Voilà qui a mis son frère Louis dans une colère noire. Il pensait pouvoir faire pardonner aux lys ce qui a fait couler le sang de tant d'innocents en m'expédiant un marquis de Clermont-Gallerande, plus doucereux qu'un pot de miel, mâchonnant ses mots, les étirant comme le sucre rose et bleu des confiseurs, assurant que je ne pouvais être heureuse que du bonheur de mon roi. Il fallait que je mette tout en œuvre pour son prompt retour en France.

Par ailleurs, Louis XVIII sait, par le comte de Vioménil, que mes sentiments monarchistes ne sont pas feints. Ma vie au quotidien le prouverait assez. À ses yeux, je suis un ange de bonté qui multiplie les bienfaits pour ses partisans, ressuscite des familles dispersées par l'exil, assure des pensions à des veuves d'aristocrates. Je fus vicomtesse et je suis née de bonne noblesse, voilà qui doit me faire servir le trône en tant que bonne et zélée sujette ! « Faites donc connaître mes sentiments à Madame Bonaparte, a confié Louis XVIII, au marquis de Clermont-Gallerande, ils ne doivent pas la surprendre mais, ou je me trompe, ou son âme en jouira. » Entouré de sa petite cour, pétrie me dit-on de mesquineries vaines, le gros Provence se trompe. Favoriser son retour c'est trahir Bonaparte. Et cela, jamais.

26 septembre

Aujourd'hui, grande discussion au Conseil d'État sur les articles qui fondent le Code civil. Bonaparte n'a plus que ce mot à la bouche : réformer l'État, créer de nouvelles lois. J'apprends que l'obéissance des femmes à leur père ou mari sera renforcée. Pauvres de nous. Il est vrai que nous n'osons pas à la cour du consul parler de politique, même à voix basse. Le regard de mon mari foudroierait sur place l'audacieuse.

Désormais résignées, les femmes sont destinées au mariage et à l'enfantement. Rien de plus. Je sais ce dont je parle. Tout le monde fixe mon ventre qui reste plat. Cela est révoltant.

3 octobre

Le soir, lorsque nous sommes seuls et en famille à Malmaison, Bonaparte, plus tendre avec moi, veut qu'on lui fasse la lecture. Ce que je fais avec joie. Mais ce soir, précisément, il a préféré demander à Hortense le livre qu'elle voudrait bien lui faire connaître. Son choix se porta sur *Atala*, ouvrage fort remarquable de Monsieur de Chateaubriand. J'ai vu aussitôt combien cela embarrassait mon Hortense. J'ai lancé un œil à Bonaparte qui n'a rien voulu savoir. L'état-major le rejoignait à l'instant. Il a lancé à ma fille : « Madame Campan ne vous apprend donc pas à lire ! » Hortense semblait ne plus voir une phrase, et leurs mots lui devenaient subitement nouveaux, arbres, sites, animaux, dont ce livre est plein, révélant le goût de l'auteur pour l'exotisme, la passion mise à aimer.

Après le dîner, Bonaparte a pris mon bras et nous avons fait une promenade dans le parc. L'air était encore doux. Mon mari m'a parlé d'Hortense qu'il aime comme sa fille. « Je ne sais, m'a-t-il dit, ce qui me pousse ainsi à la taquiner mais cette petite assurément a la larme trop facile, un peu d'énergie ne nuit pas au sexe. Je suis persuadé que mon frère Louis et ta fille feront un joli ménage, bien gentil, comme le nôtre. » J'ai souri. Dieu veuille l'entendre. Car je sais que le caractère de Louis est parfois bien étrange. Il a fait parvenir à Hortense une lettre de vingt pages, sorte de condensé de sa vie, où tout est décrit avec une minutie d'horloge, jusqu'à son amour passé, pour une certaine Sophie, dont il fait le détail, donnant les goûts et jusqu'aux habitudes. Étrange manière de courtiser une jeune fille. Louis a demandé à Hortense de faire la même chose, d'écrire à son tour. Ma fille a eu la sagesse de répondre qu'il connaissait déjà tout de son existence et qu'il n'y avait que fort peu à en dire tant elle lui paraissait droite. Je ne fais que pleurer en songeant à cette union.

17 octobre

La paix avec la Vendée se fait. Monsieur Reverdin, qui est de l'Orne, me dit que les troubles cessent, que les paysans rentrent chez eux, heureux de savoir que leurs biens leur seront conservés. Les chefs ont été bien reçus par le consul qui s'est montré clément avec eux. Il est temps que la France respire, heureuse, sans le spectre abominable de la guerre civile. Avec mes femmes, nous ne parlons plus que de la paix avec l'Angleterre. Le colonel de Lauriston, aide de camp de mon mari, revient de Londres. Il nous a dit qu'envoyé en Angleterre à la demande de Bonaparte, il y avait reçu un accueil formidable et que le peuple avait traîné sa voiture dans les rues de la capitale. La paix, donc, sur toutes les lèvres. Voilà le seul instant où des femmes sont admises à la table de la politique.

2 novembre

Je m'amuse à voir combien Lannes, Bessières, Murat, Augereau, furieux, jaloux l'un de l'autre, se disputent un regard ou un mot de Bonaparte. Ils se chamaillent, pire que des filles, jurant de quitter le consul qui, selon eux, a fait un passe-droit de plus à leur rival. Ô vanité humaine, jamais prise en défaut, qui pousse des hommes faits à se disputer le pouvoir, les honneurs ! Je suis parfois dans la position de les raccommoder ensemble. Mais, parfois, l'échauffement est tel qu'il produit des brouilles durables. Ainsi, Murat. Mon beau-frère, pire que les autres, insatiable, chat griffu et gourmand, qui porte un anneau d'or à l'oreille et une pelisse d'ocelot, tel qu'on le voit sur le portrait de Monsieur Gérard. Il y est figuré en garde des consuls et gouverneur de Paris, de profil, afin de montrer sa belle cuisse, bien galbée, son postérieur, rond comme une pomme, oh le beau hussard, fringant, décidé, qui cache ses amants à sa femme ! Je ne sais s'il m'aime. Il me montre déférence et respect, il va vite, militaire en tout, bravache souvent, fier, fou, les mèches brunes en bataille, mais je doute qu'il soit aussi profond que son appétit. Il aime Bonaparte. Voilà qui devrait suffire.

22 novembre

Je dors avec Bonaparte. Je partage sa couche. Je suis sa femme, j'écarte les cuisses pour lui plaire, docile, amoureuse, patiente, moi qui lui ai appris l'amour. Je ne suis pas la mère de son fils. Je ne parviens pas à ce bonheur. C'est impossible. C'est à hurler alors que j'ai deux enfants.

J'attends le printemps pour voir mes roses fleurir, charnues et peintes, respirer leurs pétales retroussés et penser à autre chose.

26 novembre

Je me distrais, avec un mot qui court Paris et les salons. Il devrait me faire pleurer. Il m'amuse tant il est piquant. Nul n'ignore en ville les goûts de Monsieur de Cambacérès que les bonnes âmes prétendent « contre nature ». Je ne sais si elles ont raison, mais cela exaspère Bonaparte qui a exigé que le Deuxième consul s'affiche avec une actrice afin de faire taire la médisance. Or, voilà que la belle attend un enfant. Et flatteurs de complimenter l'heureux amant et bientôt père qui répond, miracle de fausse candeur, « oh, cela regarde Monsieur de R. Je ne l'ai connue que postérieurement » !

Madame de Coigny, ma douce amie, me dit que nul n'a jamais su si Monsieur de Cambacérès était ou non régicide. Il a commencé par déclarer Louis XVI coupable, puis il a refusé à la Convention le droit de le juger. Il vota ensuite la détention. Et sa mort, mais seulement en cas d'invasion étrangère. Il s'est contenté, d'après Aimée, de demander l'exécution « dans les vingt-quatre heures du jugement qui portait la peine capitale ».

Il ne contredit jamais Bonaparte, se contente d'avis modérés, jamais sots, mais qu'il change aussitôt selon la direction du vent. Cet homme est aussi courtisan que je suis femme.

3 décembre

La paix. On y travaille à Amiens. Ce sera bientôt chose faite, ainsi plus de guerres entre France et Angleterre. Voilà qui réjouit tous les cœurs. Le consul ne prend pas de repos, ni le jour ni la nuit, il travaille avec ses conseillers, les heures de déjeuner ou de souper ne sont plus fixes, elles dépendent de l'ultime réunion, de la dernière audience parfois, Bonaparte ne prononce plus un mot, son front se barre d'un pli et nul n'oserait interrompre les pensées du maître de la France.

L'État se renforce partout. Il n'y a pas un domaine qui ne soit légiféré, modernisé, reconstruit, corrigé. Est-ce une nouvelle ère qui s'ouvre pour notre pays ?

29 décembre

L'année se termine sur le vote d'une loi qui fait frissonner. La peine de mort restera appliquée. Moi qui ai failli mourir, je n'oublie pas la peur à chaque seconde, le tressaillement au moindre bruit, l'injustice, toujours possible.

Je ne parviens pas à quitter ce sentiment d'ennui, gêne, dont j'ignore le motif précis. Autour de moi, la joie est générale. Étrange sensation de solitude, doux, comme le cachemire qui câline mon cou et que je ne chasse pas tout à fait.

Je sens que je n'étais pas faite pour autant de grandeur et que je serais plus heureuse dans la retraite, entourée des objets de mes affections.

IX.

4 janvier-12 décembre 1802

« Tu seras roi Macbeth »

4 janvier

Le mariage est consommé. Belle et bonne cérémonie. J'ai pleuré à chaudes larmes en contemplant ma fille si jolie. Louis semblait radieux. Bonaparte a été charmant et généreux dans le choix de la corbeille qui est magnifique et qu'Hortense regardait à peine. Le jeune ménage s'installe à Paris. Le légat du pape a donné sa bénédiction dans l'hôtel de Chantereine. Caroline Murat en a profité pour faire bénir par le même Monseigneur Caprara sa propre union avec Murat. Ces deux-là s'aiment avec passion. Tout le monde répétait à Hortense : « Vous serez heureuse, Louis est si bon ! »

On le constate, partout, la religion revient en France. Le consul y veille personnellement. Je vais peut-être reprendre le chemin de la chapelle ; voilà qui ne me cause guère de tourments. Je me suis éloignée de Dieu non par caprice mais par lassitude. J'ai trop vu le sang couler, le sang d'innocents versé si abondamment que je me suis forgé l'idée d'un ciel vide. J'ai laissé durant ces années la religion de mes pères aux peintres des églises. Je n'ai pas de prêtres autour de moi. Ceux qui l'ont été à une époque de leur vie – elle me semble d'avant le déluge – ont jeté leur soutane dans le caniveau. Croire est une grâce.

Ma fille est devenue femme. Je la vois chaque jour. Je ne sais si je peux prétendre qu'elle est heureuse. Le bonheur est-il donc fait pour Hortense ?

31 janvier

Depuis le retour de ma fille de la Malmaison où la générosité du consul l'avait placée loin de l'agitation de Paris, je n'ai cessé de l'observer. Mes yeux ont cherché dans les siens les premiers symptômes d'une grossesse que je me suis plu à lui prédire. Et qui, joie immense, vient de se déclarer. Bonaparte ne cesse de répéter à Hortense qu'il espère bien que ce ne soit surtout pas une fille et qu'il la recevrait mal. Voilà qui fait pleurer cette pauvre petite. J'ai vu Hortense, chez elle, copier la tête d'un petit enfant d'après Greuze. Elle m'a dit se figurer que le sien aurait les traits du modèle charmant qu'elle avait sous les yeux.

Louis et Hortense seront parents dans quelques mois. Voilà la question de la succession réglée. Bonaparte était d'humeur joyeuse ce matin. Le premier-né de ma fille ne devrait-il pas combler le maître de la France ?

27 mars

La paix vient d'être signée avec l'Angleterre. Je ne pourrai plus craindre les foudres de Bonaparte lorsque je porte de la mousseline, du linon ou de la dentelle de Londres. Je l'ai vu tant de fois déchirer ma tunique pour des raisons « patriotiques ». J'avais beau dire que c'était du linon de Saint-Quentin, son œil qui voit tout me condamnait sans répit et sa main séparait en deux l'étoffe de contrebande anglaise.

Je me lève tôt et je me couche affreusement tard. En somme, je ne cesse pas d'être éveillée. Bonaparte me le répète.

À moi d'ordonnancer la vie des Tuileries et de rendre au monde ce palais vide. Je donne des soupers, des concerts, des soirées, des audiences, je vois les ambassadeurs, la noblesse dans ce qu'elle a de plus distingué, le clergé, et même les acteurs et les actrices. Je visite des manufactures de draps, de bois tourné, de clous, de ferblanterie… j'entends la petite fille me dire son compliment d'une voix que la peur rend diaphane et me tendre son bouquet de roses. Je souris, j'embrasse, je remercie, j'écoute gravement la méthode infaillible pour créer un clou, on m'en offre un encore chaud que je tiens dans mes deux doigts gantés. Le lendemain, je visite un hospice, puis un orphelinat, puis un collège, puis un hôpital. Quel métier épuisant !

18 avril

Nous avons fait nos Pâques célébrées à Notre-Dame. La foule était immense. Et la cathédrale pansait ses plaies sous d'immenses tentures qui masquaient aux yeux du peuple les statues mutilées par les jacobins. Les voitures des conseillers d'État, des ministres, du corps diplomatique, tirées à quatre chevaux, précédaient celles, à six chevaux, des consuls Lebrun et Cambacérès. Enfin, saluée dès son départ des Tuileries par soixante coups de canons, celle de Bonaparte et la mienne, tirée à huit chevaux et saluée par des ovations à rompre les poitrines. J'ai salué. Il a salué. J'ai souri.

J'ai embrassé l'anneau de Monseigneur de Belloy qui nous attendait sur le parvis. Paisiello a donné son *Te Deum* qui est fort beau et fut fort bien chanté. De la tribune où j'avais pris place, j'ai regardé ces visages, ceux de Fouché, de Talleyrand, des anciens amis de Robespierre ou de Danton, des conventionnels et des grands noms de notre noblesse. Ici se côtoyaient les anciens détenus et leurs geôliers. Cette France nouvelle me semble bien extraordinaire, mais elle tient. Alors je rends à César ce qui est à Bonaparte.

Les tambours ont battu *Aux champs !* à l'instant de l'élévation, voilà qui pourrait prêter à un franc étonnement. Mais le *Sanctus* chanté avec cœur, les enfants en surplis immaculés, les uniformes et les grandes orgues de la cathédrale offraient à la cérémonie une grandeur sauvage qui a frappé bien des esprits. Le Premier consul a décidé que la messe serait donnée aux Tuileries tous les dimanches et fêtes. Dieu s'invite en France.

12 mai

Bonaparte vient d'être désigné par le Sénat consul à vie. « Tu seras roi Macbeth », ai-je alors pensé. J'ai découvert mon mari l'œil bleu, froid, digne, le menton tendu et qui fixait le ciel. Moi qui le connais si bien, j'ai vu ses mains s'agiter, du moins trembler un peu alors qu'il saisissait sa cravache à l'instant de monter à cheval. Il a tous les pouvoirs, il a l'initiative des lois, il peut choisir son successeur. La nouvelle Constitution lui donne la France. Il est le maître. La Révolution semble bel et bien morte. J'ai compté les années et les jours : cela fait dix ans et huit jours que la monarchie s'est évanouie.

7 juin

J'ai passé et je passe encore des jours délicieux à la Malmaison. Monsieur Reverdin m'a raconté que ce nom venait du peuple viking qui, d'un fortin construit jadis, menait des attaques pirates. Cela me divertissait d'imaginer ces hommes hirsutes et sales alors que mes yeux ne se lassaient pas du spectacle de ma fille qui attend un heureux événement et de ses amies dans le même et si intéressant état, je veux parler d'Adèle et Eglé Auguié, d'Émilie de La Valette, d'Aimée, qui vient d'épouser Davout[1], ou Félicité de Faudoas et encore Nievès de Hervas, promise à Duroc.

Les Junot et les Murat passent souvent nous voir et ce ne sont plus que jeux, rires et mascarades. Hortense et Eugène ont tant supplié que Bonaparte vient de céder : ils ont eu un petit théâtre portatif inauguré en grande pompe par les Italiens qui ont chanté *La Serva Padrona* de notre cher Paisiello. Puis ils viennent de jouer, et avec quel succès mérité, *Le Barbier de Séville*, l'œuvre dont on sait l'encre et les larmes qu'elle a fait couler depuis sa création. Hortense y tenait le rôle de Rosine et Bonaparte m'a reproché d'avoir laissé ce choix s'imposer. La reine Marie-Antoinette avait elle-même tenu ce rôle dans une pièce que mon mari continue de penser bien subversive.

18 juillet

La Malmaison me donne le sentiment du bonheur. Elle respire mille parfums et n'en est pas avare. Voici l'hortensia qui vient tout naturellement d'emprunter son nom à ma fille. J'ai fait aussi planter de la soldanelle des Alpes, des violettes de Parme, des lys du Nil, des roses de Damiette, et le beau jasmin de la Martinique qui me rappelle mon pays, mon enfance et mes parures de jeune fille. Les conquêtes de mon mari se montrent alors plus odorantes et moins guerrières.

10 octobre

Je pleure de joie, je suis grand-mère ! Hortense vient de mettre au monde un beau et gros garçon, qui se prénomme Louis, comme son père, et Charles, comme son grand-père.

1. Louis-Nicolas Davout (10 mai 1770-1er juin 1823). Officier français. Il deviendra maréchal d'Empire et prince d'Eckmühl.

Il est assurément plus Beauharnais que Bonaparte mais mon mari en est fou, entiché au possible, presque autant que moi. Tout s'est passé idéalement et j'ai pleuré des fontaines.

28 octobre

Nous partons en voyage, Bonaparte et moi, pas pour l'agrément mais pour le bien du pays. Nous partons demain, première étape décidée, Évreux. Avec Eugène, ce qui me réjouit infiniment.

2 novembre

Le Premier consul a été reçu à Évreux avec une joie vraie, une allégresse inconcevable. On a tiré un feu d'artifice. La ville était illuminée et partout on voyait des transparents. La foule était si nombreuse que chacun voulait toucher Bonaparte à un point tel qu'il n'avait plus de mains pour en serrer les nouvelles qui se tendaient vers lui.

Eugène se porte à merveille, raffole de son petit neveu, écrit à sa sœur chaque jour. Le 30, il y a eu bal, et l'assistance était une fois de plus si grande qu'on a pu danser seulement après notre départ.

Je me soucie pour ma mère. Je lui ai écrit de vendre ses plantations puis de quitter la Martinique. Je lui ai appris la belle et bonne nouvelle, l'heureux accouchement d'Hortense. Bonaparte le fera baptiser à notre retour de Paris, il en sera le parrain et moi la marraine. J'ai ajouté que je souhaitais que maman m'adressât vite les arbres et les graines de toutes les espèces possibles, même celles qui viennent dans les bois. J'ai recommandé enfin à mon plus jeune beau-frère notre jeune Jérôme, parti pour les îles, ainsi que ma ravissante belle-sœur, Pauline, qui suit Leclerc à Saint-Domingue.

23 novembre

Je suis la consulesse et la consulesse se doit d'avoir sa maison. Mesdames de Talhouët, de Rémusat, de Luçay et de Lauriston feront auprès de moi les honneurs du palais. Messieurs de Rémusat et de Luçay sont nommés préfets du palais. Monsieur de Lauriston est aide de camp.

Un nouvel arrêté donne aux ministres de la République le titre d'Excellence et le devoir de porter l'habit français, la bourse et l'épée à poignée d'or sans dragonne. J'imagine déjà le visage de certains de ces messieurs : voilà qui donnera aux humeurs jacobines le cordial pour les calmer.

7 décembre

On le dit, on me le répète, je suis espionnée. J'imagine si « elle » ou « lui » pose le regard sur ce journal ! Bonaparte en ignore l'existence, il serait furieux en découvrant ce que je pense de lui. Nul ne sait. Pas même mes enfants. J'aime assez ce mystère, aussi piquant que le début d'une histoire d'amour. Voici que je rédige mon jardin secret. J'entends qu'il le reste.

On m'épie, mais j'ai l'habitude d'être regardée. Je l'étais déjà au spectacle, en soirée et dans le monde. Je le suis désormais aux Tuileries. Je songe à la défunte reine Marie-Antoinette, Dieu, comme elle dut souffrir de ces regards et comme je comprends mieux son désir de fuir la foule, de ne voir que des gens aimants et aimés d'elle.

12 décembre

Je n'aime pas Madame de Talhouët. Je n'aime pas son regard de fouine, son sens du devoir convenu et peu sûr. Elle a été fort belle, mais ces restes de beauté n'empêchent pas un ton mordant et plein de dédain qu'elle prend pour tous et sur tout. Je l'ai surprise à plusieurs occasions à traîner la dernière dans mon cabinet, à regarder le livre ou le feuillet ouvert sur le marbre du *tondo*.

Préférais-je Madame de Rémusat ? Je n'en sais rien, mais je tiens à louer son esprit qui est vif, sa culture profonde, je la crois sensible, fort attachée à son époux, à ses enfants, Charles, intelligent au possible, et le petit Albert, hélas bien contrefait. Clari, le petit nom qu'on lui donne, est attachée au Premier consul, ce qui est fait sans flatterie, mais avec ce bon sens et cette mesure exacte que Madame de Rémusat met dans tout.

Il me faut me méfier de Talhouët. Est-ce elle, l'espionne ? Si elle lisait ce journal, ç'en serait fini de moi…

X.

13 mars-22 décembre 1803

« Il m'appelle son agenda »

13 mars

Scène affreuse chez moi alors que s'y réunissait le corps diplomatique. L'Angleterre n'a pas évacué l'île de Malte. Le Premier consul a dit tout le mal qu'il pensait de son pays à l'ambassadeur d'Angleterre. Lord Whitworth[1] a pâli sous l'affront et gardé un silence implacable. Malgré la paix signée il y a peu, je sens que la guerre se prépare. Les ports français sont l'objet de soins et de travaux énormes. Mon Eugène est à Boulogne, en avant-garde. Il a déjà été bien canonné. Pourquoi les hommes veulent-ils toujours s'entretuer ?

12 mai

Voici la paix d'Amiens brisée par la volonté de Monsieur Pitt le jeune. Il a haï la Révolution. Il hait la France encore plus sûrement. Je sais qu'il vient de lancer à notre face et pour la troisième fois le rassemblement de nos ennemis.

---

1. Charles Whitworth (29 mai 1752-13 mai 1825). Diplomate et homme politique britannique.

24 juin

Nouveau voyage, pour le nord du pays. Nous quittons Saint-Cloud. Mesdames de Talhouët et de Rémusat m'accompagnent. Je pars avec mon Eugène. Joie d'une mère. J'ai rencontré Van Bree ; grâce à cet excellent homme, artiste fort accompli, j'ai acheté une collection complète de peintres hollandais et flamands. La peinture m'enchante et je suis contente. Elle me change des sombres nuages que charrie la tempête grondant entre Paris et Londres.

27 juin

Nouvelle scène pénible, cette fois-ci en famille. Mortefontaine est une terre qui appartient à Joseph. Sa mère étant présente, il veut lui faire les honneurs de sa maison et de sa table ; Bonaparte s'insurge, il est le maître, le chef de la France : « Pas chez moi », rétorque Joseph. « Nous verrons bien », reprend Bonaparte. Nous quittons le salon, Lucien me donne le bras, Bonaparte se précipite, l'arrache de moi, bouscule tout le monde, entre dans la salle à manger le premier et ordonne à Madame de Rémusat – Dieu qu'elle était gênée –, de se placer près de lui. Je ne savais plus où porter mes regards tant la famille était vexée, meurtrie, mécontente et silencieuse ! Pourquoi s'emporte-t-il ainsi, aussi vite, férocement, pour des vétilles ? En a-t-il après les siens ?

24 juillet. Amiens.

Guirlandes de fête, feu d'artifice, enthousiasme de la population. J'ai pleuré en voyant ces gens venir à nous, toucher le bas de mes robes.

28 juillet

Le climat de fête et d'allégresse semble être partout maintenant. Arras, Lille, Dunkerque, et maintenant Bruges avant Gand. Quatre-vingts villes seront visitées, dix-sept départements traversés par le Premier consul, son escorte et moi-même. Bonaparte veut que le pays profond comme ces régions conquises le voient près d'eux, proche d'eux. À chaque étape, la même générosité vraie, le même charmant accueil. Nous dansons, nous montons à cheval, et cette vie active ne m'empêche pas de penser à Hortense et son enfant qui fait notre joie de mères.

Bruxelles fut une manière d'apothéose. Dans la collégiale Sainte-Gudule, pavoisée et splendide, Monseigneur Caprara, légat de Sa Sainteté, attendait Bonaparte, avec tout le clergé réuni, sur le parvis, face au portail latéral, dit de Charles Quint ! Tant d'hommages n'ont pas manqué de toucher le Premier consul. Plus tard, il a passé en revue les troupes, reçu en souriant des vivats à faire trembler les voûtes. J'ai moi-même reçu les autorités de la ville, accueilli leurs épouses, assisté à des dîners, des soupers, des lunchs, j'ai offert un nombre incalculable de châles, de bijoux, de porcelaines, de fourrures, de souliers, de réticules, de montres... J'espère que toutes garderont un bon souvenir de la tendre Joséphine.

2 août

J'ai pu écrire à Hortense. Enfin ! Car je n'ai pas une seconde à moi et les quinze domestiques qui ne me quittent pas comme une ombre ne me soulagent que du superflu. Depuis mon départ de Paris, j'ai été constamment occupée à recevoir des compliments. J'en ai été presque ennuyée, ma nature profonde étant discrète. Toutes mes matinées se passent à recevoir et souvent mes soirées. Il faut encore aller au bal. Ce dernier sujet m'aurait fait un immense plaisir si j'avais pu le partager avec ma chère fille.

On m'a offert à Bruxelles une robe toute de dentelles. On m'assure qu'elle vaudrait trente-deux mille francs.

J'ai demandé à Beauvais que l'on place l'étendard de Jeanne Hachette dans ma chambre. Cela a fait son petit effet parmi la municipalité. J'ai écouté de nouvelles harangues et des compliments de bienvenue. À Amiens, j'ai bien ri : le président du Commerce se faisait souffler son discours par un très petit homme tout rond qui n'avait qu'un défaut aux yeux de Monsieur le Président ; souffler trop vite. Aussi le premier a-t-il souffleté prestement le second, le morigénant d'importance. Puis, il a repris le fil de son discours comme si rien ne s'était passé.

5 août

Nouvelle alarmante qui gâche ce beau voyage. Je viens d'apprendre que ma Stéphanie[1], dont je suis la marraine, et ses frères Louis et Sainte-Rose, notre petit Yéyé, viennent d'être pris en mer par la flotte anglaise, au large de Brest, alors qu'ils revenaient des îles. Ces malheureux enfants sont retenus prisonniers à Portsmouth par la cruelle Albion. Bonaparte m'a promis qu'il serait à Paris dans huit jours.

Paris. La mi-décembre.

Je ne suis pas mécontente d'être enfin revenue chez moi. Encore que ces deux mots soient incongrus : une femme est-elle chez elle quand rien ne l'y dispose ? Tout est réglé par

1. Stéphanie de Beauharnais (28 août 1789-29 janvier 1860). Napoléon Ier l'adopte et elle deviendra grande-duchesse de Bade. On a prétendu qu'elle aurait été la mère du fameux Kaspar Hauser, enfant mystérieux venu de nulle part et qui défraya la chronique.

mon mari. Bonaparte a donné des ordres pour que les anciens palais de nos rois soient mis à sa disposition. Nous ne cessons pas de bouger. Les caisses d'effets, les meubles, les tapisseries vont et viennent et parfois se placent entre des gravats et du plâtre encore frais. Tout doit donner davantage d'éclat à la grandeur de la France et les maçons, les peintres, les stucateurs, les ornemanistes, les tapissiers bénissent mon mari comme un souverain bâtisseur. Le matin, à huit heures, il quitte notre lit ! Aux Tuileries, il déjeune avec moi. Vite et mal. À Saint-Cloud, il déjeune seul. Encore plus vite, encore plus mal. Sans respect pour l'ordonnance des plats, mouillant d'eau sa soupe chaude afin de l'avaler plus rapidement. À déjeuner, il préfère recevoir des artistes, de ces comédiennes dont, manifestement, il ne peut se passer. Ces grues se pavanent, le croupion en l'air, minaudantes et sucrées, buvant les paroles de l'oracle, déclamant du Corneille à l'heure du café. Des pécores qui m'insupportent !

Bonaparte travaille aux affaires publiques jusqu'à six heures. De mon côté, je demeure chez moi, je reçois un nombre incalculable de visites, des femmes viennent me parler de la carrière de leurs époux, soit qu'ils fussent déjà au gouvernement, soit qu'ils veuillent y entrer. On me remet des lettres, des billets, des placets, des pétitions que je m'empresse de ranger dans mes tiroirs de peur de les perdre.

À Paris, on dîne tôt. À Saint-Cloud, on se promène avant et Bonaparte me fait la grâce de monter dans ma calèche : mes dames, ses officiers et aides de camp suivent. Je ne suis plus jamais seule. Après, Bonaparte retourne travailler. Je suis alors « chez moi », avec des intimes, mes enfants, ce qui me reste d'amis sûrs et fidèles. Nous jouons au whist, au trictrac. Et puis, soudain, Bonaparte me fait mander. Je quitte mon jeu.

Une fois par mois, je donne un grand dîner de gala qui réunit dans la galerie de Diane, aux Tuileries, tout ce qui compte au moment. Les dames me font l'honneur de s'y rendre très parées. Le Premier consul ne supporterait d'ailleurs pas qu'il en fût autrement.

Ensuite nous rentrons, nous nous couchons. Je calme son caractère, ses impatiences. Je l'écoute, il me gourmande gentiment lorsque je tente de lui parler de politique ; toutefois il attend que j'achève mes paroles, semble réfléchir à mes propos et les conserver dans sa mémoire. Il m'appelle d'ailleurs son « agenda ».

Ce que Bonaparte nomme « entraînement de la destinée » nous dépasse. Laissons faire le ciel.

22 décembre

Nouvelles menaces d'attentat. Les enfants Tascher sont libérés. J'ai pu embrasser Stéphanie et ses frères. Je me suis jetée aux pieds de Bonaparte. Quelle année !

XI.

5 janvier-30 décembre 1804

« Ils veulent me prendre la vie, je prendrai la leur »

5 janvier

Et 1804 débute mal : je suis malade. J'ai pris une purge à l'huile de Palma Christi et à peine avions-nous échangé nos bons vœux de bonne et heureuse année, que j'ai éprouvé d'affreuses douleurs au ventre. Ensuite, j'ai eu une fièvre violente. Il s'agit, selon mon médecin, d'une super purgation. J'ai un tout autre avis sur la qualité de cette huile qu'il prétend rance ou falsifiée. En fait, je parle moi d'empoisonnement ! L'étranger veut ma mort. Comme l'étranger veut celle de Bonaparte. Je connais à nouveau la peur, même si je n'en laisse rien paraître en public.

Aussitôt, le Premier consul a donné des ordres. Lui-même me fait songer à ces empereurs romains qui ne dormaient jamais deux fois de suite dans la même chambre, désignant leur future couche à la dernière seconde. Bonaparte agit de même. Il sommeille à peine, dort deux petites heures, toujours sur le qui-vive.

La garde a été encore renforcée. La frayeur de l'assassinat est partout. Il se fait surveiller par une garde inconnue placée sous l'autorité du bon Duroc seul. Cette garde invisible est dans toutes les antichambres, dans le moindre cabinet et deux hommes en armes sont de faction dans notre chambre même. Les portes sont soigneusement barricadées, et les soldats gardent celles qui sont dans chacune de ces chambres, tant aux Tuileries qu'à Saint-Cloud. Toutes les deux heures, on relève les postes avec un mot d'ordre qui revient à Bonaparte, qu'on réveille dans son lit, afin qu'il en change trois fois par nuit.

J'en ris et j'en pleure, tant ces désagréments ne sont pas près de finir. Les malheureux soldats nous tournent bien le dos lorsqu'ils entrent chez nous, mais il leur est impossible de ne pas faire correctement leur service. Ni moi de me sentir épiée et sans plus aucune intimité.

3 février

Soirée chez moi. Bonaparte ne lâche pas du regard Madame Biazzini. Cette cantatrice rit fort, lance des œillades, minaude, fait la roue, et reçoit de mon mari force sourires. Les hommes ! Je lui en ai fait le reproche. Il a soupiré, n'a rien ajouté à ce soupir qui me tue. Je donne tout à Bonaparte, je suis seule et depuis longtemps avec lui : rien ne m'importe davantage que sa gloire et il me traite devant le monde comme la dernière des filles, comme une femme malheureuse que l'on bafoue sans scrupule. J'ai pleuré. Il m'a consolée. A promis de s'amender. M'a juré qu'il n'aimait que moi. M'a dit que j'étais une bête. Je pardonne. Mais je souffre.

6 février

Paris semble en état de siège. La garde du consul est partout, placée à égale distance autour des murs et l'on ne se promène plus que jusqu'aux barrières. Les Parisiens, m'a-t-on dit, accourent pour voir ce spectacle martial, se montrent curieux, surpris, mais point mécontents d'être privés d'une partie de leur promenade. Ils savent que Bonaparte veille sur leur bonheur et ne traque que les coupables.

7 février

L'un des chouans de la rue Saint-Nicaise, l'homme qui voulait la mort de Bonaparte, a demandé sa grâce. Il est royaliste, il est catholique, il se bat pour un roi qui ignore son neveu alors qu'il le sait vivant ! L'homme, ce chouan sorti de sa Bretagne, ignore tout de Louis XVIII. Monsieur Charles continue, aux Trois-Islets, à la Martinique, une vie simple, tranquille, éloignée de ces fureurs. Ironie cruelle. Les chouans ne se battent pas pour l'héritier de Saint Louis, le successeur de Louis XVI, le seul fils de France digne de ceindre la couronne. Je soupçonne Fouché de s'en être convaincu puisqu'il sait que le Dauphin n'est pas mort au Temple.

L'homme a parlé pour sauver sa peau. J'ai connu la promesse de l'agonie. Je ne le blâme pas de manquer d'honneur pour vivre. Il a révélé des choses importantes : quatre-vingts chouans se sont réunis à Paris pour assassiner Bonaparte. L'apprenant, Savary est parti avec cinquante gendarmes prendre un certain Cadoudal[1], désigné pcomme instigateur de ce complot, et dix-sept autres individus qui ne sont pas éloignés de la capitale. Lorsque je songe que ce Cadoudal serait à Paris depuis le mois d'août, je ne peux m'empêcher de frémir. Je connais peu à peu tous les détails de l'horrible complot. On a déjà emprisonné bien du monde. Au cours de ses interrogatoires, l'homme qui parle a avoué contre sa vie sauve que les conspirateurs attendaient la venue d'un prince. Lui et ses complices n'en ont pas dit davantage. Les discussions courent bon train aux Tuileries et chacun y va de ses élucubrations afin de mettre un nom sur une tête. En fait, ces messieurs ne savent rien.

L'homme qui ne voulait pas mourir n'en finit plus de parler. J'apprends deux choses inouïes ! La terrible police de Fou-

1. Georges Cadoudal (1er janvier 1771-25 juin 1804). Général chouan et maréchal de France à titre posthume, commandant en chef de l'armée catholique et royale.

ché a découvert que le général Moreau[1], le vainqueur d'Hohenlinden, serait du complot. Je sais que sa femme et sa belle-mère, pourtant créoles comme moi, se sont prises d'une haine à mon égard que la jalousie attise sans que j'en connaisse les raisons. À l'en croire, elles ont poussé Moreau à la faute et bien mal placé leur ambition. Le général est arrêté. Ainsi que Pichegru, le général de la Convention, tout dévoué au clan royaliste, saisi rue de Chabanais

Il y a pire. Mes amis Polignac et le marquis de Rivière sont arrêtés aussi. Cela touche à la haute aristocratie, les noms les plus prestigieux de France sont compromis. Voilà qui va réveiller nécessairement la fibre jacobine. Bonaparte ne voit qu'une facette du péril. Il faut réconcilier ces deux France que tout sépare autour de son nom. Il est le seul capable de préserver les libertés des uns et de donner aux autres les assurances qu'ils réclament. Royalistes et républicains peuvent s'entendre pour le bonheur de l'État. Je le lui répète. Il ne m'entend pas. Pour la première fois de ma vie, je lis sa peur.

22 février

Caroline Murat est de ces femmes chez qui leur seule ambition fait office de gloire. Elle veut davantage d'honneurs pour elle et son mari. Sa rapacité en la matière stupéfie les âmes les plus endurcies et les plus habiles à ce jeu terrifiant. Aussi se met-elle toujours au mieux avec son frère, mon mari. Elle le cajole, le complimente sur tout. Je n'ignore pas qu'elle va jusqu'à lui présenter des jeunes filles dont elle sait qu'elles ne sont guère farouches. Cela me met au degré de la torture la plus extrême.

1. Jean Victor Marie Moreau (14 février 1763-2 septembre 1813). Général français de la Révolution, également feld-maréchal de Russie et maréchal de France à titre posthume.

4 mars

La guerre est donc déclarée chez les Bonaparte. Il est dit que frères et sœurs ne laisseront jamais en paix celui qui fait leur bonheur et leur fortune. Lucien, l'homme qui me déteste tant, aime. Il adore à la folie une femme dont le Premier consul ne veut pas même entendre prononcer le nom. Il a rencontré Alexandrine de Bleschamps chez le comte de Laborde. Je ne vois rien à dire contre elle, qui a beauté, intelligence, courtoisie, manières excellentes. Mais elle est mariée. Bonaparte ne veut pas entendre le mot de divorce dans sa famille.

Lucien a l'appui de son frère Joseph, qui me déteste tout autant, en plus sournois seulement.

De son côté, Louis, mon gendre, délaisse sa femme qui pleure plus souvent qu'elle ne sourit. Ma fille me raconte chaque jour son mauvais caractère, ajoutant ses sautes d'humeur épouvantables, sa maladie, ses douleurs, ses scènes de jalousie affreuses. La presse anglaise, particulièrement méchante et grossière, a osé écrire que le petit Louis-Charles n'était pas de lui mais de Bonaparte. Le malheureux l'a cru. Il veut soustraire cet enfant qui me donne tant de joie à l'influence pernicieuse d'une grand-mère qui l'adore. Et ne cesse de le répéter à son épouse. Il reproche à Bonaparte de voir en ce petit bonhomme l'avenir de la France alors qu'il devrait sans cesse et au contraire s'en réjouir.

Car ce qui se prépare dans l'esprit du Premier consul donne à ce dernier la fièvre. Que d'espérances gâchées ! Que de gloire perdue ! Il est consul à vie. C'est la première marche vers, je n'ose écrire le mot, le trône. Et Louis ne l'entend pas ! Que de mesquinerie, que de médiocrité. Je veux espérer un prompt sursaut. Je ne puis songer à l'échec d'un mariage qui rendrait ma fille plus malheureuse encore.

9 mars

Georges Cadoudal vient d'être arrêté ! Rue de Buci. Si près de nous ! Il s'est débattu comme un lion pris dans un filet, a fracassé d'une balle la tête d'un inspecteur de police, avant d'être garrotté et conduit en prison où il attend la sentence. Cet envoyé du comte d'Artois est sans illusions sur son sort. Monseigneur sera fâché de perdre son meilleur agent, du moins le plus courageux. Que Dieu ramène la constance et le calme dans notre pays !

12 mars

Bonaparte est fou de rage. Je l'ai vu renverser un guéridon qui supportait un service à café entier. Le bruit de vaisselle brisée fut d'apocalypse. Il répétait : « Ils veulent me prendre la vie, je prendrai la leur, pas de quartier pour cette lutte à mort, ces chiens à perruque vont voir. » Les Tuileries sont pleines de soldats et chacun épie chacun. L'atmosphère empoisonnée par la suspicion devient vraiment irrespirable. Les pas bottés de la garde me poursuivent jusque dans mon sommeil.

13 mars

Des nouvelles d'Élisa. Elle est satisfaite de sa vie et montre son mari, ce malheureux Bacciochi, comme un trophée. Je ne vois pourtant rien en cet homme qui provoque à ce point une semblable admiration. Ma seconde sœur est devenue princesse Borghèse et comme je plains déjà ce pauvre Camille. On m'a rapporté le mot de Pauline : « Ces canailles ont épousé, l'une, un fils de cabaretier, l'autre, un marqueur de paume, il n'y a que moi d'honnêtement mariée dans la famille. » Je laisse à ces dindes le soin de se voler dans les plumes.

16 mars

C'est atroce et mon chagrin est sans pareil. Ce prince dont on ne savait rien, sur qui chacun supputait, ce prince dont le gouvernement veut le sang pour l'exemple, ce prince jeune et beau, digne héritier de sa race, ce prince que j'ai vu enfant avec son grand-père, c'est, c'est – je n'ose écrire le nom tant la douleur est vive et mes larmes coulent sans que rien ni personne ne puisse les arrêter – … le duc d'Enghien[1].

C'est lui, oh mon Dieu, lui, cet enfant blond que l'amertume des puissants vient de jeter dans le plus sombre cachot de Vincennes ! Le malheureux jeune homme a été arrêté par les hommes de mon mari en territoire étranger, en Allemagne, à Ettenheim, dans le margraviat de Bade, enlevé comme un malfaiteur, arraché à la femme qui l'aime. Il clame son innocence face à l'indifférence glacée de ses accusateurs.

Je me suis précipitée dans le bureau de Bonaparte qui me condamnait sa porte, à moi, sa femme légitime. Je l'ai forcée. Me suis couchée à ses genoux. Je les ai trempés de mes larmes. J'ai tout dit, tout tenté, lui ai suggéré de garder le prince comme otage afin que les souverains le réclament mais non pas qu'il soit exécuté. Bonaparte a hurlé. « Foutre, a-t-il osé, de quoi vous mêlez-vous, que me font vos souverains, c'est pour qu'ils ne le réclament pas qu'il sera exécuté. — Mais qu'a-t-il fait ? » ai-je répondu. Bonaparte m'a lancé un terrible coup de pied dans le genou et est sorti précipitamment sans rien ajouter.

Je suis au désespoir et mon impuissance est totale. Si le prince mourait, Napoléon commettrait une faute politique aussi impardonnable qu'incalculable !

1. Louis Antoine de Bourbon-Condé (1772-21 mars 1804). Prince du sang français, il est le dixième et dernier duc d'Enghien. À sa mort courageuse dans les fossés de Vincennes, Antoine Boulay de la Meurthe aura ce mot fameux, prononcé au Conseil des Cinq-Cents : « C'est pire qu'un crime, c'est une faute ! »

Je viens de revoir Bonaparte. Il s'est adouci, mais sa résolution est inébranlable. Talleyrand lui-même attise sa haine. Talleyrand, l'homme de la cour de Louis XVI, ordonne la mort d'un prince du sang, sans que son visage de faïence trahisse une fois encore la moindre émotion. La mort exigée par le petit-fils de la princesse de Chalais ! C'est à désespérer des hommes.

21 mars. À la Malmaison.

Le dernier des Condé a vécu. Je n'ose plus me regarder en face. Je suis seule, assise à ma table. Voici dix minutes à peine que Bonaparte a quitté notre chambre. Voilà sa première faute, à lui dont la gloire était si pure. Qui a pu lui donner un aussi invraisemblable conseil ? Il était cinq heures du matin. Il m'a dit : « À cet instant, le duc d'Enghien a cessé de vivre. » Sous le choc, j'ai beaucoup pleuré. Je crois même avoir hurlé mon chagrin. Il m'a tendu son mouchoir, m'a tapoté le front et a murmuré : « Tâche de te rendormir, tu n'es qu'une enfant. »

Il ne comprend pas, ne perçoit pas la portée de cette exécution : la France est à nouveau regardée comme une terre sanglante. Dieu ne nous pardonnera jamais ce crime affreux. Le Premier consul veut maintenir la soirée prévue demain à l'Opéra. Et moi je tremble à l'idée que le monde nous regarde comme des monstres.

Malheureux duc d'Enghien ! Cette tête, jeune et belle, qui hier encore formait les plus doux projets, cette bouche qui disait les mots qui plaisent aux femmes, repose sous la terre froide de la fosse commune. Pauvre petit prince, condamné à un sommeil tant précoce. Dors, dors, enfant. Le ciel lavera par ses larmes ce sang généreux qui a tant coulé.

22 mars

Je voudrais marcher devant la mer et être seule. Quel épuisement ! La solitude est pire lorsque chaque jour, des vingtaines, des trentaines de gens m'entourent à étouffer ce qui est libre en moi. Ce matin, aux Tuileries, je me suis réveillée en sursaut, trempée. J'entendais les gardes. Leurs mots chuchotés, âpres, rapides. Il y a là, autour de moi, des hommes jeunes qui ne dorment pas. Ils veillent. Sanglés, patients. Seuls ou à deux, trois, dix. Ils rendent comptent, ils notent le moindre détail, font des rapports.

J'ai quitté mon lit, sans sonner. J'ai marché, nu-pieds sur le plancher, jusqu'à la fenêtre. La brume nappait les Tuileries. Sensation étrange et froide. Je me sentais étrangère. L'instant n'a pas duré la seconde. Mes femmes sont arrivées, en procession, courbettes, saluts, paroles du matin : « Avez-vous bien dormi, Madame ? » Le froid, le feu ranimé, les candélabres allumés. Les essayages. Les robes passées de main en main, vues, choisies. Les premières audiences. Le programme du jour. La litanie des obligations qui reprenait.

30 mars

J'ai vu Hortense. Ma pauvre petite décidément n'est pas heureuse. Le caractère de Louis s'altère. Ses rhumatismes le font souffrir affreusement, les crises se multiplient, cela déteint sur leurs rapports conjugaux. Il est d'une jalousie excessive qui tourne à l'obsession. Hortense imite sa mère en tout point et à son tour, dans sa position, reçoit beaucoup. Se bousculent à la porte de ses appartements la foule de l'ancienne noblesse, les employés, les militaires, et elle se fait un scrupule de parler à chacun indistinctement. Elle questionne les plus petits officiers sur leur campagne. Même ces marques de simple politesse et de bienveillance déplaisent à son mari. Je ne sais que dire à Hortense. Je prêche la patience, je sais trop que l'amour est plus délétère qu'un parfum.

Ma fille me dit qu'elle a été victime d'une scène terrible – et ridicule. Elle ne met pas de rouge, ayant de fort belles couleurs naturelles. Un jour cependant, après avoir joué la comédie, elle en a la figure tellement couverte qu'elle ne sait plus comment l'ôter. Elle avise sa femme de chambre qui lui indique l'une de mes crèmes de rose. Elle court à mon cabinet de toilette, se lave le visage, rentre dans sa chambre. Son mari y vient, ne la trouve pas sur le moment. En prend beaucoup d'ombrage. Et va se plaindre au Premier consul, insiste, gémit, s'emporte, accusant ma fille de n'avoir plus d'attentions pour lui, ni considération. Comme si Bonaparte n'avait que cela à faire !

Dans ses soirées de dessin, à l'en croire, Hortense ne voit et ne parle qu'à ses amies, tourne Louis en ridicule qui ne trouve aucun de ces égards qu'il prétend être en droit d'attendre de la part de sa femme. Mon gendre est un enfant blessé. Heureusement, Bonaparte se tient du côté d'Hortense. Il a dit à Louis qu'il n'était pas digne d'avoir une femme comme elle, que ses reproches la touchaient. « Elle pleure, lui a répété Bonaparte, et loin d'en être ému, vous en êtes irrité ! Vous ne sentez donc pas le bonheur d'être père ? Jouissez au moins de cette preuve de son amour. Vous devriez être à ses genoux, à la soigner, à la chérir, et c'est vous qui lui faites du mal. Ah, Louis, vous que je croyais bon et sensible, je ne vous reconnais plus ! »

J'ai deviné à la rougeur qui marbrait le visage de mon gendre le signe fatal de l'humiliation. Les mots de Bonaparte jetés sur le moment ne sont pas près de quitter son front têtu. Ma fille sera encore moins heureuse.

4 mai. Paris.

Nous fûmes très applaudis au théâtre. Je ne peux croire à de la spontanéité ; à coup sûr, la police de Fouché a fait le nécessaire en recrutant des comparses. Le public m'a paru froid plutôt qu'hostile. À peine étions-nous arrivés au haut de l'escalier que je ne pouvais regarder personne en face. Bonaparte, au contraire, fixait tout le monde et ses yeux semblaient chercher de l'approbation. Il était très pâle, moi tremblante.

8 mai

Madame de Montesson[1] s'est précipitée, quoique fort malade, à Saint-Cloud où nous avons repris nos quartiers. Je l'ai reçue bien sûr et l'objet de sa requête m'a fait verser des larmes. Elle venait plaider la cause de ce malheureux Polignac[2] si compromis dans le complot de la rue Saint-Nicaise, tant lié à Georges Cadoudal et royaliste enragé, dont la tante, Madame de la Tour, est une de ses amies. J'ai donné à cette malheureuse, dont les yeux rougis trahissaient l'émotion, ma promesse de tout tenter auprès du Premier consul.

10 mai

Surprise, Hortense est grosse pour la seconde fois. Elle m'a écrit de Compiègne l'excellente nouvelle. Louis lui a déclaré : « Je ne vous demande qu'une chose, c'est que cet enfant me ressemble, alors je vous adorerai et je serai au monde l'homme le plus heureux. » Je ne peux m'empêcher de sourire devant ce vœu exprimé de façon si sérieuse.

---

1. Charlotte Jeanne Béraud de La Haye de Riou, marquise de Montesson (1738-1806). Elle devient la maîtresse du duc de Chartres puis son épouse morganatique. Sa réputation de bonté, de générosité lui permit d'échapper à la guillotine.

2. Jules de Polignac (14 mai 1780-1847). Homme politique français.

11 mai

Distraction. Des kangourous viennent d'arriver à la Malmaison. Ils rejoindront le couple de lamas. Et les gazelles à qui Bonaparte donne tout le contenu de sa tabatière ; elles en raffolent. Tout ce petit monde vit en bonne compagnie sur notre belle prairie. Un jardinier a quand même posé un grillage.

Je veux encore embellir le parc. J'ai donc décidé d'employer les talents d'un jeune homme qui en a beaucoup. Monsieur Louis-Martin Berthault va retracer les contours des jardins. Je veux une rivière, des cascades et l'eau employée sera descendue de l'étang de Saint-Cucufa. Je souhaite aussi une serre chaude plus grande, et puis, des fabriques. Je me suis décidée pour le monument à la Mélancolie, à la manière antique, surmontée d'un buste fait exprès par Girardon[1] et entouré d'un beau massif de rhododendrons. Et puis un temple de l'Amour. Je viens de voir terminée la grotte qui abrite un saint ermite, c'est le *Saint François recevant les stigmates* de Germain Pilon, mais l'effet recherché est atteint. Cela respire la solitude, c'est du goût anglais le plus sûr et voilà qui plaît à mon caractère. Bonaparte se montre très généreux. Il donne l'argent sans rechigner. Je demande beaucoup plus pour obtenir ce qu'il faut. J'emprunte aussi. Il me faudra bien un jour songer à ces dettes dont le chiffre monte comme une marée. Mais ici je ne pense à rien d'autre qu'au bonheur d'y être.

La Malmaison est un refuge, je marche dans le parc, je sens cette douce harmonie m'envelopper comme un linge, je ne vois que les arbres et les fleurs, je respire leur parfum, je suis tranquille, je suis presque heureuse. À la Martinique, les senteurs de miel se posaient sur mes épaules nues, je n'avais qu'à fermer les yeux pour entendre le cri des oiseaux qui

1. François Girardon (10 mars 1628-1er septembre 1715). Sculpteur français.

tombaient à pic dans la mer. La sève de la canne vernissait mes lèvres de petite fille. Dans mes serres, je veux cette tiédeur odorante et des salons, les plus beaux qui soient, pour me reposer des fatigues du monde et contempler ce que Dieu a créé sans que la main des hommes y soit pour rien.

Je peux aussi apercevoir désormais, grâce à de savantes percées, le château de Saint-Germain-en-Laye, l'église de Croissy et l'aqueduc de Marly.

13 mai

Bonaparte m'a entendue. Je respire, enfin. Le jeune Polignac est exilé, mais vivant. Sept autres détenus ont ainsi échappé à une mort ignominieuse. J'ose dire que j'ai servi la cause de ces familles. Je n'en attends aucune reconnaissance, mais j'abhorre la violence et l'injustice à un point tel que rien ne m'effraie lorsqu'il s'agit de les combattre.

Alexandre répétait sans cesse le doux mot, grave et fatal, de liberté. Je ne l'emploie désormais qu'en le murmurant, encore la dernière syllabe ne passe-t-elle plus le seuil de mes lèvres. Une nouvelle prudence, comme un instinct, me le conseille…

14 mai

Ce qui se prépare est si considérable que mon cœur hésite entre peur et allégresse. La gloire balance-t-elle avec le bonheur ?

Bonaparte me parle. Il me répète que le destin est en marche. Il parle de lui, de moi. Et cet homme est si persuadé de son rôle, de la place première qu'il doit occuper devant tout ce qui respire et vit sur terre, que rien ne peut arrêter la course de l'astre. Son nouveau projet a de quoi enflammer le monde !

15 mai

Le soleil avance à son zénith. Les planètes l'escortent. Le peuple, conquis, l'acclame.

La République se désigne un chef suprême, l'homme qui va conduire la France va porter la pourpre des César. J'ai essayé, moi, de l'en dissuader, de lui montrer la faiblesse des trônes, la lâcheté des nantis, des courtisans jaloux, voraces. L'Histoire balaie les royaumes, ce qui semblait définitif n'est déjà plus qu'un méchant souvenir. Bonaparte m'a soulevée de terre et lancé en riant : « Mais tu n'y entends rien. » De toutes mes forces, je veux le croire.

L'ordre. Voilà le mot lancé. L'ordre. Il faut de l'ordre en France. Plus de rumeurs, de complots, de faillites. Une France forte, ordonnée autour de son empereur. Voilà qui doit rassurer les honnêtes gens, les propriétaires sûrs ainsi de garder leurs biens et de les faire fructifier. Le Sénat veut maintenir les institutions. Et préserver la République. L'Empire assure la pérennité des lois de la République. Préserver, rassurer, pérenniser ordre, méthode, la France a son nouveau chef à qui elle se donne avec confiance. Autour de l'astre doivent tourner les planètes. Je connais Bonaparte. Il veut réorganiser la société française, permettre à de nouvelles élites de se former. L'ancien temps n'était pas parvenu à réconcilier les extrêmes. Tant d'audace donne le vertige.

Le sénatus-consulte organique, j'écris sa date, le 28 floréal an XII, a inscrit sur sa nouvelle Constitution cette première phrase que je connais pas cœur : le gouvernement de la République est confié à un empereur qui prend le titre d'empereur des Français.

La Constitution de l'an XII est sur toutes les lèvres. La France aspire à la paix civile. On ne parle plus que de sa réforme.

18 mai. À Saint-Cloud.

Par la grâce de sa volonté, par la grâce du Sénat qui, *via* un sénatus-consulte, lui confère le titre, Bonaparte est empereur. Et moi impératrice. Grands dieux ! Impératrice ? J'épelle les onze lettres. Impératrice et reine des Français. Je me convaincs du mot. Il respire l'histoire romaine, je me souviens du gros Plutarque dont ma nounou se servait pour assassiner les mouches, livre à la couverture en peau de veau tachée, la tranche rouge. J'ai songé à d'autres femmes portant le même titre, belles ou laides, bonnes parfois, atroces, ambitieuses, faites pour gagner le pouvoir, le conserver par d'habiles moyens, intrigues de palais, complots, sang versé. Mes pensées m'ont conduite jusqu'en Chine. Et à des destins finis dans le sang. Dois-je me réjouir ou m'inquiéter ?

En tout cas, déjà je ne vois plus que des fronts penchés, des saluts graves, des sourires de circonstance, des femmes ravissantes qui lorgnent mon mari, prêtes à prendre ma place. Des hommes, jeunes ou moins jeunes, fringants, le dos souple, les dents mouillées sous le sourire, rêvent de me circonvenir. Si bien que chacun de mes mots, chaque geste est reçu comme ceux du messie.

En suis-je la dupe, le serai-je un jour, m'habituerai-je au pouvoir ? Que Dieu me soit témoin, je ne l'ai jamais cherché. Je fus cette jeune femme voulant rendre heureux son époux et ses enfants, rien de plus, bonne avec sa famille, prompte à s'émouvoir, à vouloir soulager ses amis. Je ne pense pas avoir changé. Le souvenir de Marie-Antoinette me hante toujours, je crois voir le visage de la reine malheureuse à chaque instant, dans ce lieu à l'air si pur et qu'elle appréciait pour ses enfants ; peuple versatile, que feras-tu de moi ?

Il serait vain de demander à Dieu l'origine de mon élévation soudaine. Je l'accepte. D'autres questions seraient vaines. Que la Providence me vienne en aide. Je m'en suis souvent remise à ses volontés, je laisse à d'autres le soin de les nommer caprices.

Ma désignation à la seconde et déjà si haute marche s'est déroulée le plus naturellement du monde. Cambacérès est venu au château de Saint-Cloud. Le président du Sénat était accompagné de ses pairs et d'une foule considérable. Pour la première fois, il a donné à Bonaparte le titre de Majesté. J'ai pensé, te voilà roi, Macbeth. Le Sénat en entier est ensuite passé dans mes appartements. Cambacérès a lu son discours, en y mettant le plus de grâce possible, ce qui chez lui tient de la prouesse.

« Il reste au Sénat un devoir très doux à remplir, celui d'offrir à Votre Majesté Impériale l'hommage de son respect et l'expression de la gratitude des Français. Oui, Madame, la renommée publie le bien que vous ne cessez de faire. Elle dit que, toujours accessible aux malheureux, vous n'usez de votre crédit auprès du chef de l'État que pour soulager leur infortune ; et qu'au plaisir d'obliger, Votre Majesté ajoute la reconnaissance plus douce, et le bienfait plus précieux. Cette disposition présage que le nom de l'impératrice Joséphine sera le signal de la consolation et de l'espérance. »

J'ai souri. J'ai salué. Je n'ai guère d'autre choix que celui de me faire à ce nouveau rôle. Feignons de le savoir déjà sur le bout du cœur.

21 mai

Bonaparte me fait un reproche. Il me dit : « Ton premier mouvement est de dire non, toujours. Non, quoi que l'on te demande, te propose ; tu dis non, tu le répètes, non, en souriant, tranquille, tu dis non. C'est ta circonspection première, ton ultime parade, ta précaution, dire non, à moi, comme aux autres, ta stratégie ; tu es sur tes gardes. En somme ce petit non, répété, en sourdine et qui n'exclut pas d'espérer, de croire encore, voilà le tour adroit que tu joues à la vie. Avec lui, tu sauves tout, tu prends le temps d'y réfléchir, de reculer le pion, de te soumettre, peut-être. »

Dans le grand dîner qui a été offert au château, chacun en place a déjà donné l'exacte mesure de son caractère. Cambacérès et Lebrun[1], les consuls, viennent d'être créés archichanceliers, et architrésoriers – voilà qui déjà fera rire nos ennemis. On leur donnera du Monseigneur et ainsi devrons-nous le faire pour les maréchaux. Les ministres seront appelés Excellences. Joseph est Grand Électeur, Louis, connétable. J'ai la joie de savoir qu'Eugène et Hortense sont Altesses Impériales et Royales.

Tout se passait donc à merveille, Bonaparte désignait chacun et chacune selon son rang et son titre nouveaux. Je parlais, je répondais, mes enfants se comportaient avec leur modestie coutumière, bien conscients de tenir leurs places exclusivement de la générosité coutumière de celui qu'ils désignent désormais dans leur privé sous le doux nom de père. L'ordonnance du souper était parfaite.

C'était compter sans l'extraordinaire appétit de Caroline et Élisa. Mes « sœurs » – comment encore écrire ce mot – crevaient de jalousie, répétant à chaque bouchée, qu'elles ne comptaient donc pour rien, elles, les sœurs de Bonaparte, pas le moindre titre, pas un seul honneur ? J'ai vu Caroline boire de grands verres d'eau glacée et ainsi comptait-elle étouffer sa rage et sa colère qui rougissaient son teint de porcelaine. Élisa, plus maîtresse d'elle-même, serrait les mâchoires avec une force telle qu'elles lui creusaient les tempes.

Ces dames ont patienté, Dieu seul sait comment, jusqu'au lendemain, à l'heure du dîner où seule la famille était conviée. Alors, Caroline, armée de son audace habituelle, s'est jetée sur son frère. Elle a accablé Bonaparte des reproches les plus vifs, parlé de son égoïsme, menacé, exigé, pleuré tant et tant et avec une telle violence et des cris si perçants que, prise de malaise, elle a fait une syncope. Le médecin de service est venu la ranimer. L'Empereur était

1. Charles-François Lebrun (19 mars 1739-14 juin 1824). Troisième consul, il poursuit sa carrière sous l'Empire devenant prince architrésorier.

fort mécontent ; lui aussi a crié, en corse, et a lancé : « Mais ne croirait-on pas, Mesdames, que je vous ai fait tort de l'héritage du feu roi votre père ? » Il aime tant sa famille qu'il a cédé. Caroline et Élisa sont aussi Altesses Impériales et Royales.

L'anecdote fait le tour de Paris. Voilà qui jette un voile sur nos réjouissances. L'avidité des Bonaparte frise l'horreur du genre.

22 mai

J'ai fait venir de la laiterie de Rambouillet ses sculptures, ses consoles de marbre, sa vaisselle en Sèvres pour la Malmaison. Voilà qui va embellir cette demeure que je souhaite encore plus magnifique. J'ai réécrit à ma mère pour lui demander de m'expédier toutes les graines d'Amérique et tous les fruits : patates, bananes, oranges, mangots ou manguiers, tout ce qu'elle pourra. J'ai écrit encore au sous-commissaire de Portsmouth, afin qu'il me procure une autre collection de graines. Je veux multiplier en France les végétaux de ce pays qui par sa température est si semblable au nôtre. Pour arriver à ce but, je fais mettre en pépinière une partie des terres qui dépendent de la Malmaison. Là sont déjà cultivés les arbres et les arbustes exotiques qui se plaisent sous nos climats. Je vois dans mes efforts une nouvelle source de prospérité pour la France et l'idée séduit beaucoup Bonaparte.

5 juin

Je me couche fort tard et je me lève de bonne heure. Si une personne, bien ou mal intentionnée, songe un seul instant que le rôle d'impératrice est vain, qu'elle consulte mes agendas ! Je ne reste pas deux jours aux Tuileries sans passer par Saint-Germain, Saint-Cloud, Rambouillet, Fontainebleau. Bonaparte bouge sans cesse et je dois le suivre quand je ne suis pas appelée ailleurs.

L'Empereur ordonne et décide seul. Il veut une étiquette qui n'ait pas à rougir de celle de l'ancienne cour. Chaque instant de notre vie sera donc prévu par lui avec la plus absolue des minuties. Chacun doit connaître la liste infinie des paragraphes qui vont bientôt composer notre existence. Pas de fautes, pas d'impairs, Bonaparte ne supporte aucune erreur. Aussi sait-on ou doit-on savoir quoi faire lorsque l'on se trouve dans le grand appartement de représentation, dans l'appartement ordinaire de l'Empereur, ou chez moi. J'ai compté quarante-quatre paragraphes destinés à traiter des repas de Leurs Majestés. Nos levers, couchers, grands ou petits, le cérémonial des messes, des bals, des concerts, des soupers, des thés, tout est quadrillé comme pour une revue. Je regarde ma vie passer de minute en minute. Voilà qui m'assure ce mélange de joie et d'étonnement et m'éloigne encore de la plupart du reste des hommes.

11 juin

On veut me voir, me parler, me toucher, s'assurer de ma santé, de mon bonheur, effacer mes peines, me glisser un billet, une requête, me confier des préoccupations graves, des espoirs certains, on veut être dame du palais, écuyer, chambellan, première femme de chambre. On veut, on veut ! Bonaparte veut, lui aussi, employer les plus grands noms de France.

Je lui ai dit combien la noblesse pouvait être exigeante, capricieuse, hautaine, méprisante. Mais lui souhaite voir les Crussol, les Laval, les Breteuil, les Montmorency, les Montesquiou à la cour. Il me dit de me démener, de les rencontrer, de les séduire, me croyant apparentée à tout l'armorial de France. Je me suis ouverte à lui, lui ai parlé de mes craintes, lui ai recommandé d'assurément viser moins haut. Il répétait, « crois-tu, crois-tu », comme un enfant privé de joujoux. Il voulait la princesse de Vaudémont comme grande maîtresse, or je connais le monde et Bonaparte a essuyé bien des refus polis. Nous avons toutefois Monseigneur de Rohan comme grand aumônier.

Je vois l'Empereur fâché. Aussi ai-je décidé de faire appel à ma cousine, plutôt celle d'Alexandre, la terrible, laidissime, bancale, crochue, mais spirituelle et fine comme cent diables de coquettes, Madame de La Rochefoucauld. Sa hardiesse est sans limites. Ma lettre n'a pas encore de réponse, mais je sais que son mari a quatre cent mille francs de dettes et que c'est moi qui ai fait radier son bon Alexandre-François de la liste des émigrés. Ceci devrait débloquer cela. Je lorgne aussi du côté des Mortemart dont l'orgueil absolu ne manquera pas de lécher nos flatteries comme du miel.

16 juin

Le premier chambellan vient d'être nommé, c'est le général de Nansouty, marié à mon Alix (de Vergennes). Il est entouré de quatre chambellans ordinaires, messieurs d'Aubusson, de La Feuillade, de Galard de Béarn, de Courtemer et de Grave, tous de fort vieilles maisons ; l'Empereur est ravi. Monsieur de Beaumont est exclusivement chargé de recevoir les ambassadeurs. J'ai aussi mon grand écuyer, ce bon Monsieur d'Harville, excellent homme, ami si fidèle de mon Alexandre. Les cavalcadours qui constituent ma garde personnelle sont commandés par le colonel de Fouler et le général de Bonardi.

Il y a aussi des dizaines de dames du palais, une lectrice, un coiffeur et le service intérieur qui comprend la Chambre, la Livrée, la Bouche, l'Écurie, le médecin, le secrétaire des commandements. Une de mes femmes de chambre me plaît beaucoup, c'est Mademoiselle Avrillon[1]. Elle est douce, simple et cette bonne fille me paraît avoir de la discrétion et une mémoire infaillible. Ceux qui n'en ont guère m'ont toujours paru sans éducation.

23 juin

Un mot d'Aimée (de Coigny). Bonaparte : « Aimez-vous toujours autant les hommes Madame ? » Aimée : « Oui Sire, surtout lorsqu'ils sont bien élevés. » J'ai caché mon rire.

4 juillet

Je désire vaincre ma fatigue et prendre les eaux d'Aix-la-Chapelle. Ma suite est impressionnante, plus de cinquante personnes la composent. C'est le caravansérail de Shéhérazade. Tout le monde s'y déplace avec moi. Quelle intimité !

13 juillet

Madame de La Rochefoucauld a dit oui à l'Empereur. Une nuit pour prendre sa décision. Bonaparte est ravi. Il la juge sèche, légère, mais d'un caractère éloigné de l'intrigue. Et la surnomme la Langue ! Jeune, elle fut capable de beaucoup et je sais combien les hommes ont succombé à celle que l'on appelait la déesse Frivolité. Autre temps… Ma chère cousine va recevoir un traitement de cent mille francs. Alexandre-François est nommé, lui, commandant de la Légion d'honneur.

1. Toute dévouée à l'impératrice Joséphine, elle a laissé sur le Consulat et l'Empire de passionnants et touchants *Mémoires*. Ils connaîtront sous la Restauration un succès immense.

Ma dame d'honneur a autorité sur l'appartement d'honneur comme sur le grand chambellan. Elle a sous ses ordres immédiats la dame d'atour. J'ai choisi volontiers la douce Émilie[1], la nièce de mon Alexandre. Ainsi elle est placée, mais je crains fort que cette enfant si craintive ne soit mangée toute crue par mes femmes de la garde-robe. Mesdames de Lauriston, de Chevreuse, de Montmorency sont dames du palais à tour de rôle.

L'Ancien Régime au service du nouveau, voilà qui ne manque pas de sel. Une perle à désigner sans peine : Madame d'Arberg. Elle sait toutes les cours, m'évite bien des erreurs. Je la respecte et je l'aime.

18 juillet

Je suis toujours à Aix. Je prends les eaux avec application. Il paraît qu'elles sont bonnes pour enfanter. J'ai déjà enduré cinq bains, j'ignore encore l'effet que me produiront ces soins qu'il faut prendre avec infiniment de prudence.

Le séjour, fort monotone, est d'un ennui que rien ne vient distraire. J'ai distribué des décorations, revêtu le grand manteau de cour en moire blanche brodé d'or qui cisaille mes épaules et les fait souffrir affreusement. J'ai porté, Bonaparte y tient beaucoup, le diadème de diamants. J'ai salué les nouveaux chevaliers agenouillés devant moi. J'avais, je crois, belle allure.

Afin de me faire plaisir, le maire a voulu que Monsieur Picard donne à jouer une pièce de théâtre. Le choix s'est porté sur *La Femme aux quarante-cinq ans*. Le sujet est celui d'une femme qui se débat entre les fards et les parures pour paraître moins vieille, tous les regards se sont alors portés

1. Émilie-Louis de Beauharnais (8 janvier 1781-18 janvier 1755). Célèbre pour avoir facilité l'évasion de son mari, le comte de La Valette, accusé de conspiration durant la première Restauration.

sur moi, je n'ai rien montré de mon trouble et le malaise créé ne s'est dissipé qu'aux premiers rappels. Mais lorsque je voyais l'actrice et ses ridicules voulus, la perruque trop brune, le rouge mis partout, les minauderies, les charmes envolés, l'amour appelé en vain, je me suis vue, moi, avec certitude. Méchant portrait de la beauté qui passe. C'est à pleurer.

Des nouvelles de Bonaparte. Un courrier me dit qu'il arrive. Je l'attends vers le 2. Ma suite aussi, l'attend. Chacun y met de son zèle, inquiet pour la réprimande à venir ou sûr de la récompense attendue. On n'est pas moins gentil avec moi, on l'est même davantage, tendre comme du pain de Gênes, prévenant et délicat. On veut que l'impératrice parle à l'Empereur et aussi le fait-elle, de bon cœur.

1er septembre

Mauvais voyage, méchantes auberges, routes atroces, maisons inconfortables, publics charmants. Nous nous acheminons par Liège. Ce n'est qu'une suite de précipices où nous laissons à chaque fois un morceau de voiture. Nous passons avec des cordes tirées et c'est un mélange de dangers, de folies. Nous devons traverser la Meuse en barque. Nous logeons à la préfecture.

Les gens d'Aix-la-Chapelle furent exquis, dévoués, chaleureux ; sur notre passage, ce ne sont qu'arcs de triomphe, gloriettes montées en toute hâte. Bonaparte vient de me rejoindre. J'ai écrit à Hortense de me faire le plaisir de m'envoyer ses diamants puisque la petite ne les porte pas. Lui ai dit de les confier à ce bon La Valette qui me les fera parvenir là où je serai. Lui ai demandé aussi de prévenir Monsieur Marguerite, dans le cas où mon ajustement d'émeraudes serait prêt, de me l'envoyer par la même occasion. Comme la paire de poires que j'ai avec moi est très vilaine, j'ai conseillé à ma fille de faire le nécessaire auprès de Monsieur Marguerite afin qu'il prenne dans les perles qu'il a la plus belle paire de poires, de les monter aussitôt et d'ajouter à cela deux beaux diamants de la même taille et de remettre le tout à La Valette. Posséder des bijoux bien à moi me rassure. Ce n'est pas leur valeur marchande qui me rassure. Mais leur beauté.

2 septembre

Je suis bien contente. Ma collection de bruyères est en bonne voie. Elles sont déjà au nombre de cent et trois espèces différentes. Je veux plus encore. Je suis plus heureuse dans mes serres chaudes à contempler la pourpre des cactus que tout l'éclat et la pompe qui m'environnent. Monsieur Redouté est venu peindre mes roses. Mon bonheur est à son comble lorsque j'admire son travail.

14 septembre

Nous logeons à la Malmaison depuis une petite huitaine de jours. J'y suis seule avec Bonaparte, un officier de garde, un préfet et l'une de mes femmes. La suspicion est partout. Pour notre sécurité, les gardes ne nous quittent pas du regard. Je suis veillée comme une châsse. Cela est ridicule. Je n'ai pas la permission de recevoir quiconque, pas même mes enfants.

15 septembre

Te Deum à la cathédrale. C'est ici que Charlemagne est enterré. Je n'ai pu m'empêcher de songer à celui qui construisit un empire aussi vaste et prospère.

Je voyais bien qu'en ce lieu le visage de Bonaparte était altéré. Que son front portait les marques de ses pensées. Elles n'étaient pas les miennes. Le chapitre de la Ville m'a offert un morceau de la Vraie Croix que l'empereur Charles portait toujours sur lui. J'ai aussi reçu un fragment de l'un de ses os. Je conserverai tout ceci précieusement, même si ces présents sont un peu macabres.

Demain, nous partons pour Cologne, Coblence, puis nous atteindrons Mayence, ville qui pour moi est douleur : c'est là que le père de mes enfants a été accusé de lâcheté et de fautes avant de le payer de sa vie.

18 septembre

Assurément, je n'aime pas ce palais des Tuileries où nous sommes revenus. Il est maussade, triste. Je ne puis faire ma promenade quotidienne sans être regardée comme un animal de foire que trois mille paires d'yeux dévisagent sans pudeur. À peine prendrai-je l'air au balcon qu'en une poignée de seconde une foule s'amasse, ces bons Parisiens, honnêtes pères de famille désireux de voir si leur impératrice a bonne mine aujourd'hui. Or je ne suis séparée d'eux que par une terrasse haute de deux marches ! Je préfère mille fois Saint-Cloud ou la Malmaison. Une route que l'on vient de tracer entre les deux résidences me permet d'être chez moi en un quart d'heure.

Une consolation, cependant : j'ai visité avec Monsieur d'Harville mes écuries des Tuileries. Je me suis fort divertie à regarder les lads empressés à me sourire. Je n'ai pas de voiture de gala, l'étiquette et le règlement stipulant qu'elles sont toutes réservées à l'Empereur. Pour une grande soirée, un *Te Deum*, je serai placée à ses côtés, ce qui n'est pas pour me déplaire.

Mes attelages sont plus délicats et faits au moule pour plaire à une femme : ils sont bleu de ciel, jaune citron, rouge et or, certains portent mes armes ou simplement ce J surmonté d'une couronne. J'ai compté cent cinq chevaux. Il y a des piqueurs, les valets de pieds, les postillons, les cochers, les palefreniers, une quarantaine – quarante-trois, m'a dit Monsieur d'Harville qui tient son monde dans son gant de velours.

28 septembre

J'ai des dettes. Importantes. Elles sont énormes et je tremble. Le bon Duroc est donc allé bien vite voir Bonaparte et s'entretenir avec lui de mon affaire. Monsieur Reverdin m'a rapporté la scène.

— Ah, elle pleure, répétait Bonaparte. Elle sent donc son crime. Tant mieux. Mais vous verrez qu'elle a des dettes énormes. Elle est capable de devoir un million.

— Oh non, pas un million, Sire.

— Mais combien alors ?

— Mais, répond Duroc, fort tremblant, si c'était huit cent mille francs ?

— Ce n'en serait pas moins scandaleux, pour de misérables pompons, pour se laisser voler par un tas de fripons. Il faut que je chasse Untel et Untel et Untel encore.

— Mais, Sire, ce n'est que six cent mille francs.

— Ce n'est *que* cela, dites-vous. Ça ne vous paraît rien. Je n'aime pas du tout ce genre de jeu-là. Allons, je lui parlerai.

Lorsque Monsieur Reverdin m'a quittée, je n'ai pu retenir mon chagrin. Il y avait grand souper ce soir-là. J'ai attendu passer les heures avec effroi. Bonaparte me connaît trop bien et sait pouvoir me torturer à sa guise, sans me ménager. Aussi a-t-il choisi le supplice de Tantale. Je me suis assise à table, Bonaparte ne m'avait pas encore adressé une seule parole. J'attendais l'orage. Il vint. L'Empereur se plaça derrière ma chaise et j'entendis sa voix de glace me glisser dans l'oreille : « Alors, Madame, vous avez des dettes ? »

J'ai sangloté de plus belle. « Vous avez, Madame, un million de dettes. » J'ai nié, en bloc, assurant que je ne devais que six cent mille francs.

— Rien que cela, dites-vous, rien que cela… Et cela ne vous paraît qu'une bagatelle ?

Je sanglotai plus fort. Quand j'ai entendu, de l'autre oreille, Bonaparte murmurer :

— Allons, Joséphine, allons ma petite, calme-toi, ne pleure pas, console-toi, tes dettes je les paierai.

J'ai encore un peu pleuré, de joie cette fois. Comment ne pas succomber devant cet homme, qui est, qui est… empereur.

30 septembre

Lorsque Bonaparte est à la Malmaison, il se lève tôt, se couche tôt. Je me lève à huit heures, mais j'aime, je le confesse, veiller jusqu'à une heure du matin. Je paresse au lit, un quart d'heure ou deux le lendemain matin, mais je crois que ces bonheurs pris sur le temps ne vont guère durer. Ma vie avec lui a tellement changé. Où est le général si maigre qui miaulait d'amour couché à mes genoux, la tête posée sur mon ventre ? Bonaparte me parle encore, certes. Il ne dort plus avec moi et je ne suis plus sa femme au creux de notre lit. C'est étrange. Son corps me manque et, désormais, c'est moi qui lui demande de rester encore quelques minutes de plus. Alors, je lui tends son assiette de gâteaux, sa tasse de moka, je saisis une fourchette à baba, je pince une corde de ma harpe, je chante à mi-voix, je laisse couler mon châle, je le regarde, surtout. Il me regarde aussi, avec cette tendresse qui n'est plus passion, ses yeux bleus qui sont si doux sur moi. Même sa voix a changé. On dirait qu'avec moi il parle moins vite, préférant me dire, « oh, ma Joséphine », gourmandant la petite fille que j'ai cessé d'être. Il ne veut presque plus que je l'accompagne à la chasse et les redingotes à col de fourrure commandées chez Monsieur Leroy gardent le placard où je les oublie.

2 octobre

Je suis bien satisfaite de Madame Marco Saint-Hilaire, ma première femme de chambre. Elle fut au service de Madame

Victoire, fille de Louis XV, elle est d'une grande finesse, répare ma harpe comme un accordeur, est d'une habileté de fée, d'une infinie douceur. Avec Madame Bassan, elle règne avec bonté sur quatre femmes de chambre qui font entrer chez moi les personnes autorisées.

3 octobre

Hier à ma toilette, devant le miroir incrusté de bronze qui trace dans le métal doré le visage idéal de Psyché, je me suis regardée, visage nu, sans le rouge et le blanc. J'ai caressé de l'index les flacons d'eau de rose et de cassis. Le lait de rose que je verse sur mes joues attendait patiemment, le bouchon de son flacon ouvert. Eh bien, force m'est de l'admettre : je ne suis plus jeune ; Dieu que ce mot est affreux, quand on y pense ! Je vois autour de mon mari, chaque jour, d'autres femmes dont la beauté dispute à la jeunesse des traits parfaits, des dents belles, une gorge où sont nichés les amours. Des pimbêches.

Je ne suis donc plus jeune. Quarante et un ans ! Est-ce possible ? De ma jeunesse évaporée comme une goutte d'eau sur une pierre chaude que me reste-t-il ? Je cherche en vain sur moi ce qui peut plaire encore. Comment rester la première dans le cœur de Bonaparte ? Comment éveiller son désir, sa joie de me trouver après m'avoir cherchée du salon à ma chambre ? Pauvre de moi. À quarante et un ans, je suis vieille et seule. Alors, une fois encore, je mettrai tout mon courage à me battre, à lutter pied à pied contre la malédiction des femmes, l'âge. À conquérir Bonaparte, à souffler sur ces ombres, à prétendre qu'elles n'existent pas. Je suis sa femme, encore. Pourtant, je ne serai jamais la mère de son fils.

Malgré tout son art, Monsieur Corvisart ne peut rien contre la marche des ans. Autour de mon nez, une ligne, double, descend vers le menton. Je pense la voir se creuser davantage et les fards ne servent à rien. À neuf heures, le rouge et le blanc mis sur les joues, j'attendrai Herbault. C'est lui qui me coiffe et fait vriller sur mes tempes des mèches couleur de châtaigne mûre, dont l'extrémité semble roussie. Une heure passera ainsi.

À dix, les fournisseurs ! Monsieur Leroy va me montrer ses dernières nouveautés. Je suis femme, je suis donc prétendue faible et je connais des hommes qui le sont davantage. Je sais que je commanderai trop, trop de quoi au juste, trop de tout, étoffes, sacs, souliers, châles, robes du petit lever, robes du matin, de l'après-midi, de l'avant-souper, de l'après-dîner, robes de gala, robes de cour. Acheter pour m'étourdir et étouffer mes peurs. Leroy vient me voir et ce prince des frivolités parisiennes ne prend pas même la peine de se faire annoncer, il entre dans mes appartements, me gronde si je ne porte pas ce qu'il a créé spécialement pour moi. Il lui revient l'exacte moitié des sommes consacrées à ma toilette et Monsieur Leroy ne trouve cela ni juste ni suffisant.

Pas plus tard qu'avant-hier, alors que Bonaparte examinait un trousseau de famille fourni par lui, il osa l'entreprendre sur le sujet des dépendances. Je n'en crus pas mes yeux et mes oreilles. Ce diable d'homme a fait ce que nul en France n'ose tenter : dire au maître du monde qu'il ne donnait pas suffisamment à l'impératrice, qu'il devenait impossible de m'habiller à ce prix. Bonaparte l'a arrêté au beau milieu de son éloquence et l'a foudroyé de son regard d'aigle. Mon pauvre Leroy fut, d'un coup, terrassé. J'ai caché à Bonaparte qu'il me coûtait chaque mois entre dix et quinze mille francs de dentelles, soieries, étoffes, brimborions et garnitures nouvelles.

Je suis en fait la dupe de ces messieurs. Je sais parfaitement que la moitié des factures sont gonflées comme des baudruches. L'un de mes fournisseurs, je crois qu'il s'agit de mon sellier, s'est vanté devant Monsieur Bourrienne qu'il se contentait volontiers de la moitié de sa demande. Il exigeait quatre-vingt mille francs, il en a reçu trente-trois mille.

L'indélicat se targuait en public d'y gagner quand même. Quelle impudence mais quelle jolie selle.

Et puis, aussi, il y a l'orfèvrerie ; Odiot[1] m'a présenté un service divin, il est en vermeil, porcelaine, verres en cristal pour les vins de Graves, de Sancerre, de Champagne, de Porto, de Xérès. Et puis… il faut de nouvelles roses pour la Malmaison, des espèces rares pour mes collections, des arbres venus de Virginie, de la baie de Rio, et puis, et puis… L'Empereur me grondera, j'ai l'habitude, je fais des dettes depuis toujours.

Des dettes. Voilà le mot. Des dettes, sans rien pouvoir contre ce vertige de la dépense. Dieu, mais que faire ? Bonaparte a bien déjà procédé à leur liquidation générale, mais elles reviennent, immuable balancier qui penche vers la route sinistre. Je me gronde, je promets de m'amender, je jure, je pleure, rien n'y fait. Alors les larmes redoublent et mes yeux sont rouges. Mais je crois que Bonaparte, peu à peu, se lasse de ces dépenses-là !

15 octobre

À ma toilette, je suis toujours en grande parure pour le dîner, Bonaparte passera me voir tout à l'heure. Il me surprendra une épingle à la main tandis que mes femmes de chambre m'aideront à passer la chérusque[2]. Il me donnera de petites tapes sur l'épaule, me pinçant, m'embrassant, multipliant les chatouilles et je répéterai pour son plus grand bonheur : « Finis donc Bonaparte, finis donc Bonaparte. » Puisque je suis la seule à le nommer ainsi et à le tutoyer, je serai ainsi en retard pour ma partie de trictrac, le chambellan attendra, ce dont je me moque car ce qui se passe alors avec

1. Jean-Baptiste Claude Odiot (8 juin 1763-23 mai 1850). Orfèvre français, fournisseur de la cour impériale.

2. Grand col en dentelle.

mon mari n'appartient qu'à moi qui suis son impératrice. Dieu daigne me conserver cet homme encore longtemps.

17 octobre

Joie immense, qui me console de tout : ma fille vient d'accoucher d'un beau et gros garçon ! J'étais à Saint-Cloud, je suis revenue vite à Paris et je n'ai pas quitté Hortense jusqu'à sa délivrance. Comme le veut désormais le protocole, Cambacérès et les autorités patientaient dans le salon voisin, à côté de sa chambre. Plus que jamais l'Empereur considère ce petit et son frère aîné comme les héritiers du trône. Mon gendre voulait que ce second fils s'appelât Louis. Il a dû y renoncer, Bonaparte a barré ce prénom de sa main et l'a remplacé par Napoléon, stipulant que désormais tous les enfants de la famille s'appelleraient ainsi. Une occasion de plus pour mon gendre de faire une nouvelle scène à sa femme, sans égard pour sa fièvre de lait, évoquant l'usurpation d'un tel pouvoir et l'exigence insensée d'un frère aîné qui désire être maître de tout. Hortense a pleuré. Je l'ai consolée de mon mieux.

Bonaparte regarde cet enfant comme un don du ciel. Il parle de dynastie, de famille appelée à régner. Étrange destinée que la mienne si ma bonne étoile ne me quitte pas ; alors je considère que ce petit est mon rempart contre tous ceux qui veulent m'écarter. Que pourront mes ennemis contre la grand-mère du prince héritier ?

26 octobre

Bonaparte est entouré de femmes. Il est dit que je serai trompée sans cesse et par tous. J'ai eu des amants, ils m'ont trompée avec des amies que je croyais constantes. Alexandre ne me fut pas fidèle non plus. Et devant le héros revêtu de la pourpre, toutes caquettent, se pavanent, jouent de l'œil et de la bouche, de la croupe, minaudent et parlent, parlent, selon leur âge et leur condition. Et lui, j'en suis sûre, succombe.

J'ai fait une scène terrible à mon mari. Madame Duchâtel, dame du palais, est à mon service, dit-on. Mais c'est sur l'Empereur qu'elle a des vues considérables. Aussi, m'en suis-je entretenue avec Bonaparte. Il m'a écoutée à peine, ses mains croisées dans son dos blanchissaient de colère ; mes reproches ont été jugés grotesques et mes larmes, absurdes. Mes femmes m'ont consolée, comme elles le font à chaque fois nouvelle.

Mais l'humeur de l'Empereur à mon égard s'en ressent. Il en fait le reproche à Hortense qui défendait sa mère. Il lui a dit : « La jalousie de l'impératrice me donne un ridicule aux yeux de tout le monde. Il n'est pas de sottises que l'on ne dise sur moi. Croyez-vous que je ne le sache pas ? La faute en est à elle. »

Je me suis enfermée dans ma chambre, j'ai serré à le trouer de mes ongles un mouchoir pour étouffer les larmes que je ne retenais plus. La peur, la peur de la trahison comme de l'abandon, ne cesse d'enfler dans mon esprit.

1er novembre

Je sais que je suis épiée. Je ne puis rien penser ou dire qui ne soit aussitôt rapporté à Bonaparte. Je viens d'en avoir la preuve criante si tant est que j'aie le moindre doute à ce sujet. Devant Madame Duchâtel et Madame Ney[1], je me suis plainte, mieux aurait valu me taire, de l'humeur de l'Empereur. Dès notre retour aux Tuileries, nous étions alors à la Malmaison, Bonaparte m'a fait une scène, me reprochant mes

1. Aglaé-Louise Auguié (24 mars 1782-2 juillet 1854). Dame de compagnie française. Elle épouse le futur maréchal Ney, en juillet 1802.

insinuations inutiles et blessantes. N'y tenant plus, dès que l'occasion s'est présentée, j'ai dit hautement à ces femmes : « Il est bien extraordinaire, Mesdames, que l'Empereur m'ait répété le matin ce que je n'ai dit qu'à vous seules hier au soir ! » Ces femmes ont changé de couleur et sont restées coites.

5 novembre

Madame Duchâtel est la maîtresse de mon mari. Elle est banale dans sa beauté, a les plus jolies dents du monde, sourit sans cesse afin de les montrer – sans doute par opposition avec les miennes, que je n'aime pas –, a le nez crochu, le menton lourd. Je sais que Bonaparte lui a écrit des lettres fort tendres, envoyé son portrait enrichi de diamants. Ce cadeau serait celui de la rupture. La dame a gardé le portrait mais, se jugeant offensée, renvoyé les diamants. Honneur de femme, peut-être…

7 novembre

Un mot court de salon en salon, ricoche sur les antichambres, file le long de la Seine, un mot qui donne le frisson, exalte, condamne le médiocre, abolit l'ordinaire. Il est né dans l'esprit surhumain de Bonaparte. Le mot que j'écris ici porte cinq lettres : sacre. Bonaparte s'enferme depuis des semaines pour préparer avec ses conseillers et ses ministres ce qui sera, sans nul doute, son apothéose glorieuse.

Il voit sans cesse Messieurs Fouché et Talleyrand. Chacun donne son avis. Il s'est mis dans une colère terrible car il veut que des jeunes filles habillées en vestales tiennent des palmes dans leurs mains. Comme leur nombre manquait encore, il s'est écrié : « Mais il n'y a donc plus de vierges en France ? » L'Empereur veut que l'Europe entière assiste à son triomphe et que le pape lui-même soit présent. Sa Sainteté a-t-elle le choix ?

Le faste déployé sera inouï. C'est la France royale que Bonaparte ressuscite. Je pense à ma mère qui vieillit aux Trois-Islets, ma bonne et tendre mère m'écrit que ces degrés dépassés frisent le ridicule et l'abeille n'est pas le lys. Je lui réponds que la marche de l'Histoire l'ordonne et que le fleuve continu de prouesses et de lauriers atteints, l'exige.

Ce même jour, je sais que la famille Bonaparte tenait conseil avec mon mari. Mes belles-sœurs ne cesseront donc jamais de me haïr et de me vouloir du mal ? Elles ont hurlé à l'Empereur qu'elles ne voulaient à aucun prix tenir la traîne de mon manteau ainsi que le protocole du sacre l'exige pour les cinq princesses impériales. Dans sa mansuétude et pour leur faire comprendre la force de l'exemple, Bonaparte leur a assuré qu'il ne s'agissait pas d'être un porte-queue, mais bien de soutenir le manteau, symbole même de son pouvoir, véritable incarnation de l'Empire. Elles ont barguigné des quarts d'heure entiers et cédé à la condition absolue à leurs yeux qu'un page de leur maison porte leurs propres traînes. Voilà bien des mesquineries ridicules.

9 novembre

Bonaparte a éclaté en fureur. Il s'en est pris à Joseph, le chef de la fronde organisée contre moi. Il a confié ses reproches bien fondés à Monsieur Roederer, qui me les a rapportés.

« Qu'il ose donc me dire que ce couronnement est contraire à ses intérêts, qu'il tend à donner aux enfants de Louis des titres de préférence sur les siens, qu'il préjudicie aux droits de ses enfants en ce qu'il fait les enfants de Louis petits-fils d'une impératrice, tandis que les siens seront fils d'une bourgeoise, s'est-il emporté. Qu'il me parle de ses droits et de ses intérêts, à moi, et devant son frère même, comme pour éveiller sa jalousie et ses prétentions, c'est me blesser dans mon endroit sensible. Ils sont jaloux de ma femme, d'Eugène, d'Hortense, de tout ce qui m'entoure. Eh bien ! ma femme a des diamants et des dettes, voilà tout ; Eugène n'a pas vingt mille francs de rente. J'aime ces enfants-là parce qu'ils sont toujours empressés à me plaire. Si pendant que je suis au Conseil, Hortense demandait à me voir, je sortirais pour la recevoir. Si Madame Murat me demandait, je ne sortirais pas. Ma femme est une bonne femme qui ne leur fait pas de mal. Elle se contente de faire un peu l'impératrice, d'avoir des diamants, de belles robes, les misères de son âge. Je ne l'ai jamais aimée en aveugle. Si je la fais impératrice, c'est par justice. Je suis surtout un homme juste. Si j'avais été dans une prison, au lieu de monter au trône, elle aurait partagé mes malheurs. Il est juste qu'elle participe à ma grandeur. Elle est toujours en butte à leurs persécutions. Oui, elle sera couronnée ! Elle sera couronnée, dût-il m'en coûter deux cent mille hommes ! »

Je n'ai rien dit lorsque Stanislas Reverdin est venu me rapporter à son tour ces propos. Le garçon prenait un plaisir évident à voir le mien croître à mesure qu'il me répétait les mots de l'Empereur. J'ai offert au jeune homme une épingle de cravate montée sur une émeraude ; il m'est attaché depuis si longtemps.

12 novembre

J'ai vu les enfants de la maréchale Lannes. Ils sont pleins de force et de fraîcheur. Hortense a demandé à son médecin pourquoi les siens étaient si pâles. Bien embarrassé, l'homme de science a répondu que son fils aîné dînait avec son père, qu'il mangeait de tout ce qu'il voulait, même des aliments à échauffer le sang d'un si petit enfant. Avec sa douceur coutumière, ma fille a répété les remarques du médecin. Louis est entré dans une si violente colère, criant à sa femme « vous voudriez que je ne le visse jamais » et claquant la porte avec une violence telle que son lit en fut ébranlé. Hortense va très mal. Je le répète à Bonaparte. Cette petite a pris en horreur tous les aliments. Je ne la vois plus prendre pour tout repas qu'un peu de pain sec et un demi-verre de vin de Bordeaux. La dureté de Louis l'accable. Je suis inquiète. Mon Dieu que faire ?

13 novembre

Je viens de quitter Duroc. Cet excellent ami était mandaté par Bonaparte, je l'ai vu à l'instant où il s'est incliné, deviné à sa mine d'enfant triste :

— L'Empereur est persuadé que vous avez des dettes, m'a-t-il dit. Il veut en connaître le montant.

L'affreuse question, ai-je pensé aussitôt. J'ai encore versé des larmes abondantes, puis j'ai répondu :

— Quatre cent mille francs.

Ce qui est faux, bien sûr. Le chiffre est plus important du triple, peut-être du quadruple.

— Ah, répond Duroc, l'Empereur pensait que c'était huit cent mille francs.

— Non, je vous jure, mais puisqu'il faut vous répondre, je dirais que c'est six cent mille francs.

— Est-il sûr que ce ne soit pas davantage ?

— Bien sûr. Oh, mon bon Duroc, cher et tendre ami, vous savez qu'à vous je veux dire toujours la vérité.

— Alors, Madame, je parlerai à l'Empereur.

18 novembre

Comme à l'accoutumée, j'ai pris le café et les liqueurs avec Bonaparte. Son défaut est de le boire si noir et si fort qu'il ne dort plus de la nuit. Aussi, je le verse moi-même, ajoute la quantité de sucre râpé, fais office de goûteuse, et veille à ce qu'il n'avale pas à la hâte quatre ou cinq tasses. Nous avons fait une partie de billard. Je l'ai laissé gagner. Il a parlé sur le sacre, donné les détails, insisté sur ma tenue, me disant sa confiance renouvelée.

20 novembre

Il était onze heures, l'instant précis où je prends un léger repas dans mes appartements, aux Tuileries. Bonaparte préfère souper seul, et vite. J'avais convié comme à l'accoutumée une dizaine de dames, certaines épouses d'officiers, d'autres de fonctionnaires au service du gouvernement, une comédienne et deux cantatrices. Et puis, un page est venu me remettre une lettre de l'Empereur, en inspection au camp de Boulogne.

Je l'ai décachetée discrètement, l'ai lue sans rien perdre de cette impassibilité qu'exige la cour en toutes circonstances. Bonaparte, en quatre lignes, me sommait de ne plus jamais voir Madame Tallien. Cette chère et si douce Thérésa, l'amie des jours de deuil, la toute proche, la si semblable, ne plus entendre son rire, ne plus voir sa gorge admirable, sa beauté que tant et tant ont idolâtrée, comment le pourrai-je ? « Je te défends de la voir. Je n'admettrai aucune excuse. Si tu tiens à mon estime, si tu veux me plaire, ne transgresse jamais l'ordre présent. Elle peut camper devant ta porte, exiger ce qu'elle voudra, dis à tes domestiques de ne jamais la laisser entrer. Un misérable l'a épousée avec huit bâtards. »

Bonaparte m'assure de son mépris profond pour celle qui avait osé paraître – nous avions tant ri avec Fortunée Hamelin – au bal de l'Opéra, travestie en Diane chasseresse, nue sous la gaze. Sur ordre de mon mari, j'avais dû prendre la plume et écrire sous sa dictée que le temps de la fable était fini et que celui de l'Histoire commençait. « Celle qui était une fille aimable, poursuivait Bonaparte, est devenue une femme déshonorée et infâme. » Il ment bien sûr. Il ne voit en Thérésa que l'ombre de sa jeunesse, l'avers de sa première et deuxième année parisienne, les semaines passées à la courtiser, en vain. Car je sais combien il a aimé cette femme, combien il aura été fou de sa beauté et de ses charmes. Dieu m'est témoin que j'aurai toujours su montrer à ma douce Thérésa l'amitié la plus pure. Elle m'a aidé à vivre. Je ne l'oublie pas. Ingratitude des hommes. L'Empereur ne pardonne pas à une femme de l'avoir connu pauvre et désarmé face à elle. Thérésa devrait être le plus bel ornement de la cour. Quel gâchis.

J'ai replié la lettre, l'ai dissimulée comme j'ai pu aux regards de ceux qui, déjà, s'interrogeaient. Ma jeunesse s'est enfuie sans que je tente seulement de réparer les injustices qui accablent ceux que j'ai connus. J'ai aimé Thérésa, à n'en pas douter, je l'ai aimée aussi fort que la vie me l'a permis. Sans elle, où serais-je à présent ? Celle qu'il méprise aujourd'hui, qu'il chasse ignominieusement, avait jadis décidé de me le présenter dans sa maison. Désolante omission qui n'est pas à la gloire de l'Empereur. Jamais la générosité de Thérésa ne m'avait fait défaut. Je pleure en écrivant ceci. Je pleure sur mon impuissance et mon malheur. Je ne reverrai jamais la douce Thérésa.

22 novembre

Bonaparte devient de plus en plus nerveux. La date du sacre, fixée au 2 décembre, est proche. Je lui fais la lecture. Je lis Corneille, je lis son *Sertorius* et mon mari somnole, un sourire sur la bouche. Lorsqu'il est tout à fait endormi, je reprends ma partie de whist.

Paris semble en transe. Les Parisiens s'affairent, complices et ravis. Leur souverain leur donne des occasions inespérées de s'enrichir, car combien sont nombreuses les corporations qui vont faire de l'événement une source de profits rarement atteints de nos jours ! Combien sont nombreux les ébénistes, menuisiers, brodeurs, fleuristes, peintres, ornemanistes, laqueurs, doreurs, plâtriers, maçons qui vont mêler leurs talents pour ce grand jour ! En augmentant de quatre mètres la taille de nos traînes, Bonaparte enrichit déjà les filatures et la ville de Lyon. Ses ennemis ne veulent pas le comprendre. Je laisse à la *Gazette de Leyde*[1] ses venins inutiles.

La gloire de la France est à son zénith.

28 novembre

Les conseillers de l'Empereur organisent des répétitions à Notre-Dame. Des acteurs jouent notre rôle et Monsieur Le Sueur nous a fait écouter des extraits de sa *Marche*. Trois cents musiciens vont la jouer sous sa baguette. Il a également composé trois motets, dont l'un, *Tu es Petrus*, sera donné devant Sa Sainteté.

Monsieur Laïs, le premier chanteur, Messieurs Kreutzer et Baillot, les premiers violonistes, ont été requis et les chœurs de l'Académie impériale répètent sans relâche, m'a dit Stanislas Reverdin. De son côté, Monsieur Paisiello[2] a écrit une Messe et un *Te Deum*. Et enfin, Monsieur l'abbé Roze[3] va donner son *Vivat*, conçu pour faire sortir les morts de leurs tombeaux. Ces fontaines de notes devraient produire un grand effet.

Mes belles-sœurs demeurent épouvantables et jalouses. Dialogue affreux, digne d'un mauvais vaudeville, que je viens d'endurer.

---

1. Journal hollandais favorable à la Révolution française et à la liberté.
2. Giovanni Paisiello (9 mai 1740-5 juin 1816). Compositeur et claveciniste italien.
3. Nicolas Roze (17 janvier 1745-30 septembre 1819). Compositeur et musicologue français.

Le grand maître des cérémonies dit à Élisa alors que se poursuivent les répétitions :

— Madame, je vous en prie, veuillez porter la traîne de l'impératrice.

— Un tel office est bien pénible pour une femme vertueuse…

Bonaparte :

— On vous a dit de prendre cette traîne, je crois ?

— Je la prendrai seulement si un chambellan porte la mienne.

Le grand maître des cérémonies dit à la princesse Caroline, sur le ton du murmure :

— Madame, de grâce, veuillez prendre la traîne…

— Je ne souffrirai pas que l'on me prenne pour une servante !

L'Empereur, excédé, blême de rage :

— On vous a dit de porter cette traîne, portez-la…

— C'est intolérable !

— Ce qui est intolérable, c'est votre bêtise ; si vous continuez, je vous renvoie tous, je trouverai le moyen de me faire couronner sans famille.

Le grand maître, s'adressant cette fois à Pauline :

— Altesse, je vous en prie…

— Ah vous, laissez-moi, ou je crie !

À bout de nerfs, Bonaparte, sur le point d'en gifler une, s'emporte :

— Assez, assez, *basta*, *basta*, *basta* !

Les répétitions reprennent, l'orchestre joue, et je sens grandir encore contre moi la haine de ces femmes. Quel supplice d'endurer autant de vexations alors que Bonaparte est si bon, si infiniment généreux pour sa famille ! En retour, il ne reçoit d'elles que rebuffades, exigences, caprices, appétits inassouvis, résistances et c'est à n'en plus pouvoir.

5 décembre. Deux heures de la matinée.

Je suis exténuée. Morte, comblée. Le sacre a eu lieu le 2.

9 décembre

Indescriptible sentiment. Émotion si vive, si complète. Cinq cent mille Parisiens m'ont acclamée voici déjà sept jours. Autant ont applaudi Bonaparte. Tant d'amour ! Le sacre fut un triomphe. L'Histoire n'oubliera jamais ce jour.

11 décembre

Je veux me souvenir de chacun de ces instants. Je note à la hâte ce qui précédait notre arrivée à Notre-Dame. Il y a eu quatre escadrons de carabiniers, puis les cuirassiers, les chasseurs de la garde impériale, les mamelouks, les hérauts d'armes, en dalmatique violette. Venaient ensuite les grands officiers de l'Empire, les ministres, les grands officiers de la Couronne, les grands dignitaires et les princesses, ma fille et mes belles-sœurs. Onze voitures à six chevaux suivies par trois laquais portant la livrée de l'Empereur. Et puis, nous, dans le carrosse doré de Cendrillon, qui avançait sous le soleil froid de l'hiver. Moi, ma main levée qui saluait, saluait, saluait, saluait et mon sourire, immuable, le même sourire depuis cinq heures du matin.

À l'archevêché, je me suis habillée du grand costume du sacre. Les coiffeurs ont ajusté sur mon chignon bouclé une couronne d'améthystes. Les habilleurs ont posé sur mes épaules le manteau du sacre et les cinq mètres de la traîne. Le manteau, le vœu de Napoléon, semé d'abeilles d'or, plus industrieuses, plus neuves que les lys fanés, bordé d'une large bande d'hermine, architecture souple encore accentuée d'une lourde broderie de branches de laurier, d'olivier, de chêne. Il n'avait qu'une manche ouverte, n'était attaché que sur l'épaule gauche, par une agrafe de diamant fournie par Monsieur Nitot[1].

Et Monsieur de Ségur[2], notre grand maître des cérémonies, a frappé le parquet de sa canne d'ébène. Jamais je n'oublierai ce bruit sec, répété dans le silence. Tout allait pouvoir commencer.

Nous sommes parvenus à la cathédrale à pied. Avant nous marchaient les huissiers, les pages, les aides des cérémonies, le grand maître des cérémonies, le maréchal Sérurier, portant le coussin où reposait mon anneau. Le maréchal Moncey avait la corbeille où serait bientôt déposé mon manteau. Murat, mon beau-frère, tenait la couronne sur un coussin et sa tête droite comme sur ses portraits. Et moi, suivie de ma dame d'honneur, de ma dame d'atour et de six autres dames du palais. Le cardinal Cambacérès m'a donné l'eau bénite, m'a encensée sur le parvis et, sous un dais tenu par les chanoines, j'ai rejoint lentement le chœur où l'Empereur, à son tour, était parvenu. L'anneau, le globe, la main de justice et le sceptre qu'il tenait dans ses mains, tout alors était d'une si complète et totale majesté que les larmes me sont montées aux yeux. Nul ne l'a remarqué, je le sais.

Le pape. Mille invités. L'or de nos parures, les diamants, les rubis, les saphirs et la musique qui engloutit tout, bascule, rejaillit sur la pierre des voûtes. Le sacre de Bonaparte, sa réussite totale, absolue, celle d'un empereur qui est mon époux.

---

1. Marie-Étienne Nitot (2 avril 1750-9 septembre 1809), le premier joaillier de l'Empire, sa maison est célèbre en Europe. Elle est l'ancêtre de l'actuelle maison Chaumet qui conserve toutes les archives de cette période faste.

2. Louis-Philippe de Ségur (10 septembre 1753-28 août 1830). Gentilhomme français, diplomate, homme politique, historien et poète. Son esprit était célèbre.

Pie VII[1] a touché mon front et mes paumes ouvertes des huiles saintes. Il y a eu cet instant de gloire sans pareille. Debout, face à tous, l'Empereur, lui-même, a posé la couronne sur son front, miracle de beauté dû à Monsieur Nitot en personne qui s'est surpassé. Sa Sainteté acquiesce, minute d'éternité. J'étais agenouillée sur un coussin de velours bleu, piqueté d'abeilles d'or. Le front baissé, la peau de la nuque nue. Lentement, Bonaparte a posé alors la couronne sur mon front penché. J'ai pensé soudain à mon père. J'ai vu distinctement son visage, le sourire qu'il avait lorsque, enfant, je cherchais près de lui la tendresse, lui de qui je tiens ce nom de Josèphe.

Au côté de Bonaparte, lentement, très lentement, je suis descendue vers la nef, me dirigeant sous les regards, en saluant toujours, vers une estrade immense où étaient placés les deux trônes. Je devais gravir vingt-quatre marches, terrible épreuve lorsque l'on considère le poids de mon manteau. J'ai donc posé mon pied sur la première. Ce fut la minute choisie par mes belles-sœurs pour laisser tomber le manteau qu'elles tenaient. J'ai failli m'écrouler en arrière, drame épouvantable quand on songe à la solennité du moment. Bonaparte a vu aussitôt le manège de ces pestes. Il a haussé le ton et ses remontrances, en corse, eurent tôt fait de rappeler à l'ordre celles qui me détestent chaque jour davantage. J'ai donc repris mon ascension, sentant la présence rassurante de celui qui allait, avec moi, se faire bénir assis par le pape.

« Que Dieu vous couronne de la couronne de gloire et de justice, qu'il vous arme de force et de courage afin que vous parveniez à la couronne du règne éternel, par la grâce de Celui dont le règne et l'Empire s'étendent dans les siècles des siècles. » Sa Sainteté s'est alors tournée vers l'assistance et s'est écriée « *Vivat Imperator in aeternam* ». La foule massée dans la cathédrale a repris ces quatre mots dans une formi-

1. Luigi Barbara Chiaramonti (14 août 1742-28 août 1823). Moine bénédictin, il devient pape sous le nom de Pie VII.

dable ovation. C'est là qu'éclata comme un soleil le *Vivat* de l'abbé Roze. Le Saint-Père reçut nos présents, le vase, le pain, le cierge en or des mains de l'Empereur. Je lui fis remettre au même instant un pain en argent serti de vingt-quatre napoléons d'or.

Je regardais Bonaparte à l'instant de prêter serment devant le peuple français, lui assurant ses libertés, ses égalités de droits, l'aliénation des biens nationaux, que sais-je encore. Je n'écoutais plus. Je le voyais. Je pensais. Ainsi me revenait une silhouette, celle d'un jeune homme aux cheveux longs et sales. Un corps maigre, parfois si dur au mien, avec des mains fines, colorées par le froid, la pluie, le vent, les rayons du soleil, courant sur ma gorge puis sur le haut de mes cuisses. J'ai repensé à l'amour fait et dit, à l'aube, fait à nouveau lors des longues matinées, après le café et les pêches coupées en quartiers, poivrées de cannelle. M'est revenue l'image de Bonaparte nu, tombé de fatigue sur un fauteuil, la plume tachée d'encre à la main. Dieu m'est témoin que j'aime cet homme, même si – il me faut l'avouer – sur lui aussi le temps commence à faire son œuvre.

Ce jour de sacre, j'ai été vue par des centaines de visages, regardée par des centaines de paires d'yeux, pour moi, pour lui, sous la pourpre.

Ils sont venus là avec amour, afin de toucher le bas de ma traîne, embrasser ma mule mouchetée d'abeilles. Avec amour, ils ont attendu deux, trois, quatre heures pour me voir passer en carrosse, saisir, en un quart de seconde, le bord de mon col, la pointe de mon gant, malgré le froid et le vent glacé. Ils ont crié, brandi leur chapeau, levé bien haut le bras, la canne. Tapé du pied pour se donner plus de courage afin d'attendre le quart d'heure qui manquait à mon passage. Parisiens des bords de Seine et des faubourgs capables de dire oui et non avec la même force. Avec amour ?

Je pense à eux, ces anonymes ou ces visages connus qui sollicitaient mon sourire ou l'inclination de mon menton. Je pense à Bonaparte qui le soir de son sacre n'a pas voulu que je quittasse ma couronne pour admirer son impératrice tandis que son consommé refroidissait et que la migraine me serrait les tempes à crier. Je pense à ses mots, adressés à ses frères : « Si notre père nous voyait... » Et puis à cette fille, quinze ou seize ans, qui ramassait les bouquets à peine fanés presque sous les pieds de nos chevaux pour les revendre et gagner six sous. Qui était la plus heureuse, ce soir-là ?

Le 5 décembre a eu lieu au Champ-de-Mars la remise des aigles à l'armée et à la garde nationale. Nous étions en grands costumes et très parés. Malheureusement la pluie a interrompu un spectacle qui devait être grandiose. Nous nous sommes retirés les uns après les autres, Caroline a tenu bon sous la pluie et est partie la dernière.

Puis, grand dîner aux Tuileries dans la galerie de Diane.

18 décembre

Bal, deux jours plus tôt à l'Hôtel de Ville en notre honneur. Sept cents personnes. Nous avons aussi beaucoup salué au balcon.

27 décembre

Nous avons été reçus, fort bien ma foi, par les généraux, au Théâtre Olympique.

30 décembre

L'année s'achève. Elle fut d'une densité de plomb avec l'éclat de l'or. Je ne sais si cette étrange transmutation va me porter bonheur. J'accepte mon sort avec l'aide de Dieu et, je l'espère, l'aide des hommes de France. Je suis leur impératrice. Je veux leur amour, à tous. Je ne suis pas la même femme. Je ne peux plus l'être. Je me sens élevée à une dignité qui me dépasse. À moi d'entrer dans ce monde nouveau les yeux grands ouverts.

Troisième partie

XII.

8 janvier-26 décembre 1805

« Monsieur Charles vient d'avoir vingt ans »

8 janvier

Hier, nouveau bal à Paris, cette fois offert par les maréchaux. Ces messieurs ont poussé l'honneur jusqu'à le baptiser du nom flatteur de « Bal de l'Impératrice ». Le quadrille a été ouvert par Hortense et Murat, Louis et Caroline, Berthier et Désirée, Ney et la générale Duroc. Beau spectacle que ces sourires, que ces robes idéales posées sur des corps que la jeunesse sculpte. Moments de grâce ineffables ! J'ai vu ces poupées peintes forcées de me plaire ployer leurs corps de petites filles en plusieurs révérences parfaites. Elles y mettaient leur éducation de fraîche date et le reste des leçons de maintien prises. Je n'ai pas ri, pourtant la scène était drôle.

Bonaparte ne l'aurait pas permis. Je l'appelle toujours ainsi, Bonaparte, ce qu'elles détestent et ce qui étonne. Mais nous avons tant fait ensemble, tant traversé de digues éprouvantes que je ne saurais lui donner un autre nom.

12 janvier

Je vais donc donner le nom de cousin à toutes les têtes couronnées d'Europe, ce qui ne flatte pas plus que cela mon amour-propre. Je songe déjà au baptême de mon second petit-fils. Bonaparte veut pour Napoléon-Louis une cérémonie marquée par la présence du Saint-Père. La cérémonie doit se faire à Saint-Cloud. L'Empereur a même fait reconstituer le salon du Lit, comme au château de Versailles, la demeure de nos rois, et l'enfant y était présenté sous un dais. Bonaparte est son parrain. Ma belle-mère a enfin consenti à revenir d'Italie pour jouer le rôle de marraine. Nous n'appelons plus ce bel enfant que Monsieur Petit Chou. Il y a eu pour lui un beau feu d'artifice et Ruggieri, une fois de plus, nous a comblés par son art sans pareil.

20 janvier

Durant la cérémonie, le petit a beaucoup crié, ce qui n'a pas manqué de préoccuper sa mère. La princesse Caroline avait d'autres soucis : elle vient d'accoucher d'une fille. Elle a beaucoup exigé que les deux enfants reçoivent un baptême conjoint des mains du pape. Bonaparte l'a refusé avec hauteur. Nouveau scandale, pleurs versés en abondance, cris poussés et jalousies. J'ai l'habitude et Hortense aussi. Sa Sainteté a regagné Rome.

28 février

À la Malmaison, scène bien divertissante, touchante aussi. Devant le roi de Saxe[1], on donne une œuvre de ce bon Monsieur Grétry[2]. Qui est dans le salon. L'Empereur s'approche d'un noble vieillard :

— Comment vous nommez-vous ?

— Toujours Grétry, Sire.

1. Frédéric-Auguste Ier, roi de Saxe et Grand Électeur (23 décembre 1750-5 mai 1827).

2. André Grétry (8 février 1741-24 septembre 1813). Compositeur liégeois.

— Ah, Monsieur Grétry, si je ne vous reconnais pas, je reconnais toujours votre musique, c'est celle que j'aime le mieux. Mais pourquoi ne vous voit-on jamais ?

— Sire, quand le rossignol est vieux, il se cache et ne chante plus.

— Mais vous n'êtes pas comme lui. Vous, on vous chantera toujours.

2 mars

La famille, encore. Bonaparte veut à tout prix adopter son petit neveu, fils de Louis. Sa politique l'exige. Il souhaite le nommer roi d'Italie, créer sa maison française et sa maison en Italie et faire en sorte qu'il soit éduqué en prince français sur le sol de la patrie. Mais Louis ne consent pas à ce que son fils soit plus que lui. Bonaparte s'est donc mis dans une effroyable colère. Il disait qu'il est pénible et cruel d'avoir une famille qui partage si peu ses travaux et ses peines, qu'on lui fait sans cesse et tous les jours sentir le malheur de ne pas avoir d'enfant, qu'il pourrait très bien se passer de ses frères en mettant cette couronne sur sa tête, que, sans la crainte de la guerre, il l'aurait déjà fait et qu'il serait heureux de n'avoir jamais rien à attendre et à espérer d'eux.

Ces scènes sont terribles à voir et affreuses à entendre. Tout cela me concerne, tout ceci me déchire le cœur. Je ne peux donner à l'Empereur ce qu'il attend de moi. La plus petite lingère y parvient mais pas moi. Je ne saurais plus être mère. C'est fini. Bonaparte me lance d'ailleurs des regards à faire frémir. Mon avenir est angoisse.

15 mars

Mes dents me font atrocement mal. Je ne puis plus sourire et mes portraits sont ceux des lèvres pincées.

17 mars

Cela m'est extrêmement pénible de l'avouer. Jadis, lorsque je manquais d'argent, je ne pouvais soigner mes dents. Maintenant que le spectre de la pauvreté est passé, il est trop tard. Je déteste les soins du dentiste. Il me fait peur. Je ne peux plus rien prendre de solide ou de très dur, un morceau de nougatine, un éclat de sucre me mettent au supplice. Quelle est donc cette vieille reine édentée qui n'ose plus se sourire devant son miroir ?

J'ai fait acheter des livres par Monsieur Deschamps, mon secrétaire des commandements. J'ai aussi adressé deux billets à Messieurs Ripault et Barbier, les bibliothécaires de Bonaparte. Je voulais lire l'histoire du Grand Condé. J'aime la lecture même si ma lectrice, Madame Gazzani, est la maîtresse de mon mari.

Après avoir fait acheter des livres, j'ai fait commander des pianos. Les uns et les autres sont de Érard, Pleyel, Pfeiffer, Petzoldt ou Monsieur Streicher, à Vienne. Je raffole de la musique, elle calme mes nerfs et aussi puis-je faire demeurer Bonaparte au salon en lui jouant une ou deux ariettes à la harpe. Ainsi il est à moi et à nulle autre.

20 mars

Scène digne du théâtre. J'étais aux Tuileries, à l'heure du déjeuner, avec mes dames lorsque l'on annonce la maréchale Lefebvre[1]. Je lui trouve un air effaré qui lui était peu habituel.

1. Catherine Hubscher (2 février 1753-29 décembre 1835). D'abord cantinière aux armées, puis blanchisseuse, elle épouse le 1er mars 1783, François Joseph Lefebvre, sergent aux gardes-françaises, le futur maréchal et duc de Dantzig. Sa verve, son esprit pratique, sa bonté pour les humbles en font un personnage succulent. Victorien Sardou l'immortalise avec sa pièce *Madame Sans-Gêne*.

Je lui demande aussitôt la cause de son inquiétude. Voici sa réponse :

— Oh, Madame, c'est une longue histoire que je veux bien raconter à Votre Majesté. Mais pour cela, il faut qu'elle fasse sortir ces pisseuses qui ricanent en me regardant.

Je comprends que le mot « pisseuses » désigne les dames du palais. Je m'adresse à elles et les prie de gagner le salon de service.

— Eh bien, Madame la duchesse, contez-moi vos peines…

— Je n'en ai plus, Madame ; mais voyez-vous, j'suis encore tout émue d'un malheur dont on m'a menacée ce matin.

— Oh, mon Dieu, votre fils s'est-il battu ?

— Pas si bête.

— Le maréchal ?

— Il n'est pas question de lui : j'ai cru avoir perdu mon gros diamant. J'étais sûre de l'avoir laissé dans ma chambre ; en y entrant je ne le trouve plus. Je questionne sur les personnes qui y sont été ; on m'dit comme ça qu'y gnia que mon frotteur[1]. Il était dans le salon qu'il finissait ; je le fais entrer chez moi et je lui dis : « Coquin, t'as mon gros diamant, j'veux l'ravoir parce que j'y tiens ; c'est l'premier que Lefebvre m'a donné. Rends-moi-le. Et je ne te ferai rien. » Mon gaillard me répond qu'il ne l'a pas. Il était nègre, je ne vois pas s'il rougit ; mais je continue à y dire que je veux mon gros diamant, et lui ordonne de se fouiller. Rien dans les mains, dans les poches, qu'il me dit. « Eh bien, guerdin, déshabille-toi ! » Il veut faire des difficultés, mais on ne me fait pas aller comme ça. Déshabille-toi, gueux, nu que j'te dis, ou je te ferai tuer par mes domestiques. Enfin, il se met nu comme un ver, et j'ai trouvé mon gros diamant. Le v'là. Une mijaurée l'aurait perdu tout de même.

— Madame la maréchale, voilà un beau diamant qui a connu une belle aventure. Je vous complimente pour votre sang-froid.

1. Domestique préposé au nettoyage des meubles.

Je demande alors à cette femme qui n'est que tendresse, honneur et affection de se joindre à nous pour le déjeuner. Elle décline mon offre, fort poliment, ajoute qu'elle « ne peut se mêler avec ces *pimpesouées*, que mes lichettes ne tiennent pas au corps et que si nous avions été seules elle aurait volontiers fait sauter pour moi quelques crêpes ». Je l'ai embrassée en la quittant, en regrettant ses crêpes dont elle me dit qu'elle les sert avec force rhum et beaucoup de sucre.

3 avril

À la Malmaison, je retrouve Bonaparte. Là il est à moi plus qu'à l'État. Il boit son café, croque un bout de chocolat. Nous évoquons nos souvenirs en commun. Ils sont déjà si nombreux. Nous avions joué, je me souviens, au petit théâtre *Le Barbier de Séville* devant celui qui n'était encore que le Premier consul. Talma nous servait de répétiteur, Isabey[1] de décorateur. Je reconnaissais à Lucien un vrai talent d'acteur et Hortense était si jolie en Rosine. Nous jouions aux barres et Bonaparte trichait, en arrivant sur ses adversaires sans crier le mot « barre » ainsi que la règle l'exige. Il y avait des farandoles et nous dansions la monaco… Pourrions-nous aujourd'hui êtres si légers et gracieux ? La pourpre sied mal à ce genre d'amusements.

Mais il y a la botanique. Cette science m'enchante. Je corresponds avec tous ceux qu'elle passionne. Je vois Madame Bernard, ma bouquetière, très en vogue depuis qu'elle fleurit mon appartement. Je lui ai dit ce que je voulais, les fleurs de mon pays, plus épaisses et charnues, nourries de sève et de soleil et puis, je veux des roses au parfum abondant, des roses plus belles encore que celles peintes par Monsieur

1. Jean-Baptiste Isabey (11 avril 1767-18 avril 1855). Portraitiste et miniaturiste français.

Redouté[1] ou Monsieur Van Daël[2]. Il suffit de dire qu'on aime et je reçois de toutes parts des hommages fleuris. On m'offre la *Pageria* qui vient du Pérou et la *Joséphine Imperatrix* avec son blanc de perle nuancée de pourpre au-dehors et piquetée de points rouges au-dedans.

8 avril

Je désire aussi augmenter en beauté ma galerie de sculptures et d'antiques. Monsieur Cartellier[3] m'a fait une *Pudeur* qui est magnifique. Monsieur Chaudet[4] a taillé dans le marbre la belle histoire de *Cyparisse pleurant son cerf tant chéri et qu'il avait tué par mégarde*. Et la dernière œuvre de Monsieur Bosio[5], *Amour lançant ses traits et s'envolant*, m'a coûté la somme de vingt mille francs que je ne regrette pas. Bosio a fait mon portrait et j'ai la vanité de penser que les traits de mon visage ainsi figés dans la pierre ne connaîtront plus jamais les injures du temps qui passe. Monsieur Denon[6] me conseille en antiques et je pense avoir fait des progrès dans cette science. Je fais aussi venir des collections de Monsieur Lenoir d'autres statues et puis des colonnes, des vases ou des bas-reliefs. La beauté des chairs rendues par le ciseau, le velouté de la peau, de la gorge, de la jambe ou de l'épaule nue me ravissent.

Je ne me lasse pas d'admirer ces œuvres. Lorsque je suis seule, je fais d'abord éclairer la galerie aux flambeaux de cire

1. Pierre-Joseph Redouté (10 juillet 1759-19 juin 1840). Peintre français.
2. Jan Van Daël (27 mai 1764-20 mars 1840). Peintre de fleurs d'origine flamande.
3. Pierre Cartellier (2 décembre 1757-12 juin 1831). Orfèvre et sculpteur français au style néo-classique.
4. Antoine-Denis Chaudet (3 mars 1763-18 avril 1810). Peintre et sculpteur français.
5. François-Joseph Bosio (1768-1845). Sculpteur monégasque.
6. Dominique Vivant Denon (4 janvier 1747-27 avril 1825). Graveur, écrivain, il devient le premier directeur du musée du Louvre.

blanche et je demande qu'on m'y laisse. Je marche entre les bras de cette forêt laiteuse ; le silence d'église ne m'effraie pas, je suis comblée si éloignée des soins du monde. Je regarde, je bois à la source. Je suis – enfin – heureuse.

12 avril

Bonaparte songe à accepter la couronne de fer du roi des Lombards[1]. Je suis impératrice. Je serai donc aussi reine d'Italie. Et si je ne suis pas la mère d'un héritier, l'étiquette exige que je sois traitée comme telle. Ainsi, lorsque je me trouve dans une ville en guerre, la garnison entière prend les armes, la cavalerie va au-devant de moi à une demi-lieue, les trompettes sonnent la marche, les officiers et les étendards saluent, l'infanterie forme la haie, les officiers, les drapeaux s'inclinent, les sous-officiers et les soldats présentent les armes, les tambours battent *Aux champs !* Si je quitte la ville, si je me rends dans un port, j'ai le même traitement. Je suis la femme de l'Empereur et lorsque je vais à Paris, le canon annonce à grand fracas mon arrivée. Je reçois les corps constitués, assise sur mon trône. Je suis en passe de devenir la femme la plus célèbre et la plus enviée d'Europe, donc la plus jalousée. C'est à moi d'être aimable si je veux être aimée. Ce n'est pas assise sur mon trône que je suis impératrice, c'est en aimant.

14 avril

Le pouvoir, voilà ce que Bonaparte a appelé de toutes les fibres de son être. Avec acharnement, audace, génie, déter-

1. Déjà, en 1802, trente membres de la consulte d'État furent chargés de trouver un président pour la République italienne. Ils persuadèrent Napoléon d'accepter cet honneur. Une fois qu'il fut devenu empereur, il devenait évident que l'Italie ne pouvait demeurer une république. Le « royaume » ne recouvrait alors que la Lombardie et l'Émilie romaine.

mination. Et moi ? Chaque nouveau diadème dessiné par Nitot, payé par mes économies, payé par des emprunts, payé par qui mon Dieu, est la marque de mon pouvoir. Il scintille entre les pierreries, est aussi translucide que l'eau des saphirs et des rubis.

17 avril

Moi comme les autres, il faut s'y faire, un point c'est tout : nul ne peut être reçu à la cour sans m'être d'abord présenté. Et Bonaparte me veut auprès de lui lors de toutes les grandes soirées. Je me partage, il y tient beaucoup, entre Paris, Malmaison, Saint-Cloud, Rambouillet et Fontainebleau.

Je regagne mes appartements privés en franchissant une antichambre, trois salons d'honneurs et mon portier, habillé de brandebourgs, frappe le sol de sa hallebarde. Les portiers se précipitent afin de dérouler sous mes pas un tapis et mes petits pages, en livrée verte également, m'éclairent la nuit, de ma calèche à mon lit, grâce à leurs flambeaux de cire.

On ne raisonne pas. On a renoncé à penser puisque chaque question a déjà sa réponse. On applique simplement l'étiquette. La ruche fonctionne à merveille, chacun y est à sa place, gouvernée par le grand bourdon – sévèrement – qui sait piquer quand il le faut.

28 avril

Je ne suis jamais seule et Madame de La Rochefoucauld met un malin plaisir à surveiller qui franchit ma porte. À toute heure, je reçois. À toute heure, je dois être parée.

Conséquence, j'ai besoin d'argent. Toujours. De plus en plus même. « Tu ne sollicites pas d'argent, me répète Bonaparte, mais tu me fais des millions de dettes. » Oui. Cela est vrai. Je dois gémir, demander, attendre, me plaindre, attendre encore que le maître paie. Fouché m'aide. Talleyrand aussi. Mais les devoirs à leur rendre sont exorbitants. Ils veulent savoir, tout connaître ; en clair, je suis espionne pour leur plaire. Je rapporte ce que me dit Bonaparte, je prends soin de ne pas le trahir, mais je répète ce qu'il lâche parfois en entrant chez moi.

Mais comment faire pour porter les modes de Paris et être digne de l'Empire ? J'aime les mousselines, la gaze et le tulle à me damner. Et Monsieur Leroy a tant de talent. Et puis je ne garde rien, je donne, tuniques, robes. J'ai donné pour la seule année dernière près de soixante-douze pièces de dentelles et plus de trois cent cinquante robes ! J'ai donné tous mes souliers, près de huit cents paires. J'ai donné à Madame Mère, à la princesse Caroline, à la reine Catherine, à ma chère Stéphanie, à Madame Campan !

30 avril

C'est la guerre ou la paix, selon les vœux de Bonaparte. Je m'y soumets. Mais la nature se moque du sort des hommes. La Prusse est occupée par nos soldats. Je sais la reine Louise belle et courageuse. Elle se bat pour son peuple et son attitude noble et fière lui attire tous les suffrages. Elle va, selon ce que me dit Bonaparte, chercher à se rapprocher du tzar Alexandre dont elle a besoin. C'est elle qui, dans son royaume, a défendu longuement le parti de la guerre. La reine Louise ne nous aime pas. Son mari, le roi Frédéric-Guillaume, est laid et faible. Elle a eu tôt fait de diriger ce malheureux souverain et de donner la parole à ces jeunes aristocrates, tous issus des meilleures familles de Berlin, qui veulent porter le fer et le sang contre nos troupes. Pauvre Louise. Elle ne sait donc pas que le dieu des Batailles est pour le moment français ?

Daru[1] m'a fait parvenir six cents plantes pour la Malmaison. Je lui avais écrit que je savais que les jardins de l'Électeur de Hesse regorgeaient de plantes aussi belles que rares.

1er mai. À Fontainebleau.

Nous partons demain pour l'Italie. Bonaparte va recevoir l'antique couronne de fer du roi des Lombards déjà portée par Charlemagne. Suis-je heureuse de revoir ce pays ? Je le pense. Mais que ma vie a changé depuis mes premiers séjours ! J'y allais en Madame Bonaparte, j'y reviens en impératrice. J'étais amoureuse à me damner d'Hippolyte Charles ; je ne songeais qu'à le rejoindre partout où il se trouvait, lui écrivant des billets insensés, attendant ses lettres, les couvrant de mes baisers et de mes larmes avant de les lire jusqu'à les savoir par cœur. Hippolyte ! Ce nom inspiré des fureurs de la Grèce, des tragédies antiques, du théâtre de Monsieur Racine ne m'évoque plus qu'une pièce de vaudeville.

Hippolyte Charles a dû vieillir comme moi et si j'ai perdu mes dents, il a perdu ses cheveux. Le bel amant d'antan si fier de son corps en petit bronze taillé n'est plus aujourd'hui qu'un notable au ventre rebondi. Comment ai-je pu aimer autant ce colibri à l'accent chantant, ce petit oiseau en cage qui ne souhaitait que l'argent ? Voilà une question bien banale et une réponse qui l'est davantage. Rien que son nom aurait pu m'avertir, encore une fois, il est de théâtre.

J'écris cela non pour me punir mais afin d'évaluer le temps perdu. L'aurais-je mieux mesuré et peut-être alors serait-il tout dévoué à Bonaparte. Ces jours et ces heures passés sans mon mari sont à jamais perdus. Voilà ce que je déplore. La voilà, ma faute.

Qui aimerais-je encore avec cette force ? Sottises, erreurs.

1. Pierre-Antoine-Noël-Mathieu Bruno Daru (12 janvier 1767-5 septembre 1829). Homme d'État et écrivain français.

La diligence des trois services de l'Empereur se met en place. Chacun précède l'autre. Ce qui assure une intendance parfaite. Bonaparte ne souffre aucun retard. Nous descendrons sur l'Italie par la Bourgogne et Lyon.

2 mai

Je veux connaître le peuple français. En voyage, j'échappe à la tyrannie de la cour qui étouffe. Je crois que Marie-Antoinette a d'abord succombé derrière ce paravent que sont l'indifférence et l'oisiveté. Ne pas savoir, ne pas être en face, se boucher les oreilles et la vue, s'aveugler au milieu des courtisans, jamais. Je veux briser l'écran, éteindre cette mélodie laudatrice, quitter le trône pour porter le sceptre sur les chemins et la grand-route. Lorsque je comble un homme ou une femme de mes faveurs, me disent-ils la vérité en échange, non, ils mentent, sûrement pour gagner davantage. Je veux donc voir celles et ceux qui jadis partageaient mes jours, moins bien nés mais fidèles et plus honnêtes.

3 mai

Je suis femme, non déesse entourée de parfums qui brûlent au creux des encensoirs. Je suis faite de chair et de sang, non de pourpre et d'or. Je vis, je respire, je souffre, je pleure, je me réjouis, je suis malheureuse, je connais le prix du bonheur. Je veux donc incarner ce qui est sensible. La majesté tient d'abord dans le caractère. J'ose écrire cela, moi qui ne suis pas née princesse. Mais il me paraîtrait vain, dangereux, de laisser croire que j'oublie d'où je viens et ce que j'ai vécu. Le peuple de France y verrait comme la pire trahison et le pacte qui nous lie en serait amoindri. Je ne cherche ni l'orgueil ni la pose, mon sacre eut lieu à Notre-Dame, non à Saint-Denis, j'ai été choisie par un homme, non ointe par

Dieu. Je suis née de la nature et si ma mission est sacrée aux yeux des hommes, c'est avant tout parce que j'aspire au dévouement : apporter ce qu'une femme peut donner, amour et grâce, bonté et joies, douceur et charmes, générosité et obligeances. C'est beaucoup, déjà. Je préfère l'amitié à la vénération, la tendresse à la crainte. Voilà ce que je souhaite inspirer. Mais le comprendra-t-on ?

5 mai

Je reçois des nouvelles de ma mère. Elle m'écrit pour me dire que Monsieur Charles va bien. Le prince Louis, le véritable roi de France, se résume à ce nom bien anonyme : Charles, Monsieur Charles. Il vient d'avoir vingt ans. Vingt ans qui ont été gentiment fêtés avec Monsieur Laurent, le valet-gendarme qui veille sur lui, ma mère et quelques nègres.

Je ne peux m'empêcher de penser aux fastes déployés à Versailles si l'enfant-roi y séjournait encore. À son âge, serait-il déjà marié avec une princesse d'Europe ? Peut-être même serait-il déjà père, faisant sa joie et celle de sa femme. Louis XVI régnerait-il encore ? Louis XVII serait-il sur le trône de ses ancêtres ? Je me torture à me poser ces questions.

La lettre de ma mère est pourtant bien douce. Elle me dit que le prince est d'un caractère égal, qu'il parle peu. Il ne quitte pas du jour Monsieur Laurent. Il partage avec lui la même chambre. Le plus clair de sa journée se passe au potager où, semble-t-il, il excelle. Louis est vivant. Voilà qui devrait me combler et me rendre heureuse. Je dois bien reconnaître que ça ne me suffit pas. Est-ce vivre que renoncer à tout ? J'ai contribué à arrêter un destin. La fatalité me rattrape. C'est une semi-mort que nous avons inventée, Barras et moi, pour un garçon de vingt ans.

5 mai. Le quart d'heure avant le coucher.

Nous logeons à l'archevêché, chez l'oncle Fesch, primat des Gaules. Accueil formidable. Ce ne sont que devises, ovations, illuminations, discours. J'ai assisté à la messe pascale, à Saint-Jean, portant le manteau de pourpre et placée sous un dais.

6 mai. Lanslebourg. Au pied du Mont-Cenis.

Effroyable ou divertissant ? Qui pourrait répondre dans la suite impériale ? Nous sommes si nombreux que le confort de notre voyage s'en ressent. Nous étions seuls, Bonaparte et moi-même, à disposer à l'auberge d'une chambre séparée. Voyant la consternation se lire sur presque tous les visages, j'ai décidé de partager celle de Bonaparte. Voilà qui m'a rappelé ma jeunesse et Madame de La Rochefoucauld, folle de joie, a hérité de la mienne.

Nous nous sommes donc retrouvés, Bonaparte et moi, dans une pièce minuscule tapissée de bois brut et dont l'unique fenêtre se masquait d'un rideau en coton tissé de cerises rouges.

J'ai posé mon châle sur une petite chaise. Bonaparte a aussitôt essayé le lit. Le matelas s'est creusé sous son poids et nous avons ri. Il m'a dit :

— Tu te souviens ?

— Oui.

— Je n'ai jamais osé te faire venir dans ma chambrette d'officier.

— Pourquoi ?

— Enfin, Joséphine, aurais-tu aimé la pauvreté du décor, le désordre militaire, les cloisons si minces que les mots durs des hommes ricochaient dessus comme des balles ?

— Peut-être que oui. Aujourd'hui, j'aimerais. Oui. Assurément. Te voir davantage. Toi. Et pas eux tous.

J'ai vu Bonaparte croiser ses mains derrière sa nuque, fixer pensivement le plafond.

Il n'a rien dit durant quelques secondes puis m'a fait signe de sa main, caressant la courtepointe, m'indiquant de le rejoindre. Je me suis couchée à ses côtés. J'ai posé ma tête sur son épaule. J'ai refait le geste, son geste, au début de notre rencontre lorsque son visage respirait contre mon cou. Je lui ai dit que je l'aimais, que c'était mon sort de l'aimer toujours. Joséphine et Bonaparte. Il a souri sans rien répondre.

Ce passage du Mont-Cenis fut une magnifique épreuve. Notre cortège comprend quatre divisions qui se succèdent à un jour d'intervalle. Il a fallu démonter les vingt-cinq voitures et en transporter le bois et le fer à dos de mulet. Mes bijoux et mes diamants, dans leur coffre-fort, ont été juchés sur le dos d'un brave et fort Savoyard et le garçon qui sifflait pour se donner bon allant a ignoré que ses épaules supportaient plus d'un million. Nous étions mes femmes et moi dans des chaises à porteurs maniées par des hommes robustes, ici nommés « marrous », et ces messieurs à dos de mulet. Voir le vainqueur de l'Europe dans cet équipage ne manquait pas de sel, mais nul n'a eu un regard pour celui de l'Empereur.

Nous gagnons, grâce à cette épreuve, un temps précieux. Bonaparte avait déjà emprunté cette route alors qu'il aidait le général Masséna à repousser les Autrichiens.

Le couronnement doit avoir lieu le 26 mai. Je n'y prendrai pas ma part, tant Bonaparte est persuadé que la cérémonie est pure courtoisie. À ses yeux, toute l'affaire relève du simple protocole de la part des Italiens, encore ravis de s'être vus débarrassés des Autrichiens. Je serai dans la tribune, placée entre ma belle-mère et mes belles-sœurs. Oh ! que de joies en perspective. Il faut dire que nous nous ignorons superbement. Madame Mère se veut affable avec moi, dans l'exact dosage qui précède la froideur sans jamais l'atteindre. Je m'en accommode. Caroline est une peste. Pauline pire que cela. Élisa, la plus intelligente.

7 mai

On dit que l'impératrice a de beaux diamants et comment le nier ? Je raffole des bijoux, ils sont – après les roses – ma passion. Ma première femme de chambre a pour mission de veiller sur ma cassette. Un jour, j'ai acheté à Monsieur Foncier un collier ayant appartenu à la défunte reine Marie-Antoinette. Le sort de cette infortunée princesse est si lié à ce bijou que je n'ai pu que trembler en voyant les pierres jointes pourtant si joliment. J'ai des parures de rubis, de saphirs, d'opales, de turquoises et même de jais pour les jours de deuil. J'aime tant les objets d'agréments, ce qui chatoie, ce qui brille, ce qui me fait me souvenir des soleils de mon île, que j'achète, j'achète et remercie tous ceux qui prennent de leur temps pour parer l'impératrice. Je me ruine, oh ! Dieu m'est témoin que l'argent file, mais comment résister à la beauté de ces eaux limpides, à ces éclats mordorés qui luisent à mes doigts, à mes poignets ou sur ma gorge – une femme, sinon, l'est-elle complètement ? Centaines et centaines de milliers de francs où êtes-vous, amis si tôt disparus ?

8 mai. Milan.

Temps superbe et accueil triomphal. Nos hôtes font tout pour nous distraire et nous charmer.

11 mai

J'ai reçu une lettre charmante de Monsieur Chaptal[1]. Il me félicite pour mon goût des sciences naturelles, me dit que je contribue à leur progrès, m'assure que j'en suis remer-

1. Jean-Antoine Chaptal (5 juin 1756-29 juillet 1832). Chimiste et homme politique français.

ciée au nom de tous les naturalistes. C'est à lui que je dois ma collaboration, si je puis me risquer à ce mot, avec les professeurs si distingués du Muséum d'histoire naturelle. Je me livre avec passion à la culture des plantes et à l'éducation des animaux rares ; à ses yeux, ces messieurs doivent m'aider à encourager mon goût distingué, aussi Monsieur Chaptal invite-t-il ses collègues à seconder mes vues et les siennes par tous les moyens qui sont en leur pouvoir.

Voilà donc un goût qui est le mien, ne devant rien à Bonaparte. Si je fais pousser des bananiers dans mes serres, si mes roses dépassent en variété le nombre de cent, c'est à mon mérite que je le dois, non au sien. Dès que je voyage, mon souci constant est de veiller aux parcs et aux jardins de la Malmaison. Je veux toujours plus d'eau, plus de rosiers, et des gazons bien touffus et bien verts. Je veux que ce goût, puisque goût il y a, dépasse les frontières de mon domaine.

Des jardins botaniques doivent se créer partout en France. Je vais écrire à Thibaudeau, mon ami le préfet des Bouches-du-Rhône, qui partage mes intérêts, afin qu'il suive mon projet. Je désire ardemment que la Malmaison offre le modèle de la bonne culture et qu'elle devienne une source de richesse pour tous les départements. C'est dans ce but que je fais pousser ici une belle quantité d'arbres de l'Amérique septentrionale. Je veux que, dans dix ans, chaque département possède une collection de plantes précieuses sorties de mes pépinières. J'ai surtout en vue la France méridionale parce que je sais que nous pouvons y établir, comme sur leur propre sol, tous les végétaux de la mer du Sud. Il en est beaucoup qui croîtront librement sous le ciel de Provence et que nous ne conservons chez moi qu'à force d'art et de soins.

14 mai

Il y a eu des courses de chars. Puis, Madame Blanchard nous a fait la démonstration de ses talents en montant en ballon. J'ai l'intention, Bonaparte partant en inspection, d'organiser une excursion sur le lac de Côme et de partir aux îles Borromées ; je veux voir la villa Julia. Eugène ne la connaît pas et cet enfant me comble tant que je ne souhaite que son bonheur.

L'Empereur a de grands projets pour Eugène. Il veut le faire vice-roi d'Italie. Il m'a appris la nouvelle, croyant me faire plaisir. Et n'a obtenu en retour que mes larmes. Me séparer de mon fils ? « Ne vois-tu pas, lui ai-je dit, que mon cœur de mère va saigner davantage ? » Il m'a répondu quelque chose de pire, que ma volonté ne peut chasser de ma mémoire : « Tu pleures, Joséphine, et cela n'a pas le sens commun. Tu pleures parce que tu vas être séparée de ton fils ? Si l'absence de tes enfants te cause tant de chagrin, juge donc ce que je dois éprouver, moi ! L'attachement que tu as pour eux me fait sentir cruellement le malheur de ne pas en avoir. » J'ai pleuré derechef.

Pour me consoler, Bonaparte m'a offert la reconstitution la plus exacte de la bataille de Marengo. Où Eugène a revêtu son uniforme d'alors, dont les broderies sont devenues rouges.

Réconciliation de Napoléon avec Jérôme. Il renonce à son épouse afin d'être à nouveau au service de son frère et à celui de la gloire.

28 mai

Nous avons quitté Milan. Nous sommes passés par Mantoue, Bologne et nous voilà à Gênes. Nous sommes logés au palais Doria. Bonaparte a dormi dans le lit de Charles Quint. Les fêtes organisées ici en notre honneur, sur mer comme sur terre, sont magnifiques. À peine apprécions-nous les glaces, les fruits – oh ! les oranges d'Italie, si délicieuses, dont le jus coule sur le menton –, la belle ordonnance des bals donnés pour mon plaisir qu'il faut partir soudainement. À peine avons-nous eu le temps de prendre congé de nos hôtes que la guerre se profile de nouveau. Les Anglais ne cèdent sur rien. Pis, ils incitent la Russie et l'Autriche à nouer de nouvelles intrigues et à pousser à la mobilisation contre l'Empire.

J'ai demandé, puis exigé de Bonaparte de l'accompagner. Je ne veux pas que l'une de ces femmes ait pour lui les complaisances qu'il ne m'autorise plus. J'ai juré à Bonaparte qui l'ordonnait que je n'aurais pas la moindre migraine en chemin.

Petit scandale. Irrésistible de drôlerie.

Je trouve mes gens indignés. Je m'informe. Mademoiselle Avrillon s'insurge ouvertement contre Duroc. Le maréchal du palais, prié en fort haut lieu de faire des économies, nous compterait jusqu'au café ! J'ai fait révoquer aussitôt cet ordre absurde. Je n'aime pas la mesquinerie.

14 juin

Turin. Juste pour y passer la nuit. Nous marchons à un train d'enfer.

11 juillet

Retour à Fontainebleau. Je m'y trouve bien mais épuisée. Nous avons mis quatre-vingt-cinq heures depuis Turin. L'intendance et le service n'ont pas pu suivre et il manque plus de la moitié de mes malles. Je suis fatiguée au-delà de l'exprimable et mes pieds ont tellement gonflé par faute de la chaleur que je ne puis entrer dans aucun soulier. J'ai décidé de partir prendre les eaux de Plombières. Un mois entier me fera oublier les fatigues italiennes !

13 juillet

Je suis une femme trompée. Bonaparte multiplie les maîtresses. Je suis forcée de les recevoir jusque dans mes salons. Elles me sourient, me provoquent de leur beauté, de leur jeunesse. Elles sont lingères, comédiennes, femmes du monde, mères de famille, que sais-je.

Ma nature profonde est de m'en plaindre, de pleurer, de faire des scènes. Quelle est la solution ? Bonaparte ne me touche plus. Que puis-je faire pour le reconquérir ? Rien. Il n'y a plus rien à faire.

Pourtant, je ne supporte pas ces mensonges, ces regards, ces yeux qui dévorent. Je pense à Alexandre, mon premier mari, à ses récits grotesques pour expliquer l'absence ou le retard. Je tente de me faire belle, d'appliquer de nouvelles crèmes sur mon visage, de nouveaux fards. Je fais, je fais. Bonaparte ne me voit que rarement. Je suis seule. Alors, à mon tour, je m'en vais. Je quitte Paris. Ma solitude en sera-t-elle égayée ? Je l'espère.

2 août. À Plombières.

Je n'ai demandé aucun faste, rien qui ne trahisse ma présence aux abords de la ville. Je ne voulais aucune pompe et abandonnais volontiers les préséances à mes belles-sœurs, toutes affolées à l'idée d'avoir le fauteuil qui est mieux que le tabouret, l'attelage à huit, qui est mieux que six… Las. C'était sans compter l'œil de celui qui voit tout et sait tout. Bonaparte a donc exigé une compagnie entière, le 3e de ligne, pour être employé à ma garde personnelle. Aux limites du département, il y avait une réception qui me fut donnée par les autorités civiles et militaires. J'ai applaudi et salué aux discours et compliments, reçu le bouquet aux couleurs de la ville, suis passée sous les portiques fleuris de feuillage, ai assisté au feu d'artifice. Sans oublier l'écuyer d'honneur, le préfet du palais, deux dames du palais, cinq femmes de chambre, un contrôleur qui contrôle je ne sais trop quoi, des cuisinières, des palefreniers, des lads, des cochers et deux douzaines de laquais. Je ne peux seulement faire tomber un mouchoir sans voir trois hommes et deux femmes se précipiter.

J'ai tenu bon en ce qui concerne les théâtres : pas de chanteurs ni de chanteuses à complimenter, pas de gratifications d'exception, rien qui trouble mon sommeil, pas même d'excursions dans les environs qui, je ne l'ignore pas, sont très beaux. Mais j'ai voulu revoir Monsieur Laurent, le peintre, dont j'avais acheté plusieurs images lors de mon précédent séjour. Il réside à Épinal. J'ai posé pour lui. Je me suis fait le plaisir de voir un homme courtois, intelligent et plein de talent. La toile mesure dix-huit pouces sur quinze et est faite sur le mode troubadour, qui est fort lancé en ce moment. J'ai vu Monsieur de Boufflers[1], venu là pour son estomac. Nous attendons Monsieur Molé[2].

Et puis, j'ai mes pauvres, dont parfois je reconnais les visages. J'ai donné beaucoup d'argent. J'ai fait rebâtir la maison d'une veuve, soigné les blessés de guerre. Malgré mon escorte armée jusqu'aux dents, il m'arrive de faire arrêter l'attelage quand je vois sur ma route tant d'indigents venus là pour moi. Je donne aux musiciens nomades, aux estropiés, aux petits orphelins. J'ai donné à mes femmes trente-sept robes, d'un seul coup, et je me suis divertie à les voir soupeser les étoffes, à comparer les modèles, à s'extasier, s'exclamer, toutes en même temps. L'Empereur me sermonnerait, mais quelle joie sur l'instant !

1. Stanislas Jean, marquis de Boufflers (31 mai 1738-18 janvier 1815). Poète lorrain, puis français.

2. Louis-Mathieu, comte Molé (24 janvier 1781-23 novembre 1855). Homme politique français. Il fut ministre de la Marine sous l'Empire, président du Conseil sous la monarchie de Juillet.

10 août

J'ai bu du lait dans une ferme des Vosges, je me suis reposée dans cet endroit simple et propre où j'ai appris que les braves gens qui me servaient fort timidement fêtaient leur cinquantième anniversaire de mariage. Émue, j'ai offert une tabatière à l'homme et une montre du même or à la femme. Madame de La Rochefoucauld, maugréant comme toujours, a inscrit sur le livre de comptes – que je n'ouvre jamais – la somme de cinq cent cinquante francs. J'ai aussi donné des chapelets pour un hospice.

Madame de La Rochefoucauld me gourmande encore : selon elle, je manque à faire respecter l'étiquette alors que je devrais donner l'exemple par ma tenue et ma froideur convenue. À croire qu'une reine ne doit être toujours que de méchante humeur. Je lui réponds que cette étiquette est bonne pour des princesses nées sur le trône et habituées à la gêne qu'elle impose. Mais moi qui ai eu le bonheur de vivre tant d'années en simple particulière, je demande que l'on trouve bon que je pardonne à ceux qui s'en souviennent autant que moi.

13 août

Je reçois des billets anonymes. Certains vivent en faisant souffrir. De bonnes âmes m'informent donc des passions de l'Empereur. Lectrice, cantatrice, comédienne, femme du monde, lingère… mon mari ne compterait plus ses bonnes fortunes. J'ai pleuré.

14 août

Une lettre encore. Pas pire mais cruelle. Une vingtaine de lignes, belle écriture, qui m'assurent l'amour absolu que Bonaparte voue à une théâtreuse ou une danseuse.

Je lui en parle.

— Bonaparte, auras-tu le courage de répondre enfin à ma question. Qui est cette femme ?

— De quoi me parles-tu ?

— De cette mademoiselle Lucie de…, enfin cette fille !

— Mais tu ne vas pas croire ce mensonge, ce tissu d'âneries grotesques ? À en croire mes ennemis, je suis un ogre.

— Bonaparte, cesse de me mentir. Je vois bien où te portent tes envies. Je ne suis plus ta femme. Tu as cessé d'aimer depuis longtemps la douce Joséphine.

— Qui m'ennuie de ses bavardages ! Pensez-vous, Madame, que le vainqueur d'Arcole et de Rivoli peut perdre son temps, infiniment précieux, à des foutaises d'alcôves ? Vous perdez la raison, Madame. Pour ne pas dire le respect.

— Sire, je vais devoir demander à Votre Majesté de me retirer. Je vois bien que ma présence lui est odieuse.

— Madame, je suis le seul juge de ce que chacun ici doit faire ou non.

— Sire, je vous prie, je vous supplie de faire cesser mes supplices.

— Joséphine, *basta*, *basta*, *basta* !

Il a tourné les talons. Mais pas avant de m'avoir arraché la lettre des mains et de l'avoir précipitée dans la poche de sa redingote.

Ces scènes, extrêmement pénibles, me jettent dans le désespoir. Depuis, les pleurs taris ont fait place à une affreuse migraine. Parfois je souhaite la mort.

17 août

C'est la guerre. Les Autrichiens ont envahi la Bavière, notre amie. En moins d'un mois, Bonaparte a déplacé la Grande Armée massée au camp de Boulogne et l'a conduite sur les bords du Rhin. La vague de nos hommes a submergé l'Allemagne. L'Empereur va bientôt partir pour l'Est, je l'accompagne.

25 septembre

Je suis seule à Strasbourg. Bonaparte vient de m'y laisser pour rejoindre l'armée. Il me demande de rester en Alsace deux mois. Nous avons porté nos pénates dans le palais Rohan. Madame de La Rochefoucauld m'a rappelé que c'est là que la défunte reine avait dormi avant de rejoindre Versailles et un destin si cruel. Quels rêves a fait cette petite fille de treize ans en songeant, croyait-elle, à ses lauriers à venir ? Mais toutes les gloires du monde passent. Et puis, il y eut Alexandre, mon premier mari, commandant de l'armée du Rhin. Lui aussi a vu ces toits et ces cieux. Ils sont morts. J'ai peur. Je crains toujours pour Bonaparte. Oui, je l'avoue, j'ai peur de la mort en douce, des blessures, de tous ceux qui ne reverront jamais leur mère ou leur amie. Ces morts par centaines tombés, fauchés. Quelle atroce moisson.

La France elle-même a peur. J'ai lu une épigramme qu'un esprit médiocre avait placée sous un coussin : « Le zèle du préfet mérite qu'on le loue,/ Mais il a beau sabler, balayer nuit et jour,/ Partout où passera la cour,/ Partout on verra de la boue. » J'ai déchiré lentement ce billet.

27 septembre

Je suis traitée mieux qu'une reine. Et c'est en reine que je reçois les autorités du département, quatre-vingts jeunes filles toutes issues des meilleures familles d'Alsace, vingt-deux dames du meilleur genre de Strasbourg, puis les maires, les princes allemands, le prince de Bade, les princes de Hohenlohe, le prince héréditaire de Hesse-Darmstadt et je me manque aucune cérémonie, aucun bal. Jamais la capitale de cette belle région n'en a connu autant. Cela m'a coûté plus de mille francs et l'on m'a dit que c'est ce que la ville dépense en dix ans. Nous faisons imprimer les cartons chez un monsieur Eck qui serait le meilleur de Strasbourg. Je fais donc danser la jeunesse ; les dames et les demoiselles qui me sont présentées sans cesse en plus grand nombre trouvent là de quoi se divertir. Strasbourg est folle de musique. J'ai fait venir de Paris mes cantatrices habituelles, celles que je protège, je pense à Mesdames Delihu et Gervasio. Grand succès. J'ai fait mieux encore, j'ai dit à Monsieur Spontini de nous rejoindre avec sa *Vestale*; après tout il m'a dédié l'œuvre. Mille huit cents francs pour lui qui fut si content de ma générosité qu'il a composé un *Ô Salutatis* donné dans ma chapelle.

Au théâtre, on a décoré ma loge d'un semis d'abeilles, ajouté la couronne fermée. Je veille à rester jusqu'à la fin de la pièce ou du concert puisque les journalistes le notent scrupuleusement. Bonaparte gagne les batailles, je m'efforce de gagner les cœurs. Je me passionne ainsi pour les arts locaux. J'ai acheté les dessins de Monsieur Zix, les tableaux de Monsieur Vallet, les figures de porcelaine de Monsieur Lanfrey. J'ai acheté des graines, des bonbons, des plantes, des animaux, des châles en cachemire, des joujoux pour les enfants, j'ai offert des tabatières en or et en écaille, des bijoux en coquille d'or et d'argent, en corail. J'ai dépensé des millions. Bonaparte ne me gronde jamais quand c'est pour les autres. J'ai vu la gentillesse du peuple alsacien. Il nous est désormais bien attaché. Cela suffit à mon bonheur. Et à la gloire de l'Empire.

16 novembre

Toujours à Strasbourg. Je vis dans quatorze pièces, toutes magnifiques, et j'ai accès à sept salons d'honneur. J'ai à mes côtés Monsieur de Rémusat, sa femme est restée à Paris. Il est premier chambellan de l'Empereur ; comme vu son âge il ne peut combattre, il a été décidé qu'il superviserait ma maison. Il s'acquitte de cette tâche avec beaucoup de noblesse. Je suis au plus proche de Bonaparte. Je constate avec la même admiration combien ses talents sont merveilleux. S'il rencontre des soldats isolés des différents corps qui allaient rejoindre leurs régiments, comme l'ordre est donné de marcher sur le Rhin, il sait précisément où quelle troupe doit être tel jour et fixe lui-même le point véritable de leur destination. Je me demande si mon mari n'est pas le dieu Mars incarné.

20 novembre

J'ai vu Monsieur de Talleyrand. Cet homme-là respire l'Ancien Régime comme d'autres mes roses. Pour autant, à mes yeux, le sang de Monseigneur le duc d'Enghien reste à jamais sur ses mains. La cour le craint car il sait tout. Son habileté à mener la diplomatie de l'Empire est celle du diable. En tout cas, je vois qu'il me surveille. Certes il me prête de l'argent, me témoigne en toute occasion un respect absolu, me salue, me resalue, me salue à nouveau et je ne vois parfois que le milieu de son dos, mais je comprends qu'il m'épie. Bonaparte l'utilise. Enfin Monsieur de Talleyrand le lui fait croire. En somme, la bonne question est : qui utilise qui ? La réponse, dit-on, n'est pas affaire de femme.

J'ai prié que l'on m'apporte ma grande parure de diamants. Je l'ai caressée comme une peau. Sur qui brillera-t-elle un jour ?

29 novembre

À la première heure, nous sommes partis hier pour l'Allemagne. Les équipages sont nombreux, chevalier d'honneur, dame d'honneur, quatre dames du palais, quatre chambellans, deux écuyers, trois dizaines de serviteurs. Huit sous-officiers courront devant les voitures et la garde d'honneur à cheval me fera escorte.

Le canon a salué mon départ. Sur toute la route ce ne fut que vivats pour moi. J'ai mon plus beau sourire sur mon visage et j'ai salué, salué et salué toujours. Je vais voir l'Électeur de Bade, le prince électoral à Rastadt et à Mulbourg, je serai reçue par le margrave Louis. Ce sont nos amis, nos alliés.

30 novembre

Belle surprise. Il était six heures du soir. Les cloches de Karlsruhe battaient à toute volée. Dans la cour du château, l'Électeur, les margraves m'attendaient ainsi que toute leur cour. Le soir il y a eu cercle et souper de gala. Cela n'est peut-être guère chrétien, mais je dois reconnaître que ces déploiements de faste – peu à peu – me comblent et me rassurent. Ils sont ordonnés par l'Empereur et ils signifient que je reste sa femme. Je suis impératrice et reine des Français, le plus grand peuple d'Europe. Et je suis fière de ce titre, fière d'être l'épouse de celui devant qui cette Europe entière plie le genou. Oui, moi Joséphine, « la petite Américaine », comme mes amis me surnommaient.

La reine de Prusse[1] m'adresse en cadeau d'amitié des vases de la manufacture de porcelaine de Berlin dont les scènes peintes représentent ma chère Malmaison. Je suis célèbre donc, et j'écris cela sans presque en rire. Que l'on s'habitue aux honneurs ! Pourtant, l'Histoire nous apprend que les rois du monde sont bien mortels. Si un jour de malheur il nous

1. Louise Augusta Wilhelmine Amélie de Mecklembourg-Strelitz, reine de Prusse (10 mars 1776-19 juillet 1810). Sa beauté et son courage furent réputés dans toute l'Europe.

faut quitter tout ceci, qu'en sera-ce de nos belles résolutions ? Il faut louer Dieu ou devenir philosophe.

2 décembre

À Stuttgart, ce fut un nouveau triomphe. L'air était assourdi par les salves des canons qui saluaient mon arrivée. Les malheureux soldats étaient bleuis par le froid et je n'ai pas pu faire hâter les cérémonies, aussi leur ai-je souri et les ai-je regardés sans cesse. La municipalité avait fait dresser des autels égyptiens illuminés et l'on a fait jouer en l'honneur de l'Empereur au grand théâtre l'*Achille* de Monsieur Paër[1] avant le feu d'artifice. Demain, en route pour la Bavière, la belle et bonne amie de la France.

3 décembre

C'est à Ulm, bien gouvernée par Augereau, que je sens ma fatigue. La migraine ne me quitte pas et je me damnerais pour mon lit qui suit en voiture et que l'on monte et démonte à chaque étape. Las, aujourd'hui on ne le trouve pas et j'attends sur une mauvaise bergère bien raide car on refuse, dirait-on, que l'impératrice des Français soit installée autrement que dans un fauteuil qui oblige à arborer un dos droit de statue.

Je suis morte. Je n'ai le temps de rien. Je ne dors pas quatre heures par nuit. Avant Munich, le protocole exige que je passe dans ma voiture de gala qui est peinte et sculptée comme une châsse. Je ne l'ai pas voulu ; un peu de simplicité ne nuit pas forcément à la pourpre et je suis entrée dans cette belle ville dans ma voiture ordinaire. J'ose dire que mon entrée n'en fut pas moins fort applaudie.

---

1. Ferdinando Paër (1er juillet 1771-3 mai 1839). Compositeur d'origine italienne.

4 décembre

Je resterai à Munich une vingtaine de jours. Cercles, soupers de gala, visites des églises et des monuments, réceptions, discours, revue des troupes, inaugurations, promenades obligées… Je n'ai pas une minute qui m'appartienne et pas trouvé la force d'écrire à Bonaparte. Aussi, reçois-je ce billet qui m'amuse : « Les belles fêtes de Bade, de Stuttgart et de Munich font oublier les pauvres soldats qui vivent couverts de boue, de pluie et de sang. Grande impératrice, daignez, du haut de vos grandeurs, vous occuper un peu de vos esclaves. »

Je garde la petite lettre que j'ai volontiers couverte de mes baisers. Je prendrai donc la plume avant ou après avoir vu les princes, salué leurs familles, m'être changée pour le déjeuner, le dîner, le concert, le ballet, et que je choisisse, et gare à l'erreur, le bon présent, le cadeau idéal, en fonction du rang, du caractère, du sexe et de l'âge.

Leroy, avant mon départ, m'a bien fournie en chiffons, mais j'en manque à force de donner. Je me suis donc séparée de mon propre cachemire que j'ai retiré de mes épaules pour en couvrir celles de l'Électrice de Bavière et la pauvre femme, qui n'en avait manifestement jamais porté, a cru s'évanouir de bonheur.

Avant mon départ pour Paris, il ne faut pas que j'oublie de remettre des petits diamants et des pierres de couleur à celles qui m'ont bien servie. Aux autres, je donne mon sourire, mon regard qui, je l'espère, va au cœur. Comme à ces paysans de Souabe, je me souviens, venus m'acclamer, malgré le froid qui gerçait leurs mains, la neige qui recouvrait leurs bonnets de laine rude, ces garçons et ces hommes, ces filles et ces femmes, droits, fiers, devant moi, face à moi. J'ai tendu les bras, j'aurais voulu les presser sur mon cœur, leur dire que j'étais là pour eux et pas seulement pour leurs princes ou la paix. J'ai aimé ces minutes-là.

6 décembre

Je reçois un billet de Bonaparte.

Je l'ai tellement lu que je le connais par cœur.

« J'ai battu l'armée russe et autrichienne commandée par les deux empereurs Alexandre et François. Je me suis un peu fatigué, j'ai bivouaqué huit jours en plein air par des nuits assez fraîches. Je couche ce soir au château du prince Kaunitz, où je vais dormir deux ou trois heures. L'armée russe est non seulement battue mais détruite. Je t'embrasse. »

Le triomphe total porte un nom : Austerlitz.

Le 2 décembre, jour favorable, jour de notre sacre, il est de ces hasards fastueux, les troupes de Soult, Davout et Bernadotte, dans une marche prodigieuse, ont commencé l'attaque du plateau de Pratzen. De sa lorgnette, Bonaparte voyait les officiers russes, superbes dans leur uniforme blanc, se faire tailler en pièces. Des milliers de corps amoncelés, près des chevaux fumants d'écume. Les malheureux tentent de fuir par les étangs gelés. La mort frappe encore. Bonaparte donne l'ordre de tirer à boulets rouges. L'eau y est peu profonde. L'artillerie russe s'engloutit. Les hommes ont le choix : périr ou se rendre à nos soldats.

Je sais que Bonaparte a longuement parcouru le champ de bataille. La nuit tombée découpait se silhouette. Il a, dès le lendemain, poursuivi l'offensive. Lannes et Murat ont écrasé les troupes du général russe Bagration : quarante drapeaux, cent vingt pièces de canon, vingt généraux, trente mille prisonniers, je connais par cœur la terrible liste.

L'Empereur est heureux, son bonheur sans limites. Il s'est adressé à ses soldats, leur a dit, la voix forte : « Mon peuple vous reverra avec joie, et il vous suffira de dire : "J'étais à la bataille d'Austerlitz" pour que l'on vous réponde : "Voilà un brave." »

Je suis mariée à cet homme-là. Je sens mon cœur cogner dans ma poitrine. Je crois bien avoir pleuré de joie sans même me rendre compte que mes larmes se mêlaient à mon rire.

Combien de temps cette allégresse va-t-elle durer ? Qui, à part la France et nos alliés, partage ce triomphe ? Je crains parfois que tous les soleils d'Austerlitz ne s'éteignent subitement en nous laissant orphelins de gloire.

12 décembre. Paris.

Bonaparte veut que les femmes de sa cour mettent du rouge. À celle qui n'en met pas, il dit : « Fardez-vous, vous avez l'air d'un cadavre. » Je prends le mien chez Martin ou Madame Chaumeton. Il ne supporte en revanche aucun parfum. Je n'utilise donc que de l'eau de Cologne, de l'eau de lavande et de l'eau de rose. Et ainsi faisons-nous toutes, pour lui plaire, à lui, l'Empereur qui veut tout régenter.

Je ne suis à mon aise que dans mon cabinet de toilette. Je m'habille, j'essaye, je retire, j'enlève. Je passe une chemise en toile de Hollande, j'hésite entre la percale et la mousseline et puis j'attends mon pédicure, juif et allemand, et je me divertis fort de voir ce Monsieur Tobias Koen venir chez moi, tous les quinze jours, sérieux comme un pape, dans son bel habit bleu, l'épée au côté, sa trousse à la main droite. Ce n'est qu'après que mes femmes me chaussent de mes bas de soie blancs et Patin et Tessier font des merveilles de finesse. Bonaparte passe la main dedans, regarde, s'extasie et nous rions sous cape.

26 décembre

La paix a été signée à Presbourg. Paix et amitié furent déclarées entre Bonaparte et l'empereur François Ier[1]. Autriche

1. François Ier, empereur d'Autriche (12 février 1768-2 mars 1835). Il est le père de l'archiduchesse Marie-Louise, future épouse de Napoléon Ier.

et France sont donc alliées. Mais pour combien de temps, puisque Napoléon considère l'Autriche comme sa pire ennemie ? Monsieur de Talleyrand prétend que ce traité, en la privant de bon nombre de ses territoires, l'affaiblit encore. L'Autriche doit aussi payer une indemnité de quarante millions de livres. À mon sens, on ne contraint pas les peuples en les humiliant. Et je n'augure pas bien de l'avenir. Suis-je pessimiste en raison de cette fin d'année ? Mes cartes me conseillent la prudence. Et la Dame de pique m'apprend la méfiance. Je sais que je ne devrais plus toucher ces bouts de carton.

XIII.

4 janvier-23 décembre 1806

« Hortense sera reine de Hollande »

4 janvier

J'aime aimer. Je crois que cela résume ma vie. À chaque sourire nouveau ou connu, il me faut donner sa récompense. Je suis impératrice et, soudain, je compte des amis par centaines. Il me vient des gens de toute sorte et chacun se trouve une alliance avec ma famille et l'on se prend pour moi d'une passion aussi sincère que subite. Bonaparte m'a fait rompre avec ma première société. Je ne vois plus Thérésa, je ne vois plus Fortunée. Je me console de ma solitude avec les miens, les Tascher et puis les Beauharnais, je le dois à Alexandre, à Bon-Papa. Mon cousin Claude est devenu sénateur, comte avec une pension de vingt-quatre mille francs et j'ai fait nommer sa femme dame d'honneur de la princesse Caroline. Claude en veut toujours davantage pour lui et ceux qui l'entourent. Même sa première femme, dont le frère a la préfecture du Bas-Rhin et la légation de Salzbourg, bénéficie d'un fort honnête traitement. La sœur de Claude est une Madame de Barral. Son mari vient d'être fait baron et général de brigade et il n'y a pas jusqu'à son beau-frère, fort sérieux ecclésiastique, qui ait obtenu quelque chose puisqu'il est évêque de Meaux. Je pense déjà à lui pour l'archevêché de Tours et j'en ferai alors mon premier aumônier. Voilà. Je n'attends pas de reconnaissance mais le service dû à l'Empereur.

Mon oncle Tascher a six enfants. J'ai payé les dettes de cet étourdi – oui, moi, je l'ai fait –, l'ai installé dans l'hôtel de Chantereine, j'ai adopté ses fils et filles que je pense à bien marier.

Ma vie est regardée par beaucoup comme une fontaine de grâces inépuisable et passe par mon salon jaune un nombre incalculable de visages plissés sous la demande, prompts à plonger en révérence, figures de carême ou jolis minois, jeunes ou vieux qui demandent, supplient, versent des larmes en torrent, et repartent avec un sourire de chat rassasié de crème. Ma faiblesse ? Il suffit que l'on porte un nom, que l'on soit poli avec les dames, drôle ou tendre, et je recommande. Je l'ai fait, je le fais encore, je prends la plume et voilà, la lettre est prête à partir. Bonaparte grimace, il grimaçait du temps du Directoire, du temps du Consulat, il me gourmande, me dit de ne pas me mêler des soins à donner aux intrigants. S'il refuse l'un des petits protégés pour l'armée, il me reste les douanes, l'administration des forêts, les contributions directes, les haras, les poids et mesures, les salines, les tabacs, les recettes des finances pour quoi, il est vrai, les demandes sont nombreuses. Voilà qui me change l'esprit de la tapisserie qui n'avance pas, de l'éternelle partie de cartes avec mon chambellan, du jeu de trictrac dont je connais à ce point les règles et le vocabulaire que nul ne peut gagner la partie devant moi.

4 mars

Ma santé est bonne, autant qu'il se peut. Ai-je le choix puisque Bonaparte déteste les malades ? Jamais je ne dois lui montrer mes faiblesses. Je suis une impératrice en marche, sans une plainte. Mes ennemis se serviraient du moindre de mes maux. On estime mes migraines à l'aune de ma mort prochaine.

Je reçois donc les visites de Monsieur Corvisart et plus encore celles de Monsieur Leclerc. Ces deux docteurs veillent sur moi, mais je fais confiance à mon propre corps qui ne m'a encore jamais trahie. Je suis créole ; qui ne se mêle pas de sorcellerie ne peut parler de santé. J'écris cela sans en croire un mot, mais je sais que les pilules ne font rien sans la force de l'âme. Le printemps me donne la migraine, la douleur d'être séparée de ceux que j'aime le mal d'estomac et lorsque Bonaparte est contrarié et mon aide sans résultat, le sang me tourmente, se porte à la tête et aux yeux avec beaucoup de force et je dois me faire poser des sangsues. Je prends de l'émétique, je me purge et le docteur Corvisart exige une diète sévère et longue.

5 avril

Ma fille sera reine de Hollande. Ainsi l'a décidé Bonaparte. Louis l'a appris à Hortense, avec l'habituelle rudesse qu'il met à lui parler. La pauvrette l'a supplié de ne pas accepter. Elle pensait que son époux, fidèle à lui-même, au caractère si emporté, si indépendant, saurait empêcher la marche vers le trône. La princesse Caroline, ambitieuse à mourir, le voulait pour elle et son mari. L'Empereur ne le permit point. Ma fille ne souhaitait pas quitter sa mère et sa patrie tant chérie, Paris où elle a tant d'amis. L'épreuve est cruelle pour elle qui part dans un pays étranger, incertain. Louis, en revanche, se montre heureux, il jouit pleinement de devenir son maître et celui de sa femme. Indépendant de son frère, il n'aura plus à le redouter.

Hortense va devoir s'incliner, résiste-t-on à Napoléon ? Je lui ai fait voir l'honneur immense, la beauté de ses devoirs, l'amour qu'elle saura bien trouver auprès de son peuple dont elle fera le bonheur, tous les projets ainsi réalisés, la joie pour notre famille. Hortense est régente de droit de par la Constitution que Bonaparte a rendue à ce pays ; la distinction est flatteuse. Il faudrait qu'elle montre des sentiments dignes de cette élévation. Je lui parlais, sa tête tout contre mon épaule, mais je sentais que mes propos demeuraient vains.

Le départ de ma fille pour la Hollande fut un moment pénible. Ma petite Hortense était dans son château de Saint-Leu, elle m'avait quittée avec tant de larmes et tandis que je la voyais s'éloigner avec son équipage, un pressentiment est venu me recouvrir l'âme comme un frisson. Oui, j'ose écrire ici qu'elle ne sera pas heureuse sur ce trône. Dans deux jours, Hortense n'est plus en France.

21 avril

Hier, il y eut bal. J'ai lutté pour permettre à tous ceux et celles qui ne sont pas de la cour d'être priés aux Tuileries. Monsieur le grand maître des cérémonies de l'Empereur n'était pas de cet avis. « Madame, bredouillait-il, les bourgeoises ne peuvent se mêler aux princesses… »

— Et pourquoi non ?

— Mais, Madame, cela ne se peut pas. Imaginez, il ne pourrait y avoir de liens, de conversations, de matières ou de manières égales. Ces dames sont de fraîche fortune, elles ne savent rien de l'étiquette. L'étranger nous moquerait encore. Songez à la *Gazette de Leyde*, la presse anglaise trouverait ici le venin pour y tremper ses plumes.

— Mais Monsieur le grand maître des cérémonies, songez à la joie de ces femmes qui verraient l'Empereur, lui parleraient, l'écouteraient leur conter les bonheurs de la France.

— Mais, Madame, je crois fort que Votre Majesté Impériale, dans sa bonté qui, certes, est sans limites, ne perçoit pas le désordre…

J'ai mis un point final à notre conservation en arguant simplement que Bonaparte était de mon avis. Monsieur de Ségur s'est incliné, rouge coq. J'ai eu mon bal sans que cet enragé de l'étiquette ne fasse deux catégories. Je ne vois pas l'intérêt de regarder la cour danser si la ville ne peut seulement guetter ses ébats ou pire encore, l'apprend par les journaux. Et, dans l'entourage de Napoléon, dans sa famille même, tous viennent-ils forcément de la noblesse ?

L'Empereur rend à Paris le bal somptueux que la ville lui avait offert lors de notre couronnement. Nous avons fait convier deux mille cinq cents personnes. Pertinente question des lieux… La disposition des grands appartements des Tuileries est à ce point malcommode qu'il a fallu réquisitionner, le mot est à la mode, la galerie de Diane. Nos invités, fort émerveillés, ont emprunté solennellement les beaux escaliers du pavillon de Flore. Ils ont vu la princesse Caroline, toute de blondeur endiamantée, danser un quadrille avec juste ce qu'il faut d'élégance un peu forcée. À la tête de trente-deux femmes, ma « sœur » rayonnait de plaisir comme une chatte devant une jatte de crème. Les trente-deux hommes semblaient faits au moule. Ce quadrille fut bien applaudi. Nos hôtes eurent tout le loisir ensuite d'admirer un quadrille tout semblable, cette fois orchestré par ma fille. Hortense y mit moins d'ostentation mais cette grâce naturelle qui, chez elle, tient lieu de pouvoir. Elle dansa dans la salle des Maréchaux.

Le souper fut donné dans la salle du Conseil d'État. Mon idée fut suivie, nous avons, Bonaparte et moi, pu passer, sans être incommodés par une trop grande foule, des salons qui précèdent la salle du trône jusqu'à la salle même. Là nous attendaient d'autres invités, ce que la ville compte de plus distingué. Puis, lentement, nous nous sommes dirigés vers les deux bals. Les huissiers avaient, sur mon ordre, laissé toutes les portes libres.

J'ai demandé à Julien de jouer de son violon et d'animer l'orchestre. Cela nous a coûté deux mille huit cent soixante-deux francs, mais je ne les regrette pas. Il a donné les contredanses[1] puisque l'étiquette interdit que l'on valse devant

1. Contredanse : danse d'origine sans doute anglaise. Elle ressemble un peu au quadrille.

l'Empereur : « Cela ne serait pas de bon ton », a glissé Monsieur Étiquette, cette danse étant jugée lascive… Il a donc joué dans les deux bals des contredanses, de jolies françaises dont il variait à chaque fois la cadence. C'était charmant et voluptueux.

Et puis, j'ai voulu que Paris soit bien nourri. Il y a eu des potages de quatre espèces, des jambons, des daubes, seize pâtés je crois, autant de longes de veau, des biscuits de Savoie, des brioches, des babas, des gâteaux de Compiègne, des chapons au riz, des fricassées de poulet à la gelée, des mayonnaises de poulet, des salmis de perdreaux et puis des poulardes, des dindonneaux, que sais-je encore ! J'ai aimé les desserts et je ne suis pas la seule. Je me souviens d'un jeune homme, maigre à faire peur, qui avalait des quantités incroyables de blanc-manger, de gelée au citron et à l'orange et de glaces moulées. Le vin a coulé à flots et je sais, par un sommelier, que plus de mille bouteilles de vin de Beaune ont été vidées. J'avais demandé des bouteilles de rhum en souvenir de mon île, la vingtaine a disparu ainsi que cent bouteilles de vin de Champagne.

Bonaparte était satisfait, même heureux de son bal. Les femmes, très parées, portaient la traîne et les étoffes choisies venaient toutes de nos filatures lyonnaises, ce qui est bon pour le commerce français. Il y a eu aussi profusion de beaux diamants, émeraudes, saphirs, rubis, et les hommes, guère en reste, s'étaient fournis chez Sandoz.

À neuf heures du soir, la foule était là, frémissante, caquetante. Nous avons tenu cercle avec Bonaparte dans la salle du trône avant de rejoindre la galerie de Diane où j'ai pu voir et parler avec les femmes tandis que Bonaparte voyait les hommes et saluait aussi les dames. Nous avons rejoint nos trônes, la cour massée derrière nous, et je dois avouer que notre spectacle était fort beau. J'ai souri beaucoup, adressé un signe à chacun ou un compliment sur la toilette, le teint frais, la blondeur, et alors que toutes plongeaient en révérence, je n'ai vu que ce chatoiement brillant, ce remous d'étoffes, ces volutes de parfums qui se mêlaient comme dans une serre.

J'étais épuisée, mais je jure que nul n'en a rien su. Pas de lassitude, pas de fatigue, comment oserais-je seulement ne pas répondre à tant d'amour ? J'ai tenté de gourmander Bonaparte, dont les questions insipides ennuient ou indisposent : « Combien d'enfants, quel âge, quel sexe, que fait votre mari, comment vous appelez-vous ? » Il parle comme un sous-lieutenant, ou un recruteur qui souhaiterait lester ses troupes. J'ai vu les femmes présentées et je ne parviens pas à alléger l'étiquette à ce sujet. Pour qu'une femme me rencontre dans mes appartements privés, le dimanche, après la messe, il faut qu'elle soit l'épouse d'un ambassadeur, d'un ministre, ou que le mari soit proche des princesses, à leur service ou encore président d'un collège électoral ou maire. Lorsqu'une simple Française le demande, elle ne parvient à rien. Je l'ai dit à Bonaparte qui a haussé les épaules. Il a grand tort. C'est vexer l'opinion d'emprunter à Versailles ses quartiers alors que nous sommes bien trop stricts sur les grades. L'amour-propre tue aussi sûrement que le pistolet.

À part cela, ce bal fut une apothéose. On en parlera longtemps dans les chaumières. J'aurais presque souhaité demeurer un peu plus, mais Bonaparte ne l'a pas voulu et nous nous sommes retirés après une heure passée à voir et à être vus.

28 avril

Je viens d'assister à une scène faite pour le Boulevard. Nous étions à Saint-Cloud et j'attendais la princesse Pauline et son nouveau mari, le prince Camille Borghèse. L'huissier les annonce tous les deux. Je portais une robe assortie aux tentures du salon comme je le fais souvent, ne voulant pas heurter et faire crier les teintes. J'avais bien sûr des fleurs à mes cheveux, des jacinthes et des anémones en guirlandes. J'étais, je l'avoue, assez parée. À l'instant d'entendre les noms cités, je me lève de mon fauteuil et je reste debout, laissant Pauline avancer et traverser une grande partie du salon. Je n'ai jamais vu, depuis Madame Tallien, une beauté si parfaite et, ce jour-là, elle resplendissait dans une robe d'un superbe velours vert, doux comme l'amande fraîche. Sur son front délicieux était posé un diadème d'émeraudes et tout ce vert lui faisait la plus tendre des escortes.

L'effet de surprise fut tel que le silence se fit. Nous nous remîmes toutes de l'émotion causée par l'apparition céleste et je fis servir les glaces. Je vis que la princesse parlait avec la duchesse d'Abrantès. Je feignis d'écouter un monsieur bien ennuyeux qui pérorait sur le droit romain et je tendis mieux l'oreille. Je rapporte les propos de ma belle-sœur tant « chérie » et qui, tous, me visaient.

— C'était elle que je voulais désespérer. Laurette, oh ma Laurette, regardez comme elle est toute désespérée ! Oh, comme je suis contente !

— Voyons, prenez garde, l'impératrice peut nous entendre.

— Que m'importe, je ne l'aime pas. Tout à l'heure, elle a cru me faire une chose désagréable en me faisant traverser le salon. Eh bien, elle m'a charmée.

— Et pourquoi donc ?

— Parce que la queue de ma robe ne se serait pas déployée si elle était venue au-devant de moi, tandis qu'elle a été admirée dans son entier.

Soudain, Pauline jette un œil sur sa robe et sur la mienne. Son beau visage se rembrunit, une ride, infime, barre son joli front. Une idée vient de la jeter à terre.

— Ah mon Dieu, ah mon Dieu !

— Oui, qu'y a-t-il ?

— Comment n'ai-je pas songé à la couleur du meuble de ce salon ? Et vous, Laurette, vous qui êtes mon amie, comment ne me prévenez-vous pas ?

— Que le meuble du salon de Saint-Cloud est bleu ? Mais vous le savez aussi bien que moi…

— Sans doute ; mais dans un pareil moment on est troublée, on ne sait plus ce que l'on savait. Et voilà ce qui m'arrive, j'ai mis une robe verte pour venir m'asseoir dans un fauteuil bleu.

— Mais voyons…

— Ah, plus un mot, je suis sûre d'être hideuse, ce vert, ce bleu, comme je dois être affreuse !

L'expression de soudaine désolation était telle, l'accent contrit si admirable, l'indifférence du prince Camille si manifeste, l'amusement de Laure d'Abrantès si calmé que je ne pus dompter mon rire qu'en le cachant derrière mon éventail. On a les vengeances qu'on peut.

7 juillet

Je sais que ma fille a fait une entrée fort remarquée dans sa nouvelle capitale de Rotterdam sous les vivats et l'exaltation du peuple. Le changement le réjouit et il attend tellement de la nouveauté. Des hommes ont dételé les chevaux de son carrosse et l'ont traîné jusqu'au palais royal. Je sais trop ce qu'elle en a pensé. Hortense a les nerfs fragiles et lorsque je lui parlai de la beauté de notre charge, elle me répondit, d'un air accablé : « Oui, maman, voilà les mêmes fêtes que l'on faisait à la reine Marie-Antoinette. Voilà la même ardeur qu'on mit ensuite à la sacrifier. » Je voyais le chemin des leçons de Madame Campan, mais je ne pus m'empêcher de frémir quand j'entendis ma fille les prononcer de sa bouche. Seule consolation : elle ne restera pas longtemps à Rotterdam ; Louis, pour sa santé, veut prendre les eaux de Wiesbaden !

22 octobre. De l'étiquette.

Elle m'ennuie, me lasse. Je ne peux plus rien faire tant je sens planer l'ombre de Bonaparte. Il a tout dit, précisé, codifié à un point tel que rien ne se fait sans sa volonté. Hier, je voulais aller au Vaudeville, me cacher soigneusement avec ma fille et trois amies derrière une petite loge grillagée. « Non, tu ne le peux pas. Tu ne dois pas voir de petits spectacles dans de petits théâtres, cela ne convient pas à notre rang. Mais aller à de grands spectacles dans de grands théâtres et de grandes loges, oui. Je désire que tu ne dînes jamais qu'avec des personnes qui ont déjà dîné avec moi, que la liste soit la même pour les cercles, que tu n'admettes jamais à la Malmaison, dans ton intimité, des ambassadeurs étrangers. » De quels secrets, grands dieux, je pourrais parler, alors que mon silence sur les affaires de l'État est immuable depuis tant d'années ? !

L'instant de la présentation est le plus pénible qui soit. La dame a reçu son carton, imprimé sur les ordres du grand chambellan. Elle vient, tremblante, ayant choisi de porter, afin d'être agréable à l'Empereur, une robe en lamé, brodée avec un bas en dentelles d'or. Il faut des plumes blanches et des diamants à la coiffure. La dame attend, transie, dans le premier salon. Elle traverse, hésitante, un long couloir. Je me tiens dans le salon de réception, debout devant la cheminée, entourée de mes femmes. Je la vois chercher mon regard, s'assurer de ma bonne humeur. Première révérence à la porte d'entrée. Trois pas et seconde révérence. Je salue, légèrement. Je m'approche, dis quelques mots et nous serions embarrassées l'une et l'autre si, sachant le péril, je ne mettais tout en œuvre pour rendre ce passage moins pénible. Ce n'est pas tout. La dame se retire, sans tourner le dos, elle tremble, je vois la robe vaciller et la malheureuse me doit encore deux autres révérences sans croiser trop les jambes, sans hésiter dans le mouvement. Si ce coquin de Despréaux n'était pas libre mais déjà pris, si la leçon de maintien n'a pu être décidée, si l'art du coup de pied qui remet l'étoffe à sa place est déjà oublié, si la traîne est trop lourde, on tombe presque. Mais le bras de Monsieur le grand chambellan est là, toujours, sur le point d'intervenir afin d'éviter la catastrophe. Je m'efforce, surtout, de ne pas rire, d'être obligeante, et de ne pas moquer la grosse dame, rouge coquelicot d'émotion, sur le point de s'évanouir dans ses escarpins. Je gourmande en revanche les dames du palais, attentives à la chute, si peu amènes pour cette débutante.

1er novembre

Lorsque Bonaparte parle en me voussoyant, c'est qu'il y a du monde autour de nous ; alors il me regarde à peine, les mains croisées dans le dos, et je demeure ainsi, les yeux au parquet, attendant que l'orage passe – s'il passe. Je sais qu'il sait tout ce que je fais, ce que je dis, qui je vois, qui j'admets dans mon cercle. Les hommes en noir sont de la police et Monsieur Fouché me connaît trop bien pour ne pas faire son rapport. Il en va de même pour Monsieur de Talleyrand.

13 novembre

Je vois des femmes autour de l'Empereur. Et je constate qu'il aime cela. Résultat, je suis au comble du désespoir. Je lis dans leurs sourires contraints l'orgueil d'avoir été remarquée, de compter davantage avec l'oracle du jour, d'être dans sa puissance. Oh certes, elles ne me manquent pas de respect, touchent ma harpe, chantent avec leur voix de sirène, tiennent leur rang ! Mais quand même : ces courtisanes me nuisent.

Je me souviens ainsi combien Giuseppina Grassini m'a fait de tort. Elle a été la maîtresse de mon mari. Déjà, en 1800, elle couchait avec lui. Elle avait chanté, je ne le sais que trop, à la Scala de Milan, *La Marseillaise* avec une telle passion, que le soir même de la représentation elle était dans son lit.

Mon Hortense me répète qu'il ne faut pas m'alarmer ainsi, mais je ne peux résister devant ses manigances et tant de coquetterie. J'ai fait une scène terrible à Bonaparte, l'ai poursuivi jusque dans son cabinet de travail ; il n'a pas voulu répondre à mes accusations – ce qui confirme le trait, oh le perfide ! Je connais les hommes : un frais minois, des yeux bien mouillés, une taille fine, la main souple, le verbe alléchant et voilà, comme on vit les bords du Xanthe teints. Bonaparte a fait venir la Giuseppina de Milan. Mais moi, j'ai prévenu dans le plus grand secret ma bonne amie Madame de Krény afin qu'elle prenne de nouveaux renseignements sur cette chanteuse.

16 novembre

Nous partons ce soir pour Saint-Cloud. Je suis malheureuse car ce sont tous les jours des scènes de la part de Bonaparte et ce n'est pas vivre. Je sais que la Grassini est à Paris sur son ordre et j'ai demandé à ma chère amie, Madame de Rémusat, d'envoyer sa bonne, la fidèle Julie, pour savoir où elle demeure dans la ville et s'il entre quelqu'un chez elle de me le dire avec franchise, sans me ménager. La réponse a tardé. Bonaparte prend ses précautions. Complicité haïssable des hommes, la consigne est donnée, l'Empereur s'enferme dans son bureau, soi-disant avec un ministre et prière formelle de ne pas déranger le maître. Je serais capable, il ne l'ignore pas, de forcer sa porte, de surprendre ces amours révoltantes et d'arracher les yeux de ma rivale.

Je dois confesser ici une autre histoire, qui sent le parfum du théâtre. Je sais l'Empereur bien épris de Mademoiselle Georges. Il regarde cette grosse dinde comme la huitième merveille d'Égypte. Face à lui, elle minaude, gazouille comme une caille. Ils forment un couple à pleurer, mais elle dit les vers de Corneille avec tant de force qu'il meurt de plaisir devant cette sombre Rodogune. Les gazettes font des gorges chaudes de l'idylle. Et moi je rougis devant l'affront.

Nous étions aux Tuileries, cette fois-là, et j'ai décidé d'en avoir le cœur net. Aussi ai-je ordonné à Madame de Rémusat de m'accompagner. Malgré son étonnement, son peu de goût mis à obtempérer, elle m'a suivie dans l'aventure. Nous avons toutes deux emprunté le passage secret qui mène à la chambre de Bonaparte.

Sans hésiter, je colle mon oreille à la porte. J'écoute, persuadée d'entendre la preuve de mon malheur. Rien. J'écoute mieux. Un bruit survient, épouvantable et régulier, celui d'une forge que l'on actionne. Nous prenons peur, remontons le couloir, sans nous lâcher la main et, rentrées chez moi, nous rions bien fort. Je venais de comprendre : seuls les ronflements de Roustan[1] trahissaient la chambre vide de l'Empereur. Il est heureux que le ridicule ne blesse plus, j'étais morte.

22 novembre. De la peinture.

Elle m'enchante. Me comble et m'apaise. J'achète tout ce que je peux. J'ai placé ma confiance en Monsieur Constantin. Il est peintre, expert et marchand, et dès que j'en ai le temps, je lui mande mon désir. Avant-hier, je lui ai même envoyé Eugène pour un Téniers admirable que ce bon monsieur prétendait aussi beau que *Les Arquebusiers* que mon fils avait déjà dans sa galerie. Je ne peux acheter aucun tableau en ce moment mais si la toile est aussi magnifique que cet excellent homme le prétend, j'aviserai.

---

1. Roustan Raza. Né en Géorgie, à Tiflis, vers 1782, mort le 7 décembre 1845, à Dourdan. Il fut le mamelouk de l'Empereur, faisant office de garde du corps et veillant sur Napoléon comme une ombre bienfaisante.

25 novembre

C'est fait. Bonaparte avait adopté Hortense et Eugène, dix ans plus tôt. Il met un nouveau point à mon bonheur à se rapprocher des miens puisqu'il adopte aussi ma petite Stéphanie, promise au grand-duc héritier de Bade. Le clan Bonaparte est une fois encore fâché et jaloux. À l'instant où l'on présentait ma nièce à la cour, j'ai entendu Caroline dire hautement à Pauline : « Combien l'Empereur compte-t-il nous en donner encore de cette famille ! » Elle et son mari, le courtisan Murat, savent recueillir la manne inépuisable de Bonaparte, mais jamais ils ne sont satisfaits.

2 décembre

Mes nuits sont sans sommeil. Je suis malade, sans trop savoir de quoi. La vie, ma vie, réglée comme les partitions posées au pied de ma harpe, que je ne touche plus, faute de temps, me fuit, sans trêve. La messe, le dimanche ; les cercles diplomatiques ; les présentations des étrangers et des étrangères distingués de passage à Paris ; les grands spectacles à l'Opéra ; les bals particuliers ; les visites de manufactures, des monuments ; les auditions au Conservatoire ; Bonaparte passe et reste un jour ou deux à la Malmaison et son œil d'aigle embrasse ce qui y est, ce qui y vit. Il chasse tout ce qui selon lui n'est pas suffisamment relevé et nul, désigné ainsi, n'y reparaît.

Pour ma fête, Messieurs Alissan de Chazet et de Longchamp ont composé de jolies bluettes. Les princesses Caroline et Pauline ont bien voulu quitter leurs affaires, ô combien importantes, pour venir chanter au côté de Mesdames Ney, La Valette et Junot. J'étais contente. J'ai donc applaudi. Mais quelque chose a gâté la fête, je ne sais pas quoi. Les créoles ont de ces superstitions, un rien nous effraie. Je me gourmande, sans trop y parvenir.

Je me souviens. Aux Tuileries, la légende de ce petit homme rouge, capable de prédire la mort d'un prince. Je ne ris pas de ce revenant, féroce de ponctualité, sans autre souci que de dire le trépas. Une dame du palais prétend l'avoir aperçu devant les appartements de l'Empereur. Je lui ai fait jurer qu'elle ne mentait pas, aussi l'a-t-elle fait, des larmes dans ses beaux yeux. Or, un jour, voici des années, en Égypte, Bonaparte, pâle comme un linge, m'assure l'avoir entendu lui dire : « Tu seras roi, Macbeth. »

Je sais qu'à peine étant consul, il était entré aux Tuileries, qu'une lettre fut déposée sur la cheminée de son cabinet sans que personne de l'entourage du général ait pu savoir par qui. Elle contenait trois mots, toujours les mêmes : « Tu seras roi. » Farce d'étudiant travesti, complot destiné à ridiculiser un homme ou prophète venu de la nuit des temps ? Bonaparte ne plaisante pas à ce sujet. Je connais même l'accoutrement de ce personnage : barbe ébouriffée, mine éveillée, allure pétulante, bonnet rouge en tête, habit carmin moulant son corps minuscule ; à en croire l'Empereur, ce lutin passerait par le trou des portes. Lorsqu'il annonce une mauvaise nouvelle, sa mine est grave et pensive.

Espérons que je ne croise jamais ce petit gobelin !

9 décembre

J'ai fini de poser pour Monsieur Gérard. La toile, qui est très belle, est destinée à la Malmaison. Je suis flattée, l'artiste connaît le monde. Mais ce portrait glisse sur mon chagrin. Je ne fais que pleurer sans raison, ce qui indispose Bonaparte au plus haut point. « Je ne comprends pas pourquoi tu pleures, me dit-il d'une voix forte, que veux-tu donc, tu as ta fille, ton fils que je chéris comme un père et qui se couvre de gloire en Italie, je l'ai fait vice-roi. Tu as de bonnes nouvelles et jamais nos armées n'ont paru plus victorieuses sur le sol de l'Europe. Voilà des moyens d'être heureuse et contente. »

13 décembre

La petite de La Plaigne[1] vient d'accoucher. La nouvelle paraîtrait bien anodine si le père n'était… Bonaparte ! C'en est fait de la prétendue stérilité de mon mari.

J'avoue avoir contribué à lui faire croire qu'il ne pourrait jamais avoir d'enfant. J'étais plus jeune alors et je confesse mon crime. Je le pense abominable, je n'ai pas d'excuse, je l'entends encore me dire rue Chantereine qu'il était extraordinaire qu'il ne puisse donner la vie alors que la nature pour sa mère s'était montrée à ce point prolifique. Je ne répondais rien, j'attendais que le hasard, les circonstances, le verre de chambertin, le plaisir que je lui offrais lui fassent changer d'avis et penser à autre chose.

Il est donc père. D'un fils. Cette fille lui a donné ce que la nature m'a refusé et me voilà au désespoir. Je n'irai pas voir l'enfant. On me dira qu'il lui ressemble, que ses traits sont identiques. Les bonnes âmes me renseigneront. Je surprendrai des conversations, j'entendrai des chuchotis de couloirs, des rumeurs de palais. Aucun détail ne me sera épargné. Mon enfer va empirer.

Bonaparte ne m'a rien dit, évidemment. Mais il cache si mal sa joie. Son silence est épouvantable.

La malheureuse Joséphine peut craindre. Je ne suis plus qu'une moitié de femme, que l'on ne réchauffe plus de ses caresses. Incapable de faire le bonheur de son mari, anéantie, ne voulant que l'oubli, bientôt – j'en suis sûre – condamnée à la solitude.

1. Louise Catherine Éléonore Denuelle de La Plaigne (3 septembre 1787-30 janvier 1868). L'une des nombreuses maîtresses de l'Empereur. Son fils fut connu sous le nom de comte Léon.

15 décembre

Je triture mes cartes pour y deviner l'avenir, comprendre et anticiper ce futur qui m'angoisse. Je ne me lasse pas de lire ce que j'espère ou redoute être demain dans ces morceaux de cartons. On se moque de moi, Bonaparte le premier. Mais, un soir où je consultais le jeu, j'ai dit, je m'en souviens, devant mon cercle : « Grande victoire, si grande qu'il faut en rester là. » Je reprends alors ma partie de whist, quand entre tout à coup dans le salon le jeune Armand de Lespinay, premier page et qui tend, venant de son chapeau, un billet sans enveloppe que je lis d'une traite devant le monde médusé : « Ma chère Joséphine, nous avons joint l'armée prussienne, elle n'existe plus. Je me porte bien et te presse sur mon cœur. » Alors, ai-je lancé, qui ne croira donc plus à mes cartes ?

23 décembre

Pour changer mes idées qui sont bien noires, j'ai acheté une série de tableaux dans ce genre qui me plaît beaucoup et qui emprunte au Moyen Âge ses sujets les plus délicats. Je contemple en ce moment *Marie Stuart recevant sa sentence de mort*, *Henri IV et la belle Gabrielle*, *Valentine de Milan qui pleure la perte de son époux*, *Charles VII écrivant ses adieux à Agnès Sorel*. Ces petites saynètes sont justes et fort bien peintes, pas un détail ne manque. On croirait voir l'Histoire se dérouler sous nos yeux.

XIV.

13 janvier-22 novembre 1807

« Tilsit a fait de Bonaparte le maître de l'Europe »

13 janvier

Ce matin, le soleil n'était pas levé, je me suis assise devant le miroir de ma toilette. J'ai allumé les bougies et je me suis regardée, le visage nu. J'ai pensé une fois encore à la petite La Plaigne, à son fils. L'une de mes femmes a beau m'assurer que cette fille est bien volage, qu'elle a collectionné les amants comme d'autres les papillons, je reste persuadée que son enfant est celui de Bonaparte. Je le sens dans mon ventre qui reste plat. Je le vis au tréfonds de mes chairs. Je suppose que mon mari est déjà allé voir et admirer son fils. Je suppose qu'il a déjà fait pour sa mère tout ce qui était nécessaire afin qu'elle ne manque de rien. Il ne cache même plus son bonheur. Il sait qu'il est capable d'être père. Hortense me supplie dans ses lettres de me calmer. Mais comment demeurer tranquille lorsque cette naissance sonne le glas mortel de mes espérances ? C'en est fini de moi. Il me revient encore le terrible spectre du divorce, menace sourde que je vois ramper comme le vent coulis qui fait trembler mes rideaux.

16 février

Je viens de faire nommer Monsieur Constantin, mon marchand et expert en arts, garde des tableaux de Sa Majesté l'impératrice reine pour sa galerie de Malmaison. Il doit me toujours conseiller et restaurer les toiles qui sont en méchant état, présenter les rapports les plus détaillés sur les tableaux à acheter. De sa main sèche en sarment tordu, il dresse aussi le catalogue de ce que je possède. Je lui fais installer un atelier. Cet homme délicieux et fort utile n'a qu'un défaut, il fume. Et je supporte mal l'odeur du tabac. Aussi, lui ai-je adressé ce mot : « Cher Monsieur Constantin, je vous aime beaucoup, mais je vous en prie, ôtez votre pipette de votre bouche quand je viens. Je vous ferai prévenir. Croyez, cher Monsieur Constantin, etc., etc. »

J'achète des tableaux de peintres que je connais, j'encourage leur talent, je veille sur leur œuvre. J'apprécie beaucoup Monsieur Prud'hon[1], qui vient me voir en ami et qui sait flatter la femme que je suis devenue. Il ne me trompe pas, il m'enchante. J'ai beau regarder ses esquisses, je ne reconnais plus la jeune créature au teint de rose et de lys coupé que j'étais. Et cela me peine fort. De plus en plus, même…

J'ai vu Monsieur Van Spaedonck[2]. Son nom est imprononçable mais ses tableaux de fleurs font mes délices. Je lui préfère, du bout de la lorgnette, Monsieur Redouté car ses roses peintes ont le parfum des véritables. Et Dieu sait si, en ce moment, j'ai besoin de ces douceurs des sens pour apaiser mes tourments.

5 mai

Je veux mourir parce que ma fille est morte ou presque. Mon petit-fils, le si charmant, si adorable Napoléon-Charles, nous a quittés après avoir lutté contre la maladie avec une

1. Pierre-Paul Prud'hon (4 avril 1758-16 février 1823). Peintre et dessinateur français de style préromantique.

2. Gérard Van Spaedonck (22 mars 1746-11 mai 1822). Peintre et graveur d'origine néerlandaise.

énergie d'homme. Le croup[1] a terrassé ce petit ange qui n'avait pas encore atteint ses cinq ans. Dieu m'abandonne et mes prières sont restées vaines. La peine de ma fille est immense. Elle a tant supplié le ciel. Elle répétait, sans cesse : « Mon enfant ne mourra pas, qu'ai-je fait, de quoi voudrait-Il me punir ? » Mais en deux jours, tout fut consommé. Et c'est le nom de sa mère que ma fille infortunée a vu, sur les lèvres décolorées de son fils, expirer avec son dernier souffle. Mon gendre, accablé, est tombé au pied du lit de son garçon. Mon Hortense a poussé un cri perçant et s'est évanouie. La princesse Caroline et la maréchale Ney sont accourues pour soutenir ma pauvre fille. Moi-même, je me rends au château de Laeken. Pourquoi le sort s'acharne-t-il ainsi ? Ai-je fait quelque chose de mal ?

13 mai

J'ai reçu une lettre de Bonaparte. Il est en Pologne, il a installé son camp à Finckenstein. La situation n'est pas bonne depuis que l'Angleterre a décidé le blocus de tous nos ports, sans même oublier nos colonies…

« Je conçois, m'écrit-il, toute la peine de la mort de ce pauvre Napoléon ; tu peux comprendre ce que j'éprouve ; je voudrais être près de toi pour que tu sois modérée dans ta douleur. Tu as eu le bonheur de ne jamais perdre d'enfant, mais c'est une des conditions et des peines attachées à notre misère humaine. Que j'apprenne que tu as été raisonnable et que tu te portes bien. Voudrais-tu accroître ma peine ? »

L'âme entière de cet homme se dévoile ici. Pas de larmes, pas de chagrin, pas de douleur, rien qui ne soit autrement que mesuré, dosé. Tout pour la France et l'Empire. Napoléon, voilà la vérité, a perdu son héritier et ses plans en sont

1. Croup : affection respiratoire gravissime déclenchée le plus souvent par une infection virale aiguë des voies aériennes supérieures.

changés ; dès lors, il y remédiera ! Non que sa douleur soit feinte, mais elle passe après le raisonnement du politique et moi, je n'ai que mes larmes et mon chagrin de mère.

Mais comment veut-il, pense-t-il me tromper de la sorte ? J'apprends la terrible nouvelle de la perte de ce petit-fils adoré mais je sais aussi que Bonaparte a rencontré une nouvelle femme, en Pologne. Elle se nomme la comtesse Walewska. Elle est blonde et très belle et moi, je passe, avec mon cortège de peines et de larmes, bien après cette nouvelle idylle. Oui, perfide, je sais que ton cœur est pris.

Je voulais le rejoindre. Je voulais m'assurer de son amour pour moi, du moins tâcher de souffler sur ces cendres avant qu'elles ne s'éteignent définitivement.

J'ai reçu un nouveau billet de Bonaparte, puis un autre et encore un autre. Ma joie de lire son écriture, de la reconnaître, malgré mes larmes, fut de bien courte durée. Il ne veut pas de moi. « Ta douleur me touche, mais il faut te soumettre aux événements. Il y a trop de pays à traverser jusque dans la Pologne. Je serais très désireux que tu retournasses à Paris, où tu es nécessaire. La saison est très mauvaise. Il est impossible que je permette à une femme un voyage tel que celui-ci. »

Tous ses mots sont des pièges. Il se moque de moi, de mon chagrin, de la douleur d'Hortense.

Je suis seule à consoler ma chère fille.

14 mai. Onze heures du soir passées.

De Bruxelles, j'avais adressé un billet à Hortense, lui demandant de m'y rejoindre. « Viens me rendre la vie, lui disais-je, ta présence m'est nécessaire et tu dois avoir aussi besoin de me voir et de pleurer avec ta mère. »

Je suis épuisée. J'ai vu ma fille et nous avons mêlé nos larmes. J'ai vu mon enfant brisée par le chagrin et ce spectacle m'a saisie de douleur et d'effroi. J'ai choisi de la distraire, comme je le peux.

La campagne est bien jolie aux alentours de Bruxelles, le temps est doux et propice aux promenades, mais Hortense n'a plus de volonté, aucune préférence et son indifférence est entière. Ce qui alourdit encore un peu plus mon cœur. Dieu, que vous ai-je fait ?

16 mai

Nous avons vécu tout à l'heure comme une manière de miracle. Nous étions reçues dans la campagne bruxelloise, dans une fort belle demeure dont les propriétaires nous faisaient mille compliments. Adèle Auguié était avec nous. Lassée du monde, toute à sa douleur, Hortense s'éloigne, emprunte une allée écartée, s'assoit sur un banc et, soudain, une trompe de chasse se fait entendre. Elle produit aussitôt sur ma fille un tel effet que ses nerfs lâchent et elle se répand bientôt en pleurs si abondants qu'elle paraît aller mieux. « Oui, me dit-elle, ma chère Maman, ah, il me semble que ma santé s'améliore, je souffrais trop ! » Je remercie Dieu à l'instant. J'avais tant craint, après le fils, de perdre aussi la mère.

Nous rentrons pour Paris où notre malheureux petit prince doit être inhumé à Saint-Denis.

29 mai. Saint-Cloud.

J'ai eu toute la peine du monde à calmer Hortense. Bonaparte l'a vue en larmes et s'est emporté contre son chagrin. « Eh quoi, lui a-t-il reproché, encore des larmes, cessez ces enfantillages, vous n'êtes pas la seule à qui ce malheur soit arrivé. Mais les mères ont du courage, alors vivez. Vous avez des devoirs à remplir, un autre enfant qui a besoin de vous, un royaume qui vous réclame et une mère que vous affligez. Pourquoi ne restez-vous pas auprès de votre fils et de votre mère ? Mais vous voilà revenue : soyez gaie, livrez-vous aux plaisirs de votre âge et que je ne voie plus une larme. »

Hortense, fort remontée, m'a dit qu'elle croyait l'Empereur meilleur mais qu'en vérité son cœur restait fermé aux sentiments de la nature. Je lui ai répété qu'il m'avait prévenue d'avance qu'il prendrait un langage sévère comme seul moyen de la guérir et que c'est par l'intérêt même que ma fille lui inspirait qu'il s'était montré si insensible. Hortense ne m'a pas écoutée. Elle a prétendu que son indifférence s'adressait à toutes les femmes et que j'aurais moi aussi à en pâtir affreusement un jour, peut-être bientôt.

Il semble que cette petite a raison. Toutes les espérances de notre famille sont mortes avec le petit Napoléon-Charles. Ce n'est pas un fils de mon sang, un Beauharnais et un Tascher de la Pagerie qui va monter un jour sur ce trône français. Non. Et c'est de ma faute.

Si j'avais pu donner un fils à Bonaparte, tout eût été réglé. Nulle crainte. Mais ce petit garçon n'est plus. C'est la mort qui a eu raison en donnant le dernier mot. Pas la vie.

Tant d'espérances, de paroles dites, de projets et d'ambitions, tant d'attentes, de complots, de feintes, tant de haines déclenchées par les rivaux, les traîtres ou les envieux, et l'effondrement en guise de succès.

Je veux m'engloutir avec mon dernier rêve.

Je me sens plus seule que jamais.

6 juin

Ma mère est morte quatre jours plus tôt. Cette nouvelle m'anéantit. Je ne l'avais pas revue depuis le 4 septembre 1790, jour où je m'embarquai avec ma petite Hortense. Oh, je me souviens même du nom de la frégate,

La Sensible ; je n'avais pas pu la serrer sur mon cœur une dernière fois. L'île de la Martinique subissait la révolte des nègres et les factieux pillaient et massacraient au nom de la Révolution. Atroce période, abominables journées. Ma mère n'était que douceur et tendresse. Son caractère ferme, la dignité qu'elle plaçait en chacun de ses mouvements, son sens du devoir, sa générosité vraie lui ont valu d'être adorée de tous.

J'ai écrit à son notaire afin de permettre une prompte succession : je suis affreusement inquiète, que va devenir Monsieur Charles, le prince héritier de France, dont je n'ai aucune nouvelle récente ?

30 juin

J'attends l'acte entier de la succession de ma mère dont je suis l'unique héritière. La maison, la plantation me reviennent, lieu béni de mon enfance, que jamais je ne reverrai alors que tout, chambres, odeurs, gens, arbres et fleurs, me semble si proche…

Dans les documents officiels que je commence à recevoir : liste des biens, noms de mes nègres et leur nombre exact, il n'est nullement fait mention de Monsieur Charles et de Monsieur Laurent. Qu'est-ce à dire ?

Je ne peux rien tenter pour percer ce mystère et ma position reste fausse. À qui pourrais-je m'adresser ? Barras est exilé. Fouché ne prononce plus un mot sur l'héritier de Louis XVI. Le prince est-il toujours en vie ? S'est-il enfui des Trois-Islets à la mort de ma mère ? A-t-il eu peur ? Les agents britanniques sont-ils parvenus à retrouver sa trace ? Lui ont-ils facilité son départ de la Martinique ? S'est-il caché ? Songe-t-il à revenir en France ? Le destin de ce malheureux prince est-il de vivre sous les toits de Londres, dans une clandestinité misérable ?

Tant d'efforts, tant de secrets pour cet anéantissement ? Je suis au comble du malheur, condamnée à veiller sur un fantôme. En moi, garderai-je jusqu'à ma mort le pâle sourire d'un enfant trop blond ?

12 août

Tilsit[1] a fait de Bonaparte le maître du monde. Si l'Angleterre lui refuse ce titre, les autres souverains ploient le genou devant lui. Il est, décidément, dit que le destin de cet homme frappera les consciences jusqu'à la fin des siècles. Je ne vois, dans l'histoire de France, aucun exemple qui puisse lui être comparé. Mais moi, moi qui le connais si bien, je lis aussi dans son regard, dès qu'il m'approche, la fatale décision qui sera prise un jour prochain. Sa gloire mondiale veut s'ancrer autrement que dans des traités. Et, dorénavant, sur le chemin de l'Aigle, je suis une gêne, un obstacle, pire : une survivance d'un passé qu'il veut redorer.

Le divorce est là, spectre nonchalant et horrible qui vient, repart, revient à nouveau, pour me narguer, m'effrayer. L'Europe se voue à l'empereur des Français comme une fille de garnison et il n'a plus qu'à choisir parmi le harem quelle princesse, soumise, bien sotte, tremblera devant l'Ogre le jour de son mariage. Où serai-je alors ? Que deviendrai- je ? Que fera-t-il de moi, de mes enfants ? Comment me le dira-t-il ? Chaque jour, je redoute la sentence. Ce serait une autre guillotine dans ma vie.

1. Signé avec le tzar de Russie, le 7 juillet 1807 et le 9 juillet avec le roi de Prusse, le traité de Tilsit met fin aux guerres de la quatrième coalition européenne inspirée par l'Angleterre. Le royaume de Prusse doit céder à la France nombre de territoires. Napoléon donne naissance au grand-duché de Varsovie. Dantzig devient une république indépendante. Les troupes françaises occupent le Hanovre et la principauté de Bayreuth. La Prusse n'oubliera jamais cette terrible humiliation nationale.

22 août

Ça y est, le mot a été prononcé, l'affreux verdict annoncé. Nous avons parlé, Bonaparte et moi. Une heure entière. Il m'a renouvelé son amour mais m'a confié qu'il songeait au divorce, que celui-ci était la seule solution pour assurer la dynastie, avoir ce fils tant désiré qui poursuivrait l'œuvre du père et régnerait à son tour. Il n'y a pas eu de cris, pas de scène. J'ai écouté, répondu, je n'ai pas défendu ma position. Parce que tout cela nous dépasse, parce que je devinais cette attitude inéluctable, parce que la marche de l'Histoire n'a pas d'entraves.

Il me parlait d'une voix grave, égale. À peine, parce que je le connais tant, à peine y avait-il une once de tristesse et d'émotion. Il m'a dit :

— Les Anglais sont encouragés dans la poursuite de la guerre parce qu'ils n'ont qu'une seule pensée : je n'ai pas d'enfant donc pas de successeur. Si je meurs, et je peux mourir à tout instant, les ennemis sont partout, qu'en sera-t-il de la France, du gouvernement, des institutions, de tout ce qui a été fait et créé ? Le comprends-tu, Joséphine ?

— Oui.

— Tu es consciente, ma douce, ma belle, que si je te demande de t'effacer, c'est uniquement pour le bien de la France et de l'État ?

— Oui.

— Car la politique n'a pas de cœur mais de la tête, je peux vouloir te demander ce sacrifice suprême, je peux te demander de t'immoler pour le bien de tous, n'est-ce pas ?

— Oui.

— Il faut faire taire la médisance. La fable de ta stérilité revient sans cesse à la cour. Cela suffit.

— Oui.

— Je vois que tu es raisonnable.

— Je le suis. Il n'y a pas d'autre choix. La raison, dis-tu, guide la politique. Voilà pourquoi les peuples ne sont jamais heureux.

Depuis, on ne parle que de cela à Paris, il n'y a pas un salon, un cercle, un théâtre, un restaurant ou un café sans que cette ombre fasse du tort au soleil.

Je me séparerai donc – quand il l'aura décidé et les papiers faits – de l'homme que j'aime. J'ai été loyale. Je le suis toujours, je pense. Désormais, il me faut vivre avec l'idée, lancinante, du jour où tout s'arrêtera. Voilà qui va bien vite faire triompher mes chères belles-sœurs les vipères.

Ces ingrates poussent Bonaparte à faire davantage la guerre. Elles n'ont que ce mot sur leurs lèvres peintes : la guerre, la guerre. Elles veulent voir leur frère débiter l'Europe entière en tranches et chacune veut sa part, pour elle ou son mari, comme des chiennes à la curée. Elles sont l'éclat fragile de l'ambition. Je suis le calme et le bonheur, l'étoile de l'Empereur, sa chance, et voilà pourquoi les Français m'aiment. La France apprendra un jour que c'est Bonaparte qui me chasse. Elle saura ma douleur et mon obéissance.

10 septembre

J'ai reçu une belle et bonne lettre d'Eugène. La lire m'a fait beaucoup de bien. Il m'informe qu'à Munich on parle autant de mon éventuel divorce qu'à Paris. Il me dit avoir été content de la conversation, bien franche, bien honnête que j'ai eue, voici quelques semaines, avec Bonaparte. Faire autrement ne serait plus aimer l'Empereur. Il a ajouté que si l'Empereur me tracassait encore sur la question des enfants, je n'avais qu'à répondre que ce n'était pas bien à lui de me reprocher toujours des choses semblables. Il faut, m'écrivait mon fils, que Bonaparte me donne un douaire suffisant qui me permettre de vivre près des miens. Si l'Empereur se remarie, poursuivait Eugène, si la politique le lui oblige, nous ne lui resterons pas moins attachés, parce que ses sentiments ne doivent pas changer pour nous, quoique les circonstances l'aient obligé à éloigner notre famille de sa personne. Dans la lettre d'Eugène, je retiens cette phrase : « Si l'Empereur veut avoir des enfants qui soient à lui, il n'a que ce seul moyen : tout autre serait blâmé et l'Histoire en ferait justice. Tu ne dois craindre ni les événements ni les méchants. »

19 novembre

Monsieur Fouché est un chat qui attend de voir si la souris va trépasser entre ses griffes. Il attend, dis-je, avec une belle constance. Si le vent tourne au sud ou au nord, il attend. Il devance rarement la parole de l'Empereur. Il se fond, s'agrège au moule, se dilue s'il le faut, le jarret souple et la mine austère, le menton droit, regardez, dit-il, ne suis-je pas le modèle du bon serviteur ? Il attend. Sa police effraie tout le monde au palais, sauf moi. Je connais cet animal à sang-froid, mieux que quiconque ici. Il a épargné ma tête en sauvant la sienne. Après tout, avec Jean Tallien, lui aussi fut l'homme du 9 Thermidor. La mort de Robespierre est également son œuvre. Monsieur Fouché espionne et c'est un délice amer de le voir noter, fouiller, classer, archiver, mémoriser ce qui se dit, se pense, s'écrit, circule, en France comme ailleurs. Son dernier bulletin de police est l'endroit propice où il étale ses considérations sur la dissolution de mon mariage.

Je n'aurais jamais dû avoir connaissance de ces feuillets si « on » n'avait cru bon d'en faire une copie et de la glisser entre les cordes de ma harpe.

Le rapport évoque les sentiments des uns et des autres, avoue que l'opinion est partagée. Les uns, selon lui, sont persuadés que jamais l'Empereur ne se séparera de moi, qu'il m'est attaché par toutes ses fibres. Je suis adorée en France, ce divorce serait un bien méchant coup à la politique. L'Empereur ferait là une belle faute et notre séparation serait donc le terme de sa fortune. Mon entourage, mes femmes m'encouragent d'ailleurs à paraître en public pour démentir, par ma présence, tous les bruits qui circulent.

L'autre partie de la cour, prétend Monsieur Fouché qui sait son métier et les profits de la rhétorique, regarde la dissolution comme une chose nécessaire quant à la survie de la dynastie. On cherche donc à me préparer, bête que je suis, à penser ce qu'il faut penser et à m'éclipser avec dignité. Et de citer la famille impériale, qui n'a qu'une seule opinion, unanime, le divorce, le divorce, le divorce. En France, seuls les égoïstes et les étourdis ne songent à rien dans toute l'affaire. Comme ils ont de la chance !

22 novembre

Avant de me coucher, je jette ces lignes, comme je le peux, sur mon carnet.

Une fois encore l'année s'achève sans que mes craintes s'effacent. J'ai le sentiment vague de perdre mon temps, du moins de le gâcher puisque rien ne semble définitif. Que dois-je faire ? Surtout, que puis-je faire ? Que dit l'opinion publique ? Que pense l'homme de la rue qui m'applaudit toujours et me crie son amour dès que je sors en voiture ?

Je plains mon sort. Peut-être devrais-je m'interroger sur la politique que mène celui qui est encore mon mari. Tout à l'heure, je parlais à mes femmes de la Prusse. 1807 lui aura été fatale. Bonaparte a institué le nouveau royaume de Westphalie. Il a donné un trône à Jérôme, son jeune frère. Il destine le monarque de fraîche date à Catherine, la fille du roi du Wurtemberg que je sais bonne et douce.

Ce que possédait la Prusse en Pologne devient le grand-duché de Varsovie et tombe dans la poche du nouveau roi de Saxe. Ne restent à la Prusse, enfin, que le Brandebourg, la Silésie et la Poméranie. Les mânes du grand Frédéric doivent brûler de douleur !

Tout cela semble resplendissant, du moins sur le papier, mais qu'en est-il de la réalité ? Je pense à Jérôme et à ses vingt-cinq ans. Il est assez beau, il est frivole, dépensier, coquet comme une fille, coureur de jupons, et cette malheureuse Catherine va bien souffrir elle aussi.

J'ai peur que ce gamin mal élevé n'épuise le Trésor royal par ses caprices, qu'il accable ses sujets et désole ses ministres, sans que nul, pas même son frère aîné, parvienne à le raisonner. Pauvres de nous.

XV.

30 janvier-28 décembre 1808

« Ma pauvre Joséphine, je ne pourrai point te quitter »

30 janvier

Bonaparte, avec moi, conserve en public un maintien froid et embarrassé qui, s'il n'est pas hostile, renseigne l'opinion. Qui colporte et amplifie la rumeur de ma future disgrâce. Il n'habite plus avec moi, ne partage plus mon lit et ses allures journalières ont pris un pli bien différent. Les bruits de la répudiation sont plus forts que jamais. J'écris ce mot, il est bien laid. Le Chat botté est mort avec ma jeunesse.

Il est triste de penser que l'amour n'est plus. L'élan qui le poussait vers moi, son cœur qui battait si fort, les mots écrits aux camps, le feuillet posé sur un tambour, le papier taché des larmes, tout cela est envolé. Plus rien.

Je vois pourtant encore dans le regard de certains hommes ce que j'inspirais autrefois. Ils n'oublient jamais l'impératrice, mais se souviennent de mon nom. Le prononcent peut-être *mezza voce*, je n'en sais rien, alors j'imagine. Mes rêves de petite fille n'allaient pas si loin. Mais lui, mon mari, a tourné la page. Et je hais les nouveaux chapitres prêts à s'écrire sans moi.

7 février

J'ai su que Bonaparte avait vertement tancé Monsieur le ministre de la Police. Instruit des propos qu'il tient, lassé de ses acharnements à me convaincre de partir, blessé dans son orgueil, agacé de le voir égarer l'opinion, il lui a expressément donné l'ordre de se taire sur ce sujet. Il songe à le remplacer par Regnaud de Saint-Jean d'Angély[1], par le préfet de police ou Monsieur Cochon de Lapparent[2], bref par n'importe qui pourvu qu'il ne voie plus sa face de carême-prenant. Il ne le fera pas, bien sûr, ce qui ne m'empêche pas de sourire à Monsieur Fouché, de m'entretenir avec lui, de tenir sa fille sur les fonts baptismaux et de penser à offrir des cadeaux à sa femme que cet homme si étrange n'a jamais trompée. Conserver des alliés m'est indispensable. Et agacer Bonaparte, je dois l'avouer, n'est pas non plus pour me déplaire. Je ne gagnerai pas cette bataille-là, mais les escarmouches lui montrent que je ne me rendrai pas sans combattre un peu.

10 avril

Je suis à Bordeaux. Où Bonaparte veut attirer, pour les contrôler de près, les souverains espagnols. Nos armées sont en Espagne, dans ce nouveau guêpier abominable, et ce pays, pourtant allié, nous permettrait d'aller soumettre les Portugais, alliés de l'Angleterre.

Napoléon n'a écouté personne, il n'avait plus que ce nom à la bouche : Espagne. Conséquence, il guerroie. J'ai appris que la guerre y était atroce, qu'un général a été dépecé vivant. La famille royale y est celle des Atrides. Les souverains espa-

1. Michel Louis Étienne Regnaud de Saint-Jean d'Angely (3 novembre 1760-19 mars 1819). Homme politique, journaliste et avocat français.

2. Charles Cochon de Lapparent (24 janvier 1750-17 juillet 1825). Homme politique français.

gnols, le père et le fils, se haïssent. Ils sont gros, pire ils sont gras, affreux, méchants, d'une incroyable hauteur et d'un mépris absolu. Charles IV[1] et son fils, le prince des Asturies[2], sont irréconciliables. Une chance pour Bonaparte qui, à la face de l'Europe, vient d'obtenir leur abdication à tous les deux.

Notre « frère » Joseph va monter sur le trône espagnol. Je crains, comme beaucoup à la cour, que cette nouvelle royauté ne fasse couler du sang supplémentaire. Je connais les Espagnols, jamais ils ne se laisseront gouverner par un étranger, un Français ! Je redoute le soulèvement national, ce que ces gens nomment guérilla. Chaque buisson, chaque chemin creux peut alors cacher un ennemi, les forêts mêmes vont s'armer.

Que de larmes, que de souffrances à prédire... Uniquement pour une envie de gloriole.

12 avril

Je suis toujours à Bordeaux. Lasse des combats, inquiète aussi. Car le pape, apprenant la guerre d'Espagne, vient de lancer une bulle d'excommunication contre Bonaparte. Des nuages funestes s'amoncellent sur notre tête.

Bordeaux est belle, sa société brillante, le port magnifique, je tiens encore mon cercle et je lutte pour ne pas paraître trop morose au milieu de ces dames. Ma suite s'est réduite. Je vais demeurer là un mois, je pense. Puis nous reprendrons la route.

Bonaparte est en permanence excédé. Par tout. Pour calmer ses nerfs et se divertir à peu de frais, il a jeté son dévolu cette fois sur l'une de mes lectrices, petite dinde de dix-sept

1. Charles IV, roi d'Espagne (11 novembre 1748-20 janvier 1819).
2. Le futur roi Ferdinand VII (14 octobre 1784-29 septembre 1833). Il sera très vite détesté par ses compatriotes.

ans, brune à faire peur, de la teinte du pruneau, qui a une mère couleur réglisse, pire qu'elle. Ces deux folles basanées, avides d'argent à mourir, au nez en bec de corbeau, pensent parvenir à mettre l'Empereur à leurs genoux. La petite a minaudé, prenant des poses, jouant son texte, versant dans l'émotion comme une charrette. À peine croyait-elle atteindre le succès que j'ai fait chasser tout ça. Ce fut ma seule distraction de ce séjour sinistre, accablée d'ennui, courbée sur les tables de whist, avec des hôtes charmants mais bien empêtrés par les convenances et gênés de ne savoir mon futur sort.

J'oubliais un début d'incendie, des mouches fort mal élevées, un soleil trop rare. Nous partons pour le château de Marracq, trop petit, je le disais, pour abriter toutes les dames de ma suite, dont certaines logeront en ville ; cris et pépiements en perspective…

En politique, il n'est de bruit que de donner la couronne de Naples, puisque les Bourbons sont chassés de partout grâce à nos armées et aux guerres de mon bientôt ex-mari. Eugène n'en veut pour rien au monde, il m'écrit : « Dieu me protège de cette plaie ! » Les Murat seront aux anges, je pense que Bonaparte va leur offrir un sceptre afin de complaire à la princesse Caroline. Depuis quand a-t-on vu qu'imiter servilement les rois dont on vole le trône était une manière digne de leur succéder !

13 avril

Monsieur Reverdin vient de m'apporter la feuille de route éditée par la maison de l'Empereur. Jolie surprise, nous rentrons ensemble, Bonaparte et moi, en empruntant le chemin des écoliers. Pourquoi cette espérance d'intimité ? Nous passerons par Pau, Tarbes, Auch, Toulouse, Bordeaux encore, Rochefort, La Rochelle, la Vendée puis Nantes et les bords délicats de la Loire.

En repliant le feuillet, je me suis mise à songer au passé, à cet amour qui n'est pas venu tout de suite, mais lentement, à mon insu, semaines après mois, trop peu goûté peut-être à ses débuts, qui m'a valu des peines, des jalousies, des incartades, en somme le prix à payer pour mon caprice.

Stanislas Reverdin a ramassé mon cachemire tombé à mes pieds, me l'a tendu du bout de ses doigts fins, en souriant. J'ai encore des amis. Combien le resteront après la répudiation ?

19 avril. Paris.

Je suis à mon cercle. J'attends Bonaparte. L'un de ses pages vient m'avertir qu'il n'apparaîtra pas, il est souffrant, paraît-il. Je préviens que j'irai le voir. Aussitôt, je parviens aux appartements de l'Empereur, on s'écarte, on nous laisse seuls.

Je le trouve abattu, souffrant affreusement du ventre et dans un état de surexcitation extrême. Il me voit, se répand en pleurs, me prend dans ses bras, m'y serre à m'étouffer. « Ah, me dit-il, ma pauvre Joséphine, je ne pourrai point te quitter ! Je ne le pourrai pas ! On entre dans la chambre. » Je le repousse doucement. Je dis : « Sire, calmez-vous, reprenez-vous, sachez ce que vous voulez et finissons de telles scènes. »

Bonaparte masque son visage entre ses mains. Je sais que sa décision est prise mais que rompre avec un passé qu'il a aimé le torture. Nous divorcerons, mais me le dire en face est une autre affaire. J'ai eu du mal à cacher mes émotions. Les hommes sont lâches. Les grands comme les autres.

20 avril

Nous sommes partis, Bonaparte et moi, à l'aube, de l'Élysée où nous avions dormi deux nuits, pour Strasbourg. Le palais est une merveille de grâce et d'allure. En m'endormant, je me suis souvenue de nos si illustres prédécesseurs. Je pensais ainsi à la marquise de Pompadour qui l'habita. Fut-elle heureuse avec Louis XV, bien qu'elle lui donnât sa vie ?

L'Empereur entreprend une nouvelle campagne militaire. Je sais qu'elle sera dure, sanglante. La cour brasse les rumeurs, les mensonges. Il me faut tenir le front haut. Ne pas alarmer par de vains propos et faire taire la médisance. Une nouvelle coalition de nos ennemis, entraînés par l'Angleterre, veut en effet porter le fer. Bonaparte a choisi de réagir. Tandis que je serai à Strasbourg, il s'enfoncera plus à l'est vers le Danube, l'Autriche et la Hongrie.

À nouveau j'ai peur, je suis femme de soldat et je crains l'embuscade, la traîtrise, sa mort. Pourquoi ne se refait-on pas ?

22 avril

Dans la nuit du 20 au 21 avril, ma fille a donné naissance à un petit garçon[1]. La vie reprend ses droits et je souhaite que ma si douce Hortense retrouve un bonheur que j'espère définitif et sans nuage.

4 mai

Bonaparte a donné l'ordre qu'il soit fait un supplément de vingt mille francs à ma cassette, par mois. Je me souviens, voici une ou deux semaines, combien mon mari était tendre et attentionné. Lorsque nous avions descendu l'Adour en

1. Charles-Louis-Napoléon Bonaparte (20 avril 1808-9 janvier 1873). Prince français et prince de Hollande. Il sera le futur Napoléon III. Choyé par sa grand-mère, l'impératrice Joséphine, il conservera d'elle et durant toute sa vie un souvenir ému et plein de tendresse.

barque, il me regardait et ses yeux bleus prenaient la teinte des lavandes en fleur. Pourvu que tant de bonheur dure.

8 juin

L'affaire espagnole empoisonne la cour. Le peuple ne reconnaît pas Joseph comme son roi, que l'on prétend « franc-maçon, hérétique, luthérien comme sont tous les Bonaparte et la nation française ». Mes femmes m'assurent que ce pauvre Joseph est terrorisé. Bonaparte tente de le rassurer mais il reproche à son frère de ne pas tenir des propos de roi, tandis que Murat, malade, en civière, brûlant de fièvre, doit quitter Madrid, et que Saragosse ne fait que résister à nos troupes, repoussant nos boulets et la mitraille avec des processions, des cantiques et des hommes nus qui se battent, qui se battraient même à coups de dent...

4 août

Mauvaise nouvelle. Le général Dupont a capitulé, voici deux jours, à Baylen, devant les troupes du général Castaños. Vingt mille hommes ont rendu les armes et leurs drapeaux.

Je sais que Bonaparte a éclaté d'une fureur indicible, hurlant contre la lâcheté, l'incompétence, la bêtise inepte !

Un coursier vient de partir, à bride abattue. Sa mission est de rejoindre Saint-Pétersbourg le plus vite possible. Le tzar Alexandre ne doit en aucun cas savoir cette sinistre nouvelle de Baylen le premier. « Il faut toujours, me dit Bonaparte, avoir de l'avance sur l'ennemi, ne jamais lui laisser entendre que l'on est affaibli. Je dois me montrer résolu et fort. Invincible ! »

14 août

Saint-Napoléon. La veille il y a eu bal. J'ai dû me montrer en grande parure. J'ai souri, beaucoup. Aux Tuileries, Monsieur de Talleyrand était si poudré, son parfum était si violent que j'ai cru défaillir. Il m'a regardée, obséquieux comme jamais, cherchant sur mon visage ou dans mon attitude des raisons de s'alarmer ou de se rassurer sur un divorce éventuel. L'impératrice était gaie à Bordeaux, heureuse, alors il faut lui faire sa cour. Je ne suis pas la dupe de ce vieux courtisan que rien n'effraie d'ailleurs.

30 août

Mes dents me font atrocement souffrir. La douleur prend toute la tête. C'est à devenir folle.

Il y a eu chasse dans la forêt de Saint-Germain.

La guerre se profile encore. Les rumeurs vont bon train. On parle déjà de lever par anticipation la classe 1810, et les exemptés de 1806 à 1809 seront appelés sous les drapeaux. Certains hommes se marient à toute vitesse car ils sont ainsi exemptés de service militaire. Pauvres femmes qui deviennent, plus que jamais, des proies consentantes. La guerre, encore. La guerre, toujours.

22 septembre

Il est cinq heures trente du matin. Bonaparte vient de monter dans sa berline. J'ai tenu à l'accompagner à sa voiture. Lorsque l'équipage s'est ébranlé, je suis restée là, agitant mon mouchoir ; je l'ai supplié, durant des jours, pour l'accompagner à Erfurt.

Chaque soir, il y aura dîners, bals, réceptions. Je suis l'impératrice. Ma place est donc au côté de l'Empereur.

Bonaparte a refusé. Je sais que l'idée du divorce fait encore son chemin dans son esprit. Lorsque Bonaparte verra Alexandre, il lui parlera en homme libre de ses mouvements, de son opinion. Pourquoi ne pas épouser une princesse russe, la propre sœur du tzar ? !

6 octobre

Je sais que Bonaparte ne quitte plus Alexandre. Il a besoin de lui pour une alliance contre l'Autriche, dans le cas où elle attaquerait la France. C'est contre nature. Jamais le tzar de toutes les Russies ne trahira le pacte secret qui le lie si intimement aux autres monarchies séculaires. Car, enfin, qui est Napoléon face aux trônes d'Europe ? Un parvenu, le général Vendémiaire, le fils prodigue de la Révolution. Rien de plus.

16 octobre

Bonaparte a quitté Erfurt. Le temps est paraît-il détestable.

19 octobre

Je viens de voir Bonaparte. C'est insupportable ! Je n'ai posé aucune question. Mon regard seul interrogeait. Je ne suis pas de celles que l'on paye de vains mots. Que croit-il ? Il n'attend qu'une seule occasion pour se séparer de moi. J'ai pleuré lorsqu'il m'a dit qu'il ne resterait que quelques jours à Paris.

— Mais pourquoi faire la guerre, toujours ?

— Parce que je n'ai pas le choix. Tu comprends cela, Joséphine ! L'Espagne ne doit plus être aux Bourbons. L'Angleterre ne veut la paix qu'à des conditions exorbitantes. Je ne peux tolérer cela. Et je ne suis plus si sûr d'Alexandre. On me trahit. Tout le monde.

— Calme-toi, je t'en prie.

— Me calmer quand l'intrigue est dans mon propre cabinet ? Tu m'ennuies. J'ai du travail. On m'attend dans le cabinet des Cartes. Nous irons nous montrer à Paris. Porte ce que tu as de mieux. La toilette, voilà qui devrait te satisfaire ? Il faut rassurer la population.

Bonaparte est parti s'enfermer dans son cabinet de travail, me laissant plus désemparée que jamais.

5 novembre

J'ai reçu de lui ce billet. « Je suis arrivé cette nuit, le 4, à Bayonne, avec bien de la peine, ayant couru à franc étrier une partie des Landes. Je suis un peu fatigué. Je vais partir demain pour l'Espagne. Mes troupes arrivent en force. Adieu mon amie. Tout à toi. »

Cinq lignes destinées à quoi ? À distiller un peu d'opium sur des plaies ouvertes…

L'Espagne ! Ce guêpier abominable où ce pauvre Joseph, incapable, se prend pour Charles Quint. Déjà étourdi d'honneurs, subjugué par les fronts courbés des rares courtisans favorables à ce roitelet fantoche.

6 décembre

Bonaparte est à Madrid. La ville a capitulé. Nos troupes en ont pris possession le 4 décembre à midi. L'Empereur a déjà édicté ses lois : le tribunal de la Sainte Inquisition est aboli, comme attentatoire à la souveraineté et à l'autorité civiles ; les barrières existant de province à province seront supprimées ; les droits féodaux sont aussi abolis.

22 décembre

Un billet de Bonaparte : « Je pars à l'instant manœuvrer les Anglais, qui paraissent avoir reçu leurs renforts et vouloir faire les crânes. Le temps est beau, ma santé, parfaite ; sois sans inquiétude. »

Mais je n'ignore pas que Joseph est furieux. Il est rouge de honte et mortifié de ne pas avoir été informé par son frère l'Empereur de la promulgation des fameux décrets. Il a osé écrire à Bonaparte, le suppliant de recevoir sa renonciation à tous les droits qu'il lui avait donnés sur le trône d'Espagne.

Pourtant, nous sommes déjà maîtres de la Catalogne, des Asturies, de la Nouvelle et de la Vieille-Castille, mais Joseph ne parvient toujours pas à s'entendre avec les maréchaux comme Soult ou Ney[1].

28 décembre

Nouvelle lettre de Bonaparte : « Mon amie, je suis à la poursuite des Anglais depuis quelques jours, mais ils fuient, épouvantés. Ils ont lâchement abandonné les débris de l'armée espagnole. Plus de cent chariots de bagages ont été pris. Le temps est bien mauvais. Adieu, mon amie. Bessières, avec dix mille chevaux, est sur Astorga. Bonne année à tout le monde. »

Oui, bonne année. Sans mon mari. Seule. Alors que l'Autriche, je le sais par Eugène, poursuit son réarmement. Que le ciel ait pitié de nous. S'il nous entend.

---

1. Michel Ney (10 janvier 1769-7 décembre 1815). Soldat français. Maréchal d'Empire. Titré duc d'Elchingen et prince de la Moskova. Surnommé « le Brave des braves ».

Quatrième partie

XVI.

16 janvier-30 décembre 1809

« Joséphine, c'est fini, comprends-tu ? Fini. »

16 janvier

J'avais raison de m'inquiéter.

Mon entourage moque mes pressentiments mais le sang créole qui coule en moi me permet de voir mieux et plus clair.

Un courrier rapide m'informe que Bonaparte a été blessé devant Ratisbonne par une balle perdue. Il a reçu le coup au pied, je ne sais pas trop où ; il ne souffre pas, me dit dans sa lettre que la balle a rasé à peine le tendon d'Achille. Mais la leçon est trop belle pour qu'on – et notamment lui – ne la médite pas : les héros sont mortels.

Je suis dans un état épouvantable, que deviendrait la France sans l'Empereur ?

Que serait ma position, celle de mes enfants, de mes petits-enfants ?

Tout peut basculer à la vitesse de la flèche.

Eugène va rejoindre Bonaparte afin de combattre à ses côtés. Il est dit que mes chagrins et mes inquiétudes ne cesseront jamais. Napoléon s'est trompé : il était sûr que l'Autriche ne lui ferait pas la guerre, me précisait le nombre de soldats massés à ses frontières, sur le Rhin, évoquait les troupes de ses alliés allemands, la bienveillante neutralité de la Russie, grâce à celui qu'il considère comme un frère aimé, le tzar lui-même. Eh bien, que d'erreurs : voilà que tout change !

29 mai

Je sais que mon Eugène est à Schönbrunn. Qu'il a pu embrasser son père et que Bonaparte l'a serré fortement sur son cœur. L'Empereur est d'ailleurs content de mon fils, qui s'est couvert de gloire en Hongrie.

Il y a eu une forte bataille à Essling. La Grande Armée a triomphé mais au prix du sang. Ainsi, une nouvelle affreuse est tombée, qui m'épouvante : le maréchal Lannes[1] a eu les deux jambes fauchées par un boulet autrichien. On craint pour sa vie. Je sais aussi que la maréchale, au désespoir, est partie sur-le-champ de Strasbourg afin de rejoindre son malheureux époux au plus vite. Je pleure et je prie toute la journée. Lannes est le brave entre les braves. Il n'a jamais menti, ni triché et son dévouement envers l'Empereur est sans bornes. Doit-on y voir un signe du destin ? Je m'interroge.

31 mai

Le maréchal Lannes est mort. Le soldat de l'Italie et de l'Égypte n'a pas même pu revoir sa femme, bloquée par la guerre aux frontières autrichiennes. J'imagine ses larmes abondantes, et aussi l'immense chagrin de Bonaparte qui perd son frère d'armes.

Les blessés affluent, du reste, de partout, on les compte par milliers. Ces jeunes garçons versent leur sang pour la

1. Jean Lannes (10 avril 1769-31 mai 1809). Maréchal d'Empire, duc de Montebello. Modèle du parfait soldat, adoré par Napoléon, surnommé le « Roland de l'Armée », il fut le seul à pouvoir tutoyer son empereur qui pleura en public à l'annonce de sa mort.

patrie et cela est si triste. Je pense surtout à la douleur de leur mère. Pourquoi ce culte des carnages ?

Les lettres de Bonaparte se font plus rares. Et quand il y en a, elles sont froides et distantes. Il les termine par « tout à toi ». Que veulent dire ces trois mots ? Me prend-il pour une sotte, pour l'une de ses maîtresses à deux louis, pour celle que l'on presse et que l'on jette comme l'orange de Monsieur de Voltaire ? Je n'en peux plus de ces atermoiements, de cette fausse indifférence. Qu'il se décide puisqu'il a décidé ! L'attente est aussi une torture.

9 juillet

On m'apprend une grande victoire, à Wagram. La bataille a duré deux jours pleins. Bonaparte est parvenu à crever les rangs autrichiens, mais à quel prix ! Les troupes ennemies se sont retirées en bon ordre, tandis que la cavalerie et l'infanterie françaises étaient incapables de les poursuivre. Ce sont les diplomates qui vont mettre un terme, que nous espérons tous définitif, à cette guerre.

8 septembre

Vienne prise. À Paris, les journaux ne cessent de parler de ces victoires éclatantes. J'avoue profiter moi aussi du sort contraire des Autrichiens. Sur mon ordre, huit cents plantes ont quitté les serres de Schönbrunn pour Malmaison. Ouvrage de dame, dira-t-on ! Soit, mais je trouve dans la nature de quoi calmer mes nerfs. Ma vie s'écoule, bien plus resserrée, attristée, morne, solitaire. Finis les bals, les réceptions et les théâtres et je me prends à regretter ce que je fuyais jadis. Étrange destinée que la mienne !

Mon existence actuelle se déroule en ruban, entre ma fille, ma nièce Stéphanie, mes petits-fils et mes femmes de chambre. Je comble Charles-Louis d'habits et de présents. Je lui ai offert une montre savonnette à perles et deux bagues d'émeraudes et puis des joujoux venus spécialement pour lui de chez Mussel, à Strasbourg. Plus une voiture à chevaux en carton bouilli, un vaisseau amiral fixé sur roulettes, des boîtes et des boîtes de soldats peints et montés sur bois. C'est un pur bonheur de voir le petit, les yeux en extase, déballant avec moi les cartons et ôtant les faveurs multicolores. Voilà qui me console de la froideur de Bonaparte.

14 octobre

Je connais le nom de Madame Walewska[1]. Cette belle personne, blonde et digne, aime mon mari autant que moi. Elle ne demande rien, n'exige rien, s'est jetée aux pieds de Bonaparte pour sa terre natale, la Pologne, suppliant qu'on épargne à son pays les manœuvres, les convoitises, les pillages et qu'il demeure libre et indépendant.

Ce n'est pas une intrigante, elle est sincère et honnête... et voilà que j'en parle comme d'une amie. Or elle a pu donner un fils à Bonaparte ! Si l'Empereur se permettait seulement ce genre d'amour avec une personne digne d'intérêt, je jure que je n'aurais pas à récriminer et que je ne souffrirais point.

Mais la situation est intenable car beaucoup de femmes, ma disgrâce évoquée, tournent autour de lui. Je ne sais rien qui dépasse la rumeur, Bonaparte étant avec moi tantôt doux et tendre, tantôt froid et dur comme un marbre.

1. Comtesse Walewska (7 septembre 1786-11 décembre 1817). Le grand amour polonais de Napoléon Ier. Elle souhaita de toute son âme « la résurrection de la Pologne ».

Je souffre tant de ces incertitudes que je voudrais mourir. De Schönbrunn, Bonaparte a donné l'ordre de faire murer le passage qui le conduisait de ses appartements aux miens ! Mais comment peut-on être à ce point cruel ? La méchanceté n'a donc point de bornes, quand on sacrifie tout au pouvoir ? N'y a-t-il aucune limite à ce que l'on peut faire endurer à celle qu'on prétend avoir aimée plus que sa vie ? J'ai tant pleuré que j'ai dû m'allonger deux heures en pleine journée. Voilà qui va alimenter les méchants en fiel.

Je sais que Fouché attend l'issue comme un vautour. J'ai appris par Monsieur de Talleyrand que les espions du ministre de la Police parvenaient à lui rendre des lettres où j'étais dépeinte sous les traits d'une cousine de province de qui ils donnaient des nouvelles de la santé ! « La cousine est sauvée, la cousine va très mal, on plaint la cousine, quel avenir pour la cousine… » Mais que diable, je suis encore impératrice et reine couronnée !

C'est à hurler de colère, c'est à crier son mépris pour des hommes sans foi qui n'ont pas d'autre soin que de plaire au maître, se disant que malgré tout la brioche est encore belle et grosse et qu'il en faut prendre sa part, on ne sait ce que l'avenir réserve. Je ne suis pas politique mais l'égoïsme forcené, l'intérêt particulier regardé comme unique règle ne sont pas le meilleur mortier d'une nation.

16 octobre

Monsieur de Talleyrand m'a rapporté les mots de l'Empereur qu'il avait vu à Erfurt. Son agitation avait, paraît-il, quelque chose de singulier : il faisait les questions sans prendre la peine d'attendre les réponses. Il osa employer devant lui le mot de « divorce », évoqua sa destinée, la tranquillité de la France. « Je n'ai point de successeur, répétait-il, Joseph n'est rien et il n'a que des filles, c'est moi qui dois fonder une dynastie ; je ne puis la fonder qu'en m'alliant à une princesse qui appartienne à l'une des grandes maisons régnantes d'Europe. » Selon Talleyrand, Bonaparte songe que le tzar de Russie va lui donner sa sœur. Absurde. Je sais que jamais l'impératrice n'y consentirait.

Il lui faudra regarder ailleurs. Les proies ne manquent pas : princesses, archiduchesses, comtesses ou baronnes, simples particulières, il a le choix de porter ses regards et ses envies, comme vers une certaine dame piémontaise, de la suite de la princesse Pauline, dont on m'a parlé. Pour ses beaux yeux, l'empereur Napoléon va tous les jours à Neuilly, dans la maison de sa sœur. Puis, tous les trois font une longue promenade en calèche découverte. Voilà qui donne matière au *Moniteur*. Écœurant.

23 octobre

Aux yeux de tous – et parfois des miens –, je ne suis plus qu'une vieille reine de théâtre dont seuls les fards tiennent le visage. Pauvres ornements qui ne cachent plus que détresse et solitude. C'est fini. Je suis seule, sans amour, sans passion. Ai-je joué le rôle que la vie me demandait ? Peut-être en effet, avec courage, je pense, l'ai-je joué, mais que retiendra-t-on de moi ? Dois-je m'en soucier ?

La cour s'éloigne de moi comme la mer laissant sur le sable les traces de ce qui fut. Je ne vois plus que des regards baissés, des femmes ou des hommes qui me quittent trop vite, le dos courbé sur un sourire. Je suis seule avec mes souvenirs, mes fantômes, des êtres aimés qui sont morts. J'avais des amis, ils espéraient me voir, m'attendaient sur une banquette bien raide, des heures entières et nous riions de mon étourderie. La foule attendait mon passage en calèche, on copiait mes gestes comme mes robes, on répétait ce que je disais, ce que je lisais. C'était avant !

Ma famille n'est plus. Ma mère est morte[1] voici près de deux ans et je me souviens que Bonaparte n'a pas même voulu que la cour porte le deuil, mesquinerie d'homme qui dit m'aimer encore et qui peut-être m'aime en effet. Je suis seule et l'on m'oublie. Et pourtant, Bonaparte a tant aimé le plaisir que mon corps lui donnait. J'étais jolie alors et la vie, après tant d'orages, me souriait enfin.

Ce corps négligé, aujourd'hui me fait horreur ; je le lave, je le ponce, je le parfume, je le cache sous la soie et les velours, en vain ; il me nargue, me surprend aux détours d'un miroir, sur l'eau des bassins, m'abandonne dans le regard doucereux de mes pages. Je ne sens le désir que de la mort et mon ventre est resté plat, je n'ai pu donner ce fils que tant d'autres filles qui ne savaient rien de l'amour ont offert à mon *Buonaparte* dans un éclat de rire. La bonne part pour lui, la mauvaise pour moi.

Je n'ai pas choisi mon destin. Il fut un temps, qui semble si lointain, où je m'appelais Rose. Qui se souviendra de la petite fille que j'étais ?

26 octobre

Il m'attendait à Fontainebleau à neuf heures du matin. Qu'il attende. Je sais ce qu'il voulait me dire, depuis le temps que son funeste projet me ronge. Le couperet allait – enfin, déjà – tomber. Caprice de femme contre orgueil d'homme, fût-il empereur !

Je me gronde en écrivant cela. J'ai aimé et j'aime encore Bonaparte. Mais ce qu'il m'a fait vivre depuis plus d'un an est abominable. Je suis arrivée au palais de Fontainebleau à six heures du soir. Celui qui est encore mon mari était dans une rage affreuse. Il a ordonné en peu de mots que je me

1. Rose Claire des Vergers de Sannois, décédée le 2 juin 1807, à la Martinique dans son domaine des Trois-Ilets.

change pour le souper. J'ai beaucoup pleuré, de lassitude, de fatigue, j'avais caché mes yeux rougis par trop de larmes sous un chapeau à grande passe.

Nous avons dîné ensemble, je n'ai rien pris, qu'un peu de vin. Nos hôtes se sont retirés, en silence ; je les entendais chuchoter derrière la double porte close. Ensuite, ce fut atroce. Bonaparte a crié, exigé, crié encore, crié, crié : « Joséphine, c'est fini, tu comprends, fini, – il martelait ce mot –, fini, fini, fini, fini ! » Je me suis évanouie, je suis tombée sur le tapis, mes nerfs lâchaient ; à mon tour j'ai hurlé devant tant d'injustice que je n'y survivrais pas. Bonaparte m'a fait transporter dans mes appartements par le chambellan de service, Monsieur de Bausset. Celui-ci a emprunté un escalier dérobé, m'a serrée fortement contre lui, je sentais la poignée de son épée me rentrer dans le flanc, puis déposée sur mon lit où Monsieur Corvisart m'attendait déjà sur ordre de l'Empereur.

Bonaparte, fort troublé, martela à Bausset, dès qu'il fut à nouveau en sa présence : « L'intérêt de la France et de ma dynastie a fait violence à mon cœur… Le divorce est devenu un devoir rigoureux pour moi… Je suis d'autant plus affligé de la scène que je viens de faire à Joséphine… qui, elle, ne sait que trop bien la malheureuse obligation me condamnant à me séparer d'elle… Je la plains de toute mon âme, je lui croyais plus de caractère… et je n'étais pas préparé aux éclats de sa douleur… »

Que veut-il que je fasse ? Que je rie aux éclats en apprenant que l'homme à qui j'ai voué ma vie me rejette officiellement ?

29 octobre

Je vais donc me séparer de l'homme que j'ai épousé voici quinze ans. Quinze années de partage absolu, de confiance renouvelée. Il a tout su de moi ; est-ce caractère ou faiblesse, je n'ai rien caché à Bonaparte, je lui ai tout donné, ce qui restait de ma jeunesse et je crois ne pas avoir démérité face à la France ou devant l'Europe. Les Français aiment la douce Joséphine, j'ai su conquérir leur cœur sans combattre mais en réconciliant les extrêmes, gardant amitié et respect pour les princes et les rois déchus, sans mépris, jamais. Je me suis appliquée, malgré les rivalités des partis, à ne jamais me mêler de politique, à ne favoriser aucun ministre, à accorder toute mon attention aux talents de France et d'ailleurs, à favoriser les carrières, à aider, récompenser, à me soucier des pauvres et des malheureux, à me montrer toujours charitable ; cela sans doute est la pente naturelle de mon caractère. J'ose écrire ici que Napoléon n'a jamais eu à rougir de son épouse.

Je fus sa femme, mais je demeure dans le cœur de la France, reine et impératrice.

30 octobre

Hortense a vu Bonaparte. Il l'a fait expressément demander après que je m'étais évanouie. Ma chère enfant m'a rapporté les propos de l'Empereur à mon égard. Les voici, je les transcris en pleurant :

— Vous avez vu votre mère, elle vous a parlé ? Mon parti est pris. Il est irrévocable. La France entière veut le divorce ; elle le demande hautement. Je ne puis résister à ses vœux. Aussi, rien ne me fera revenir, ni larmes, ni prières.

— Sire, vous êtes le maître de faire ce qu'il vous plaira. Vous ne serez contrarié par personne. Puisque votre bonheur l'exige, c'est assez. Nous saurons nous y sacrifier. Ne soyez pas surpris des pleurs de ma mère. Vous devriez l'être plutôt si, après une union de quinze années, elle n'en versait pas ! Mais elle se soumettra, j'en ai la conviction, et nous nous en irons, emportant le souvenir de vos bontés.

— Quoi ! vous me quitteriez tous, vous m'abandonneriez ! Vous ne m'aimez donc plus ? Si ce n'était que mon bonheur, je vous le sacrifierais, mais c'est celui de la France. Plaignez-moi plutôt d'être forcé de le faire en renonçant à mes plus chères affections.

— Prenez du courage, Sire, il nous en faudra pour ne plus être vos enfants. Nous l'aurons, je vous le jure.

Je suis bouleversée d'apprendre cela. Je vois que la tendresse de Bonaparte à mon égard n'est pas feinte. Je suis redevable à ma chère, si chère Hortense, de bien parler de sa mère, sans jamais manquer du moindre respect à celui qui a tant voulu faire son bonheur et qui la défend toujours face aux duretés de Louis. J'attends d'un jour à l'autre la venue d'Eugène. Hortense veut voir ce frère adoré à ses côtés. Nous ne serons pas trop pour supporter les méchants et assister au triomphe des Bonaparte. Caroline affiche déjà sa joie et Pauline donne soupers sur déjeuners de triomphe. Qu'ai-je fait pour inspirer une haine si tenace ?

12 novembre

Cette année, j'ai fait acheter quarante-neuf grands habits de cour, six cent soixante-seize robes, soixante châles en cachemire, quatre cent quatre-vingt-seize autres châles, quatre cent quatre-vingt-dix-huit chemises, cent trente-six robes, quatre cent treize paires de bas et cent quatre-vingt-cinq paires de souliers, neuf cent quatre-vingt-cinq paires de gants.

Je dis cela parce que je viens de signer la feuille d'inventaire, me demandant si les chiffres étaient exacts et à qui s'adressait cette munificence. Je donnerai bientôt cette manne à toutes les femmes ravies de la saisir, ingrates avec moi et jalouses entre elles. Je suis seule à me regarder dans les miroirs et tandis que l'on s'affaire à me parer, à me rendre l'apparence qui sied encore à mon rang, Bonaparte ne me regardera plus, ne me touchera plus sans cette affectation qu'il met à parler des choses ennuyeuses. Je suis seule avec mes chiffons, poupée peinte et vieille sous les dentelles.

1er décembre

Je ne partirai pas, je ne quitterai pas la scène avant l'ultime moment.

Les souverains d'Allemagne étant à Paris afin de célébrer la paix et la signature des traités avec l'Autriche, je donnerai une fête à la Malmaison. Je veux que tous me voient. Je vais donc saluer et être saluée par les rois de Saxe, de Wurtemberg, de Bavière, par les princes. Je n'accorderai pas aux Bonaparte la joie de me voir vaincue. Non, je vais au contraire donner à ces gens qui ne sont rien sans leur frère ma dernière leçon. Ils ne m'aiment pas. Tant pis pour eux : je sais qu'ils n'auront jamais ce que l'ancienneté d'une famille procure. La patine ne s'acquiert pas chez l'antiquaire avec le meuble, il faut des décennies pour que le vernis du portrait officiel sèche. Tant de rancœur et d'âpreté, d'amour pour le gain, de voracité, d'avidité ne rencontreront jamais chez moi que du mépris. Je m'incline, certes, je me résigne mais mon front qui reste pur n'en a pas à rougir.

J'assisterai donc à toutes les fêtes, je tiendrai mon cercle, je recevrai le salut des ministres et des diplomates, des prélats et de la cour. Oui, je me jure que je ne baisserai jamais le regard, et recevrai les hommages dus à mon rang, même si c'est la dernière fois.

La cérémonie de mon divorce est fixée au 15 décembre, le soir, dans la salle du trône et le grand cabinet de l'Empereur, aux Tuileries. D'ici là, je demeure impératrice.

16 décembre. La Malmaison.

J'ai tant pleuré que je n'ai plus de larmes. Tout s'est donc déroulé, comme l'a voulu le maître de la France. Je ne suis plus l'épouse de Napoléon, mais j'ose écrire que je reste la femme de Bonaparte. Nul ne pourra me retirer cela.

Tout à l'heure, j'ai marché vers la serre chaude. J'y ai respiré les senteurs. J'ai touché de la paume les feuilles larges des palmiers, leurs troncs moussus de barbe sèche. Il n'y a plus que la nature qui m'apaise et me console.

30 décembre

J'aurai aimé cet homme quand il ne m'aimait plus. Il a fallu que je fasse un discours, c'était voici déjà une, deux semaines ? Ils m'ont donné un document et j'ai lu, lu les premières phrases, devant les Bonaparte, les princes de l'Empire, les dames de ma maison, les grands officiers de la Couronne. J'avais moi-même corrigé des lignes et des lignes de ma main, tentant de réchauffer tant de froideur. Je n'ai pu continuer tant les larmes étouffaient ma voix. « Avec la permission de notre auguste et cher époux, je dois déclarer que, ne conservant aucun espoir d'avoir des enfants qui puissent satisfaire les besoins de sa politique et l'intérêt de la France, je me plais à lui donner la plus grande preuve d'attachement et de dévouement qui ait jamais été donnée sur terre… »

Je me souviens du dossier du fauteuil où je me suis laissée tomber alors, du silence, de la gêne immense de l'Empereur et de la voix grave de Monsieur Regnaud de Saint-Jean d'Angély lorsqu'il a pris le parchemin et continué à le lire. « La dissolution de mon mariage ne changera rien aux sentiments de mon cœur, l'Empereur aura toujours en moi sa meilleure amie. » C'est moi qui ai rajouté cette phrase.

Le lendemain, au Sénat, c'est Eugène, comme sénateur, qui parla de mon divorce : « Les larmes qu'a coûtées cette résolution à l'Empereur suffisent à la gloire de ma mère. » Cela est de lui. Puis ces messieurs ont voté et le sénatus-consulte s'est prononcé pour le divorce. On m'a rapporté que sept bulletins étaient contre, sept hommes n'ont pas voulu que je quittasse mon mari. C'est peu, mais joli. Si je compte mon Eugène, il en reste six dont je devrais pouvoir connaître les noms.

Je me souviens qu'au moment du vote il pleuvait abondamment ; j'ai voulu penser que le ciel, tourné vers moi, partageait mes sentiments et ma douleur et que Dieu, peut-être, semblait me soutenir. Que tout ceci est donc absurde. Les nuages passent, indifférents au chagrin. Bonaparte, de son côté, quittait les Tuileries, presque en même temps que moi, pour Trianon. Il a toujours aimé l'endroit, mais dans cette fuite, ce choix, j'ai voulu voir une preuve de tact.

XVII.

1er janvier-11 décembre 1810

« Je vois que ma femme est laide »

1er janvier

Madame de Rémusat m'a fait l'amitié de m'accompagner dans mon « exil » alors que tout son entourage lui prêchait le contraire avec une belle fermeté. Elle veille sur moi avec des soins de nurse, m'entraîne à la promenade, me dit vouloir fatiguer mon corps afin de calmer mon esprit, de le mettre en repos. Elle m'invite à m'agiter en tous les sens, espère me faire sentir les feuilles mortes craquer sous les pieds, l'air vif à mes joues, remet le châle qu'il faut garder sur mes épaules.

Voilà. Ma vie va s'écouler, d'aucuns pensent paisible et sans nuage, entre mes collections d'antiques, de botanique, mes animaux, mes livres, mes tableaux, mes bonnes œuvres. J'ai mes enfants, mes petits-enfants. Je peux faire le bien. Et qu'est-ce que tout ceci pèse ? Je conserve mon titre d'impératrice, je suis toujours Majesté, Bonaparte paye mes dettes, m'alloue une dotation de trois millions de francs par an, je garde la Malmaison, le palais de l'Élysée – mes châteaux en Espagne sont donc bien réels et il me semble que je suis morte. J'ai tout perdu. Il me reste seulement cette faculté vague de sentir que je ne suis plus.

3 janvier

Quelle importance, l'argent, les lieux, quand celui à qui l'on a voué sa vie ne vous regarde plus, ne veut plus vous avoir près de lui ? Bonaparte m'a quittée et mes chambrières, quand elles sont aimées, sont plus heureuses que moi. Je souffre comme la plus misérable des femmes. Celles qui sont seules, abandonnées, me comprendront sûrement. Il faut être femme pour savoir jusqu'à quel point la douleur peut aller, lorsque chaque endroit, chaque objet fût-il le plus humble, chaque parfum que l'on croyait évanoui, chaque pas sur le gravier de l'allée, revient, chien fidèle, vous rappeler à l'ordre. Non, cela ne passera pas, non il ne reviendra pas. Il n'y aura aucun miracle, d'aucune sorte : tu es seule et pour toujours.

Et je vis. Et je reçois. La maison fut vide quelques jours seulement. Je n'en voulais pas à la cour, hésitante, ne sachant quel parti prendre, restant fidèle à l'Empereur qui fait peur plus que jamais. Et c'est de lui, bien sûr, qu'est tombé l'ordre de me rendre visite, de présenter hommages et respects à la vieille reine en son palais déserté.

Ils sont venus et les calèches ont encombré à nouveau mon parc. J'ai souri, remercié, salué à mon tour, attendu qu'ils repartent pour revenir, plus nombreux. Et c'est pire. Mais j'ai le soutien, absolu, des petites gens. La plus humble marchande de pommes, la grisette, la demoiselle de boutique, la jolie fille des boulevards. Et même, la comtesse, la duchesse du faubourg Saint-Germain sont avec moi. J'incarne en somme la justice des femmes. Car celle qui ne fait pas d'enfant, de mâle évidemment, à l'heure dite et sur ordre, n'est plus rien, chassée, outragée, humiliée, dans sa chair, dans son rang, sans que rien ni personne puisse dire non. Cela est inique. Cela a été.

18 janvier

Mon père m'a appris le désintéressement face aux biens de ce monde. Il n'avait pas l'argent qui permet tant et ma mère s'est contentée de l'aimer, de lui donner des enfants, de les élever du mieux qu'elle a pu. Le sort sembla s'acharner sur notre famille. Un ouragan détruisit notre maison. C'est dans la sucrerie, épargnée, là où il avait ajouté une galerie et des chambres à l'étage que je vécus. Marion, la mulâtresse qui s'occupait de moi, m'aimait à la folie et jamais je n'ai manqué d'affection. Sur mon conseil, l'Empereur l'a gratifiée d'une pension de cinq cents francs que j'ai portée à mille deux cents.

Grâce à mes négresses, j'ai su très vite ce que valait la beauté, la parfaite élasticité du corps, les mouvements souples de la danse et la nécessité du bain, nue, au creux d'un ruisseau clair et chaud. J'ai attendu les fleurs des bougainvilliers, je me suis contentée de peu et, aujourd'hui, je ne compte pas l'argent que je dépense.

Qu'est-ce que la gloire, ce songe creux qui ne remplit pas les cœurs ? J'écris dans ma chambre, et je regarde en demi-jour les bronzes de Monsieur Biennais[1] pailleter la pièce de leurs ors liquides.

4 février

Eh bien oui, on me vole. Qui ? Mes fournisseurs, mes gens, et je fais des dettes incroyables avec plus de trois millions de revenu. Bonaparte le sait, je tente de lui cacher ces désordres, il a d'autres soucis. Il m'adresse des lettres de tendres reproches, évoque ce qu'il me donne, ses largesses, mes

1. Martin-Guillaume Biennais (29 avril 1764-27 avril 1843). Tabletier et orfèvre français. Sa boutique, *Au Singe Violet*, fut très célèbre. Fournisseur des deux impératrices.

enfants, mes petits-enfants et me répète qu'il serait bien content et bien fier de moi s'il me savait possesseur d'un gros trésor. Je ne suis rien de mes affaires, elles m'ennuient autant qu'il est possible.

J'ai Monsieur de Monaco qui est chargé de mes écuries. Il met un zèle incroyable à tout faire de travers. Je manque de chevaux, je n'ai aucune nouvelle voiture, je paye mes fournisseurs qui se plaignent de ne pas trouver leur argent. Monsieur de Monaco emprunte beaucoup pour son compte, rend fort peu, change la date des mémoires de mes fournisseurs afin d'ajourner leur paiement. Si ce n'est pas de l'escroquerie, cela y ressemble beaucoup. Hortense me dit de le chasser, je verrai.

Bonaparte ne veut plus de voleries de bijoutiers, il paye donc ce que je ne peux plus m'offrir. J'avais vu chez Mellerio[1] une jolie parure de rubis, je viens de recevoir les quatre cent mille francs, leur valeur exacte. J'ai cent mille autres francs pour planter dans le parc ce que je veux. C'est gentil.

12 février

Je sais enfin qui me succède. L'Empereur ne pouvait faire meilleur choix. Elle est jeune, blonde, naïve, un peu sotte, miraculeusement née pour le général Vendémiaire. La petite fille de César, la nouvelle impératrice s'appelle Marie-Louise[2]. J'ai pris le thé avec la princesse de Metternich[3] et Hortense. J'ai dit à cette femme que je la verrais avec plaisir monter sur le trône, qu'elle en avait les qualités, le cœur et la noblesse

1. François Mellerio (1172-1843). Orfèvre d'origine italienne. La maison Mellerio, dite Meller, existe toujours.

2. Maria Ludovica Leopoldina Francisca Theresa Josepha Lucia de Habsbourg-Lorraine (12 décembre 1791-17 décembre 1847). Deuxième impératrice des Français, qui ne l'aimeront guère.

3. Marie Éléonore von Kaunitz-Rietberg, princesse de Metternich (1775-1825).

de l'âme. J'ai su par la princesse que le chancelier était fort de ce parti et qu'il avait déjà fait envisager à son souverain l'empereur François l'intérêt pour ses États et le bonheur pour sa fille de fixer le choix de Bonaparte. Monsieur de Talleyrand penche de ce côté. L'affaire est donc faite.

19 mars

Il est revenu à Eugène d'être chargé par l'empereur Napoléon d'aller officiellement chez le prince de Schwarzenberg, ambassadeur d'Autriche, faire la demande de l'archiduchesse Marie-Louise. Étrange passage de témoin : mon fils émissaire en charge de me remplacer dans le lit de Napoléon. Délicatesse ou perfidie ?

La reine de Naples doit venir chercher Marie-Louise à la frontière autrichienne. Voilà. Nos ennemis de la veille sont nos amis d'aujourd'hui à un point tel qu'ils entrent dans la famille. Nous espérons que cette union sera celle de la paix.

Eugène a beaucoup parlé en faveur de ce mariage. À ses yeux, seule une alliance franche entre nos deux nations permettrait de rompre le choc continuel qui troublait la paix depuis si longtemps. Il me dit aussi que Bonaparte est à ce point entiché de sa nouvelle épouse qu'il ne cesse de poser des questions à ceux qui ont eu le privilège de la voir. Tous s'accordent à dire qu'elle est fraîche et bien faite, mais nul n'ose prétendre qu'elle est jolie.

L'histoire que m'a contée Monsieur de Talleyrand m'a fait sourire. Le dialogue entre l'Empereur et son jeune aide de camp au sujet de l'archiduchesse est à savourer. Il demande donc à ce jeune homme, fort rougissant et troublé par l'insistance de la question, de lui parler franchement et de lui dire comment est l'archiduchesse Marie-Louise !

— Sire, très bien.

— Très bien ne m'apprend rien. Voyons, quelle taille a-t-elle ?

— Sire, elle a la taille…

Le jeune homme hésite fort et reprend :

— Elle a la taille à peu près de la reine de Hollande.

— Ah, c'est bien ! De quelle couleur sont ses cheveux ?

— Sire, blonds, à peu près comme ceux de la reine de Hollande.

— Bon. Et son teint ?

— Fort blanc et des couleurs très fraîches, comme celles de la reine de Hollande.

— Elle ressemble donc à la reine de Hollande ?

— Non Sire, et cependant dans tout ce que vous me demandez, je vous ai rapporté l'exacte vérité.

Bonaparte, excédé, dit à Hortense : « J'ai peine à leur arracher quelques mots. Je vois que ma femme est laide car tous ces diables de jeunes gens n'ont pu me prononcer le mot "joli". »

22 mars

Lorsque Bonaparte se trouve à Trianon, ma douleur n'a plus de bornes. Il est si près de Malmaison, mais n'y vient pas. D'autant qu'il m'écrit des petites lettres qui ravivent ma peine. Cela dit, n'arriveraient-elles pas, ces lettres, que j'en mourrais ! Mais il écrit que je ne suis pas raisonnable, que je pleure trop, me conseille de prendre courage. Il me dit aussi que les Tuileries lui paraissent vides et trop vastes pour lui. Qu'il pense à moi, qu'il se sent si isolé. Comment ne pas pleurer quand je ne peux plus rien pour lui ?

23 mars

Ma nouvelle maison est constituée. Madame de La Rochefoucauld s'en va. Elle voulait, je le pense, vivre auprès de la nouvelle impératrice. Elle le croyait du moins, fermement, je connais l'humeur de ma bien-aimée cousine. L'Empereur ne l'a pas souhaité et elle doit trépigner en ce moment. Voilà qui s'appelle lâcher la proie pour l'ombre. C'est Madame d'Arberg, bien bonne, bien douce, qui la remplace. Elle est la cousine de la reine douairière de Prusse et connaît si parfaitement le monde que je peux me reposer sur elle. Pauvre cousine La Rochefoucauld. Madame d'Arberg aura huit dames du palais sous ses ordres.

J'ai la joie de compter, parmi celles qui restent, Madame de Rémusat, qui connaît tout de moi, depuis tant d'années, depuis le Consulat. Monsieur de Beaumont est mon chambellan, il introduisait les ambassadeurs dans mes salons, il me suivra dans mes voyages. Il a à son service quatre nouveaux chambellans qui sont Messieurs de Vieil-Castel, de Montholon, de Lastic et Turpin de Crissé[1], qui d'ailleurs m'enchante par ses talents de peintre. J'ai choisi Frédéric de Pourtalès pour écuyer.

Il y a celles qui partent et que je regrette. Je quitte ainsi ma douce Églé qui fut élevée avec mon Hortense chez Madame Campan. Elle ne voulait pas s'éloigner de moi et a dû s'incliner devant la volonté de son mari, le maréchal Ney. Je lui ai aussitôt écrit que le devoir d'une femme était d'obéir à son époux, que son obéissance était juste et que j'acceptais volontiers sa démission. Je lui garde mon amitié. Et aussi le fais-je pour Madame Junot, Madame Maret[2], Madame Savary[3] et combien d'autres que j'ai aidées, soignées, consolées, et dotées.

---

1. Lancelot Théodore Turpin de Crissé (9 juillet 1782-15 mai 1859). Peintre français d'histoire, de scènes de genre et de paysages. Il était le filleul du vicomte de Choiseul-Gouffier, l'un des meilleurs amis de Talleyrand.

2. Marie-Madeleine Légéas-Carpentier (26 mars 1780-21 mars 1827). Elle est l'épouse de Hugues-Bernard Maret, comte d'Empire, duc de Bassano, plusieurs fois ministre et futur pair de France sous la Restauration.

3. Madame Savary, réputée pour sa beauté, fut l'élève de Madame Campan et vraisemblablement l'une des maîtresses de Napoléon.

Monseigneur de Barral est mon grand aumônier. Son Éminence me reproche parfois de ne pas parler suffisamment de Dieu, je réponds à Sa Grandeur que je préfère Le voir répandre Sa grâce dans le parfum de mes roses et que je suis bien trop petite pour que le Dieu de Moïse daigne me regarder seulement. Je pense être bonne chrétienne mais une chrétienne élevée par des mulâtresses à grigris qui savaient les plantes et l'histoire des grands ancêtres. Je reconnais Jésus-Christ dans les pauvres ; je sais ne pas être trop avare avec eux.

Autour de moi, j'ai donc de jeunes et belles personnes qui rient, dansent et s'aiment, se jalousent parfois, se disputent même, se réconcilient grâce à moi.

Tout ce joli monde vient d'être rejoint par mon Hortense dont le mariage va de mal en pis. Ma fille marche à grands pas vers la séparation et le divorce. Assurément nous n'avons pas de chance avec nos maris. Je pense, du moins un temps, quitter Malmaison pour l'Élysée. Il me faudra d'abord en déloger les Murat qui s'accrochent aux murs. Je souhaite y faire des travaux d'embellissement.

28 mars

Je n'étais pas encore parti de Malmaison que Madame d'Arberg m'annonçait la plus douce, la plus incroyable, la plus délicieuse, la plus charmante des visites ! J'ai revu ma Thérésa. Elle a voulu, dès que je fus en sa présence, plonger en révérence et m'appeler Majesté. Je l'en ai aussitôt empêchée et l'ai serrée tout contre mon cœur. Elle est aujourd'hui princesse de Caraman-Chimay. Sur sa beauté, les années l'ont rendue plus opulente et elle conserve sa magnifique chevelure ébène, ce teint incomparable, son esprit et son cœur. Nous avons évoqué le passé, sans presque de nostalgie. Nous avons parlé de nos ombres, de ceux qui ne sont plus ou qui traînent ce formidable ennui de vivre qui tient lieu de linceul. Car on ne s'amuse plus à Paris. On obéit aux ordres, on lit des journaux qui parlent de victoires, de troupes et d'armes et de drapeaux pris à l'ennemi, de grandeur, de l'Empire qui s'étend sous les ailes de l'Aigle. Est-ce cela le bonheur ?

J'ai fait servir le thé. Je regardais Thérésa et sa grâce souveraine, je lui ai demandé des nouvelles de ma filleule, la petite Rose-Thermidor et je songeais à celles et ceux que la mère avait sauvés d'une mort atroce. Notre petite Aimée de Coigny, la marquise de la Tour du Pin, Madame de Volage, la princesse de Monaco... et même cet impertinent imbécile et ingrat qui, rencontrant la nouvelle princesse de Chimay dans un salon, s'écria : « Oh, juste ciel, voici Madame Tallien ! » Le teint de Thérésa avait gardé sa florale blancheur. Elle avait répondu : « En effet, oui Monsieur, je fus Madame Tallien et c'est sous ce nom que j'ai eu l'honneur de vous sauver la vie ! »

Nous avons ri et pleuré, nous sommes promis de nous revoir, vite et le plus longtemps possible. Puis j'ai laissé Thérésa regagner son hôtel de la rue de Babylone. Je puis la voir, sans désobéir à Bonaparte qui me l'interdisait jadis ; après tout, je ne suis plus impératrice régnante.

29 mars

Je suis à l'Élysée. Je croyais trouver ici l'apaisement, quelle erreur ! On crie de joie sous les fenêtres, Paris se prépare à la fête. Les journaux ne parlent que du mariage de l'Empereur avec l'archiduchesse. Et ont ordre de ne pas parler de moi. Or, c'est tout l'inverse. Ainsi, le *Publiciste* donne-t-il des nouvelles de ma santé, de mes projets à toutes ses pages. Bonaparte doit être furieux.

30 mars

Bonaparte m'a offert le château de Navarre en Normandie et il épouse la petite archiduchesse. Trois mois auront été suffisants pour oublier Joséphine et choisir Marie-Louise. Voilà les hommes.

Je ne sais si ce détail me pique, si le temps passe, mais je sens moins mes larmes. On me dit, on me répète qu'il faut que je domine mon chagrin. Aussi vais-je tenter l'expérience.

Il me faut quitter l'Élysée, la nouvelle maîtresse ne me veut pas près d'elle. Je la comprends. Elle est impératrice régnante, Bonaparte exige le plus somptueux, le plus inouï, le plus fabuleux des mariages et je sens le Paris des boutiques divisé sur ce point, ne m'oubliant pas encore mais enivré à l'idée de faire des affaires, de partager un bonheur qui rapporte. Je crains que le gouvernement ne m'oblige à quitter la France et à choisir un exil définitif en Italie, ce qui ne déplairait pas à Monsieur Fouché ou à Monsieur de Talleyrand, bien embarrassés de moi.

Mais j'ai risqué la mort sur l'échafaud et il est hors de question que je disparaisse, fût-ce dans le plus beau des pays. Jamais je ne consentirai à prendre la route de Milan.

Ainsi, j'ai donc le château de Navarre au cœur de l'Eure ! Mais pas l'argent indispensable à sa restauration. Avant de partir inspecter ma nouvelle propriété, j'envoie en éclaireur mon intendant Monsieur Pierlot. Et une lettre à Bonaparte que je lui ferai remettre par Eugène. Cela sent la *combinazione* ! Mais le repos de tout mon être est à ce prix. En voici la copie.

« Sire, je reçois par mon fils l'assurance que Votre Majesté consent à mon retour à Malmaison, et qu'elle veut m'accorder des avances que je lui ai demandées pour rendre habitable le château de Navarre. Cette double faveur, Sire, dissipe en grande partie les inquiétudes et même les craintes que le long silence de Votre Majesté m'avait inspirées. J'avais peur d'être entièrement bannie de son souvenir : je vois que je ne le suis pas. Je suis donc aujourd'hui moins malheureuse et même aussi heureuse qu'il m'est désormais possible de l'être.

« J'irai à la fin du mois à Malmaison puisque Votre Majesté n'y voit plus aucun obstacle. Mais je dois vous dire, Sire, que le château de Navarre exige pour ma santé et celle des personnes de ma maison des réparations qui sont urgentes. Mon projet est de demeurer à Malmaison fort peu de temps ; je m'en éloignerai bientôt pour aller aux eaux. Mais pendant que je serai à Malmaison, Votre Majesté peut être sûre que j'y vivrai comme si j'étais à mille lieues de Paris. J'ai fait un grand sacrifice, Sire, et chaque jour je sens davantage toute son étendue. Cependant ce sacrifice sera ce qu'il doit être, il sera entier de ma part. Votre Majesté ne sera pas troublée dans son bonheur par aucune expression de mes regrets.

« Je ferai sans cesse des vœux pour que Votre Majesté soit heureuse, peut-être même en ferai-je pour la revoir, mais que Votre Majesté en soit convaincue, je respecterai toujours sa nouvelle situation ; je la respecterai en silence, confiante dans les sentiments qu'elle me portait autrefois ; je n'en provoquerai aucune preuve nouvelle, j'attendrai tout de sa justice et de son cœur. Je me borne à demander une grâce, c'est de conserver une petite place dans son amitié et dans son cœur. Voilà qui adoucira les peines sans compromettre ce qui m'importe avant tout, le bonheur de Votre Majesté. »

J'ai mis trois bonnes heures à composer ma lettre, sans l'aide de quiconque, laissant autant parler mon cœur que ma tête. J'attends la réponse de Bonaparte. Je sais qu'il est à Compiègne avec celle qui vit désormais à ses côtés, partage son existence, est l'objet de ses soins, de ses attentions.

Il m'a répondu dix lignes, qui me rendent heureuse comme une jeune mariée ! Il me gourmande, me dit que je suis bien méchante d'avoir pensé qu'il m'oubliait, ce n'est pas le cas. Il pense à moi, ne veut que ma tranquillité, je suis une amie dont on n'efface jamais le tendre souvenir ; il attend toujours de mes nouvelles, me demande de comparer sa lettre à la mienne, et de juger maintenant qui est « meilleur et plus ami de toi ou de moi ». J'ai souligné sa phrase, il emploie notre tutoiement du temps où je partageais sa couche, quand nous dormions sous le même drap.

J'ai pleuré de joie en lisant son mot. Et sans perdre une minute, j'ai demandé à mes dames qu'on me laisse seule et répondu à sa belle et bonne lettre, d'un ton fort différent. « Mille tendres remerciements de ne pas m'avoir oubliée. Avec quelle ardeur j'ai lu ta lettre et je l'ai lue cependant en y mettant beaucoup de temps car il n'y a pas un mot qui ne m'ait pas fait verser des pleurs, mais ces larmes étaient bien douces, j'ai retrouvé mon cœur tout entier et tel qu'il sera toujours. Il y a des sentiments qui sont la vie même et qui ne prennent fin qu'avec elle. Je ne me rappelle pas les mots que j'ai employés pour t'écrire, mais c'est le chagrin qui me les a dictés. Je savais les raisons de ton silence et je croyais t'être importune par une lettre. La tienne a été un baume pour moi. Sois heureux, sois-le autant que tu le mérites, c'est mon cœur tout entier qui te parle, tu viens aussi de me donner une part de bonheur, rien ne peut valoir pour moi une marque de ton souvenir. Adieu mon ami. Je t'aimerai toujours. »

En reposant la plume, je me suis sentie la plus heureuse des femmes, je suis la seule à pouvoir tutoyer encore l'empereur des Français, cela me met dans une position qui n'a pas sa pareille.

1er avril. Vingt-deux heures passées du quart.

Je viens d'écrire à Monsieur le préfet de l'Eure afin de l'avertir de ma prochaine visite au château de Navarre. Je lui ai dit mon intérêt pour sa belle région et je lui ai demandé de vouloir faire connaître aux habitants de son département les sentiments que je leur porte et qui contribueront à rendre mon séjour encore plus agréable.

3 avril

Je suis arrivée ! Nous avons déjeuné à Rosny puis j'ai été accueillie par le président du département. Ensemble nous avons continué de marcher jusqu'à Évreux. À chaque village traversé, ce fut un triomphe d'acclamations, de joies, de fleurs jetées sur ma voiture, de compliments de ces braves gens venus là expressément pour moi, souriants et sincères, heureux de me voir les saluer.

Il était déjà quatre heures lorsque nous fûmes à Évreux où le maire et son conseil municipal m'attendaient au grand complet. Discours, fanfares, j'ai souhaité, avant de traverser la ville, prendre la route de Caen. Le maire m'a assuré que deux rues seront débaptisées en mon honneur : la rue du Département deviendra rue de l'Impératrice et la rue de Saint-Taurin ne s'appellera plus que rue Joséphine. C'est donc la malheureuse Joséphine que l'on plaint fort de gagner son château des solitudes ; cela m'a un peu attristée et la découverte du lieu, avant le soir, m'a confortée bien malgré moi dans cet état.

Car, ici, tout reste à faire. Fenêtres et portes ne ferment plus, les boiseries de ma chambre sentent le moisi, mes appartements sont minuscules. Le chauffage, m'a-t-on dit, dévore quarante-deux stères de bois et douze quintaux de charbon, cela pour le seul rez-de-chaussée. Et voilà que Bonaparte veut que je fasse des économies ! Monsieur de Beaumont m'a appris que ce nom de Navarre fut donné au château parce que les souverains de cet État pyrénéen furent jadis comtes d'Évreux. C'est Monsieur Mansart[1] qui l'éleva pour le compte du duc de Bouillon, neveu d'un héros, Monsieur de Turenne[2]. L'ensemble est immense, il y a quatre vestibules,

1. François Mansart (23 janvier 1598-23 septembre 1666). Architecte français. Précurseur de l'architecture classique.

2. Henri de la Tour d'Auvergne, vicomte de Turenne (11 septembre 1611-25 juillet 1675). L'un des meilleurs généraux de Louis XIV, d'une folle bravoure.

quatorze chambres avec leurs dépendances, treize autres qui seront occupées par les domestiques, le tout est surmonté d'un dôme qu'on jurerait emprunté au Val-de-Grâce. Les villageois des environs ne désignent ce grand machin que par le nom évocateur de « marmite ».

La reine de la marmite laisse à demain le soin de visiter le parc ; on m'a dit qu'il était fort beau et qu'il y avait des serres chaudes. Au moins l'exil ressemblera-t-il un peu à ce que j'aime du passé.

5 avril

J'ai monté et descendu des escaliers inconnus, pénétré dans des pièces vides, vu des meubles recouverts de grands draps blancs, respiré le parfum âcre du salpêtre, cette odeur d'évanoui. Ici ont vécu et souffert des gens, durant des siècles, dont je vois les figures passées sur des tableaux qui s'écaillent. Je tenais la main de Madame d'Arberg, non pour me rassurer – je ne crois plus depuis longtemps aux fantômes – mais pour me persuader que je reviendrais ici, que c'est ma demeure et que nous méritons toutes les deux de mieux nous connaître et de bien nous aimer.

La réfection commencera vite, je connais ces pratiques, je me pencherai sur des plans, je discuterai les perspectives, cela sera amusant. Je me divertirai à suivre les travaux des maçons, à prendre un peu de leur gaieté, à les entendre siffler pour se donner du courage à taper plus fort. Je rêve d'une villa à l'italienne, aux terrasses plates pour surprendre le coucher du soleil ; certes, Bonaparte me grondera devant le prix de la reconstruction et j'abandonnerai le projet de bonne grâce. Il faudra ne froisser personne durant ces travaux d'Hercule et j'imagine fort bien les dizaines de bras s'agitant dans tous les sens, dans tous les coins du château, sans aucune tête pour les diriger.

9 avril

Bonaparte m'écrit. Il me dit souhaiter de me voir passer la saison d'hiver à Navarre. J'accepte. Je ne veux pas songer que c'est pour m'éloigner de lui qu'il me demande cela. Il va falloir prestement commander du bois et du charbon, hâter encore les travaux et trouver une bonne compagnie qui me distraie des brumes normandes.

12 avril

Je viens de marcher comme une folle dans les jardins. Le maire d'Évreux ne m'a pas menti : ils sont magnifiques. Monsieur Le Nôtre[1] les avait jadis dessinés pour le duc de Bouillon. Il en subsiste le meilleur, le tout distrait par les excès de la végétation que je ne veux surtout pas corriger. Cela compose un ensemble très doux, tendre, avec des déclinés de vert qui vont de l'amande au laurier. J'ai vu et admiré le jardin d'Hébé, le jardin anglais et ses rocailles, le petit pont, la gloriette chinoise et le rocher des cascades. Et puis, le temple de l'Amour, je crois que chaque château a le sien, où un Cupidon entièrement nu, bande son arc en souriant, voilà qui me rappelle ma jeunesse. Je n'ai pu m'empêcher de songer à Hippolyte, mon si joli lieutenant. Je n'ai ni ne cherche à obtenir la moindre nouvelle de lui. Je me contente, dans un tout petit coin de mon cœur, de me ressouvenir de sa peau d'enfant, de sa maladresse de chiot… Mon Dieu comme il me faisait rire !

1. André Le Nôtre (12 mars 1613-15 septembre 1700). Jardinier de Louis XIV. Il est le concepteur génial des célèbres jardins à la française.

26 avril

Monsieur Reverdin, qui m'aime bien, m'écrit le dernier mot de l'impératrice Marie-Louise. La fille de César se fait lentement à la cour française et à ses manières.

« On déplore, Madame, me dit ce charmant jeune homme, qu'un sort contraire à nos vœux vous ait fait quitter les charmilles de Rueil. Vous êtes aimée, regrettée dans la plupart des cercles. Les Parisiens vous souhaitent mille prospérités et déplorent une absence qui dure.

« Sa nouvelle Majesté Très Impériale recevait ce matin ce bon Monsieur Leroy. L'artiste aux jambes croisées avait apporté plusieurs modèles de robe, fort décolletés. Le malheureux a dû oublier la pudeur autrichienne, qui est fort grande et à la hauteur de Sa digne Majesté Très Impériale qui rechignait devant les robes, secouait son front têtu. Monsieur Leroy, habitué à répandre partout sa tyrannie, déclara sur le ton définitif de l'oracle : “Madame, lorsqu'on a une gorge pareille, on la montre.”

« Le silence fut pétrifiant. Je n'ose vous dire que l'on entendait les abeilles voler. Sa Majesté Très Impériale a suffoqué sous ce qu'elle a pensé être un terrible affront. D'une voix de glace, elle a murmuré à Madame la duchesse de Montebello : “Que l'on fasse immédiatement sortir cet impertinent !” Monsieur Leroy a tenté une courbette de plus, lancé des regards où se lisaient la stupéfaction et l'indignation d'être traité de la sorte, et a disparu dans l'antichambre. Je demande à Votre Majesté la faveur de ne pas oublier le cher homme… »

J'ai ri. Je l'avoue. J'ai appris que l'impératrice Louise ne commande que pour cent mille écus de parures, qu'elle paye ses fournisseurs sous les huit jours, se refuse des robes et s'impose des privations pour ne jamais avoir de dettes. Je loue la sagesse de cette petite fille que Bonaparte me montre en exemple. Mais qu'y puis-je ? Moi, je ne sais rien d'autre : l'argent ne m'aime pas, il file entre mes doigts, depuis toujours, sans que rien n'arrête cet étrange mouvement.

L'impératrice Louise serait, me rapporte-t-on encore, fort jalouse de moi. Cela m'étonne et me contrarie. Dans sa lettre, Monsieur Reverdin m'informe que l'Empereur et elle devaient aller se promener. Bonaparte avait jeté son dévolu sur Malmaison qui est fort joli au printemps. J'ignore si elle a cru que j'y étais mais il paraît qu'elle s'est mise à pleurer et que Bonaparte fut contraint de changer de direction. Heureusement, Hortense va souvent la voir, aux Tuileries, dessine avec elle, fait de la musique en sa compagnie, et l'impératrice Louise lui parle avec confiance, la préférant à ses autres belles-sœurs. Je sais aussi qu'elle n'aime rien d'autre en France, excepté, je l'espère, l'Empereur, que sa dame d'honneur, Madame la duchesse de Montebello, alors que la duchesse ne fait rien de sa charge, ignorant les usages, ne sachant rien sur la personne qu'elle lui présente. Voilà qui est étrange. L'impératrice Louise vient ainsi de demander des nouvelles d'un mari à sa femme qui venait de le perdre dans une bataille et qui, les larmes aux yeux, fut forcée d'annoncer elle-même son trépas dont elle attendait d'être consolée. Une bévue impensable de mon temps.

Enfin, les Bonaparte ne sont que tolérés dans l'entourage de Louise : plus d'intimité, de la froideur, de la distance, cette politesse qui n'est que civilité de circonstance. Je ne m'en réjouis pas, même si j'ai beaucoup souffert, car je sais qu'ils ne feront pas la différence.

2 mai

Je devrais cesser de rire. Bonaparte est ennuyé par ce que je dois. Il charge Monsieur Mollien[1] de veiller sur mes comptes et je crains fort ce nouveau cerbère.

1. Nicolas-François Mollien (28 février 1758-20 avril 1850). Homme politique français et principal conseiller financier de l'Empereur.

J'ai pris un carnet tout à l'heure où je reproduis des maximes. Et j'ai noté : « Je me crois plus impératrice que je ne l'ai jamais été. Car si je ne le suis plus par la force de l'autorité, je me suis trouvé l'être davantage par la supériorité de mon âme, et par le tribut de l'opinion publique dont j'ai eu l'hommage sans qu'aucune puissance ou suggestion l'y forçât. Je ne puis d'ailleurs craindre personne en étant autant d'accord avec l'Empereur que je le suis, puisque tout ce qui a lieu est notre double volonté. Sa gloire comme sa sûreté même y sont intéressées, et je suis convaincue que qui voudrait me nuire auprès de lui ne réussirait qu'à se nuire à lui-même. »

8 juin

Mes pages. Ils me suivent partout. J'en connais un qui ressemble à un lutin. Il sort de l'ombre avec sa lanterne éclairée, avant même que j'en fasse la demande.

Il me regarde, du haut de ses seize ans, comme le saint-sacrement. Il met dans ses yeux très bleus de la gravité, de la noblesse. Son père se bat en Espagne. Il n'en parle que lorsque je le questionne, comme s'il voulait déjà, en homme, m'épargner les angoisses des mauvaises nouvelles. Il s'appelle Jean-François de Blagnac mais tous, ici, nous le nommons Fanfan.

Fanfan me tend mon étole, retrouve mes gants, chante comme un ange et bouge, léger, léger, comme un oiseau-lyre. Il est très brun. Et ce joli corbeau mutin égaye mes soirées lorsqu'il est de service.

19 juillet

La population est très bonne avec moi. Je ne vois que marques profondes d'amitié et de respect. À Navarre, les gens les plus humbles arrêtent leurs occupations pour me saluer. Les paysans ont pris l'habitude d'apporter au château le meilleur de leurs productions. C'est un cortège venant donner fruits, légumes, œufs, farine et l'on m'offre même des lièvres braconnés. Je ferme les yeux sur le gibier volé et je ne cesse de remercier et d'offrir à mon tour de menus cadeaux. Petits bracelets de corail, chaînettes en or, porte-monnaie d'écaille, tout est reçu avec des transports de joie qui me chauffent le cœur.

Les filles de l'Eure sont très jolies. Elles ont la joue très rose et fraîche. Elles sont aussi très fières avec leurs galants et malheur à celui qui leur manque de respect.

On m'a déjà demandé d'assister à une ou deux noces. Je ne dis pas non. Je me suis renseignée pour connaître la famille des mariés. Je contribuerai à la dot. Cela va sans dire.

2 septembre

Je suis aimée. J'insiste sur ce mot. Aimée. C'est avec de l'amour que l'on conduit les peuples. Je crains que Bonaparte, obsédé par la gloire, ne l'ait oublié. Je veux croire qu'il n'est pas conseillé par des flatteurs voulant prendre les richesses pendant qu'il est encore temps de le faire. La flagornerie et l'égoïsme sont les fléaux des rois. Bon nombre de femmes que j'ai connues, gênées par des revers de fortune, ou ruinées par la Révolution, ou encore pauvres par leur naissance, conseillent leurs maris, insistant sans cesse sur la nécessité de songer d'abord à leur famille, à leurs enfants, plutôt qu'au sort de la France. Cela est abject. D'où vient l'argent si ce n'est pas des prodigalités légendaires de l'Empereur ? Vouloir le conserver à tout prix est stupide. Que feront-elles si le régime sombre ?

11 décembre

Je suis grand-mère, une fois encore, et j'en suis si contente. Eugène est père, sa chère épouse lui a donné un fils, Auguste. J'attends avec impatience le comte Caprara, grand écuyer du royaume d'Italie, j'espère que la rusticité de Navarre ne l'embarrassera pas trop. La pluie, le froid, les brumes normandes plaisent à une âme sensible, mais je crains que ce monsieur habitué aux fastes et à la lumière de la cour italienne ne s'ennuie fort parmi nous.

XVIII.

6 janvier-14 septembre 1811

« Du temps de la Vieille, le Petit Tondu avait la chance avec lui »

6 janvier

Ici, tout est bien doux, et je ne m'ennuie pas. Ma petite cour vaut la grande. Navarre n'est pas les Tuileries, mais je suis plus libre en ces lieux que je ne l'ai jamais été.

Nous déjeunons à onze heures, soupons à six, faisons *medianoche* à onze, et nous pouvons enfin apprécier un fort beau menu, en prenant le temps de savourer ce que la mer ou la terre nous offrent de meilleur.

Bonaparte a voulu que l'étiquette soit respectée. « Tu es impératrice et reine sacrée, il est impossible que tu permettes à tes chambellans ou à l'officier commandant ta garde de se promener à tes côtés en habit bourgeois. Ces hommes porteront à l'avenir, que j'entends immédiat, un habit vert à collet et parement de velours noir, orné d'une broderie légère en or. Je veux pour les dames une robe également verte et qu'importe l'étoffe. » Tout le monde s'est mis en vert. Il y a eu des fous rires à l'instant des essayages.

Je fais porter nos tables, lorsque le temps le permet, sur l'île d'Amour ou sous le berceau des charmilles. Après le café, je décide une promenade, j'aime particulièrement la forêt d'Évreux qui est très belle. Nous prenons quatre calèches tirées chacune par quatre chevaux. Madame d'Arberg se tient à ma droite, je désigne la troisième personne pour lui rendre hommage en fonction de ses mérites ou tout simplement pour lui faire plaisir. Nous faisons de la barque et j'entends les rires, tandis que les dames éclaboussent les messieurs.

Le soir, il y a cercle. Je n'ai pas à lancer des invitations. Tout le monde désire me voir, me parler, me dire sa tendresse et son respect ; je reçois diplomates, princes, ducs, toute la noblesse locale, les ministres, les courtisans des Tuileries, comme à Malmaison. Je m'amuse des potins, je tiens ma table de trictrac, je joue au piquet avec mon vieil ami l'évêque d'Évreux, Sa Grandeur est drôle, son humour fait mouche et sa culture est un puits sans fond.

Ma belle jeunesse ne tient plus en place longtemps. Garçons et filles remontent vite dans leurs chambres après s'être inclinés devant moi. Ce ne sont alors que cris et folies, culbutes bien sonores dans mes escaliers qui cessent à peine à mon approche et me dérangent lors de mes patiences. Je cache mon rire derrière un éventail. Monsieur de Pourtalès est bien volage, Monsieur Turpin de Crissé fort agréable. Ils organisent des petits soupers, propices à bien des idylles qui se nouent, se dénouent, devant moi. Je ne tente rien sans y être invitée, je marie ceux qui sont bien décidés à l'être.

Madame Grassini, qui fut la maîtresse de mon mari, a bien souffert elle aussi. Elle aime profondément l'Empereur, aussi cela me suffit-il pour l'aimer aussi. Elle me voue beaucoup d'amitié et sa voix est celle d'une sirène. Avant-hier, elle nous a lu pour notre enchantement l'*Itinéraire de Paris à Jérusalem*, le nouvel ouvrage de Monsieur de Chateaubriand[1]. Monsieur le vicomte ne nous aime pas beaucoup, ce n'est pas grave.

---

1. François René, vicomte de Chateaubriand (4 septembre 1768-4 juillet 1848). Écrivain français qui dans ses géniaux *Mémoires d'Outre-Tombe* malmène quelque peu l'impératrice Joséphine.

27 janvier

Monsieur Turpin de Crissé me quitte à l'instant. Cet homme, beau, fait tout pour me plaire. Il y parvient. Je suis devenue une femme bien éloignée des agitations du cœur et de ses tourments et si l'on me respecte, pour m'éloigner mieux, j'en prends ma part sans le regretter. Mais Monsieur de Crissé, c'est autre chose. Déjà son prénom, Lancelot, qui sonne comme une promesse d'éternité, me séduit, et puis son regard qui est si suave, ses mains si blanches, sa silhouette si gracile, sa voix si tendre. Lancelot ! Le destin me mène un chevalier dans mon château et si je ne suis pas la Guenièvre du conte, j'avoue bien mal cacher mon trouble dès que je le vois. À qui le confier d'ailleurs, à qui oser ces confidences, à part à ce journal secret où plus aucun secret d'État ne semble à écrire ?

Ma chère, si chère Thérésa se morfond sur ses terres du Nord, loin de moi ; elle qui savait tout de ma vie, qui a tant œuvré pour mon bonheur, à qui je dois Bonaparte, m'aurait aidée. Je la vois d'ici se rapprocher de mon fauteuil, badiner sur les modes nouvelles, m'offrir un chocolat au lait d'amandes, me proposer d'en prendre un second et murmurer son fameux : « Comment est-il ? » Nous étions si jeunes alors, tout semblait permis.

Que vais-je faire de Monsieur de Crissé ? Est-ce manquer à Bonaparte ? Je ne me crois pas assez mesquine pour accomplir une vengeance, l'Empereur ne m'a pas quittée parce qu'il m'aimait moins. Mais je vois Lancelot tous les jours, j'entends ses bagatelles, son rire, frais, gorgé de sève. Ce matin, j'ai vu ses bras dénudés jusqu'aux coudes plonger dans l'eau froide du bassin de l'aile ouest pour atteindre la toupie que le fils de l'un des jardiniers y avait fait tomber. Il a pris l'enfant contre lui, l'a décoiffé, lui a rendu son jouet, accepté sur la joue un baiser de reconnaissance. Ce garçon délicieux est adoré de tous. Moi comprise.

4 février

Aujourd'hui, nous avons marché lui et moi dans la forêt d'Évreux. Monsieur de Turpin s'était muni de son carton à dessin et, de la pointe de son crayon, jetait sur le papier la cime des arbres, leurs branches entrelacées comme les mailles d'un filet.

Madame d'Arberg et mes femmes s'étaient éloignées, je progressais en respirant l'air des feuilles vertes et noires, arrosées de lumière, levant le visage, offrant mon cou au vent léger, un peu comme on le fait quand on ouvre tout grand les portes d'une chambre. Il me revint alors le souvenir de l'un de nos mulâtres, à la Martinique, djinn espiègle, étroit des hanches, la souplesse d'une cravache, qui dansait pour moi quand j'étais malade afin de me distraire de mes maux d'enfant. Je le voyais avancer pieds nus, incroyablement solide et mince, les cheveux arrangés en petites nattes lustrées, fier, demi-nu et doué d'une finesse de verre soufflé.

Or, en regardant Monsieur de Crissé, c'est ce jeune nègre que je vis renaître, mon Alphonse ; il manquait seulement le goût de l'alizé chaud, alors qu'il me tendait de sa main une poignée de châtaignes nouées dans son mouchoir.

Il veut faire mon portrait et je n'ai pas dit non. J'ai beaucoup posé pour les peintres, la molle immobilité qui sied alors face aux artistes, l'état de sommeil éveillé, de vagabondage de l'esprit, me conviennent, je l'avoue.

12 mars

Lancelot de Crissé a commencé mon portrait. Il me regarde avec l'intensité du peintre fixant son modèle. Voilà qui accroît mon trouble. En somme, je rajeunis, complice de ce marivaudage qui est plaisir plutôt que péril.

22 mars

Je suis dans une joie intense. Je ne veux pas qu'elle cesse, à aucun prix. Il serait mesquin, pire, il serait d'une grande bassesse que je ne participe pas au bonheur qui unit le peuple de France. Je suis donc heureuse. Je veux l'être. Je le suis.

L'impératrice Louise a donné un fils[1] à Bonaparte. Un fils. Quatre lettres. Ce que moi, je n'ai pu lui offrir. Un enfant de lui. Je ne meurs pas. Je me réjouis. Je suis heureuse. Il a son fils. C'est pour lui que je suis partie. Je ne pleure pas. Je souris. J'aime déjà ce petit garçon. L'impératrice Marie-Louise est exténuée de fatigue. Monsieur Corvisart ne comprend pas qu'elle soit à ce point encore marquée par la naissance du roi de Rome. Elle souffre du froid comme de la chaleur et j'ai vu l'Empereur soupirer après l'avoir quittée.

Hortense m'a narré avec toutes les précisions de rigueur ce bel événement qui assure à la dynastie sa pérennité et sa force aux yeux de l'Europe et du monde. Un page est venu la chercher parce que Louise ressentait les premières douleurs. Ma fille va aux Tuileries. Toute la cour y était réunie. Dans la chambre de Louise étaient Madame Mère, la comtesse de Montesquiou, gouvernante, Madame de Montebello, dame d'honneur, Mesdames de Luçay, de Boubers et de Lestrigny, sous-gouvernantes et les femmes, les médecins, les accoucheurs.

Eugène, le grand-duc de Wurtzbourg, la princesse Pauline et la reine d'Espagne[2] se tenaient avec Hortense tandis que tous les autres salons étaient remplis par la cour et les autorités. Nerveux, Bonaparte venait sans cesse donner des nou-

1. Napoléon François Charles Joseph (20 mars 1811-22 juillet 1832). Roi de Rome à sa naissance, il régnera sous le nom de Napoléon II, quinze jours, du 22 juin au 7 juillet 1815. Puis le jeune prince quitte la France avec sa mère pour un exil définitif en Autriche. Archiduc, titré duc de Reichstadt, il cultive malgré tout une passion pour son père et l'épopée impériale. Edmond Rostand popularisera encore ce destin foudroyé si tôt, cette vie brève et poétique, dans sa pièce l'*Aiglon*.

2. Née Julie Clary, épouse du roi Joseph, frère aîné de Napoléon Ier.

velles, selon que les souffrances de sa femme étaient plus ou moins fortes il paraissait plus ou moins agité. Il demandait s'il en pouvait résulter pour la mère ou l'enfant des conséquences fâcheuses. Et je n'étais pas là pour le rassurer, pour mêler mes pleurs de joie aux siens ! Il n'osait se livrer devant le monde à l'espoir d'avoir un fils, mais ses questions prouvaient que c'était là son unique anxiété. À quatre heures du matin, Hortense se jette tout habillée sur le lit de l'une des dames. Les douleurs se calment. On croit que l'accouchement n'aura pas lieu, on invite chacun à aller prendre du repos. Tout à coup, vers sept heures, les douleurs reviennent ! L'enfant se présente mal. Bonaparte, avec le plus grand sang-froid, déclare aux médecins d'agir comme ils le feraient pour une marchande des quatre-saisons et de penser d'abord à sauver la mère. Louise sera accouchée avec des fers.

Bonaparte ne la quitte pas un seul instant, la tient entre ses bras, cherche à lui donner tout son courage, est ébranlé du spectacle qu'il voit et partage les douleurs de son épouse. Vers huit heures du matin, la femme de chambre d'Hortense entre chez elle, dans un état d'agitation extrême. Marie-Louise pousse des cris affreux. Hortense descend en hâte, et trouve Bonaparte sortant de la chambre de sa femme, très pâle et respirant à peine. « C'est fini, lui dit-il, elle est sauvée. » Son air est si malheureux que ma fille lui demande avec crainte si c'est un garçon. « Oui », lui dit-il, tout oppressé. Avant d'ajouter, très vite : « Ah, je ne puis ressentir tout ce bonheur-là, ma pauvre femme a tant souffert ! » et il quitte à l'instant ma fille pour aller donner l'ordre de tirer les cent un coups de canon.

Hortense entre à son tour dans la chambre. La sage-femme lui montre l'enfant qui est beau et bien fait. L'Empereur lui a donné le titre de roi de Rome et il fut ondoyé le soir même à la chapelle.

J'ai relu la lettre de ma fille jusqu'à la savoir par cœur. Je n'éprouve que du bonheur tandis que mes larmes se mêlent à l'encre. Que de chagrins, de douleurs, de peines, de troubles et de pleurs versés m'a coûté cet enfant à peine né. J'éprouve pour lui la plus absolue des tendresses, je le vois déjà comme mon propre fils, l'avenir de Bonaparte. J'avais promis d'offrir une épingle de cravate à celui qui m'apprendrait la nouvelle, en diamants pour un fils, en émeraudes seulement pour une fille. Eugène me gronda fort de cette prodigalité. J'ai juré de faire un effort. Le jeune Monsieur Reverdin qui m'apporta la lettre de ma fille reçut les émeraudes. Mais en secret, j'ai fait ajouter un diamant.

Il était minuit, je conversais avec l'ambassadeur des Deux-Siciles. Je vais donner un grand bal.

28 mars

Le printemps est frais, froid. Je brûle des quantités incroyables de bois dans des cheminées immenses qui fument à pleurer. Je me ruine. Le bois de l'impératrice est plus cher que celui destiné aux bourgeois. Pourquoi ? Il faut que je voie les comptes. Je ne supporte pas les filous. Et voilà que je m'emporte seule en écrivant ceci, alors que tout dort autour de moi. Il est onze heures passées du quart.

13 juin. À la Malmaison.

Bonaparte vient de partir J'ai eu la grande joie de revoir l'homme que j'aime encore. Il n'est pas venu chez moi pour évoquer le passé mais bien pour préparer l'avenir. Le mariage de ma fille avec son frère est un désastre. Hortense et Louis ne se sont jamais accordés sur rien. En Hollande, cette malheureuse enfant subit le joug, je devrais dire la tyrannie, d'un despote. Elle est en train de mourir de consomption dans l'indifférence de cette cour du Nord. Je l'ai donc convaincue de quitter La Haye pour le château de Loo, dans la belle campagne d'Apeldoorn. Ses médecins lui conseillent les eaux de Plombières. Mais il me fallait en parler avec l'Empereur. Ce qui fut fait. Napoléon parti, j'ai aussitôt écrit à ma fille que j'avais parlé avec Bonaparte de sa position. Qu'il m'a écoutée avec intérêt. Qu'il est d'avis que la pauvrette ne retourne plus en Hollande, le roi ne s'étant pas conduit comme il aurait dû le faire. L'avis de l'Empereur est donc qu'elle prenne les eaux le temps nécessaire, qu'ensuite elle écrive à son mari que l'avis des médecins lui conseille un climat chaud durant quelque temps et qu'en conséquence elle ira en Italie rejoindre son frère. Quant à son fils, Bonaparte donnera des ordres afin qu'il ne quitte pas la France. Je regrette sincèrement l'échec de ce mariage, mais il y va de la vie d'Hortense. J'ai vivement remercié mon ex-mari de se montrer bon avec mes enfants.

18 juin

Il me faut repartir, car les routes me manquent, les personnes rencontrées par les fortunes des chemins, aussi. Je veux respirer sous d'autres ciels. Les eaux m'ont toujours réussi. Je me décide donc pour Aix-les-Bains, ayant écouté les bons conseils de cet excellent docteur Corvisart. Elles sont bonnes, m'assure-t-il, pour les nerfs, moins soufrées que celles de Plombières. J'ai choisi de voyager sous le nom de Madame d'Arberg et je savourerai les délices de l'incognito.

Pour éviter chaleur et poussière, nous voyagerons de nuit et, déjà, l'idée m'enchante.

23 juin

Nous sommes passés par Lyon. Nous arrivons demain, le 24 juin, dans la soirée, à Aix.

26 juin

Je suis logée comme on l'est près des eaux, c'est-à-dire très mal. Je souhaite que mon Hortense me rejoigne vite. J'ai fait analyser l'une des sources qui est, dit-on, très bonne pour la poitrine. Je partage mon étroit logement avec Madame d'Audenarde et Mademoiselle de Mackau. Monsieur de Crissé loge avec Monsieur de Pourtalès chez Madame de Rémusat, venue expressément des Tuileries passer ici le mois et demi à mes côtés. Nous nous serrons les uns les autres et c'est très gai. Je ne veux pas attirer sur moi les regards, mon bonheur passe par ma tranquillité et c'est un bien fort doux.

Ma journée commence à huit heures, par les bains et les douches. Je me repose un peu et suis à nouveau le même traitement. Midi, le dîner. L'après-midi se passe à ne rien faire, chez moi, que mes hôtes ont baptisé le « palais » parce que la maison compte une pièce de plus. Mademoiselle de Mackau me lit quelque mauvais roman et j'écoute sa voix, clapotis d'eau vive. Ces messieurs parcourent les journaux, les commentent.

À six heures, promenade en calèche. Mes livrées, mes équipages attirent touristes et curieux. Les enfants suivent les chevaux, réclament bien fort mes piécettes dont je ne suis pas avare.

Souper à huit heures. Musique à dix. Nous regagnons nos lits à onze heures.

28 juin

Joie de revoir ma fille qui a enfin quitté Plombières. Pas seule. Monsieur de Flahaut[1] l'accompagne. Voilà longtemps

1. Auguste Charles Joseph de Flahaut de la Billarderie (21 avril 1785-2 septembre 1870). Militaire et diplomate français. De sa liaison avec la reine Hortense naîtra Charles, le futur duc de Morny, demi-frère de Napoléon III et « inventeur » de Deauville.

qu'il a remplacé Louis dans le cœur d'Hortense et je n'ai qu'un regret, ne pas l'avoir eu pour gendre plus tôt. Il est beau et tendre, plein d'entrain, chante la romance à pleins poumons. Il ne la chante pas d'ailleurs, il la roucoule et ma fille, oubliant sa santé, se pâme. Je sais trop les intermittences du cœur, mais je ne peux en vouloir à Hortense d'aimer ailleurs.

Moi aussi, dans un autre temps, j'ai aimé, senti dans mon ventre qu'il fallait que je sorte pour aller le voir, vite, que rien ne me comblait autrement que lui, que je sentais sa présence comme le soleil mord la peau des mains, comme la flamme sous laquelle on lève et abaisse le doigt, pour savoir si demain sera encore meilleur avec lui… Hippolyte.

Aussi, ne dis-je rien à Hortense, elle sait, et, s'il le faut, nous pleurerons ensemble sur ses espoirs vains : elle n'épousera jamais Monsieur de Flahaut, ou nous nous taisons, ce qui parfois revient au même.

Lorsqu'elle vient à Navarre, à la Malmaison, ses femmes l'accompagnent, et l'étiquette de la cour se voit respectée. Mais ma fille s'assombrit devant tant de fronts courbés, elle est triste, elle lit dans sa chambre, y dessine et je m'inquiète de sa pâleur et de son manque d'appétit. Heureusement il y a son dernier fils, que nous avons surnommé Oui-Oui, car, à tout, il dit toujours oui avec la même petite voix fraîche et il est irrésistible de charme et de drôlerie, la grâce même. Un jour, je lui ai demandé à qui je ressemblais. Je voulais que ma question embarrasse tout le monde. J'ai vu les yeux du petit faire le tour de la table et sans gêne aucune, il a répondu : « À la plus jolie femme de Paris. » Je pense qu'il me voit avec le cœur plus qu'avec ses yeux…

1er juillet

La nouvelle nous a tous frappés de stupeur. Louis, sans l'accord de l'Empereur, vient d'abdiquer le trône de Hollande pour nommer Hortense régente ! Bonaparte est fou de colère.

Il a appris que, non content de renoncer à la suprême faveur de régner, son frère était parti pour l'Autriche après avoir pris les eaux de Toeplitz, en Bohème. Je crois savoir que Napoléon songe à nommer officiellement ma fille « reine Hortense », et à lui donner tout pouvoir. Napoléon-Louis et son petit frère seront bientôt à Saint-Cloud, dans l'ancien pavillon de Breteuil et sous la protection du maître de la France. Je suis rassurée, après tant d'orages, de savoir cette famille enfin sereine.

4 août

J'ai voulu visiter l'abbaye de Hautecombe où les souverains de la maison de Savoie sont inhumés. L'endroit invite au recueillement, on n'y accède que par le bateau après avoir traversé le beau lac du Bourget. Chaque tombe avait été ciselée avec art, mais je n'ai pas pu voir les visages de celles et de ceux qui, aujourd'hui, ne sont plus. La Révolution a porté la ruine ici.

Une manufacture de faïencerie était même installée sous ces voûtes, elle imitait celles d'Angleterre, les argiles provenaient des communes voisines, elle n'existe plus depuis quatre ou cinq ans. J'ai vu les débris de pierre, la voûte effondrée ; il est si affligeant de contempler tant de beautés réduites à néant.

Un grand calme s'est emparé de moi en découvrant cela : voilà la leçon de la gloire, elle nous contemple avec sa majestueuse condescendance, se prête, mais se reprend aussi, pire qu'une fille. Tant de rois qui se pensaient inébranlables sur leur trône ne sont-ils plus que des ombres, griffées dans la roche ou recouvertes par les sables ? Qu'en sera-t-il de nous dans vingt ans ?

Je songe à cela, quand il faut reprendre le bateau et soudain, le vent se lève, méchant, s'engouffre sous le dais qui couronnait nos places et voilà que l'embarcation tangue, tangue encore, dans un craquement sinistre. Je garde mon sang-froid, je demande que l'on ôte la lourde étoffe, frappée de mes armes, qui marquait mon rang, me protégeait du soleil, et que je ne tiens pas à avoir pour linceul.

Madame de Rémusat éclate dans une affreuse crise de nerfs. Les mains jointes, Mademoiselle de Mackau recommande doucement son âme à Dieu. Sur la rive, le reste de ma suite, les promeneurs, impuissants, bras levés, assistent à tout, affolés d'angoisse. Nous avons peur, je l'avoue. Monsieur de Pourtalès est prêt à plonger pour me soutenir. Je vois Monsieur de Crissé qui, me serrant les poignets, me contemple, et me dit savoir nager, décidé à me sauver coûte que coûte si nous nous brisions sur les rochers. Je le regarde, lui souris, nos deux marins sont excellents, ils manient les rames comme les tritons d'Amphitrite ; alors nous sommes sauvés et, à terre, je les récompense généreusement.

Monsieur de Crissé pose le pied le premier sur le sol, m'incite à le rejoindre, je trébuche, ma joue se pose un instant sur sa poitrine, j'entends battre son cœur, le mien résonne plus fort, nous marchons côte à côte, silencieux et, de ma main, je presse son bras. Je le regarde, je vois son profil de jeune Minerve. Je suis en train d'aimer cet homme – en suis-je capable, je n'ai pas osé compter les années qui nous séparent, accepter tout ce qui nous désunit, je ne pense déjà plus à lui comme à un ami cher. Dieu que je connais ce balancier-là !

12 août

Je suis à Genève. J'y ai retrouvé mon Eugène et sa chère et si tendre épouse, la princesse Augusta[1]. Cette ville si belle, si calme me fait l'effet d'un baume. J'ai contemplé la cime du Mont-Blanc qui semble badigeonnée de crème fouettée.

1. Augusta-Amélie Louise de Bavière (21 juin 1788-13 mai 1851). Elle sera la tante d'Élisabeth, impératrice d'Autriche, la fameuse Sissi. Et la « grand-mère de l'Europe », comme Joséphine, plaçant avec habileté ses nombreux enfants sur les trônes voisins, Suède, Portugal, Russie et même Brésil.

À Genève, l'air est plus que partout translucide, les arêtes des maisons, les arbres, les gens se découpent comme des ombres chinoises, aiguës. Le conseil de la ville m'a gentiment invitée à participer aux fêtes de la Navigation et, sur le Léman, nous avons pris Eugène et moi une barque conduite par deux cygnes, sous les vivats et les acclamations du peuple qui criait de toutes ses forces : « Vive l'impératrice et vive le vice-roi ! » Voilà qui fait chaud au cœur. J'ai voulu par tant de saluts et de sourires, de mots tendres, montrer à tous combien j'étais heureuse. Car il est consolant d'être aimée.

20 août

Je sais Madame de Rémusat parfois inquiète pour son mari, triste qu'il ne soit pas à ses côtés, toute dévouée à moi, préoccupée de ma santé. Je ne devine autour de mon existence que de la gentillesse, de l'attachement et de la fidélité. On veut me saluer ; on vient de partout, Chambéry, Genève, Grenoble, et Turin, apercevoir l'impératrice pour la complimenter, lui dire qu'elle est aimée.

Je refuse tout traitement officiel et je répète à Monsieur Reverdin qu'il n'est pas question que je reçoive les autorités des villes. En revanche, j'accepte qu'il me remette les pétitions. Que de malheurs, que d'injustices à réparer, que de souffrances parmi le peuple ! Je le devine de plus en plus : Bonaparte ne regarde plus que sa gloire. Il s'est détaché des Français. Je sais que ses soldats m'appellent la Vieille et je n'y entends pas malice : d'abord parce qu'ils ont raison, je suis vieille, et ensuite parce qu'ils le disent avec amour et répètent : « Du temps de la Vieille, le Petit Tondu avait la chance avec lui. Depuis qu'elle n'est plus là, c'est pas pareil. »

Dieu veuille qu'ils se trompent, mais Bonaparte ne se libère pas de sa guerre espagnole. Joseph est un roi étranger, placé sur un trône par le bon plaisir de son frère, sans véritable couronne, sans pouvoir, qui ne tente rien pour se concilier son peuple. Je l'ai déjà écrit, je connais l'âme espagnole, sa fierté confine à l'orgueil. La croix et le couteau, voilà ses armes pour gagner sa liberté. Sans renoncer jamais.

25 août

J'ai fini ma cure. Je veux voir du pays. J'ai décidé de partir pour la Suisse et la Savoie. Ce sera très gai.

26 août

À Sécheron, à Messieurs Déjean qui sont frères et très obligeants, j'ai loué tout l'hôtel d'Angleterre. C'est là que j'installe ce que ma suite a baptisé derrière mon dos et en riant sous cape « mon quartier général ». Après tout, je fus deux fois mariée à des officiers, je sais ce que c'est que l'intendance : toutes nos excursions nous ramèneront à l'hôtel pour nous y reposer et nous détendre. L'endroit est calme et charmant. Rien ne manque à mon bonheur. Sauf peut-être une lettre de l'Empereur.

Demain, je verrai la mer de Glace ; on me répète que c'est très beau. J'irai à Neufchâtel, pourquoi pas à Berne, la grande ville, mais je voudrais recevoir de ses nouvelles, à lui, Bonaparte. Pour savoir s'il pense à moi, pour lire qu'il m'aime encore un peu, que Louise ne le comble pas suffisamment et qu'il me reste davantage qu'une parcelle de son cœur ou de son esprit.

Infortunée Joséphine. J'ose croire que je ne suis pas jalouse… mais elle est jeune et si blonde.

28 août

Tout est ici magnifique, grandiose. L'air se colle aux joues, froid, joyeux. J'ai envie de marcher, de tout voir, je dépasse mes gens. Lancelot de Crissé m'aide en me tendant la main, je ne me serais pas crue capable de marcher autant, d'avoir aussi faim, de dévorer au déjeuner de l'étape du jambon et du pain bis, de mordre dans une tranche de tomme, de boire du vin clairet et de rire parce qu'il tache ma robe. Je suis redescendue de la mer de Glace, j'ai applaudi aux sources de l'Aveyron, je suis rentrée à l'hôtel, fourbue, m'endormant dans mon bain brûlant. Étrangement apaisée.

30 août

La plus douce des soirées, tout à l'heure, avec Lancelot, devant la cheminée. Je voyais son visage danser entre les rouges et les ors. Assis, il s'appuyait sur la paume de sa main droite, le bras tendu, les jambes croisées, le coude plié sur le genou. Dans le silence, j'entendais le bois craquer. Par à-coups, il passait les doigts dans ses cheveux, les yeux mi-clos, frangés de cils bruns aux bords roussis. Je n'aurais pas à lui dire, « je ne pourrai pas venir » ou « demain » ou « retrouve-moi à l'heure habituelle », toutes ces petites phrases haïssables que j'ai trop souvent entendues et articulées, vite, alors que j'achevais de m'habiller, ne trouvant pas un second gant, une étole. Je n'aurais eu qu'à tendre l'index et effleurer sa tempe, où moussaient ses cheveux, afin qu'il tourne le visage vers moi.

Demain, nous allons à Vevey, puis à Lausanne.

31 août

Je ne sens plus mon corps, il n'est que douleur au dos, aux jambes, aux épaules, aux bras, à la nuque ; la liste de mes maux ennuierait mes médecins mais jamais je ne me suis sentie mieux. J'ai envie de tout connaître, de tout apprendre. Ces montagnes sont une source de bienfaits, tout ici me paraît neuf comme aux premiers temps de l'humanité. Ici, je suis libre, sans entrave et je parle aux habitants, au peuple des chalets. Je connais ses aspirations, ses volontés, ses peurs, sa générosité, sa foi, son dévouement extrême et jamais un souverain ne devrait se détacher de ce qui modèle si intimement son trône.

Il y a des imprévus souriants. Ainsi, ma table bien achalandée, raffinée, avait été commandée dans un bel hôtel. Alors que la voiture s'arrêtait devant, j'en demandai le nom. « La Fleur de Lys, Madame », me répond- on ! J'ai aussitôt dit que l'on continue d'avancer. Les malheureux propriétaires n'ont dû rien comprendre : comment pouvais-je descendre dans un endroit doté d'une enseigne pareille !

10 septembre

Je n'ai toujours pas reçu de nouvelles de Bonaparte. Je redoute que la jalousie de Louise l'emporte sur son fond, qui est bon. Je ne veux pas de l'exil en Italie mais Madame de Rémusat, fort influencée par l'Empereur, me conseille, elle aussi, de me rendre à Milan, d'y passer l'hiver au côté d'Eugène, de goûter en famille aux joies de succès si mérités. Or j'y rencontrerais chaque jour de quoi me souvenir et rien ne me lasserait moins que les époques de ses premières gloires. J'ai écrit à Bonaparte, lui ai demandé de m'éclairer, de guider sa Joséphine, de me donner encore une fois une preuve de son amitié.

Sa lettre m'est parvenue à Berne. Bonaparte me conseille d'aller à Navarre, d'y passer l'hiver s'il ne craignait que je m'y ennuie. « Tu ne peux, m'écrit-il, être cet hiver convenablement qu'à Milan ou à Navarre. Après cela, j'approuve tout ce que tu feras, car je ne veux te gêner en rien. » Je pars donc pour Navarre. Je refuse de vivre en Italie. Six mois dans ce pays sont au-dessus de mes forces, cela me séparerait de tout ce qui m'est attaché. Lorsque je ne voyage plus, ma place est en France. À ses côtés.

11 septembre

Madame de Staël[1] demande à me rencontrer. Elle souhaite ardemment une audience. Que faire ? La femme la plus intelligente d'Europe face à la première femme de son pire ennemi. Ai-je résumé suffisamment la situation ?

J'aimerais l'écouter, on ne fait d'ailleurs que cela en sa présence, l'entendre jeter sur moi les feux de ce monologue qu'elle appelle conversation, apprécier chaque mot, chaque intonation, en extraire les sucs mais je vais devoir dire non, prétextant les fatigues de mes voyages, l'heure très matinale à laquelle ils vont reprendre dès demain. Elle insistera, se vexera peut-être, mais je la sais trop fine pour ne pas se risquer à un second refus. Je ne déplairai pas à Bonaparte qui ne chérit guère les femmes longtemps !

Je me souviens de ce mot, je crois qu'il est de Fortunée Hamelin. Un jour, le Directoire venait de naître, il la croise dans un salon où elle parlait de la Convention. Il lui dit : « Je n'aime pas les femmes qui se mêlent de politique ! » Sans ciller, elle répond : « Je comprends, général, mais dans un pays où on leur coupe la tête, il faut bien qu'elles cherchent à savoir pourquoi. » Bonaparte est resté muet.

Un vent vraiment très froid agite les persiennes de ma chambre. Je ne verrai pas Madame de Staël. Voilà qui va nous manquer à toutes les deux.

---

1. Anne-Louise Germaine Necker, baronne de Staël-Holstein (22 avril 1766-14 juillet 1817). Femme de lettres, essayiste française d'origine genevoise. Son art d'exceller dans la conversation, ses talents de conteuse, son esprit, comme son inimitié envers l'Empereur, demeurent célèbres.

Je vais rencontrer l'archiduchesse Constantin en revanche, la belle-sœur du tzar, la princesse ayant émis le souhait de me rendre visite. Elle est charmante, fort bien élevée, belle, élégante et Bonaparte sera charmé. Elle se tient aux sujets autorisés : le temps, les enfants, les petits-enfants, la santé, les excursions locales. Elle ne parle jamais de politique. Ce n'est pas Madame de Staël.

14 septembre

Je suis heureuse et tout semble me sourire. Je ne souhaitais pas quitter un pays qui m'enchante sans acheter un nouveau domaine et me sentir un peu chez moi. Cela a le don de m'apaiser toujours ; il me semble que, dans mes meubles, entourée d'objets choisis, entre les murs épais de mes maisons, je suis tranquille, à l'abri du sort.

Je le voulais près du lac Léman, grâce créée par le ciel, miroir calme ou battu en fonction des caprices du divin, qui respire ce mélange d'eau pure, de vase, de galets plats et chauffés. L'eau est parfois agitée en spasmes violents, elle semble dressée par une main ennemie, elle cogne les grèves, trempée de pluies, devient mauve, puis effroyablement noire, et tout se soulève, rebondit, aspire, détruit comme les typhons de mon enfance. On se noie dans le Léman, sans rémission, la barque se retourne et chavire. Autour du lac, il y a des croix au-dessus des petits mausolées que l'œil étranger ne reconnaît pas d'abord, dressées là pour le souvenir. J'ai fait fleurir quelques-uns de ces tas de pierres, parfois très anciens, où j'ai lu des noms que les années effacent.

J'aime ces paradoxes de la nature, semblables à ma vie.

Monsieur de Pourtalès m'a signalé une terre à vendre aux enchères, le château de Prégny-la-Tour. Chose faite contre cent soixante-cinq mille francs, payés par Bonaparte. Prégny n'est pas grand, il est pansu comme un chartreux, couleur crème-de-lait, avec trois dépendances, des prés, un verger, un délicieux petit port entouré de murs et destiné à la pêche aux perches. J'adore ma nouvelle maison ! Je veux que les travaux d'aménagement, d'embellissement, d'agrandissement commencent tôt. Je crois que je ne suis heureuse qu'avec de la poussière de plâtre sur la pointe de mes souliers. Je veux le calme du parc, la vue sur le Mont-Blanc et l'art de me plaire en châtelaine.

Je vais quitter la Suisse comblée, et rentrer à la Malmaison d'où je partirai pour Navarre. La pauvre Joséphine est toujours sur les routes. C'est le sort des cœurs trop aimants.

XIX.

2 janvier-24 décembre 1812

« Je ne puis ressentir tout ce bonheur-là »

2 janvier. À Navarre.

L'année commence, il faudra lui souhaiter d'être bonne. Je la débute avec ma nouvelle existence. Je l'ai acceptée. Pour Bonaparte, je ne veux plus être la moindre source de soucis. Je me tourne vers ma vie, à moi de faire en sorte d'y trouver des charmes.

À Navarre, où je suis depuis quelques semaines, j'ai décidé pour les étrennes d'offrir une loterie. J'ai bien sûr aidé le hasard et favorisé le sort. Chacun a reçu ce qui était en proportion avec sa charge. Ce fut très gai.

Voilà qui a diverti cette pauvre Mademoiselle Avrillon. Voulant s'amuser avec notre belle jeunesse, elle a pris place dans un traîneau sur le grand bassin gelé. Des patineurs n'ont pu l'éviter. La malheureuse a été projetée brutalement sur le sol dur comme du bronze et s'est cassé la jambe gauche. Cris, larmes, désordre général avant que je n'adresse mon médecin à la blessée qui doit garder la chambre durant deux longs mois. Chaque jour, j'emprunte le petit escalier noir qui monte chez elle afin de la distraire et lui tenir compagnie.

5 janvier

J'ai donné beaucoup aux pauvres, autorisé que ma fête soit célébrée à la cathédrale afin que les Dames de la Charité puissent faire leurs louables offices de bienfaisance : des pains seront distribués et des aumônes. J'ai donné pour la fondation d'un hospice et la création d'un théâtre. Je demande à mes hôtes de se fournir chez les marchands locaux. Les ouvriers sont d'ici. Le commerce profite ainsi de notre présence à tous. Les enfants des écoles disent de moi que je suis « la bonne dame qui donne des joujoux et du pain ».

J'attends Eugène.

21 janvier

L'anniversaire de la mort de Louis XVI. Il est interdit de le célébrer en France, bien sûr. Mais combien d'entre nous n'y pensons pas dans le secret de notre cœur ? Je ne peux m'empêcher d'être triste, chaque année, à cette même date. Je sais aussi que son fils, le Dauphin Louis, a disparu du monde des vivants. La seconde mort de cet enfant mystère. La Providence n'a pas voulu de lui, malgré tous mes efforts. Dieu, parfois, ne donne pas tout.

Bonaparte ne pense à rien d'autre qu'à la guerre. On recule partout, cependant. En Espagne, au Portugal, en Pologne, où de nouvelles troupes russes se concentraient déjà voici quelques mois. À quoi songe donc l'Empereur ? Pense-t-il que son étoile ne pâlira jamais ?

Monsieur Reverdin me décrit sa fatigue, son énervement perpétuel, m'écrit dans ses lettres ses colères qui éclatent comme des orages d'été et foudroient tout sur leur passage. Stanislas me dit que, pour se calmer, Bonaparte organise dans les forêts de Saint-Cloud ou de Saint-Germain des chasses interminables. « Savez-vous, Madame, me confie cet excellent jeune homme, que Sa Majesté se lance dans des galops frénétiques qui épuisent la cour ? »

9 février

Je sais que Bonaparte a donné un grand bal paré aux Tuileries voici trois jours. Les princesses, mes belles-sœurs, Caroline et Pauline, y ont rivalisé d'élégance. Le souper a été servi dans la galerie de Diane à une heure trente du matin.

Ce n'est pas moi qui ai vérifié l'ordonnance du menu. Cela pourtant ne m'affecte pas. Monsieur Reverdin m'écrit que l'Empereur ne s'est pas diverti. Il a quitté le bal en se rendant dans ses appartements, sans même passer par ceux de Marie-Louise. Pauvre petite fille qui ne sait pas s'y prendre. Comment pourrais-je être jalouse d'elle, de ce mariage, de cette union dictée par la politique où n'entre aucun amour véritable ? J'imagine la gloire de Caroline et Pauline. Pauvres femmes amusées une heure ou deux par une nouvelle robe, sans penser que la parure sert d'abord la France et ses industries.

11 février

Lorsque mon fils est au château, le rêve vient aussi. Il est naturellement bon et gai, s'amuse d'un rien, répand le bien autour de lui, va pêcher des poissons dans les bassins, les donne au cuisinier qui les frit dans l'instant. Il joue au billard, perd avec délectation devant les dames puis leur offre de petits bijoux en corail. Il chante des romances autant que de l'opéra bouffe et nous rions de le voir interpréter son rôle avec tant de passion comique.

3 mars

Bonaparte a fêté le mardi gras avec un domino bleu et un masque gris. La cour a remarqué son manque d'entrain. Il avait son visage des mauvais jours, sombre. Mon ancien mari s'est enrhumé. Il travaille sans cesse. Il s'enferme des heures dans son bureau des Tuileries. Je me souviens de ses rages subites lorsqu'il saisissait son coupe-papier et frappait, frappait le bois épais de son fauteuil d'acajou. Je revois encore les blessures, les encoches profondes. Monsieur de Caulaincourt m'écrit que parfois il fait seller un cheval et galope au péril de sa vie dans les bois du Raincy ou de Boulogne.

Je ne cesse de lui adresser des billets. « Bonaparte, prends du repos, je t'en supplie, ménage-toi. Pense à ceux qui t'ont conservé amour, respect et tendresse. » Il me répond parfois de ne pas m'inquiéter. Il m'adresse « mille choses aimables », me dit qu'il est content de me savoir apaisée à Navarre : « Je sais bien, ma tendre amie, que tu auras fait de ce château ton coin de paradis. Tous ceux qui l'ont vu m'en ont dit des merveilles. Lorsque moi-même j'y étais, j'ai grandement apprécié le parc et son calme. Prends soin de ta santé, elle m'est chère. » Je glisse ces billets dans mes tiroirs. Je les relis ensuite. Ainsi, je ne suis pas malheureuse.

19 mars

Ma fête. Elle s'est achevée par des chansons. Mes dames, à Navarre, ont toutes interprété les couplets de Monsieur Deschamps, écrits spécialement pour l'occasion. Celui qui est mon secrétaire des commandements et s'était déjà illustré par de jolis vaudevilles, n'a pas démérité de son talent. En somme, Bonaparte a cessé d'aimer un être d'exception, dont on a beaucoup vanté les mérites, les vertus, les dons de plaire, les bontés, les grâces, la bienfaisance et le zèle mis à ne faire que le bien ! J'écris cela sans presque d'ironie, je fus touchée, je l'avoue, moins encore que par le jeu de cartes que Lancelot a peint pour moi dans le secret et qui figure chacune des personnes de ma suite. La ressemblance en est exacte et il a, avec beaucoup d'esprit, saisi les attitudes de chacun.

27 mars

Ma soirée fut une complète réussite. J'ai montré à tous ce que je valais. Je suis impératrice sacrée et couronnée. J'ai fait les choses en très grand. Les menuisiers ont posé un plancher dans l'immense salle des gardes. C'est là que mes invités ont dansé. J'ai fait décorer de fleurs, de draperies toutes les pièces du château, chacun a revêtu ses habits de cour, j'ai moi-même porté une robe à traîne, en lamé d'argent, posé sur mes cheveux le plus beau de mes diadèmes.

À l'heure où je devais quitter mes appartements, j'ai demandé à mes femmes de chambre de me laisser seule. Je me suis regardée dans la double psyché. Celle qui me faisait face, très parée, fardée, souriante un peu, droite, les mains jointes, dédoublée par le jeu des miroirs parut me reconnaître quelques secondes, comme une échappée belle de ce que je fus, jadis. Je redressai le buste, je versai quelques gouttes de jasmin au creux de mes bras, à mes tempes, elle parut acquiescer, me força à sourire et je la vis s'éloigner, gagner la porte, marcher vers les bruits de voix et de musique.

J'étais en haut de l'escalier de marbre, entourée de mes gens. J'ai vu les regards et les yeux des hommes, salué les dames, fait le tour des salons, escortée des gens de ma maison. Il ne sera jamais dit que Joséphine ne se montre pas digne de son rôle. Les feux que je lance sont ceux de la mémoire, je fus l'incomparable et sûrement, le fus-je encore ce soir-là. J'ai aimé l'éblouissement auquel invite le monde, je n'ai jamais été jalouse de la beauté des femmes et je leur dois d'honnêtes et savoureuses amitiés. À l'instant de quitter la scène, je le fais sans reculer. Mais je veux que l'on me garde en souvenir, et, dans les cœurs, qu'on m'y cloître à jamais.

30 mars

Rapide séjour à Malmaison.

Je voulais voir où en étaient les nouvelles plantations de ma roseraie.

J'ai fait la plus étonnante, la plus surprenante des rencontres. Il sera dit que j'aime Bonaparte plus que ma vie et que rien, jamais, ne m'empêchera de ne pas témoigner à celles et ceux qui l'aiment aussi ma tendresse et mon respect.

Ainsi, sachant qu'ils étaient à Paris, j'ai tenu à recevoir Marie et Alexandre Walewski. Oui, je viens de quitter la belle, la très belle, la douce, si douce, jeune, très jeune, maîtresse de mon ancien mari.

Entre nous, ce fut un coup de foudre d'amitié. Nul n'était gêné de se saluer le plus cordialement du monde. Voici une femme digne, mariée, et qui aime avec une absolue abnégation. Son mari sait, pardonne, accepte sans vaine résignation. C'est cependant bien incroyable et j'ai vu mes gens murmurer dans notre dos.

L'Empereur a su ma démarche. Je sais qu'il s'en est réjoui. Il m'a écrit ceci : « Bonne et tendre amie, chère et fidèle Joséphine, tu es née pour faire le bien. Tu laisses dans l'ombre les rancunes stériles. Une telle action te grandit encore à mes yeux. »

Je conserve de la belle Marie Walewska le souvenir de son sourire, son désir de me plaire sans forfanteries, sa façon de me dire : « Oui, Madame, nous partageons le même amour pour le même homme » et sans que ses lèvres osent formuler les mots, je sentais qu'elle ajoutait : « N'est-il pas le plus grand de tous et un tel homme ne peut-il susciter bien des passions et des amours plurielles ? »

Oui, j'ose écrire que cette femme, simple et bonne, a su me plaire infiniment.

3 avril

C'est un bien si doux que la tranquillité, l'ambition est la seule chose qui puisse m'en dégoûter. Dieu merci je ne suis plus atteinte par cette maladie. J'aurai eu de la chance ma vie entière. Je vois ma fille et mon fils venir me voir ici, à Navarre, où à la Malmaison. Je suis entourée de mes amis, ma douce Stéphanie, aujourd'hui duchesse d'Arenberg, la grande-duchesse de Bade, mon autre Stéphanie, Madame de Rémusat, mes cousins Tascher. Chacun me parle de Paris, de la cour, me distrait, m'assure de son amitié qui n'est pas feinte.

Oui, en vérité, j'ai eu de la chance. Je me souviens aux Carmes, de cette jeune femme, aux yeux d'aigue-marine comme lavés par la mer, tendres. J'étais accablée par la mort d'Alexandre, démunie, gémissante. Elle vint me voir dans ma cellule, s'assit sur mon grabat, remonta ses genoux à toucher son menton, ordonna vivement les plis de sa robe. Puis, toujours sans un mot, elle m'offrit dans une tasse une poignée de fraises dont le parfum me hante encore. Elle m'invita à en croquer une, puis une autre et devant une telle munificence je pleurai. Elle ne me chuchota que son prénom, Sophie. Je la revis le jour de notre sortie de prison, son baluchon entre ses pieds, prendre le soleil, s'en inonder le corps, heureuse d'être libre, gardant ce bonheur pour elle, et me lançant un sourire de fillette espiègle.

4 avril

Bonaparte m'a grondée. Il sait mes dépenses. « Si tu veux me plaire, fais que je sache que tu as un gros trésor. Mets de l'ordre dans tes affaires. Ne dépense qu'un million et demi et mets de côté tous les ans autant. Cela fera une réserve de quinze millions en dix ans pour tes petits-enfants. Il est doux de pouvoir donner quelque chose et de leur être utile. Au lieu de cela, tu as des dettes. Occupe-toi de tes affaires et ne donne pas à qui veut en prendre. Juge combien j'aurais mauvaise opinion de toi si je te savais endettée avec trois millions de revenus. »

Certes, je fais des dettes. Voilà qui doit être de ma nature profonde. J'aime la beauté. Et la beauté est chère. J'ai pensé à faire des efforts mais ma volonté abdique, je l'avoue.

17 avril

Nous sommes partis en calèche, Lancelot et moi. Je le voyais conduire l'attelage avec cette sûreté tranquille qu'il met dans tout. Le soleil, vif et froid, brunissait ses joues. J'étais assise à ses côtés, un plaid sur les genoux, je regardais ses mains nues, la chevalière qu'il ne quitte jamais, ses bottes dont le talon droit battait la chamade. Lancelot m'a aidée à descendre, il était un peu plus de quatre heures de l'après-midi. Lancelot. J'aime écrire son prénom.

Il m'a tendu le bras, je m'y suis accrochée, aimant sentir son flanc tiédir le mien. Il m'a demandé : « Avez-vous froid ? » J'ai répondu que j'étais bien. Nous avons marché jusqu'au vieux calvaire dont le tronc est verdâtre de mousse. Il a dit : « Votre portrait est prêt. J'attendais votre fête pour vous l'offrir. Mais si vous le souhaitez… » J'ai répondu que nous avions le temps.

Il regardait devant lui. Nous nous sommes assis, sur les pierres de granit, il a sorti de sa sacoche en cuir deux tasses, la bouteille de café chaud et des morceaux de sucre candi. Il a choisi le plus gros éclat, l'a laissé tomber dans la tasse, me l'a tendue, a souri et j'ai bu. Du pré voisin mouillé par la pluie récente, bordé d'une dizaine de peupliers, sous le ciel bas, alourdi de nuages, d'un gris de ruines, frotté parfois de rose, venait une odeur de terre dormante et de feuilles. Je me suis sentie vivante.

Je suis seule dans ma chambre, seule à veiller encore, excepté la garde dont j'entends de loin le ronronnement habituel. J'ai lu les dépêches qui sont mauvaises : l'Espagne est un bourbier couleur de sang, Joseph, son roi, ne fait rien, ne sait rien faire. La Hollande n'a pas mieux accepté Louis sur son trône. Les peuples veulent-ils encore de Bonaparte en Europe ? L'Angleterre le hait. La Russie ne l'aime plus. L'Autriche attend l'heure propice. La guerre va reprendre, c'est inévitable. Il me semble que l'inquiétude est ma fidèle alliée, que jamais mon esprit ne connaîtra le repos. Les larmes ont accompagné ma vie, je pense à mes enfants, à mes petits-enfants, j'ai promis de venir les visiter en Italie, qu'allons-nous devenir si la fortune nous lâche ?

6 mai

J'en ai assez ! La colère m'a prise et ne me lâche plus. Je viens de parler avec mon premier maître d'hôtel. L'animal prétend qu'il est impossible d'avoir à Navarre moins de vingt-deux tables séparément parce que la classe inférieure de la domesticité connaît sa propre hiérarchie qui est, paraît-il, bien pire que dans mes salons ! Je suis en butte au pire gaspillage parce que les cuisiniers ne veulent pas manger avec les filles de cuisine et les marmitons. Les frotteurs avec les feutriers. Les dames d'annonce ne dînant pas avec moi, leurs femmes de chambre ne croient pas de leur dignité de dîner avec les leurs. L'étiquette d'antichambre me ruine. J'ai demandé à Madame d'Arberg de remédier à tout cela et au plus vite. Quelle guigne que ces tracas domestiques pour entamer l'année ! Mon petit royaume semble se diviser autant que l'Empire craquelle.

5 juin

L'Empereur a porté la guerre en Russie. Il fait la guerre à Alexandre pour la Pologne. Aussi pour ne plus avoir d'ennemis en Europe. Ainsi il vise, toujours et encore, l'Angleterre. La France, à ses yeux, ne peut demeurer un grand État si Albion conserve ses ambitions et ses droits maritimes.

Pour combattre les Russes, il faut trouver des alliés. Les Autrichiens vont donc devoir envoyer trente mille hommes fournis par Bon-Papa, l'empereur François. Je ne crois pas une seconde à ces combinaisons politiques entre des souverains que tout oppose.

Cette nouvelle m'accable et je lis la consternation sur tous les visages. Les femmes de France, avec courage, attendent. Il y va de la vie d'un père, d'un mari, d'un frère, d'un fiancé. Les vœux, les craintes, les espérances, tout est là, car jamais la guerre n'a mené nos soldats si loin de leur patrie. Les républicains n'ont jamais baissé la tête que dans l'espoir de la relever bientôt. Il y a encore des jacobins en France, protégés par Fouché. Les royalistes n'ont pas désarmé, l'opinion s'agite, la bourse a peur, et moi, je pleure, j'espère des nouvelles qui ne viennent pas ou que je devine fausses sous les mots rassurants.

Eugène commande le quatrième corps de la Grande Armée qui manœuvre près de Dresde. Ses lettres sont rares, tardent à me parvenir et je suis dans une perpétuelle angoisse. Rien ne me distrait plus, tout me nuit, je vois la catastrophe arriver à grands pas. Je connais l'âme russe, elle est forgée d'airain et ce peuple aime sa patrie plus que sa vie. Il fera tout pour que l'étranger en soit banni, au prix du sang et de bien des larmes.

10 juin

Je veux embrasser les enfants d'Eugène. Et pour les combler de cadeaux, j'ai passé commande chez les meilleures boutiques parisiennes. Je pars pour l'Italie. Je vais voir et embrasser mes petits : Auguste, Joséphine et Eugénie. Leur mère attend un quatrième enfant. Il me faut être auprès d'elle afin de l'aider du mieux que je peux.

Je pars sans Lancelot. Mais avec les nostalgies habituelles. Qu'aurais-je pu faire de plus avec Monsieur de Crissé, l'aimer davantage, l'écouter plus dans ses désirs, ses ambitions, suis-je encore comme les autres ? Le pouvoir d'une femme, je veux dire celui qu'elle occupe sur les peuples par sa naissance ou ses destinées, fausse la donne, brouille les cœurs, et rien n'est possible quand celui qu'elle aime en secret s'agenouille devant son trône. Je fus tout, à l'heure où il n'était rien. Et rien à l'heure où il aimerait tout. Qu'y puis-je ? je n'ai pas cherché les honneurs, lui, si. Comment l'en blâmer, quand tant d'autres, moins doués, moins aimables, moins beaux, parvenaient de moi à obtenir tant ?

Lancelot m'aime – je le comprends à chaque attention et il me l'a dit. Est-ce possible d'aimer après Napoléon ? De cette révélation il me reste un goût d'inachevé qui ne forme pas encore des regrets mais une gêne que l'on sent sourdre certaines fins d'après-midi. Viennent alors le souvenir d'un sourire partagé, une façon de dire, « venez Madame », de tendre le menton vers une direction semblable, de retrouver un mouchoir avec trop de galanterie sous les coussins de la voiture, de proposer un verre d'orangeade en le faisant glisser du gras du pouce sur le marbre du guéridon cerise, accompagné d'un regard qui attend trop.

J'ai admiré sa peinture, j'ai aidé à ce que ses finances, si malmenées depuis la Révolution, l'ayant conduit à la ruine, retrouvent leur lustre d'antan. J'ai commandé ses tableaux, j'en ai acheté d'autres pour les offrir ; je doterai même sa femme le jour de son mariage, elle sera jeune et belle, et déjà je n'en suis pas jalouse. Car je suis fidèle en amitié. Je continuerai à voir Monsieur Turpin de Crissé, qui est le plus dévoué des chambellans, avec de la culture, du bon sens, de la noblesse, du courage et les yeux les plus tendres du monde.

Nous prendrons des huîtres ensemble accompagnées de vin blanc glacé, nous parlerons du passé et de l'avenir et ce sera bien doux de se retrouver. Sans avoir franchi le pas, traversé la frontière qui sépare les émois du sordide, les espoirs du vaudeville.

26 juin

Bonaparte m'a donné volontiers sa permission pour l'Italie. Il veut que je voyage incognito, ce qui est aussi mon souhait. Je ne prétends pas à de grandes réceptions, ni à d'interminables présentations aux membres du gouvernement, rien qui force la ville à tenir un rang perpétuel simplement parce que je suis là, rien qui ne soit autrement que simple et tranquille.

Je vais revoir ce pays, après tant d'années.

15 juillet

Je pars demain. Je sens que je ne dormirai pas plus de deux heures cette nuit. La dernière fois, c'était en 1796 ! Il me semble que j'évoque un autre temps. Je me rappelle Brescia, Vérone, les dangers, les bombardements, la poussière, Hippolyte Charles qui me suivait comme un jeune chiot, attendant mes caresses et mes sous. Comme j'aurai aimé cet homme, comme je me poserai toujours la question de savoir pourquoi je l'ai aimé ! Bonaparte portait encore les cheveux longs sur ses épaules étroites, il décidait, tranchait, il foudroyait le monde avec des victoires dont on parle encore. Il était fou amoureux de moi, il m'écrivait, il attendait mes lettres, il les savait par cœur, il me suppliait de le rejoindre tant mon absence lui pesait et, lorsque j'étais près de lui, il ne me laissait jamais en repos. Ses officiers détournaient le regard vers les toits de Milan. Aujourd'hui, il me souhaite juste : « Bon voyage. »

27 juillet

Arrivée à Milan. Je suis épuisée. À la villa Bonaparte, ce qui est plus simple pour tout le monde que d'être au palais royal. Moins de tracas, plus de liberté.

28 juillet

Mes petits-enfants quittent ma chambre à l'instant, après s'être disputé mes caresses. Ils sont trois anges tombés du ciel, charmants, intelligents. Et mon Auguste – il tient son prénom de sa mère –, me fait penser à l'un de ces petits Hercule que l'on voit peints à la fresque sur les plafonds italiens. Il pourrait terrasser tous les serpents du monde tant il est fort pour ses deux ans. Joséphine est une beauté de cinq ans et ses lèvres menues si joliment dessinées sont faites pour aimer et être aimées. Eugénie est belle aussi, en plus vif, en plus spirituel, tout l'esprit de Paris semble s'être blotti dans cette tête charmante.

J'ai bien fait de venir. Ma belle-fille est sur le point de sa délivrance.

30 juillet

Voici trois jours que je suis arrivée. Et je suis déjà grand-mère pour la septième fois !

Nous avions soupé ensemble, ma chère belle-fille Auguste et moi, puis nous nous étions tranquillement promenées en voiture découverte dans la tiédeur calme de la nuit. Vers minuit, les douleurs de l'enfantement commencent. Cris et gémissements ! Je ne quitte pas la main de ma bru.

Nous nous étions tous persuadés que ce serait un bon et gros garçon. Je considérais moi-même la chose faite, et voilà que c'est une fille mignonne comme un cœur qui est venue à quatre heures du matin. Je suis épuisée. Je suis heureuse.

3 août

J'ai visité l'Académie de Brera dont le musée doit beaucoup à Eugène. Je suis tombée en admiration devant la *Vierge à la roseraie*, de Luini[1], le visage de la madone est d'une infinie douceur ; elle tient l'Enfant entre ses bras, pose sa main droite sur son talon, sourit en regardant le monde s'ouvrir devant elle. Derrière la Vierge, il y a les roses, alignées, agitées au souffle divin, délicates, des roses carmin et roses, dans l'air limpide, ceinturées de pétales, et je me surprends à approcher de la toile pour sentir leur parfum de trois siècles. Quand j'étais petite fille, à la Martinique, ma mère nous répétait : « Prenez garde à la couleur des roses, elle est changeante, comme l'amour. » Je n'ai pas oublié.

L'Académie est un beau palais à colonnettes et à péristyle, restauré par Eugène. Partout, le silence est total. Une perfection pour prier ou rêver. Je me surprends à faire les deux.

7 août

Je me suis prise de passion pour mon petit Auguste. Cet enfant est drôle, tendre, si tendre. Dès qu'il m'aperçoit, il veut mes bras et quitte tout pour s'installer sur mes genoux. Il dispute ma tendresse à ses sœurs. Ainsi, alors que, devant lui, je remettais à un officier d'ordonnance une lettre pour son père, il l'a prise et y a déposé un baiser. Nous formons lui et moi le plus inséparable des duos. Comme quoi le bonheur d'être mère est pour moi de la nature. J'ai vu tant de

1. Bernardino Luini (1581-1532). Peintre italien, originaire de Lombardie.

femmes délaisser leurs enfants, les remettre à des nourrices, les abandonner à l'indifférence, les oublier sur l'épaule d'un amant. La famille, mon refuge sacré !

9 septembre

Mauvaise nouvelle du monde. La cavalerie française est tombée à Borodino, le reste de l'armée a dû céder au nombre à Leipzig et est retourné à Mayence à travers des obstacles qui se multiplient à chaque pas. La campagne de Russie vire à la tragédie. Je n'ose imaginer la fureur de l'Empereur et les orages noirs qui vont venir gronder sur sa tête, donc la nôtre.

11 septembre

Hortense est partie en Suisse. Elle y a mis au monde le fruit de son amour pour Charles de Flahaut. Je ne loue ni ne déplore une naissance hors de son mariage qui fait de ce garçon l'enfant déjà caché au monde. Je connais Charles, il est loyal et noble. Certains salons prétendent que Talleyrand est son père et je m'en moque. L'histoire se reproduit donc et cela n'a rien d'étrange. Je veillerai sur ce petit, je veux qu'il ne manque de rien, qu'il aime ses frères et que ceux-ci soient bons avec lui. Hortense a dissimulé son bonheur, Bonaparte ne dit rien, Louis se tait, farouche.

Mais moi, je veux que chacun sache ma joie de me voir entourée de tous mes petits-enfants. Ils sont mon ravissement et ma fierté. À la Malmaison, à Navarre, lors de mes voyages, je laisse venir à moi les enfants. Ils regardent les jouets mécaniques qui sont dans mes antichambres, je permets qu'ils s'en approchent. Ils découvrent un singe musicien habillé à la turque et qui tient son violon, un oiseau perché sur des branches d'argent où pendent des fruits en lapis-lazuli, un ananas en vermeil qui s'ouvre sur une noix de cristal, que sais-je encore, une poule en or qui pond des œufs en argent, une voiture qui marche seule… L'enfant, qu'il soit de mon sang ou pas, riche ou pauvre, venu avec ses parents pour une aide, une faveur, admire, s'extasie, touche, caresse, me regarde et manque défaillir quand je lui dis : « Tiens, prends-le, ce joujou est à toi. » Un autre fournisseur fabrique déjà un bateau d'ambre qui agite ses voiles, Bonaparte l'apprend et je reçois dans la semaine une lettre où il m'écrit que je suis folle, dépensière et que je ne pourrai plus aider ma propre famille et que je suis bien mauvaise ! J'ai l'habitude. Je recommencerai.

24 octobre

J'ai pris goût à écrire ces carnets. Étrangement, parler de ma vie m'apaise. Écrire mes malheurs me permet de les supporter mieux. Suis-je heureuse ? Je confie ici, entre ces lignes, le meilleur de moi. Je crois me connaître. J'ai la chance d'une bonne santé, d'enfants passionnément aimés et si aimants. La gloire a bien voulu de moi ; j'ai tout fait, tout tenté pour en être digne.

J'ai relu les premières pages, celles écrites juste après la prison des Carmes. Je m'y trouve, sans forfanterie, bien courageuse et ne manquant pas d'audace. Quelles existences sont comparables aux nôtres ? Quels destins peuvent être semblables à ce que nous avons déjà vécu, Bonaparte et moi ? Qui ne connaît pas, jusqu'aux Amériques, l'empereur et l'impératrice des Français ? Le moindre de nos gestes fait écho dans le monde, chaque parole est commentée à l'infini.

Je garde jalousement ces carnets près de moi. Ils ne me quittent jamais. Je veille sur eux comme sur le plus cher de mes trésors. Ils me racontent d'une pièce. Sans mensonges. J'ai voulu cette vérité nue.

12 novembre

Monsieur de Pourtalès, mon écuyer si dévoué, suisse et fort riche, épouse ma chère Louise de Castellane, française et fort pauvre. Je la dote de cent mille francs et lui offre un trousseau que j'ai choisi moi-même. Fritz est aux anges, Louise ravie, et moi heureuse. Au moins, en ces temps troublés, un peu de bonheur éclaire le ciel.

16 décembre

Je suis revenue à Navarre. L'impératrice des Français que je suis encore sans l'être doit être au milieu d'eux. J'ai retrouvé ma petite cour, ses petites intrigues, ses petites ambitions fatiguées. L'hiver est de glace. Les grands bassins sont gelés. Je sens en moi une mélancolie que rien n'atténue. Je suis sortie respirer l'air froid et le sentir brûler mes joues ne m'a apporté que la sensation de me diluer. Je suis fatiguée. La vie est si triste parfois. Paris, Milan, Navarre, comme ailleurs, la mélancolie ne me quitte plus.

19 décembre

On ne parle plus que de la guerre. Un mot affreux, quand on y pense. La guerre, voulue par Bonaparte. Qui n'écoute plus personne. Augereau m'assurait l'autre jour que son rêve oriental l'aveuglait constamment. Il a voulu la Russie pour porter plus loin encore ses ambitions, rêvant de la longue route qui mène au Gange, d'arracher à l'Angleterre ses possessions d'Asie. Il veut surpasser en gloire Alexandre de Macédoine. Un jour, au Louvre, je l'ai vu longuement méditer devant un buste du jeune roi. Son regard s'accrochait au sien, Bonaparte se taisait et, dans ces yeux de pierre, vides, je suis sûre qu'il contemplait la fortune du monde.

On murmure beaucoup à Paris, où l'on veut jouir de la paix, de ce que l'Empire a gagné en prospérité, et non s'épuiser en batailles vaines et épopées incertaines. « Que me valent des honneurs, de nouvelles batailles, si mes fils ne peuvent jouir en paix du fruit de leur labeur, me disait il y a peu Madame Germon, en comptant ses rubans. L'Empereur se trompe en voulant d'autres victoires. Nous aspirons tous à la paix. C'est cela qu'il ne comprend pas. Nous voulons la paix avec les rois d'Europe. » Ce jugement est vrai. Mais Bonaparte ne l'entend pas. Il est seul.

Cela fait si longtemps qu'il est seul. Son génie a créé des hommes qui lui doivent tout : fortune, honneurs, places, titres. Il les a habitués à ne jamais rien faire sans son avis, à obéir, comme des machines, à ne prendre aucune de ces initiatives qui sauveraient des périls, à ne pas accepter qu'ils le mettent en garde. Le résultat est tragique car Bonaparte ne peut recevoir de conseils de ces hommes si démunis, si faibles sous les coups d'un sort contraire. Si bien que, sans trahison, il est quand même trahi.

22 décembre

Les bulletins sont sinistres. Chaque courrier pire encore. Ce ne sont que des morts, des morts par centaines dont on dit les noms, des garçons de vingt ans tombés dans les plaines glacées. Le terrible hiver russe plante ses crocs dans notre chair, et ces enfants, fusil à la main, n'y survivent pas. Bonaparte ne parvient à rien : l'ennemi ne le laisse pas l'attaquer, il recule, toujours plus loin, brûle ses villages, brûle ses récoltes, notre armée ne trouve plus que ruines, villes en cendres. Dieu abandonne l'Empire et je vis les plus effroyables chagrins. Mon Dieu, que faire ? Pourquoi Bonaparte s'acharne-t-il à mener la guerre partout ? Je ne vois plus autour de moi que des familles endeuillées, je ne vis plus en regardant le désespoir des mères, le noir du deuil qui envahit la France.

Moi-même je vais mal. Ma santé m'abandonne. L'étau qui serre mes tempes à les broyer ne les quitte pas. Le sommeil me fuit et je ne fais que pleurer. En ce moment, j'aimerais avoir la foi, mais le ciel me semble aussi silencieux que les statues qui ornent mon parc de Malmaison. Je ne peux rien. Je ne règne plus que sur un palais déserté de ses hommes, nous ne sommes plus que leurs femmes en attente. Quelle fin !...

Maux de ventre, abominables. Migraine encore, encore.

23 décembre

Où sont les fêtes, la musique qui jouait, l'air vif et vaporeux de nos conversations, le sourire des jeunes gens, leur façon de marcher, de pénétrer dans un salon, de monter à cheval avec un nouveau stick ? Où sont l'amour, la légèreté de la grâce, la main qui se pose sur l'épaule, rassurante et chaude, la tendresse, l'honneur de la parole donnée ? Où sont les roses parfumées, humides de la rosée de mai, cueillies au petit matin, après être rentrés à deux ? Il me semble qu'une époque se meurt. Dont je faisais partie.

24 décembre

Je ne veux rien de spécial pour Noël. La messe et c'est tout. Mes gens ont bien compris la gravité de l'heure. Il y aura peu d'étrennes, peu de réjouissances. Je peux compter sur ceux qui vivent à mes côtés depuis tant d'années déjà. Les autres se sont égaillés comme moineaux furieux de ne plus recevoir de récompenses. Mais l'heure, l'année, l'époque ne sont plus aux réjouissances. Le crépuscule arrive. Il va devoir nous enfoncer dans cette nuit, ce malheur que je pressens, longue peine que rien ne va éclairer.

Je cherche en vain un peu de bonheur, je lutte pour retrouver la vision de souvenirs heureux. Ils existent. Ma vie ne se résume pas à des larmes. Pourtant je pleure en écrivant ces lignes. Très fardée, en grand habit avant la messe, je pleure, seule. J'ai demandé ces minutes de solitude, on m'a laissée. Mes femmes, comme aux Tuileries, se sont reculées, une à une, se sont effacées jusqu'à disparaître derrière la porte close de ma chambre. Je vois le feu qui craque. J'entends le silence de la nuit. Tous, autour de moi, tous vont prier. Que vont-ils demander ? La paix ? J'en doute. Ils vont supplier Dieu de leur laisser fortunes et charges, fonctions, intérêts, honneurs, sous n'importe quel régime, n'importe quel gouvernement. Je connais l'âme des hommes.

XX.

4 février-29 décembre 1813

« Revenez en France, Sire, je vous en supplie »

4 février

L'armée se bat avec un courage inouï. Je sais que nos soldats manquent de tout. Le froid accable ces hommes, transperce leur uniforme plus sûrement que les balles ; ils meurent, poudrés de givre, et leurs camarades n'ont pas la force de les ensevelir. Les vivres manquent cruellement, la disette menace ; on m'a dit que nos soldats pleuraient en mangeant leurs chevaux. Quelle affreuse hécatombe. La campagne de Russie n'est pas une défaite mais elle est la mort de nos espérances.

J'ai tout à fait perdu le sommeil. Je ressemble à une vieille reine de tragédie, drapée de souvenirs, proche du tombeau et la nuit étire interminablement ses heures avec les deux mêmes questions sans réponse : quand cela va-t-il finir, quand Bonaparte va-t-il rentrer sain et sauf ? Que je ne reçoive jamais de l'émissaire à la mine grave la lettre révélant que tout est accompli !

J'écris cela et ma main ne tremble pas. Je suis sans nouvelles de lui. Sans nouvelles d'Eugène. Mais que l'on me tienne au courant, que diable, je suis l'impératrice quand même ; j'ai le droit, le devoir de savoir !

C'est à devenir folle.

Dans le silence de ma maison, je vois des ombres glisser contre les murs, j'entends le craquement des bois des planchers, le souffle du vent dans mes arbres. Je sens la mort, la mort, la mort, la mort.

6 février

Hier, j'ai vu le petit roi de Rome. Madame de Montesquiou me l'a mené à la Malmaison. Il est beau comme un soleil, charmant, ressemble en tout point à sa mère, est fort réservé. Je l'ai longuement embrassé. Peut-être un jour saura-t-il combien il m'a coûté !

28 février

Une trahison de plus ! Frédéric-Guillaume de Prusse[1] abandonne Bonaparte pour s'allier au tzar[2]. L'Autriche, l'Angleterre, tous les pays sont contre nous.

22 mars

J'ai commandé un tableau représentant le roi de Rome. Je veux le garder dans ma chambre, à Navarre, juste en face de mon lit. Je me suis profondément attachée à ce petit bonhomme. Je sais combien Bonaparte est fou d'amour pour son fils. Monsieur de Rémusat me dit que l'Empereur joue avec, compte ses dents, le prend dans ses bras, le mène devant la plus grande glace et se réjouit d'une ressemblance chaque jour grandissante. Je pourrai ainsi mieux regarder le petit prince blond, cet enfant qui m'a coûté tant de peines et fait verser tant de larmes.

---

1. Frédéric-Guillaume III, roi de Prusse (3 août 1770-7 juin 1840).
2. Alexandre Ier, tzar de Russie (23 décembre 1777-1er décembre 1825).

Mon cœur de mère est plus puissant que mon cœur de femme. Il sera dit que jamais Joséphine ne sera jalouse d'un innocent. Je continue à me réjouir du bonheur de Bonaparte. Dieu veuille protéger le petit roi de Rome.

7 avril

Bonaparte a voulu porter la guerre en Allemagne. Il m'écrit que sa décision est résolue. Il m'en donne pour preuve la situation militaire de l'Europe. Avec les Russes qui harcèlent la Grande Armée ; Wellington[1], l'Anglais, qui bat nos maréchaux en Espagne. Bonaparte sait que des agents russes et britanniques cherchent par tous les moyens à ébranler la jeunesse allemande qui ne voit plus dans l'Empereur qu'un affreux tyran sanguinaire qu'il faut abattre à tout prix. Il a réuni en Saxe une nouvelle armée de jeunes conscrits qui ne savent rien de la guerre. J'ai peur d'une nouvelle boucherie pareille au sang versé sur les bords du Niémen.

Bonaparte reste sourd à mes prières. C'est toute l'Europe royale qui se ligue contre lui et il refuse de le comprendre. Le géant a montré ses faiblesses. La meute va le traquer sans relâche et dans cette lutte à mort qui s'engage, quelles sont nos chances ?

24 mai

Nouvelle atroce : le général Duroc est blessé à mort. Après le maréchal Bessières[2], tué à Wesseinfeld, nous perdons nos meilleurs soldats, des braves qui jamais n'ont démérité. Je

---

1. Arthur Wesley, Ier duc de Wellington (30 avril 1769-14 septembre 1852). Soldat et homme politique britannique. Il est le grand vainqueur de Napoléon à Waterloo.

2. Jean-Baptiste Bessières (6 août 1768-1er mai 1813). Maréchal de France, titré duc d'Istrie par Napoléon Ier.

n'ai plus de larmes pour les pleurer. Je viens d'adresser une lettre à la duchesse de Frioul, où je plains cette malheureuse générale ; la part que je prends à sa douleur est sincère. J'ai connu et aimé Duroc, j'ai apprécié sa franche amitié d'homme, dès l'Italie. Nous étions jeunes alors ; il était si dévoué, si passionnément attaché à Bonaparte, lui offrant sa chambre de sergent quand ils étaient pauvres tous les deux, partageant le lit et le pain. Duroc est l'objet d'un regret unanime et le malheur de sa femme partagé par le peuple entier. Je lui ai demandé de ménager sa santé pour sa fille, moi qui ne suis pas à ses côtés pour lui prodiguer les soins de l'amitié. Dieu, quel chagrin !

3 juin

J'attends à Malmaison les enfants d'Hortense. Ils seront ma joie et mon unique réconfort. Un nouveau malheur, horrible, celui-là, vient de frapper ma fille. La si chère enfant prenait les eaux à Aix quand elle décida de se promener avec Adèle afin de voir une cascade. Elle avance sur un pont dont le bois était vermoulu, elle passe, mais Adèle veut la rejoindre et, soudain, le pont s'effondre. Hortense entend un cri affreux, se retourne et voit son amie disparaître dans les flots. Ses gens ont retrouvé son corps inanimé : elle n'existait plus, quel désespoir ! Hortense est seule et se reproche d'avoir causé la mort d'Adèle, de ne pas lui avoir suffisamment répété combien elle l'aimait. Je lui ai écrit aussitôt que sa douleur était la mienne. Chaque jour apporte désormais son lot de nouvelles affligeantes. Quand cela cessera-t-il ?

5 août

Nous attendons une victoire. Elle sauverait tout. Hortense me dit ce qu'elle a entendu lors de la messe des Tuileries. La duchesse de Montebello lui déclare, d'un air effrayé :

— Madame, savez-vous la nouvelle ?

— Non, Madame.

— Les alliés ont passé le Rhin. La consternation est à Paris. À quoi pense l'Empereur ?

Marie-Louise, la nouvelle impératrice – que ce mot est étrange à écrire –, assistait à la conversation. Elle dit :

— Je porte le malheur partout où je suis. Tout ce qui m'a approchée en a été plus ou moins frappé et, depuis mon enfance, j'ai passé ma vie à fuir constamment de chez moi.

Au souper, Hortense est à nouveau conviée. Elle entre et voit Bonaparte qui tenait sa femme entre ses bras. Il aperçoit ma fille et lui lance :

— Eh bien, Hortense, on a donc peur à Paris, on y voit déjà les cosaques encombrer les rues ? Ah, ils n'y sont pas encore et nous n'avons pas oublié notre métier. Sois tranquille, ma Louise, nous irons encore à Vienne battre papa François.

Le petit roi de Rome est venu au dessert. Et Bonaparte répète à son fils : « Allons battre papa François. » Et l'enfant de chantonner la phrase si souvent et si bien que l'Empereur ne cessait de rire aux éclats.

Après le dîner, il appelle le prince de Neufchâtel.

— Allons, Berthier, mettez-vous là ! Nous allons recommencer la bataille d'Italie.

Et Bonaparte, d'un seul souffle, sans hésiter une seconde, dicte au fidèle d'entre les fidèles toute l'organisation de l'armée qui devait se rassembler dans les plaines de Chalons. Il fait venir ensuite quatre généraux de sa garde. Les questionne à plusieurs reprises sur le nombre d'hommes malades, sur celui des soldats disponibles. Ensuite il congédie tout le monde. Et lance aux femmes encore présentes :

— Eh bien ! Mesdames, êtes-vous contentes ? Croyez-vous qu'on nous prenne si facilement ?

Ce ne furent qu'effusions, larmes versées, cris de « vive l'Empereur ! », serments renouvelés de fidélité, de reconnaissance.

Mais moi, je ne crois pas un mot de ces sottises. Je connais trop l'âme humaine. Celle enrichie oublie le cœur ; la trahison est à mesure du portefeuille, nul en France ne voudra perdre ses avantages.

Je suis morte de fatigue, d'inquiétude, rien ne me calme. Mais l'épuisement n'empêche rien. Comme je suis fière d'appartenir à cet homme, supérieur à tous les autres. Ses vues, la puissance de son génie, son courage n'ont pas d'égal. Qui pourrait rivaliser avec lui ? Je jure de lui être dévouée jusqu'à la mort. Après tout, il n'y a pas que les hommes capables d'honorer un tel serment.

13 septembre

Je quitte à l'instant le baron Fain. Je l'ai interrogé comme une mère, une sœur, une femme sur les bruits qui entourent Bonaparte. J'ai appris de la bouche de cet homme excellent que l'Empereur était épuisé, moralement, physiquement, qu'il n'était plus que l'ombre de lui-même. Chaque soir, il se couche écrasé de fatigue et son énergie physique n'est pas toujours à la hauteur de son énergie morale. Je n'ai pu cacher mes larmes tant elles coulaient en abondance.

Il faut agir. Ma famille doit et peut le faire. Eugène en continuant de montrer son courage, son audace, en Italie, en tant que vice-roi. Et Hortense dont les idées, depuis longtemps, sont les miennes : sauver l'Empire en coupant ce qui doit être coupé, en préservant l'unité nationale tout en renonçant aux territoires occupés. Ce qui fut jadis attaché aux Bonaparte, ce qui fut confié à des êtres si impuissants et malhabiles, va disparaître ou a déjà sombré. Il faut donc lâcher du lest, sinon tout le ballon s'écrasera au sol. Et que deviendrons-nous ?

Je dois à tout prix parvenir à convaincre Bonaparte, l'aider à retirer ce masque qui l'aveugle.

Je pense toujours à Hortense, si sage et de bon conseil. Elle est parvenue, à force de douceur et de tact, à se lier d'amitié avec l'impératrice Louise. Par elle, peut-être peut-on conserver un peu d'espoir d'être entendues du maître de la France. Louise a l'oreille de Vienne. Les diplomates autrichiens ont approché ma fille, ils veulent proposer la paix à l'Empereur, que ne les écoute-t-il pas ?

16 septembre

Nous allons de défaites en défaites. Lützen, le carnage de Goldberg, les prisonniers de Gross Beeren, les quinze mille morts de Katzbach, Kulm, Dennewitz, je connais les noms qui s'égrènent comme un chapelet lugubre. Mon désespoir est absolu. J'interroge celles et ceux qui viennent de Paris. Je leur demande de m'éclairer. Mon Dieu mais où est l'Empereur, que fait-il, à quoi pense-t-il, quelles sont ses intentions ? Que veut l'ennemi, reste-t-il de l'espoir, tout est-il perdu ? Je donnerais ma vie pour que l'on réponde à mes questions, mais rien, personne n'ose me parler ouvertement. Mes gens veulent me ménager ; absurde !

3 octobre

La campagne d'Allemagne est un désastre irréparable. Toutes nos possessions outre-Rhin sont perdues à jamais. Je m'enferme à Malmaison. Je ne veux voir personne car nul ne peut calmer mon chagrin.

21 octobre

Leipzig est tombée voici deux jours. J'ai décidé d'écrire à l'Empereur. Aidée de ma fille, j'ai dit avec tout mon cœur, de toute mon âme, qu'il lui fallait arrêter l'épouvantable campagne d'Allemagne. La retraite de la Grande Armée est effroyable, le typhus accomplit ses ravages, les combats massacrent les survivants. Cela tourne à la boucherie, au pire des cauchemars. J'ai écrit ceci dont je prends la copie :

« Sire,

J'ai vu dans le *Bulletin* que vous avez éprouvé une grande douleur et j'ai pleuré. Je ne suis plus de moitié pour tout ce que vous pouvez éprouver d'heureux, mais vos peines sont les miennes, elles iront toujours à mon cœur. Je vous écris parce que je ne puis résister au besoin de vous le dire, comme je ne pourrai jamais cesser de vous aimer de toute mon âme. C'est d'inspiration que je vous écris. Revenez en France, Sire, je vous en supplie, identifiez-vous avec les Français et tous les cœurs seront à vous et vous en ferez tout ce que vous voudrez, mais je vous en conjure, revenez auprès de nous. »

4 novembre

Les Autrichiens sont à Brescia, qui se trouve à trente lieues de Milan. Je sais par l'une de mes dames que la vice-reine est morte d'inquiétude. Dans le plus grand secret, elle fait préparer ses paquets afin de fuir. Si cela se savait, j'imagine la panique dans les rangs français, dans la population italienne qui nous est acquise ; je vois déjà les massacres, les vengeances au couteau. J'en tremble. Comme un lion, Eugène se bat, il jouit d'une excellente réputation due à sa probité, à ses talents de grand administrateur, à sa popularité de soldat, noble et intègre.

L'année s'achève. J'ai les plus sombres pressentiments. J'ai demandé que l'on célèbre le nouvel an dans la plus grande simplicité. Mes domestiques l'ont compris, ils me servent avec un dévouement attendrissant. J'ai veillé très tard. J'ai tenté de prier, de demander au ciel un miracle. Les étoiles me semblent muettes.

9 novembre

Bonaparte est rentré. La paix est l'unique solution qui permette à la France de ne plus sombrer dans le chaos et le désespoir.

Bonaparte est à Saint-Cloud, mon fils sain et sauf. Mais l'Angleterre entraîne l'Autriche. Albion a compris que l'Aigle n'était plus immortel et veut pousser son avantage. L'humiliation et la douleur d'une trop longue occupation militaire font relever la tête des peuples de l'Europe. Pis, je ne découvre autour de moi que lâchetés ou trahisons. Joseph n'est plus roi d'Espagne et Murat veut coûte que coûte conserver son trône napolitain. Les républicains, réduits au silence depuis si longtemps, enrichis par la prospérité de la France, endurcissent leurs ambitions.

10 décembre

Je ne suis que larmes et angoisses. Et ne peux plus vivre ainsi. Chaque nuit me hantent de nouveaux cauchemars, où le sang coule des murs et engloutit tout dans cette marée rouge ; je suffoque de peur. Je vois les visages de nos soldats me regarder de leurs yeux vides et j'entends leurs plaintes, leurs reproches. Ils me disent : « Pourquoi avoir fauché nos jeunes vies, pourquoi sommes-nous tombés sur la terre froide, pourquoi ne reverrons-nous jamais plus nos mères ? » Chacun de ces pourquoi est un fer qui s'enfonce en moi. Cela m'épuise.

Toutes mes démarches sont restées vaines. Bonaparte ne veut pas reculer, son formidable orgueil empêche tout. Est-ce donc la mort de la France qu'il souhaite ? Je ne peux croire à cela, lui qui nous aime plus que lui-même. Alors que faire ?

16 décembre

Me voilà de nouveau agitée de sentiments contraires. Il est dit que ma vie ne suivra jamais de chemin rectiligne. Ce ne sont qu'embûches, pièges, traquenards, issues à chercher. Or il faut rester digne et courageuse, ne pas céder à la peur. Je pense à mes enfants, ma mort ne m'effraie pas s'ils sont hors de danger. Eugène, en Italie, continue de se battre. Les troupes napolitaines du courtisan Murat remontent vers le Nord, nos soldats se retirent sur le Tagliamento, sur la Piave. Napoléon veut les hommes d'Eugène sur Chambéry puis Lyon et Grenoble. Il n'y a pas une minute à perdre, quels que soient les obstacles, il faut redoubler d'efforts, exécuter chacun des ordres de l'Empereur. Bonaparte, par un billet, m'a chargée expressément d'écrire à mon fils que « la France a besoin de tous ses enfants, la France avant tout ! ». Le désespoir ne doit plus nous atteindre, la patrie mérite notre sacrifice. Je ne peux qu'être d'accord avec lui.

21 décembre

Je ne pense plus. Je n'agis pas suffisamment. Je sens que tout échappe à ma volonté.

J'ai écrit à Eugène de venir en France. Je lui ai dit : « Accours ! » La lettre m'était inspirée par Bonaparte. Mon fils a été blessé qu'après tant d'années d'un dévouement absolu, loyal, désintéressé, l'ordre n'émane pas directement de l'Empereur. J'ai adressé une lettre à Bonaparte lui avouant les raisons de ce chagrin sincère. Il est nécessaire au bonheur de mon fils de pouvoir être convaincu que l'Empereur ne doute pas une seconde de cet entier dévouement. Eugène est étroitement attaché à la personne de Bonaparte et il en est aimé en retour, aussi ce ne sont que les événements qui brouillent les liens entre ces deux cœurs généreux. Mon fils est sans intrigue, il ne connaît que l'honneur et la vertu.

Il me faut aussi calmer ma chère belle-fille, Augusta s'est sentie autant humiliée. Elle aime tant son Eugène qu'elle reproche à l'Empereur son ingratitude à son égard. « Pourquoi, disait-elle, un ordre de voyage aussi sec ? » Bonaparte manque cruellement de temps et c'est moi qu'il charge d'apaiser les esprits. J'ai l'habitude.

Je m'étonne qu'Eugène, maintenant averti, ne revienne pas en France. Il est encore à Mantoue alors que les journaux prétendent qu'il fait une manœuvre afin de regagner la France. Ils écrivent que l'on attend le vice-roi à Besançon pour le 1er mars. C'est à n'y rien comprendre et j'en suis minée.

22 décembre

Je souffre dans mon corps. Je sens qu'il me lâche sans que j'y puisse rien. Et, tandis que me parvient la senteur tiède du parc, je m'éloigne, tout m'arrive étouffé, chacun tente d'éviter le moindre bruit. Autour de moi s'ouvre déjà un silence de tombe.

Tout à l'heure, mes femmes vont venir m'habiller, elles poseront sur ce corps usé le linon et la mousseline, un châle sur mes épaules et sur mes joues du carmin. Il me faudra quitter la chambre, recevoir en audience, sourire, réconforter. Je dois tenir, pour la plus grande gloire de l'Empire.

Autour de moi, la gêne a fait place à de la peur. Les privilégiés de naguère craignent de perdre leurs acquis. Ils ont tant reçu des mains de Bonaparte, ou des miennes d'ailleurs. On me dit : « Mais, Madame, si le Bourbon revient sur le trône, qu'allons-nous devenir ? » Ou bien : « Nous serons exilés, pendus peut-être, c'est affreux ! Que nous conseillez-vous, rester, fuir, attendre, que faire ? » En effet, que faire ?

Je m'en moque. J'ai tant vu, tant appris de la vie que je demeure étrangement sereine. Le sort m'a été si favorable que je ne crains de lui qu'un revers, celui-ci épouvantable :

perdre mes enfants. Ce chagrin étant le plus affreux de tous, je n'imagine qu'en tremblant devoir le supporter. Tant qu'ils sont près de moi, il me semble que je veille sur eux et qu'il ne peut rien leur arriver de fâcheux. Qu'ils s'éloignent et toutes mes terreurs reviennent. Nous achevons de préparer Noël en pleurant.

23 décembre. De l'indifférence.

Ma chère Thérésa me quitte à l'instant. Nous parlions de l'avenir. Elle m'a entretenue aussi du passé. Durant la Terreur, elle a caché dans son boudoir, à Lyon, une femme de condition, la marquise de Blavy. Pour elle, Thérésa prenait à sa table de quoi la nourrir, rapportait des provisions de ses soupers en ville, vite cachées sous son châle. Après tant de précautions, de peines, de courages inouïs, Thérésa eut le bonheur de rendre la liberté à sa protégée.

Le temps passe. Bonaparte a le pouvoir, celui de mon amie décline et décline encore. Or Madame de Blavy ne songe plus à apercevoir Thérésa, pis, elle l'ignore. Thérésa s'en plaint à une relation commune qui accepte de rencontrer cette marquise, lui rappelant à qui elle doit la vie. « Comment, Monsieur, lui répond-on, mais c'est bien mon intention ! J'ai horreur des ingrats. Je dois beaucoup à Madame Tallien et je suis prête à le lui prouver en allant chez elle. Mais elle doit penser que je dois à ma famille quelques ménagements. J'ai une réputation qui m'oblige à de la réserve. Croyez bien que cela me coûte mais je ne vois pas d'autre solution que de me rendre chez Madame Tallien le jour où elle y sera seule. »

L'ami commun rendit compte exactement de sa mission et des propos entendus. « Dites-lui, répondit Thérésa, que je suis désolée de ne pas pouvoir la recevoir. Mais, chez moi, je ne suis jamais seule, étant constamment entourée de ceux auxquels j'ai eu le bonheur d'être utile. » Madame de Blavy ne revint jamais, sans que le rouge de la honte lui soit monté au front.

Certains d'entre nous ne devraient pas naître.

26 décembre

Que restera-t-il de l'Empire s'il s'écroule ? La question me hante nuit et jour. Les Français ont-ils eu le temps de comprendre les vœux de Bonaparte, dans leur absolue essence, l'amour total, définitif qu'il leur porte ? Il m'a peu parlé de ses désirs ; il faisait mieux, il les vivait et ce torrent d'appétits allait, sans contrainte. Nul n'a résisté.

Les troupes autrichiennes viennent d'entrer en Alsace. Depuis longtemps déjà, Bernadotte a trahi. Pour conserver le trône de Suède que l'Empereur lui a offert, il s'est vendu à l'Angleterre. Il commande désormais une formidable armée composée de Britanniques, Suédois, Prussiens, Russes et ce misérable a franchi les frontières de la Belgique et marche déjà sur nous, tandis que Blücher[1] et Schwarzenberg se lancent à marche forcée sur Paris.

Dieu nous abandonne.

28 décembre

Et la peur, toujours. Elle grandit dans les rues des faubourgs, à Paris. La France a peur. Certaines de mes femmes parlent déjà de pillages, de villages brûlés, de filles forcées. J'essaie de les calmer de mon mieux. Sans cesse dire et redire m'épuise.

Bonaparte, avant de rejoindre l'armée, s'est rendu au théâtre, à l'Opéra. Il a visité des ateliers de bois au faubourg

1. Gebhard Leberecht von Blücher, prince de Wahlstatt (16 décembre 1742-12 septembre 1819). Général et feld-maréchal prussien. Il commandait l'armée prussienne à la bataille de Waterloo.

Saint-Antoine, les ouvriers ont crié : « Vive Napoléon ! ». La revue a été donnée au Carrousel. Mais je sais qu'il refuse toute proposition de paix, il ne veut pas de la France de 1790, sans la Belgique, sans la rive gauche du Rhin. Sans les conquêtes de la Révolution, sans ses propres victoires. Le vide, la destruction de son œuvre, comment supporter cet affront ?

La guerre.

29 décembre

Bonaparte s'est emporté violemment contre le corps législatif. Messieurs les députés venaient de voter un texte qui condamnait les efforts de guerre. L'Assemblée est dissoute. « Qu'on ne pense pas que je suis un Louis XVI ! » martèle-t-il.

XXI.

6 janvier-27 mai 1814

« Je ne reverrai jamais cet homme que j'ai adoré »

6 janvier

Il était dit que les trahisons viendraient encore. Murat le fourbe, le courtisan qui a tant reçu, a osé écrire au venin de vipère une proclamation à ses soldats. Où il dit que l'Empereur « ne veut que la guerre, cherche à égarer le patriotisme des Français qui servent dans son armée comme s'il y avait encore de l'honneur à servir la folle ambition de Napoléon à lui assujettir le monde »… Quelle indignité ! Qui t'a fait roi, Joachim, qui t'a fait reine, Caroline ? Ils ont puisé à une source de bienfaits plus profonde et plus riche que la corne d'Amalthée. Murat, le propre beau-frère de Bonaparte, que j'ai connu pauvre ! Ma bouche sèche quand j'y pense.

23 janvier

L'Empereur a quitté Paris. Pour nous défendre, il s'élance avec quatre-vingt mille conscrits contre les alliés. Les ennemis, m'apprend-on, sont bien supérieurs en nombre. On parle de deux cent cinquante mille hommes, c'est à donner le vertige. J'espère que les Français défendront leur empereur, leur honneur et leur terre sacrée avec la plus grande énergie.

Il faut chasser l'ennemi. Louise est nommée régente de France. Je ne suis plus rien. Et je ne peux rien faire.

26 janvier

Bonaparte se trouve à Châlons. Le vent y est glacial, la terre gelée, m'apprend-on. L'armée est composée d'enfants, les vieux les appellent les « Marie-Louise », car c'est elle qui a signé le sénatus-consulte décidant leur incorporation. Des enfants avec des fusils pour défendre un empire. Comment vivre en sachant cela, en pensant à leurs mères ? Il paraît qu'ils se battent bien.

30 janvier

Bonaparte a failli mourir. On tente sans cesse de me dissimuler la vérité, mais pas cela. À Mézières, un régiment de cosaques l'encerclait, quand l'un d'eux, armé de sa lance, fonce sur lui. La lame effleure sa poitrine, le péril est immense et c'est alors que le brave général Gourgaud[1] détourne l'arme avec toute son énergie et son amour, tire un coup de feu, abat le cosaque. Le général n'est que blessé, Dieu est bon, la lance a glissé sur sa croix de Légion d'honneur.

Ney hurlait : « En avant les Marie-Louise, en avant les Marie-Louise ! » Le bruit des balles, l'odeur âcre de la poudre, les cris, les bottes qui écrasent les flaques de boue gelées, avancer pour ne pas mourir. J'écris cela sans retenir mes larmes.

---

1. Gaspard, baron Gourgaud (14 novembre 1783-25 juillet 1852). Général français. Il sauva deux fois la vie de l'empereur Napoléon, ne le quitta pas durant son exil et l'assista à Sainte-Hélène dans la rédaction de ses *Mémoires*.

Paris n'est qu'intrigues. Talleyrand s'agite comme jamais. Nul n'ignore qu'il prépare le retour des Bourbons. Louis XVIII n'a pas plus fidèle allié en France que le prince de Bénévent. Mais le roi a-t-il oublié le sang du duc d'Enghien ? Chacun sait que Talleyrand est à l'origine du complot, de l'enlèvement. C'est lui qui a si mal conseillé Bonaparte.

Joseph, de son côté, a perdu le sens commun. Alors que son frère l'a nommé gouverneur de Paris et chargé de la protection de ses habitants, il fait dire des messes et des prières de quarante heures à la chapelle. Voilà selon lui qui galvanisera les Français. Le défaitisme avant l'heure. Ce médiocre est le pire de tous.

1er février

Bataille de La Rothière. Les Prussiens de Blücher auront été les plus forts. Ils ont quasiment refusé de combattre à Saint-Dizier, là où Bonaparte les attendait, préférant marcher sur Brienne afin de rejoindre l'armée ennemie de Bohême basée à Bar-sur-Aube. Je m'aide d'une carte piquetée d'épingles et de petits drapeaux, une véritable carte d'état-major, pour comprendre. Je sais que notre cavalerie a tenté une charge héroïque pour essayer de dégager nos soldats mais qu'elle a été taillée en pièces par les cuirassiers russes. On compte un millier de prisonniers, huit cents morts, trois mille blessés ; plus rien ne peut empêcher la marche des alliés sur Paris. Voilà la première défaite de Bonaparte.

11 février

La cavalerie prussienne est à Montmirail, son infanterie à Champaubert. Bonaparte se bat. C'est une nouvelle victoire. Le destin, dans son caprice, met nos nerfs à rude épreuve.

Le génie de Napoléon nous montre que tout est possible. Qu'il faut espérer. Je le répète à tous jusqu'à l'épuisement.

14 mars

On se bat à Reims. Bonaparte est acclamé dans les rues. Comme je suis heureuse de savoir que les bons Français n'oublient pas leur empereur !

19 mars

Affreuses nouvelles. À chaque heure, l'ennemi se renforce. Augereau, le brave Augereau, vient d'évacuer Lyon. La garde nationale résiste mais se fait massacrer. Les Marie-Louise meurent, une chanson d'amour aux lèvres.

23 mars

Bonaparte a abandonné la défense de Paris aux maréchaux Marmont[1] et Mortier[2]. Parce qu'il veut remonter vers Saint-Dizier afin de couper les lignes de ravitaillement de nos ennemis. Nos enfants vont au combat en battant le tambour avec l'énergie de leur belle jeunesse. Ils sont notre exemple.

Du temps, Seigneur, donnez-lui du temps. Les alliés semblent innombrables, une mer d'hommes qui se renouvelle sans cesse. C'est à marche forcée qu'ils avancent sur Paris

1. Auguste Frédéric Louis Viesse de Marmont (20 juillet 1774-3 mars 1852). Soldat français, maréchal d'Empire, créé duc de Raguse.
2. Adolphe Édouard Casimir Joseph Mortier (13 février 1768-28 juillet 1835). Soldat français. Maréchal de France. Titré duc de Trévise.

sans se soucier de notre armée dont ils se sont persuadés qu'elle n'existait plus.

28 mars

Seigneur prend pitié. Joseph fait partir Louise et le petit roi de Rome. Ils abandonnent donc Paris pour Blois. J'ai ordonné voici déjà quelques jours qu'on prépare mes malles. Hortense, qui ne quitte plus Louise, m'engage vivement à quitter Malmaison pour mon château de Navarre.

Il fait nuit, il doit être deux heures passées du matin. J'entends mes domestiques emballer les derniers effets. J'écris à la hâte à mon Hortense, je lui dis que j'ai eu du courage jusqu'à ce moment. Mais je ne puis penser sans douleur que je vais me séparer d'elle et Dieu seul sait pour combien de temps. Je pars demain pour Navarre. Je n'ai ici que seize hommes de garde et tous blessés. Je suis si malheureuse d'être une fois encore séparée de mes enfants que mon propre sort m'indiffère. Je souhaite que ma fille puisse me donner de ses nouvelles. Je tâcherai au moins de la suivre de loin.

Dans le revers de mon jupon, j'ai cousu mes diamants, mes perles et le reste de mes plus beaux bijoux. Les voitures sont chargées de coffres qui renferment les objets les plus précieux. Je ne veux pas laisser Malmaison au pillage. Jamais.

30 mars

Nous traversons des villages et comme ce voyage est terrifiant ! Nous avons mis deux jours pour atteindre Évreux. J'ai la consolation de me voir aimée encore. Ce ne furent que des cris de « Vive l'impératrice ! » Mais j'ai bien vu les visages. Sur les traits fatigués de ces femmes et de ces hommes se lisait la plus affligeante consternation.

En fuyant Paris, mon Dieu, il me semblait porter la honte sur mon front. Louise non plus n'aurait jamais dû quitter la capitale ; sa présence aurait encouragé tout le monde. Or il faut se maintenir dans la position où le destin nous a placés, sans faiblir et remplir toutes nos obligations. Quel risque courait-elle ? N'est-elle pas la fille de l'empereur d'Autriche ? Il convient de défendre Paris, coûte que coûte, alors que la panique guette.

Hortense m'a écrit que l'on avait failli oublier le Trésor et qu'on l'a fait finalement partir dans la même voiture que celle empruntée par Louise. Si Bonaparte savait cela…

1er avril

Hortense est enfin arrivée à Navarre près de moi. Je respire. Elle ne sait pas plus ce qui se passe à Paris.

Nous en parlions dans ma chambre, quand on vient me dire que Stanislas Reverdin, au péril de sa vie, est parvenu à s'échapper de la capitale. Les alliés sont entrés dans Paris ! Tout est donc consommé. C'est encore un nouveau changement de dynastie, les lys, puis les abeilles, à nouveau les lys… J'accepte volontiers de nous sacrifier à condition que la France n'en souffre pas.

Mais Monsieur Reverdin nous a donné tous les détails qui prouvent la bassesse humaine. Il nous a nommé des jeunes femmes empressées à courir devant les étrangers, à recueillir des Bourbons de nouvelles faveurs. Madame de Rémusat propose des cocardes blanches, Madame d'Audenarde espère que les princes se souviendront de ses bontés pour Louise, Lancelot Turpin de Crissé veut se faire nommer à l'inspection des Musées et Monsieur de Lastic à l'inspection des Haras.

Le prince de Bénévent[1] a feint de se faire arrêter à la barrière alors que sa voiture suivait celle de Louise. Le soir même, il complotait avec Fouché et passait la nuit entière chez lui.

Bonaparte s'est replié, de son côté, à Fontainebleau. Je ne peux rien pour lui et voilà qui me déchire le cœur. Le Sénat et le corps législatif ont prononcé sa déchéance. Le mot est affreux quand on y pense. Ce sont dans les hauts rangs de la société que se trouvent les traîtres. Ce sont ceux qu'il a le plus élevés qui l'abandonnent les premiers, alors que les soldats les plus humbles mourraient encore pour lui, la baïonnette à la main !

6 avril

J'attends des nouvelles de Bonaparte, je n'en ai aucune, et je meurs d'inquiétude. Marmont a trahi. Il a livré Paris sans combattre. Le baron de Maussion est parvenu à Navarre avec les journaux. Ils m'indignent tous, publiant un tissu de mensonges et d'opprobres, d'attaques monstrueuses contre l'Empereur ! On le calomnie à chaque article, on ment, on invente. Leurs pages sont remplies des plus horribles injures. Qu'on l'accuse de trop aimer la gloire, qu'on l'accuse d'ambition, soit, mais qu'on cesse de le calomnier sur des choses que je connais mieux que personne.

Il paraît que Bonaparte a envoyé à Paris les maréchaux Ney et MacDonald[2] pour proposer d'abdiquer en faveur du roi de Rome et que la proposition n'a pas été acceptée.

Évreux et Navarre sont encore tranquilles. Je viens d'apprendre une nouvelle décevante de plus. Le général chargé de s'emparer du département au nom du gouverne-

---

1. C'est-à-dire Talleyrand.

2. Étienne Jacques Joseph MacDonald (13 novembre 1765-25 septembre 1840). Soldat français. Marchal d'Empire. Titré duc de Tarente.

ment provisoire est le duc de Raguse qui est passé dans le camp de Louis XVIII avec le corps d'armée qu'il commandait. Assurément, ce Marmont ne vaut rien.

7 avril

C'est fini. Bonaparte abdique, sans condition. Je ne vois plus rien que trahisons nouvelles, ingratitudes, injures par centaines. J'ai écrit à Eugène mon désespoir, lui indiquant qu'il pouvait dès lors rompre avec son empereur tout serment de fidélité. Tout ce qu'il pourrait tenter pour la cause de Bonaparte serait inutile. Mieux vaut qu'il agisse pour sa famille. Mon fils a donc capitulé devant les Autrichiens, avec honneur. Son nom, devant l'Europe, demeure sans tache.

Les alliés envoient Bonaparte à l'île d'Elbe. Le voilà donc malheureux. Sans sa femme, j'irais m'enfermer avec lui. Je suis anéantie. Je ne reverrai jamais cet homme que j'ai adoré. À quoi bon vivre désormais ? Mais grand Dieu que la mort vienne avec l'oubli, pour ne plus penser, mais dormir, éternellement, sans rien qui menace. Bonaparte peut provoquer sa propre mort, le mot de suicide ne l'a jamais effrayé et peut-être choisirait-il ce moyen, digne d'un Romain, s'il n'espérait encore, et de toutes ces fibres, l'ultime miracle.

8 avril

J'attends, sans impatience, que le Sénat statue sur mon douaire. Hortense me conseille d'écrire à Talleyrand, aussi le ferai-je. Caulaincourt[1] a négocié la déchéance de Bonaparte. Il se propose de se charger de mes intérêts. J'ai été sincère-

1. Armand Augustin Louis de Caulaincourt (9 décembre 1773-19 février 1827). Militaire et diplomate français.

ment touchée par son amitié, je peux parler à ce bon ami avec confiance, son père rêvait de m'épouser, le fils ne me veut que du bien, voilà donc une famille bien gentille. Je lui ai vite recommandé mes enfants car je suis toujours sans nouvelles d'Eugène. Hortense est héroïque, mais j'ai le cœur brisé par la position de l'Empereur, j'ai oublié ses torts envers moi et je ne vois que son malheur.

11 avril

À Navarre, je me traîne du fauteuil à mon lit, tant l'épuisement est absolu. Toute présence humaine m'est odieuse. Il me semble que je suis morte à l'instant où mon mari perdait le pouvoir. Non que le sel en soit indispensable à ma vie, j'en connais trop les sucs empoisonnés, mais le monde me déçoit : je ne vois autour de moi que des femmes qui tournent comme des toupies, veulent de l'argent pour adoucir mieux encore leur exil, me regardent avec leurs yeux de pleureuses, me disent que les cosaques vont les égorger, brûler leurs maisons et autant de banalités sottes qui me tarissent. La bêtise m'a toujours exaspérée.

12 avril

Je viens d'apprendre que le traitement qui m'est réservé est séparé de celui des Bonaparte. On parle pour moi d'une rente d'un million et de quatre cent mille francs offerts à Hortense. Ma fille veille sur mes intérêts comme un ange gardien. C'est à elle que je dois ma protection. Monsieur de Nesselrode[1], ministre de l'empereur de Russie, est venu chez Mademoiselle Cochelet, la lectrice d'Hortense. Il a multiplié

1. Charles Robert de Nesselrode (14 décembre 1780-23 mars 1862). Diplomate russe.

à notre égard des offres de service et de dévouement. Il semblerait que les alliés se soucient plus de ma famille et de son avenir que de l'établissement de celle qu'ils tentent d'élever sur nos ruines. Je vais donc repartir pour Malmaison qui, m'a-t-on dit, est placée sous bonne garde afin d'éviter le pillage.

13 avril

Nous passons par des routes où nous croisons nos soldats. L'air morne et consterné de ces braves me serre le cœur.

26 avril

Je suis à Malmaison. Quel odieux spectacle de la voir embarrassée de cosaques. Mais je n'ai pas le choix, j'attends le tzar Alexandre. De lui, de l'ennemi de Bonaparte et de la France, viendrait mon secours. Notre secours, car je pense en premier lieu à mes enfants et à mes petits-enfants.

Hortense me raconte qu'elle a vu Louise, voici quelques jours, à Rambouillet. Elle l'a trouvée fatiguée, de petite mine. Mais ce qu'elle lui a dit, la voix tremblante de peur, l'a stupéfiée davantage. « Croyez-vous, ma sœur, que mon père l'empereur m'enverrait moi aussi sur l'île d'Elbe ? » Je ne crus pas d'abord Hortense quand j'entendis ces mots répétés. Hortense m'a juré que c'était l'exacte vérité. Il me semble que si j'avais l'honneur d'être à sa place, je supplierais que l'on me laisse rejoindre mon mari ! Tant d'indifférence et d'ingratitude est à pleurer. Quelle froideur, quelle bassesse de songer d'abord à ses intérêts ! Avoir été, être encore devant nos partisans, impératrice des Français et renier ainsi le plus beau titre du monde !

28 avril

J'ai reçu le tzar. Alexandre s'est montré charmant, prévenant, déplorant avec sincérité les malheurs de la guerre. Son unique ambition est d'arrêter l'effusion de sang. Je le crois. Il a beaucoup caressé les enfants d'Hortense, mais ma fille s'est montrée distante avec lui. Je l'ai un peu grondée après le départ de notre hôte, lui reprochant doucement d'avoir été si froide. Je la comprends trop bien. Elle souffre de voir avec quelle indifférence, je devrais dire quel bonheur, et de toutes parts, chacun se félicite de l'écroulement de l'Empire. De tous les points de France, ce ne sont que déclarations, articles, discours, messes de ralliement à Louis XVIII. Le roi a promis de ne pas toucher aux fortunes nouvelles et voilà qui suffit, comme par magie, à calmer les esprits. À Malmaison, j'ai vu le prince de Neufchâtel[1], et Bernadotte, prince royal de Suède, faire leur cour au tzar ! Les ralliés et les traîtres m'ont toujours donné envie de vomir.

30 avril

Je sais par Monsieur de Talleyrand que le roi lui a montré la proclamation qu'il souhaite adresser aux Français. Il la date de la dix-neuvième année de son règne ! Comment manifester autant d'hermétisme, comment faire preuve à ce point d'incompréhension ? Cela choquera beaucoup.

Le prince de Bénévent prétend en outre, et je suis tentée de le croire, que Madame la duchesse d'Angoulême[2], si elle peut avoir des vertus, afflige son entourage par sa froideur.

---

1. C'est-à-dire le maréchal Berthier.
2. Marie-Thérèse de France, duchesse d'Angoulême (19 décembre 1778-19 octobre 1851). Fille de Louis XVI et de Marie-Antoinette. Celle que sa mère surnommait Mousseline finira sa vie dans un nouvel exil.

Sa voix même est dure et elle n'a rien dans sa personne de la douceur d'une femme.

Cette cour de fantômes, aux dentelles passées, portant perruque poudrée, ces revenants d'outre-tombe, agacés, amers, sont à faire peur.

4 mai

Le tzar Alexandre nous visite sans cesse. Il est bon et généreux. Il est de son caractère d'aimer et d'encourager l'amour. Il montre beaucoup de confiance et ses manières sont celles d'un prince véritable. Il m'a dit tout à l'heure qu'il songeait à nous offrir un palais en Russie et qu'il l'aurait déjà fait s'il ne pensait pas d'abord à la santé de ma fille qui ne résisterait pas aux hivers russes.

9 mai

Eugène est à Paris. Enfin ! Je vais pouvoir serrer mon fils sur mon cœur.

12 mai

J'ai vu Eugène. Il me dit avoir rencontré les princes. Le roi lui a parlé du bien que j'avais fait à la France. Le duc d'Orléans[1] de l'ancienne amitié qui le liait à son père. Le duc de Berry[2] de la beauté des troupes françaises. Mon fils

1. Le futur roi Louis-Philippe.

2. Charles Ferdinand d'Artois, duc de Berry (24 janvier 1778-14 février 1820.) Prince français, fils du futur Charles X. Assassiné par Louis Pierre Louvel qui souhaitait ainsi « détruire la souche des Bourbons ». La veuve du prince, la duchesse de Berry, donnera naissance au petit duc de Bordeaux, né posthume, surnommé « l'enfant du miracle ».

n'a eu qu'à se louer de chacun. Mais je m'inquiète pour sa position future.

Je sais déjà que le sort d'Hortense est réglé par les alliés. Sa terre de Saint-Leu, que Bonaparte lui avait attribuée comme apanage, est érigée pour elle en duché. Elle restera donc dans sa patrie, à mes côtés, avec ses enfants, entourée de ses amis et de ceux qu'elle aime.

Pour autant, rien ne me distrait de ma tristesse. Certes, on me conserve le tiers de mes revenus, mais sans cesse mes serviteurs viennent pleurer auprès de moi sur leur sort. Comment ne pas les garder tous, comment continuer à payer trois cent mille francs de pension chaque année, comment ne pas faire de nouveaux malheureux si je m'en sépare ? Mes dettes sont toujours aussi importantes et la vente de mes diamants n'y pourra rien changer. Je tiens à rester la même qu'à l'époque du bonheur. Je ne peux ni ne veux fermer ma porte à la détresse humaine. Je suis née pour aimer.

16 mai

Je viens de découvrir un article atroce dans *Le Moniteur*. Il était question de mon petit-fils mort du croup. Le corps meurtri du malheureux enfant fut déposé dans l'église de Notre-Dame, en attendant que celle de Saint-Denis soit restaurée. Or l'article annonce, et de quelle manière brutale, qu'on va retirer sa dépouille de l'église pour la jeter dans un cimetière commun[1]. Tant de haine, tant de bassesse m'écœurent et me font souffrir affreusement. Si ce pauvre enfant fut l'objet d'une quelconque espérance dynastique jadis, si Bonaparte a en effet pensé à lui pour ceindre la couronne impériale de France, il est à Dieu, à présent !

1. L'enfant sera finalement déposé dans la chapelle Saint-Charles du château de Saint-Leu-la-Forêt. Il repose aujourd'hui dans la crypte de l'église paroissiale.

21 mai

Je suis fatiguée. Si fatiguée. Je ne me débarrasse plus du mal de poitrine qui m'épuise et respire avec une difficulté croissante. Hortense a insisté pour que le docteur Horeau me pose un vésicatoire au cou. Il parle d'un simple rhume. Comment pense-t-il me tromper ?

Car mes forces m'abandonnent, je le sens. La mort vient ; pourquoi s'en soucier, elle n'a aucun goût. J'imagine les draps tachés des potions, les oreillers relevés par des mains aimantes, les larmes et la senteur de l'encens, le bruit feulé des pas sur le plancher qui craque, les tentures tirées masquant le parc et alourdissant l'air. Je vais basculer dans la solitude de ce repos glacé, m'endormir à jamais, m'efforçant de tenter de sortir du monde sans éclat inutile et de faire une morte acceptable pour ne pas effrayer les enfants.

23 mai

Alexandre vient de m'adresser son médecin personnel. Je l'ai fait remercier, répondant que son intérêt pour moi me portera bonheur. Alors que tout le monde a compris qu'il est trop tard.

27 mai

Le tzar vient dîner chez moi demain soir. Je dois le recevoir. Il faut absolument que je le reçoive. De son soutien dépend l'avenir de ma famille. Je vais discuter l'ordonnance du souper, je souhaite des mangues au dessert, juteuses, à la chair blonde, comme celles de mon enfance. Et puis je veux demander à mes femmes ma plus belle robe de chez Leroy, celle en mousseline, décolletée aux épaules ; je vais me farder, tenter d'être belle. J'ai su le regard des hommes sur moi, j'ai inspiré leur désir, si je peux encore être femme durant deux ou trois heures, cela suffira à mon bonheur.

C'est à mes enfants que je pense, mais à moi aussi, je l'avoue, qui suis vieille et malade. Il me faut paraître, parler, rire, être aimée peut-être. Rester l'impératrice. À l'après-souper, nous irons nous promener dans le parc, à cette heure exquise, quand la nature s'endort, cœur palpitant qui bat moins vite. Je montrerai à Alexandre les serres chaudes où respirent tant de parfums mêlés. Je lui tiendrai le bras, je pencherai ma tête vers son épaule, lentement, il n'oubliera pas Joséphine. Ensuite, je laisse à ce Dieu qui semble si lointain le soin de se soucier de moi. S'il Lui plaît.

Épilogue

Le 29 mai 1814, à midi, l'impératrice Joséphine s'éteignait, dans les bras de son fils, le prince Eugène. À ses côtés, Hortense, de douleur, s'était évanouie.

Lorsque la nouvelle fut connue, l'émotion, en France, dans toute l'Europe, fut immense. Et sur les boulevards, les places, aux carrefours, dans les rues, les Parisiens pleuraient.

Postface

La nouvelle de la mort de l'impératrice Joséphine bouleversa profondément Napoléon. Sur l'île d'Elbe où il apprit sa disparition, comme à Sainte-Hélène où les alliés le condamnent à l'exil et un emprisonnement définitif, il dit à ses proches combien son chagrin était vif. Au général Gourgaud, fidèle parmi les fidèles, il confia que Joséphine était « une femme des plus agréables, pleine de grâces, femme dans tous les sens du terme. Je puis dire que c'est la femme que j'ai le plus aimée. Je ne l'aurais jamais quittée si elle avait pu avoir un enfant ».

Au comte de Montholon, il déclara : « Je suis ce qu'elle a le plus aimé dans sa vie et je le crois tellement qu'elle eût quitté même un rendez-vous d'amour pour pouvoir venir me trouver. Montais-je en voiture dans la nuit pour une course lointaine, je la trouvais, à ma surprise, établie dans la voiture et m'attendant. J'essayais inutilement de la dissuader de m'accompagner. Elle avait de si bonnes et de si tendres raisons à m'opposer que, presque toujours, il me fallait céder. En somme, elle m'a presque toujours donné le bonheur conjugal : aussi lui en ai-je conservé le plus tendre souvenir. »

Ses derniers mots, prononcés à l'heure de sa mort, le samedi 5 mai 1821, à dix-sept heures et quarante-neuf minutes, auraient été : « France, armée, Joséphine »...

Hortense de Beauharnais, la fille de l'impératrice Joséphine, si mal mariée à Louis Bonaparte, roi de Hollande, sera la mère du futur Napoléon III. L'Empereur gardera durant toute sa vie un souvenir ébloui de sa grand-mère, généreuse, si aimante pour ses petits-enfants, qui lui permettait de couper les cannes à sucre dans les serres chaudes de Malmaison.

Eugène de Beauharnais, fils de l'impératrice Joséphine aura, avec son épouse Auguste-Amélie de Bavière, sept enfants. Après sa mort, sa veuve s'empresse de favoriser leurs unions prestigieuses. Ainsi, parmi eux : Joséphine Maximilienne Eugénie Napoléone devient reine de Suède et de Norvège. Eugénie Hortense Auguste, princesse de Hohenzollern-Hechingen. Auguste Charles Eugène Napoléon, duc de Santa Cruz et prince consort du Portugal. Amélie Auguste Eugénie Napoléone, impératrice du Brésil. Maximilien Joseph Eugène Auguste, duc de Leuchtenberg et prince Romanowsky avec le prédicat d'Altesse Impériale. Par le jeu des alliances, Joséphine est, par sa nièce Stéphanie, grande-duchesse de Bade, l'aïeule des maisons royales de Belgique, Roumanie, Yougoslavie, Grèce, Italie, et Luxembourg.

L'impératrice Marie-Louise refusera de suivre Napoléon dans son exil sur l'île d'Elbe, afin de ne pas déplaire à son père, l'empereur d'Autriche. Durant les Cent-Jours, elle demeure à Vienne, pour les mêmes raisons, malgré les nombreux messages désespérés que lui envoie Napoléon. En 1815, le congrès de Vienne lui accorde les duchés de Parme, de Plaisance et de Guastalla. La cour de Vienne glissera fort habilement dans sa vie puis dans son lit le comte Neipperg, qui devient son amant, puis son second mari. Elle apprendra la mort de l'Empereur en lisant un article dans la *Gazetta del Piemonte*. Appréciée par les Parmesans qui la surnomment la bonne duchesse, Marie-Louise ne sera jamais aimée des Français qui la jugent totalement dépassée par son rôle d'impératrice. À son sujet, Napoléon a eu ce mot terrible : « J'épouse un ventre. »

Son fils, le roi de Rome, tant attendu par Napoléon, suit sa mère à la cour de Vienne. Il sera titré par son grand-père l'empereur d'Autriche, duc de Reichstadt, avec prédicat d'Altesse Sérénissime et élevé volontairement comme les autres archiducs autrichiens, afin de lui faire perdre son identité française. Le parti bonapartiste espère le voir succéder à son père et remonter sur le trône. Mais les chancelleries européennes, très inquiètes de sa popularité tant en France qu'en Pologne, feront tout afin de faire oublier son existence.

Beau, séduisant, intelligent, sensible, le jeune prince demeure l'incarnation d'un archange foudroyé pour raisons politiques. Le héros romantique s'éteint, tuberculeux, le 22 juillet 1832. De ses mains fines, il étouffe une grive qu'il avait apprivoisée. L'Aiglon avait vingt et un ans.

Après avoir connu l'exil, sous le régime impérial puis à la Restauration, Paul Barras termine fastueusement sa vie au couvent Sainte-Périne, à Chaillot, le 28 janvier 1829. Clin d'œil de l'histoire, ce monastère fondé en 1638 par des religieuses chanoinesses de l'ordre de saint Augustin, est transformé, en 1806, en établissement pour personnes âgées et ce, grâce à la générosité de l'impératrice Joséphine, protectrice du lieu. La même Joséphine que Barras, aigri et jaloux de la gloire si soudaine de son ancienne protégée, malmène tant dans ses *Mémoires*.

Ministre de la Police sous l'Empire, Napoléon se méfie pourtant de Joseph Fouché. L'ancien conventionnel, régicide, espionne toute la cour, et Joséphine, afin de régler ses dettes, lui livre secrets et informations. Duc d'Otrante, disgracié pour avoir négocié la paix avec l'Angleterre, il revient au pouvoir sous les Cent-Jours. Fouché négocie avec les alliés, après la défaite de Waterloo, le 18 juin 1815, devient ministre sous

Louis XVIII, avant d'être proscrit puis exilé à Trieste, comme régicide. Il sera assisté, durant ses derniers instants, par le prince Jérôme Bonaparte, frère cadet de Napoléon qui, durant cinq heures, brûle ses papiers.

La première Restauration nie, purement et simplement, la Révolution française, le Directoire, le Consulat et a fortiori le règne de Napoléon Ier. Ainsi, à la disparition de Joséphine, le registre de l'état civil mentionne le plus naturellement du monde le décès « de l'impératrice Joséphine, femme de Napoléon Bonaparte, général en chef de l'armée d'Italie ».

Le jeudi 2 juin 1814, ce sont les fils d'Hortense qui vont conduire le deuil, l'étiquette interdisant à Eugène et à sa sœur de le faire. Parmi la foule nombreuse et profondément recueillie venue rendre un dernier hommage à « la bonne impératrice », on remarque le général Sacken, représentant le tzar Alexandre, le grand-duc de Bade, des maréchaux, des généraux, pairs de France, artistes, savants... Roulement des tambours recouverts de crêpe noir... Tous se dirigent vers la petite église de Rueil, et passent entre une haie de gardes nationaux et de hussards de la garde du tzar. Monseigneur de Barral prononce l'homélie devant une assistance en larmes. L'impératrice est toujours inhumée aujourd'hui, à main droite du chœur, dans le tombeau érigé en 1825 par les soins affectueux de ses enfants.

Figurent sur le mausolée en marbre de Carrare, sculpté par Pierre Cartellier, cinq mots : « À Joséphine. Eugène et Hortense ».

Le vrai de l'apparence

Dans l'esprit de son auteur, Stanislas Reverdin incarne insolence, liberté et esprit, foudroyés par le XIXe siècle étriqué des règnes suivants. Il est blond et beau comme un miracle. Il a été inventé pour les pages d'un livre.

Dans celui-ci, il est le témoin d'une vie, le quotidien d'une femme, reine et impératrice. Elle lui confie ses secrets et le plus fascinant d'entre eux porte un nom, Louis, le petit martyr du Temple. Le fils de Louis XVI a-t-il survécu à une mort décidée par la Révolution ? C'est ce que prétend le baron de Richemont, dans ses *Mémoires*, publiés en juillet 1831. Transporté, après son évasion, dans une maison où l'attendaient deux dames, « dont l'une, d'après ce qu'on m'a dit était Madame de Beauharnais, qui devint plus tard l'impératrice Joséphine », il échappe à la mort. Le baron de Richemont revendiquera, comme tant d'autres, l'héritage légitime du trône de France.

Si proche de Paul Barras, Joséphine recueillit-elle, grâce à celui dont elle fut la maîtresse, les vérités sur l'énigme du Temple ? Mystères enfouis sous la cendre des siècles. Faut-il croire au roman d'une vie ?

Remerciements

Comme une évidence, un grand merci à :

Franck Ferrand, l'ami fidèle, généreux, cultivé, toujours là pour m'écouter.

Bernard Chevalier, ancien directeur du musée national des châteaux de la Malmaison et de Bois-Préau, pour ses avis éclairés, sa connaissance parfaite de Joséphine de Beauharnais et sa compréhension.

Jean Tulard, membre de l'Institut, spécialiste incontesté du Premier Empire, pour ses trésors d'érudition, sa culture profonde et son humour.

David Le Guyader, pour son affection et sa patience mise à supporter mes angoisses d'écrivain.

La baronne Gourgaud, artiste peintre, parce que c'est une fée.

Thierry Billard, mon éditeur, pour son écoute, sa tendresse, et la justesse idéale de ses avis.

Table des matières

TROISIÈME PARTIE

QUATRIÈME PARTIE

Composition et mise en pages
par Nord Compo à Villeneuve-d'Ascq

CET OUVRAGE
A ÉTÉ ACHEVÉ D'IMPRIMER
SUR ROTO-PAGE
PAR L'IMPRIMERIE FLOCH
À MAYENNE EN AVRIL 2014

N° d'édition : L.01ELIN000343.N001. N° d'impression : 86716
Dépôt légal : avril 2014
(Imprimé en France)